Así Fue

La Historia Rescatada

Así Fue

La Historia Rescatada

Directora

María Borràs

Oíd, oíd lo que los hombres han hecho.

EUGENIO D'ORS
(Historia del mundo en quinientas palabras)

La colección «Así Fue» se propone ofrecer al público lector, de la mano de los mejores estudiosos de cada tema, una serie de obras que nos permitan el rescate de diversas parcelas de la historia, tanto española como universal —y con preferencia referidas a nuestro tiempo—, poco o mal conocidas, cuando no, en ocasiones, ignoradas por razones diversas. Esta tarea, que cuenta con precedentes ilustres, parece aquí y ahora de necesidad evidente, y de mayor urgencia tal vez que en otros momentos de nuestro quehacer colectivo, dada la tergiversación creciente de determinados acontecimientos históricos, sobre todo recientes, impuesta por los intereses dominantes. Bajo el sello editorial de PLAZA & JANÉS la colección «Así Fue» aspira a crear un ágora de libre debate sin otra cortapisa que el respeto a los hechos históricos probados, sea cual sea la interpretación que a los mismos quiera dársele. A esta hermosa y arriesgada empresa —el rescate de la historia— invitamos a colaborar a cuantos, con honestidad y rigor, vienen esforzándose en diferentes campos de la investigación para ofrecernos un mejor conocimiento de los hombres, los hechos y las ideas que han forjado el mundo en que vivimos. Sólo un espejo paseado testimonialmente a lo largo del camino —a su derecha y a su izquierda— será capaz de ofrecernos una versión histórica contrastada, pero fiel a los planteamientos de cada autor. Y todo ello, por supuesto, sin dogmatismo ninguno, con total libertad de espíritu, sin otro condicionamiento que ajustarse a la verdad sin mixtificaciones de ningún tipo y dispuestos siempre, desde la liberalidad, a admitir que *el otro* puede tener razón.

Así Fue

La Historia Rescatada

Julio Busquets

Militares y demócratas

PLAZA & JANÉS

Ilustraciones interiores: Archivo de Julio Busquets, Plaza & Janés, Europa Press, J. A. Roca de Vinyals y José Julve.

Primera edición: octubre, 1999

Printed in Spain – Impreso en España

ISBN: 84-01-53038-5
Depósito legal: B. 37.324 - 1999

Fotocomposición: Víctor Igual, S. L..

Impreso en Hurope, S. L.
Lima, 3 bis. Barcelona

L 5 3 0 3 8 5

Deseo dedicar estas páginas a aquellos que sufrieron a causa de su relación conmigo: A mis padres que compartieron días amargos durante el franquismo; a mi esposa que tuvo un viaje de novios angustioso e interrumpido por una persecución policial neurotizante; a mis hijos que siendo pequeños cruzaron la Península para ir a ver a su padre a una prisión de Ceuta y que durante años no me tuvieron a su lado cuando me necesitaban; a mis hermanas y sus esposos que me dieron desinteresada ayuda prestándome sus casas para reuniones, guardar documentos, etc.; a los profesores de la Universidad Autónoma de Barcelona, que siempre me dieron su apoyo; a mis amigos y compañeros del inicio de la vida militar que me apoyaron, a veces incluso sin comprender mucho mis ideas, y por último y muy especialmente a los miembros de la UMD, recordando a los nueve que perdieron la carrera, quince que fueron procesados, dieciocho que pasaron por las prisiones militares, más de veinte que perdieron el destino y otros muchos más que fueron marginados y sufrieron persecuciones, menosprecios y discriminaciones, incluso cuando la democracia ya estaba instaurada.

ÍNDICE

PRÓLOGO

Dicen que sólo se vive una vez. No es verdad. Lo era en las sociedades agrarias, antiguas, en las que todos los días eran iguales y los límites de la comarca eran los del universo del individuo. Pero hoy no es así. Hoy, a menudo se viven varias vidas, totalmente distintas unas de otras. Porque se cambia de profesión, de ciudad, de forma de pensar, incluso de pareja. Hoy nuestra vida está en constante evolución y lo que hacemos, somos y pensamos cuando la vida ya declina, tiene poco que ver con lo que hacíamos, éramos y pensábamos en épocas anteriores.

Al reflexionar sobre mi propia vida, para escribir mis memorias, me he dado cuenta de que, como muchas personas de mi generación, he vivido varias vidas sucesivas: inicialmente fui un estudiante de un colegio de la burguesía de Barcelona, cuya vida varió totalmente a los diecisiete años, cuando ingresé en la Academia Militar y me fui a vivir a Zaragoza cambiando de actividad y de ciudad. A finales de la década de los cincuenta inicié un proceso de concienciación ideológica, que acabó incidiendo en mi actividad profesional en una forma tan drástica que, en 1970, me vi forzado a abandonarla e irme a trabajar a la universidad, en un ambiente antitético al anterior. Y el cambio fue aún mayor en 1975, cuando ingresé en la prisión militar de El Hacho, donde viví en otra sociedad, radicalmente distinta de las anteriores.

Con la llegada de la democracia, de nuevo cambió totalmente mi vida cuando fui elegido diputado y por imperativo legal tuve que retirarme del ejército. Y lo mismo me ocurrió en 1993 cuando decidí abandonar el Congreso y mi casa de Madrid para dedicarme exclusivamente a la docencia universitaria en Bellaterra. En resumen, podría decir que he vivido varias vidas: estudiante, militar, conspirador, preso, diputado, profesor...

De estas etapas de mi vida, aquí sólo recojo aquellas que puedan tener cierto interés para la mayoría de los lectores. En consecuencia, no hablo de mi época de estudiante ni de mis recuerdos de la prisión militar,[1] ni de mi docencia universitaria[2] o de mi queha-

1. No lo hago, porque esta narración habría roto el hilo conductor del relato centrado en la pugna por la recuperación de la democracia. No obstante, en el capítulo V de la Segunda parte trato brevemente de este período.

2. No trato de ello porque aquí mi actividad no ha tenido una dimensión espe-

cer en el partido. Me limito a los años de la UMD, la Unión Militar Democrática (1974-1977), y de la transición (1977-1982), de la que fui testigo privilegiado en el Congreso de los Diputados. Son dos períodos que dan subtítulo a este libro. A estos dos relatos que constituyen el cuerpo de estas memorias, antepongo, a modo de introducción que los haga comprensibles, unas páginas sobre los años que pasé en el ejército durante la dictadura, pues sólo así se puede entender cómo llegamos a la UMD. Y análogamente, al tratar de mi tarea como diputado de la transición prolongo los relatos, en los casos en que es necesario, para su mejor comprensión.

En resumen, estas memorias quedan divididas en tres partes que se corresponden con tres etapas claramente diferenciadas:

1.ª Parte: Desde 1950 hasta 1974. Durante los primeros años de la década de los cincuenta mi vida fue la de un militar normal. Sin embargo, a finales de la misma, adquirí una conciencia democrática y con cierta ingenuidad comencé a realizar críticas al sistema intentando extender esa conciencia a los ámbitos castrenses. Tenía muy claro que la dictadura no acabaría hasta que no existiese un grupo de militares demócratas. Y la creación de este grupo fue mi obsesión y mi motor vital durante muchos años, hasta que finalmente cristalizó la UMD. Por eso he titulado a esta parte «La lenta gestación de un grupo de militares demócratas».

Como es lógico, mi actividad política fue detectada pronto y comenzaron mis problemas: las pequeñas inquisiciones, silenciosas y soterradas, pero siempre dolorosas con las que nos amargaron la vida a los disidentes durante varios lustros. Recordarlo y explicarlo es desagradable, pero vivirlo fue aún peor. Y denunciarlo, aunque sea ingrato, es un deber. Porque los que vivimos la dictadura debemos dejar testimonio de lo que aquí pasó. Para que se sepa y sabiéndose no se repita. Para que nunca más, ninguna dictadura, de ninguna clase y con ninguna excusa, se vuelva a producir.

2.ª Parte: Desde 1974 a 1977. Estos años fueron los que han dado sentido a mi vida: los años de la UMD. Una época en que mi actividad contra la dictadura pasó a ser relevante, y en la que mi intención

---

cialmente significativa, como fueron las épocas de la UMD y el Congreso de la transición. Sin embargo, el lector interesado podrá encontrar algo al respecto en el número 42 de la revista *Papers* que publica el Departamento de Sociología de la UAB titulado «La Sociologia a Barcelona, els anys 60, des del meu record personal».

—como la de mis compañeros— era clara: acabar con la dictadura y ayudar al pueblo a recuperar la libertad.

Al tratar de estos años de la UMD quisiera puntualizar que lo que aquí está escrito son sólo mis memorias, y en modo alguno una historia de la UMD. Aquí relato aquellos hechos que personalmente viví y otros, a veces inéditos, que algunos protagonistas directos personalmente me han explicado, pero obviamente una historia de la UMD, además de lo que se cuenta en estas memorias, deberá incluir otros relatos, algunos de los cuales fueron publicados ya hace años por algunos de sus más destacados miembros.[3]

3.ª Parte: Desde 1977 hasta 1993 fui diputado. Y lógicamente dediqué estos años a la actividad política en el partido y sobre todo en el parlamento, en el que laboré para apuntalar la democracia. Y aunque mi estancia en el Congreso duró dieciséis años, los hechos que en estas memorias se tratan se centran en el período de la transición, durante el cual ocurrieron varios acontecimientos militares de más o menos relevancia que viví de cerca.

Por último, a estas tres partes sigue la narración de algunas de mis actividades en el ámbito de las relaciones internacionales, que se añade como Apéndice porque tiene escasa relación con el resto de la obra.

Al explicar aquí la división de estas memorias en tres partes, que se corresponden a épocas distintas, lo hago con la intención de introducir al lector en su contenido. Pero también por otra razón: por respeto a las personas con las que me he relacionado en distintas épocas. Porque durante la dictadura me ayudaron compañeros de las Fuerzas Armadas, que debo citar para ser veraz y por agradecimiento, pero que luego no aprobaron mis actividades ni contra la dictadura, ni en la UMD, ni en el parlamento y creo que debo advertirlo para no perjudicar a algún viejo amigo que quizá ahora tiene un pensamiento distinto y distante al mío.

Por último, deseo manifestar algo más: he procurado escribir

3. José Fortes y Luis Otero: *Proceso a nueve militares demócratas.* Argos Vergara. Madrid, 1983. José Ignacio Domínguez: *Cuando yo era un exiliado. Cambio 16.* Madrid, 1977. Fernando Reinlein coordinó el capítulo VII dedicado a la UMD en la *Historia de la Transición* que dirigió Justino Sinova en *Diario 16.* De autores que no pertenecieron a la UMD puede leerse Francisco Caparrós: *UMD. Militares rebeldes.* Argos Vergara. Madrid, 1983 (Francisco Caparrós habló con uno de los fundadores, Guillermo Reinlein), y Pedro de Silva: *Las Fuerzas del Cambio.* Prensa Ibérica. Barcelona, 1996.

estas memorias en el momento oportuno, cuando aún conservo lucidez y memoria para hacerlo, pero también habiendo dejado transcurrir algunos años para que el tiempo apaciguase las pasiones y para que ninguno de mis compañeros militares más jóvenes que yo fuera represaliado por haber luchado por la democracia, algo que lamentablemente habría podido ocurrir si estas páginas se hubieran publicado hace unas décadas. En 1977 mi viejo amigo Rafael Borràs me las solicitó con insistencia. En aquel momento habría podido explicar mis veinticinco años de vida militar y lo que había sido la UMD. Pero al escribir me habría tenido que enfrentar con un dilema fatal: poner el preservativo en mi pluma y autocensurarme, como en la época anterior, o correr el riesgo de desestabilizar, de hacer daño a mi país. Hoy ya no es así. Hoy la democracia es firme, fuerte e irreversible y a mis viejos compañeros ya no les pueden perjudicar... porque ya les perjudicó su edad, ya están todos retirados. Y además, los veinticinco años transcurridos desde que fundamos la UMD y un año después comenzó la transición han limado muchas asperezas.

PRIMERA PARTE

LA LENTA GESTACIÓN DE UN GRUPO DE MILITARES DEMÓCRATAS

I

EN LAS ACADEMIAS MILITARES

Militar a contracorriente

En mi familia nadie quería que fuese militar. Ni mi padre, que era médico de la Guardia Civil, con la que a lo largo de los años se fue identificando, ni mi abuelo, que era general retirado, ni mi madre, que si hubiese podido (como las mujeres de ahora) hubiera sido militar. Y por supuesto ni en mi ambiente, burguesía y alta clase media, ni en mi colegio, La Salle-Bonanova, ni entre mis amigos y vecinos del Ensanche de Barcelona nadie entendía mi elección.

Sin embargo, yo tenía este deseo desde niño. Supongo que me influyó el ambiente bélico en que viví en mi infancia, pues desde 1936 a 1945 se sucedieron la guerra civil y la mundial, y posiblemente también me influyó el ambiente familiar en el que los uniformados tenían presencia constante.

Cuando al acabar el bachillerato le comenté a un compañero que había decidido ser militar, puso cara de estupor y me dijo:

—¡Ah! Pero, ¿eso se estudia?

Peor fue la reacción de mi director espiritual, *mossèn* Conill. Se enfadó:

—Pondrás en riesgo la salvación de tu alma —recuerdo que me dijo—. Y a continuación me explicó que los militares eran bebedores, jugadores y pendencieros.

Pero la mayor oposición era la de la familia, que logró lo contrario: que mi deseo se fortaleciese. Los argumentos contrarios eran fundamentalmente tres: la paga era mísera, la vida militar era insoportable y si por el contrario me hacía médico como mi padre tendría una vida fácil pues heredaría su clientela. Supongo que este tercer argumento fue el que más me decidió a ser militar. Mis padres, de psicología infantil y juvenil, cero. Eran otros tiempos. Hoy sabemos que en el fondo de todo joven late el grito rebelde del Quijote: «Mi estirpe empieza en mí.»

Así es que al acabar el bachillerato, estudiado en «can pitet» (los hermanos del «babero») de La Salle-Bonanova, comencé a preparar las oposiciones de ingreso a la Academia Militar. Mi abuelo, el viejo general, me llevó a una pequeña academia regentada por el comandante Vidal, un antiguo militar que había perdido la carrera por pertenecer al ejército republicano. Y allí conocí a Enrique López Amor, a José Ruiz Nicolau y a Carlos Aguado, amigos toda la vida y miembros de la UMD desde los primeros momentos.

Para ingresar en la Academia había trescientas cincuenta plazas y nos presentamos algo más de mil novecientos aspirantes. Saqué un buen número y pude elegir el cuerpo en aquellos años más solicitado, el de Ingenieros, para el que sólo había veinte plazas.

Un militar catalán

En la Academia los catalanes éramos muy pocos. No es aquí el lugar adecuado para analizar las causas de este hecho, algo que por otra parte ya hice en 1966 en mi tesis doctoral.[1] Entre los compañeros catalanes estaban los antes citados, que se habían preparado en la academia del comandante Vidal, Espinazo García de Gerona, muerto prematuramente, y unos pocos más. Pero en general no hablábamos en catalán entre nosotros, quizá por temor a ser acusados de separatismo, cosa que no ocurría con los mallorquines, que eran numerosos y lo usaban constantemente entre ellos, produciendo cierta irritación a los compañeros, que no entendían lo que hablaban y les llamaban «chuetas» (judíos). Eran los años cincuenta. Era otro país.

La peculiaridad de ser militar y catalán no la sentí hasta muchos años después, en 1961, cuando salí de la Escuela de Estado Mayor, con el grado de capitán, y fui destinado a Barcelona permaneciendo en esta guarnición hasta que ascendí a comandante doce años después, en 1974. En Barcelona obviamente me encontraba, y me sigo encontrando, a gusto. Yo como militar resultaba un rara avis, pero la población, de suyo antimilitarista, por el contrario, demostraba una gran complacencia hacia un militar catalán. Un día, estando destinado en la IPS, se me estropeó el coche a la altura de Reus. Encontré un taller y le dije al mecánico:

—*Em podria arreglar el cotxe?*

1. Publicada con el título de *El militar de carrera en España.* Ariel, 3.ª ed., 1984, pág. 185: «Los mínimos de profesionales militares en Euzkadi y Cataluña puede ser debido al nacionalismo o a la poca afición militar lógica en unas sociedades más industriales; es significativo que Madrid presente una media anual de 233 aspirantes a ingreso en las academias militares frente a sólo 16 de Barcelona.»

El mecánico me miró como si fuera un extraterrestre. Posiblemente nunca había visto un oficial de uniforme hablando catalán. Y me dijo:

—*Vostè és militar, i català?*

—*Sí* —le contesté, un tanto sorprendido por su extrañeza. Entonces él insistió:

—*Però n'hi ha, de militars catalans?*

—*Aquí en té un* —le contesté.

—*Doncs miri, jo avui no treballo, però a vostè li arreglaré el cotxe perquè és un militar català.*[2]

Anécdotas como ésta podría contar varias, y lo mismo podrían hacer otros compañeros.

La vida en la Academia

Nada más ingresar en la Academia Militar de Zaragoza, pasé uno de los períodos más amargos de mi vida. Ciertamente fue un período breve, de tres meses, pues a partir de Navidad cesó el período de las «novatadas» y además ya me acomodé a la vida militar. Pero el principio fue muy duro. Fue mi «rito de iniciación». Mi paso de la infancia a la madurez. Un paso duro que implicó la quiebra del niño que nunca había salido de casa ni ido a un campamento, y se encontró de golpe con la brutalidad de la vida real. Allí vi por primera vez la desagradable imagen del borracho «devolviendo la mascada», allí oí los primeros tacos y las primeras blasfemias. Y las historias de putas y la queja por el dolor de las purgaciones. Y oí de algunos capitanes profesores, antiguos alféreces provisionales que alardeaban de «machos», barbaridades y groserías. Recuerdo a un profesor de caballería, que apodábamos «el macho», al que le gustaba decirnos cuando montábamos a caballo:

«Apriete usted las piernas (entendías sobre el cuerpo del caballo). Imagínese que tiene a sor Clotilde entre las piernas» (sor Clotilde era la monja de la enfermería).

2. —¿Usted es militar, y catalán?

—Sí —le contesté, un tanto sorprendido por su extrañeza. Entonces él insistió:

—¿Pero hay militares catalanes?

—Aquí tiene uno —le contesté.

—Entonces preste atención. Yo hoy no trabajo, pero a usted le arreglaré el coche porque es un militar catalán.

Otra lindeza que solía repetir a voz en grito en la clase de equitación era:

«Es usted más inútil que la polla del Papa...»

Ciertamente su caso no era el general. Había excelentes profesores. Trabajadores, honestos y eruditos. De entre los más honestos recuerdo al capitán Larrea, que nos hablaba ilusionado del «espíritu militar», etc. Yo lo admiraba y me identificaba con aquel militar, del que llegué a ser amigo, pero los cadetes, en su «rebote» juvenil, y precisamente porque predicaba la virtud, le pusieron de apodo el Anticristo. De entre los eruditos recuerdo a los hermanos Feliu, verdaderas eminencias en las matemáticas. Otro muy admirado era Falcó, profesor de equitación, que era un auténtico caballero. Y el general Capalleja, muerto prematuramente, y muy querido por todos.

Pero casos como los inicialmente citados nos desorientaban desde un punto de vista formativo y tenían una profunda carga negativa para muchachos de unos diecisiete años. En resumen, era un ambiente profundamente contradictorio y había demasiada distancia entre lo que algunos creíamos que la Academia debía ser y lo que de hecho, en aquel entonces, era.

En la Academia de Ingenieros

Después de pasar dos años en la Academia General de Zaragoza, obtuve el grado de alférez y pasé a estudiar el resto de la carrera en la Academia de Ingenieros. Esta Academia había estado en Guadalajara durante casi un siglo, pero al acabar la guerra civil, Franco la trasladó, para castigar a Guadalajara, por su fidelidad a la república y recompensar a Burgos por su apoyo al alzamiento.

Allí la Academia se instaló en un antiguo convento de jesuitas, el convento de la Merced, casi en el centro de la ciudad, y en ella el ambiente era muy distinto del de la Academia General. En primer lugar era un centro pequeño en el que los alumnos, que no llegábamos a ochenta, nos conocíamos todos y la vida diaria era más agradable, más familiar. Por otra parte existía cierta tradición académica, pues no en vano hasta los años veinte el título de ingeniero militar era equivalente al de ingeniero civil y en el plan de estudios aún había asignaturas relacionadas con la construcción, las telecomunicaciones, etc... Los profesores mayores, profundamente eruditos, procedían de la Academia de Guadalajara y el ambiente era riguroso y correcto en todas las actividades.

En general creo que los alumnos nos encontrábamos a gusto, aunque ciertamente había que estudiar mucho. Y allí con varios alumnos forjé una amistad que he mantenido a lo largo de los años: Antonio Martínez Teixidó, que fue el más íntimo amigo, que cuando me casé, y siguiendo la tradición catalana, llevó el ramo de flores a mi novia, y que hace sólo un par de años se retiró como capitán general de Catalunya. Por otra parte allí conocí también a otros varios con los que coincidí en la lucha por la recuperación de la democracia: Luis Otero, procesado por pertenecer a la UMD, Francisco Bravo, que también perteneció a esta organización y estando yo preso en Ceuta me vino a ver dos veces, Antonio Córdoba, que lo hizo cuando estaba en Figueras, Andrés Aguilera, Carlos Moscoso, Ramón Cifuentes y otros más...

Dos grandes maestros de mi juventud: Pinilla y Llanos

Cuando aún estaba en Zaragoza, mi profundo malestar y desilusión me llevaron a acercarme a un grupo de cadetes que me llamaron la atención por su rigor profesional, por la seriedad con que se tomaban las cosas y además porque eran moral y profesionalmente como yo creía que se debía de ser en una academia en la que esta pauta de conducta no era la más extendida, y contrariamente abundaban los que trataban de escaquearse. Y estos cadetes resultaron ser ex alumnos del «colegio» del capitán Pinilla y el cura Llanos.

Recuerdo que había un cadete, al que apodaban el Prusiano, que se tomaba muy en serio todo lo que se hacía, de tal modo que, por ejemplo, cuando había que estar en posición de firmes no se movía ni para pestañear. Los alumnos de segundo curso, y sobre todo los Perdigones (nombre que se daba a los que repetían, o sea perdían curso), en cuanto se dieron cuenta se ponían alrededor de él para mofarse y escarnecerlo, pero yo, que entonces tenía una enorme ilusión por la profesión militar (mucho «espíritu militar» en el argot profesional) vi en él el modelo de conducta que esperaba y busqué su amistad y así fue como entré en contacto con los del «colegio».

Lo relevante de aquel colegio era el magisterio de Pinilla y Llanos. Eran dos maestros en el más noble sentido de la palabra. Pinilla tenía una elevada y personal forma de entender la vida militar que para él se centraba en el mando entendido como servicio al soldado, que debía ser respetado, querido y educado y aprovecharse su paso por el cuartel para acabar con el analfabetismo y el peonaje. Y repetía: «mandar es servir». Había que suprimir los castigos corporales (los cachetes, cortes de pelo, etc.), las tareas serviles (asistentes, artesanos en las casas de los oficiales, etc.), dignificar al soldado, reformar las ordenanzas y el Código de Justicia Militar, suprimir el juego en las salas de banderas, trabajar en el cuartel: el oficial debía dar personalmente las teóricas (o sea las clases), etc.

El entonces joven capitán Luis Pinilla había nacido en 1921; su padre, el coronel Pinilla, había sido un héroe franquista en la guerra civil: defensor del cuartel de Simancas, de Gijón. Luis Pinilla al estallar la guerra estuvo preso pese a tener sólo quince años. Escapó, fue alférez provisional a los diecisiete y dejó el ejército en 1982, cuando era general de división, por razones religiosas. Pinilla decía en la década de los cincuenta lo que la democracia intentó treinta años después.

Por último, el catolicismo era también interpretado según la vigorosa personalidad del joven padre Llanos (se escribe joven, porque en cuarenta años un hombre cambia profundamente y el Llanos de entonces era distinto del anciano Llanos militante del PCE).[3] Había nacido en 1905. Era hijo de un general de Infantería y hermano de un líder de Acción Católica asesinado durante la guerra. Ingresó en la Compañía de Jesús, con su carrera universitaria acabada, y fue uno de los más brillantes predicadores de la España de posguerra, en la que llegó a dar ejercicios espirituales al propio Franco.

El joven Llanos era un sacerdote exaltado, que despreciaba los términos medios para adherirse a los términos altos, con un enorme afán de inculcar la perfección espiritual y humana y que infundía a quienes le seguíamos un deseo de perfección, dominando el egoísmo que todos llevamos en nuestro interior y consecuentemente elitista, pues como a los miembros del Opus, a él le interesaban los mejores. Del mismo modo, Llanos era renovador en lo litúrgico (su misa, participativa y activa, sorprendía y agradaba) y crítico, sobre todo muy crítico, y así en un centro donde se profesaba un nacionalismo espa-

3. En mi opinión una de las biografías más correctas de José María Llanos es: José Luis González-Bolado: *Padre Llanos. Un jesuita en el suburbio*. Temas de hoy. Madrid, 1991.

ñol exagerado no perdía oportunidad de ensalzar la idea de Europa y hablar de los defectos nacionales (que decía eran fundamentalmente tres: la mentira, el robo y la vagancia). Y lo mismo hacía respecto al militarismo, con el que era muy duro (en 1951 dio unos ejercicios espirituales a toda la AGM de Zaragoza que irritaron profundamente a profesores y alumnos). Por último, la tercera gran aportación que recibí de Llanos fue su preocupación social. En 1956 renunció a todo y se fue a vivir a un barrio de chabolas: El Pozo del Tío Raimundo. Vivir entre obreros le llevó al Partido Comunista. Con los años llegó a ser muy amigo de Carrillo y sobre todo de la Pasionaria. La llamaba Dolores y hablaba de ella con ternura. Murió hacia 1990.

El colegio de preparación militar de Pinilla estaba en Chamartín y estaba subvencionado por el Frente de Juventudes. Era algo que realmente no encajaba con los presupuestos de los dos fundadores, pero la subvención oficial hacía posible que se concedieran becas a muchos estudiantes de familias modestas: hijos de empleados, artesanos, campesinos, o sea, muchachos que en general no pertenecían a las grandes familias militares, lo que evidentemente condicionó ciertas actitudes futuras. Una de ellas era un seudoizquierdismo o radicalismo verbal que provocaba esporádicas actitudes antifranquistas que dieron lugar a algunos incidentes, de los que el que más trascendió fue la expulsión de la Academia General Militar de un cadete, Sainz de la Peña, ex alumno del colegio, que descolgó los retratos de Franco y no quiso retractarse cuando se lo ordenó el general Capalleja, director de la Academia (digamos entre paréntesis, que en 1974 fue uno de los detenidos y falsamente acusados de colocar la bomba de la calle del Correo).[4]

Una organización militar clandestina en los años cincuenta

Como es lógico, el mensaje riguroso, ético, crítico y auténtico del capitán Pinilla y el cura Llanos cada vez tenía más dificultades con las estructuras oficiales, con el aparato del sistema, por lo que aca-

4. En 1974 y tras el atentado ocurrido en «la calle del Correo» sería detenido con los comandantes Bernardo Badell y Bernardo Vidal (léase el epígrafe correspondiente en la Segunda parte de esta obra) así como con varios políticos civiles: Eva Forest, Lidia Falcón, Eliseo Bayo, etc., que no tenían nada que ver con el atentado como se demostró posteriormente.

bó produciéndose una ruptura frontal y un duro enfrentamiento ideológico en Semana Santa de 1951 y cuando esta ruptura se produjo, Pinilla y Llanos crearon una organización nueva, llamada Forja (de forjar hombres), de militares que buscaban la perfección moral, humana, profesional. Luis Pinilla abandona el colegio cuando, con motivo de un proceso electoral falseado por el régimen, los alumnos son llevados a votar por muertos y desaparecidos aprovechando que él estaba ausente.[5]

En las vacaciones de verano de 1951, pocos meses después de la citada ruptura, Pinilla y Llanos convocaron una reunión en un parador cercano al castillo de Coca (Segovia), que se puede considerar la fundacional de Forja y a la que asistimos sesenta y seis militares, de los que nueve eran ya capitanes o tenientes, veintiséis cadetes y treinta y un aspirantes, que se preparaban para ingresar en las academias militares. Varios de los cadetes, como Miguel Alonso Baquer, Javier Calderón, los hermanos Ruiz Nicolau, Javier García Bueno, José María Vera, Jacinto Pérez Grueso, Paco Cafarena, Paco Laguna, yo mismo, y un largo etcétera, no habíamos estudiado en el colegio, y habíamos llegado allí exclusivamente como consecuencia de nuestra inquietud humana, profesional y/o religiosa y atraídos por la vigorosa personalidad de sus dos cofundadores.

Con los años, los cadetes y aspirantes que en 1951 nos habíamos reunido en Coca, nos convertimos en tenientes, realizamos proselitismo en las academias para aumentar el número y creamos una organización relativamente seria, pues celebrábamos una reunión anual cada verano.[6] Teníamos una dirección elegida por votación en las reuniones anuales (hacia 1957 o 1958 Luis Pinilla había dejado la organización que pasó a ser dirigida por el teniente Alonso Baquer), un ideario, unas normas de conducta, un plan de formación (con libros de Aranguren, García Escudero, Lilí Álvarez, César Vaca, el general Liautey, etc.).

En 1955 creamos un colegio de preparación militar en Campamento, cerca de la colonia de Los Ángeles, que se llamó precisamen-

5. Me lo contó personalmente Pinilla. Además está recogido en Pedro de Silva: *Las fuerzas del cambio.* Editorial Prensa Ibérica. Barcelona, 1996, pág. 159. En este libro se hace un acertado análisis de lo que Forja fue y significó con información inédita interesante.

6. En 1952 y 1953 nos reunimos en el castillo de Belmonte; en 1955, en Collado Mediano y en 1957 y 1958 en el colegio Forja en Campamento.

te Forja. El colegio, que incluso tenía internado, comenzó sus clases en septiembre de 1956, duró tres cursos y en él estudiaron, entre otros, algunos que después destacarían en la UMD, como Jesús Martín Consuegra o Restituto Valero Ramos.

Para afianzar la militancia de los aspirantes que se preparaban en otros colegios realizábamos campamentos durante las vacaciones. En septiembre de 1956 dos jóvenes tenientes dirigimos uno en Collado Mediano para alumnos del CHOE (Colegio de Huérfanos de Oficiales del Ejército). El otro teniente, Ramón Porgueres, brillante profesional en aquellos tiempos lejanos, varias décadas después llegó a ser el JEME (jefe del Ejército de Tierra).

Valoración personal: Forja entre las causas remotas del nacimiento de la UMD

Desde mi perspectiva personal, y siendo consciente de que otros que pertenecieron a esta organización juvenil harán una valoración distinta, quisiera indicar que en mi opinión, Forja fue una consecuencia de la recia personalidad de los dos educadores antes citados, que hizo posible una obra, imposible de entender desde los parámetros actuales. Y Forja, o quizá la personalidad de los dos cofundadores, atrajo cierto número de jóvenes hacia un nuevo espíritu militar, exigente y críticamente ortodoxo, incómodo para los mandos militares y a veces hasta para los propios compañeros.

«Forja —ha escrito Gabriel Cardona— planteó las primeras reservas mentales en los cuarteles después de muchos años de silencio. Su existencia fue debida al deseo de depurar el franquismo desde ideales de un cristianismo renovador. Así en una confusa honestidad nació Forja.»

Con el tiempo, Pinilla, Llanos y algunos de los miembros más activos del grupo evolucionamos hacia posturas cada vez más distanciadas del *establishment* político y militar. A principios de 1959, Forja tenía sesenta y tres oficiales en los cuarteles y sesenta cadetes en las academias y estaba comenzando a realizar un alejamiento del franquismo y una toma de conciencia democrática, por lo que fue disuelta por las autoridades militares que probablemente ya hacía tiempo que tenían noticia de su existencia. De haber seguido, quizá habría llegado a ser en la década de los sesenta lo que fue la UMD en la década siguiente, o sea, una organización clandestina de militares que deseaban posibilitar la democracia utilizando el proselitismo individual para propagar sus ideas. Quizá. O quizá no.

Ciertamente, la evolución de Forja desde un grupo de militares jóvenes, llenos de inquietudes, era sólo una posibilidad que puede ser discutible, pero lo que es objetivamente cierto y verificable es que Forja fue —como la UMD— una asociación clandestina de militares que vulneraba los suficientes artículos del Código de Justicia Militar para hacer perder la carrera a muchos de sus miembros.

La UMD no tuvo, por supuesto, absolutamente nada que ver con Forja, pero la existencia de Forja quizá propició la aparición, y con seguridad, el crecimiento de la UMD por varias razones.[7] Primera, Forja fue, aunque sin proponérnoslo los dirigentes, una escuela de clandestinidad al habituar a sus miembros a vivir en un grupo secreto, ilegal, menospreciando las rígidas prohibiciones del Código de Justicia Militar. El ingreso ritualizado en Forja, por ejemplo, se hacía de uniforme y jurando guardar secreto ante un sacerdote y sobre los evangelios. Segundo, los jóvenes militares que pertenecieron a esta organización crearon entre ellos unos lazos de amistad extraordinariamente sólidos, fraternales, que veinte años después permitieron realizar con un riesgo mínimo y con relativa facilidad, unas captaciones que en los demás casos eran arriesgadísimas. Y tercero, en Forja se integraba la ideología y la acción. Se inculcaba una ideología que unía al espíritu elitista y mesiánico un alto contenido ético, un afán crítico de mejora social y un fuerte activismo, obviamente de raíz religiosa, que había acostumbrado a sus miembros al proselitismo, a asistir a reuniones periódicas, a seguir un plan de formación, etc. El antiguo miembro de Forja volvía a encontrar todo esto en la UMD, aunque ahora con un contenido laico, profesional y fundamentalmente político.

Y de esta manera veintiocho miembros de la UMD habíamos pertenecido antes a Forja así como tres de los doce fundadores. Dos de los nueve detenidos en 1975 y cinco de sus defensores, también habían pertenecido a este grupo. Las sólidas amistades que allí se habían desarrollado veinte años antes permitieron a la UMD crecer

7. Silva, *op. cit.* pág. 161 y ss., expone opiniones parcialmente semejantes a las aquí expuestas. Para él las dos notas esenciales comunes entre Forja y la UMD son el profesionalismo y el humanismo. Asimismo Francisco Caparrós: *La UMD: militares rebeldes.* Argos Vergara. Barcelona, 1983, pág. 19.

en Madrid y Barcelona y llegar a Santiago de Compostela, Zaragoza, Alicante, Burgos y Granada.

Comprendo que actualmente este tipo de organizaciones y de evolución resulta difícil de entender porque el mundo, y quizá especialmente España, ha cambiado mucho y muy deprisa. Pero la relación de origen entre una organización confesional y una política se produjo en más casos: el sindicato USO nació tras una decisión de la dirección de la JOC (Juventudes Obreras Católicas), y en la ORT podríamos encontrar un origen parecido.

Ciertamente, muchos miembros de la UMD eran descreídos y no tuvieron absolutamente nada que ver ni con los movimientos católicos ni con Forja. Por otra parte, hubo muchas personas de Forja que estuvieron en las antípodas de la UMD pues al disolverse la organización el núcleo de tenientes concienciados en Madrid perdió la posibilidad de incidir sobre un colectivo amplio y disperso por toda España desde los Pirineos al Sáhara. Algunos miembros muy valiosos acabaron siendo recuperados por la dictadura, que los integró a través de los Servicios de Información, sin embargo, muchas de estas personas al liberarse de la presión y poderse reencontrar consigo mismas, son hoy auténticos demócratas. Y lamentablemente, también hubo unos terceros que retornaron a sus orígenes, pero no para ser los jóvenes auténticos y críticos que fueron en su juventud sino para ser simplemente unos nostálgicos para los que todo tiempo pasado fue mejor.

II

EL DESCUBRIMIENTO DE LA DEMOCRACIA

La llegada al cuartel

El día 15 de diciembre de 1954 acabé mi carrera militar y fui destinado a un grupo de ingenieros de la División de Caballería con guarnición en Alcalá. En aquella unidad tuve mis primeras experiencias como oficial. Allí aprendí a mandar. Al cabo de un año pasé a Hoyo de Manzanares, a la Escuela de Aplicación de Ingenieros, un destino de postín en el arma de Ingenieros (que carecía de destinos como la legión, regulares, guerrilleros o paracaidistas) y allí estuve tres años.

En los cuarteles empecé a conocer la España real y quedé fuertemente impactado por el espectáculo hiriente del atraso y la miseria en que aún vivían muchos de mis conciudadanos.

La realidad diaria de la vida militar, el trato con mis soldados, las conversaciones que tenía con ellos (teníamos prácticamente la misma edad) me dieron una visión de España, del gobierno y de la guerra civil bastante distinta de lo que hasta entonces había oído. A ello se añadía la precariedad con la que se vivía en los cuarteles, la escasez del equipo del soldado (que a veces no alcanzaba a cubrir sus necesidades en alimentación o vestuario), el atraso que se hacía patente por los enormes porcentajes de analfabetos y peones mientras que los asistentes y paniaguados abundaban, y estas y otras cosas me hicieron reflexionar y comprender que no se gobernaba rectamente y se fue creando en mi interior una fuerte irritación contra aquellos o aquel sistema que poco a poco consideré culpable de una situación injusta.

No fue un cambio súbito sino un proceso lento. Recuerdo un día de invierno en Hoyo de Manzanares (mil metros de altura) que hacía un frío atroz y mis soldados quitaban con palas la nieve de la carretera. Se me acercó uno de ellos y me dijo que tenía los pies medio helados porque no llevaba calcetines. No me lo podía creer pero era cierto. En un gesto rápido se sacó la bota y apareció un pie sucio, amoratado y sin calcetín. Se les daban dos pares para un año, algo totalmente insuficiente. Como esta anécdota, podría contar muchas más. Los castigos físicos, los cortes de pelo, etc., me producían gran indignación.

Por otra parte, el régimen dictatorial distorsionaba la vida cuartelera. Por ejemplo, estaba ordenado que se abriesen las cartas de los soldados y no sólo de los fichados sino a voleo, unas cuantas, para saber el «estado de la moral de la tropa», etc.

En cierta ocasión me llegó la orden de que al mejor cabo de mi compañía (recuerdo que era un extremeño y se llamaba Vicente Sallarés) que tenía unas extraordinarias dotes de mando, se le quitasen los galones porque su padre, no él, era rojo o lo había sido durante la guerra civil. Evidentemente me planté y no obedecí tamaña monstruosidad que luego supe que era norma general en el ejército desde que había acabado la guerra civil, hacía ya más de veinte años.

Siguiendo las polémicas intelectuales de los años cincuenta

Mientras tanto, la organización militar juvenil clandestina que crearan Pinilla y Llanos había crecido y entre los años 1953 y 1955 salieron de las academias veintisiete nuevos tenientes, con lo que dejó de ser una organización, digamos estudiantil, para pasar a ser una organización de profesionales, en este caso militares. Al acabar la carrera procurábamos concentrarnos en las guarniciones de Jaca y Madrid. En esta ciudad éramos dieciocho tenientes y algunos, como yo mismo, habíamos elegido este destino precisamente para trabajar en la organización.

Con los nuevos graduados Forja cobró especial impulso, y no sólo en el aspecto organizativo sino también en el ideológico, y hacia 1956 realizó una inflexión en el terreno de las ideas: Forja en su época fundacional era una organización con ideología confusa pero conservadora, ya que sus componentes originarios eran catolicismo, nacionalismo y militarismo, aunque estuviesen reelaborados y matizados. Sin embargo, durante la segunda mitad de la década de los cincuenta, el núcleo de Madrid, que era el más importante, comenzó a ser influenciado por los acontecimientos de la vida intelectual, universitaria y política, de modo que en este núcleo se desarrolla una actitud cada vez más crítica, quizá como consecuencia de la obligación que tenían sus miembros de adquirir formación, incluso política. Esta actitud y este talante hizo que las polémicas intelectuales de esa década sobre la concepción de la historia de España (Américo Castro *versus* Sánchez Albornoz), su futuro (Pedro

Laín - Rafael Calvo), la filosofía y el cristianismo (Aranguren - Todolí), la actitud ante los llamados «heterodoxos» (Antonio Tovar *versus* el general Vigón), la aparición del pacifismo y la objeción de conciencia, etc., fuesen atentamente seguidas por nosotros y fuésemos así, poco a poco, aumentando nuestra conciencia política.

Con la revista *El Ciervo*

Esta inquietud nos llevó a participar en dos tertulias, de entre las muchas que proliferaron en los años cincuenta, como representantes de la política prohibida.

La primera fue la de los «amigos de *El Ciervo*». Esta revista, que recogía el espíritu de *Cruz y Raya* de Bergamín, fue creada en 1952 en Barcelona por un grupo de jóvenes católicos de izquierda. En Madrid *El Ciervo* fue acogida con gran entusiasmo por los católicos críticos como Llanos, Aranguren, etc., y a través de Llanos se hizo muy popular entre nosotros. Su lectura era en aquella época lo que más tarde sería *Cuadernos para el Diálogo*.

Como yo seguía teniendo mis raíces en Barcelona (la casa de mis padres, mis amigos, etc.), iba siempre que podía a mi ciudad y allí trabé pronto buena amistad con los tres hermanos Gomis y Roser Bofill (la mujer de Lorenzo), Enrique Ferran, Alfonso Carlos Comín, Jordi Maragall (que con los años sería senador socialista), Antoni Juglar, con *mossèn* Dalmau (que después fue trasladado —léase desterrado— a Gallifa por su obispo), etc. Recuerdo alguna reunión en una cafetería del paseo de Gracia, creo que era Turia, en la casa de los hermanos Gomis, de la calle Muntaner... Allí oí hablar a Alfonso Carlos Comín por primera vez en mi vida de pacifismo y de objeción de conciencia, lo cual me impactó profundamente pues Comín (que era un místico) decía que el objetivo no consistía en defenderse del agresor (tesis que siempre han mantenido los militares progresistas mientras que el resto habla de destruirlo, aniquilarlo, etc.), sino de salvar al agresor de sí mismo, de su maldad interior...

El grupo de *El Ciervo* me turbó profundamente. Sus componentes eran limpios, honestos, de una honestidad acrisolada, y sus concepciones hacían mover mis pilares ideológicos «profesionales», pues si bien cuando los conocí ya era demócrata, aún era militarista. La revista me gustaba e intenté colaborar y a ellos les interesó alguna cosa que escribí, pero existía la prohibición o censura militar previa de la que después hablaré, por lo que no pude hacerlo. Sólo una vez (número 59, de marzo de 1959) publiqué un artículo: «El orgullo colectivo» que firmé con el seudónimo de J. Aluart (era el segundo apellido de mi padre).

Otra revista con la que también colaboré en aquellos años lejanos, haciendo mis primeros conatos periodísticos, fue *La Jirafa*, que se subtitulaba resumiendo su ideología: «con la cabeza arriba y los pies abajo». Era una de las publicaciones juveniles que intentaba la modernización política y social del país. La dirigía Rafael Borràs, que con los años sería uno de los más prestigiosos directores literarios de la ciudad y editor de uno de mis libros, *Pronunciamientos Militares en España*. Lo conocí a través del entonces teniente Javier García Bueno con el que Borràs había hecho el servicio militar. Varias veces nos reunimos Borràs y algún colaborador suyo con el entonces también teniente José Ruiz Nicolau para hablar del futuro, de lo divino y de lo humano en aquellos años de libertad limitada en los que era realmente difícil encontrar personas con las que poder conversar de política.

La tertulia del teniente coronel Sintes Obrador

Otra tertulia a la que a partir de 1956 o 1957 comenzamos a asistir algunos tenientes de Forja y que era, por así decirlo, más nuestra, nació espontáneamente como consecuencia de coincidir en el Regimiento 19 de Artillería, un militar intelectual, Sintes Obrador, varios tenientes de Forja y algunos alféreces de milicias con profundas inquietudes.

El teniente coronel Sintes Obrador había sido director general de Archivos y Bibliotecas de Ruiz Giménez cuando éste fue ministro de Educación y cesó con él en febrero de 1956. Era un militar culto. Había escrito *Espíritu, Técnica y Formación Militar*, un libro que buscaba una nueva mentalidad castrense más de acuerdo con los modernos ejércitos de Europa que con los recuerdos de la guerra civil; su mensaje era, sin embargo, conservador, y pese a las citas de Ortega, Spengler, Liddell Hart, Churchill y Unamuno, Sintes defendía el modelo del oficial-caballero cristiano mejorado por los conocimientos técnicos. Pero ni siquiera esta idea podía tener eco en el ambiente cerrado del momento y Sintes, que era un hombre culto y había hecho la guerra en el bando de Franco, pasó a segundo plano tras la caída de Ruiz Giménez, y regresó a su carrera militar, siendo destinado como teniente coronel en el Regimiento de Artillería a Caballo número 19. A este regimiento habían sido destinados algunos jóvenes intelectuales que hacían seis meses de prácticas como alféreces de milicias. Uno de ellos era Elías Díaz, intelectual carismático, después director de *Sistema*; y otro, Alejandro Muñoz Alonso, años después diputado del PP y catedrático de sociología. Y allí estaban destinados varios tenientes de Forja, como Florentino Ruiz Platero, que sintonizaron rápidamente con Sintes Obrador, de tal modo que se organizó una tertulia que se reunía semanalmente en un pequeño bar próximo a la casa de este último, que vivía en Miguel Ángel, 4. Sintes Obrador era el líder natural del grupo. A éste nos fuimos añadiendo otros tenientes como Miguel Alonso, Gómez Cafarena, creo que Ricardo Marzo, etc., y civiles como Jesús Aguirre, actualmente duque de Alba, pero entonces sacerdote del FLP (Frente de Liberación Popular). A título de anécdota, simplemente divertida, quiero recordar que en aquellas reuniones yo recibía «palos» por defender la «corrompida democracia burguesa» (siempre estuve contra todas las dictaduras incluida la del proletariado) y que los «palos» dialécticos me los daban algunos amigos que hace ya muchos años están conmigo o incluso a mi derecha.

No parece necesario insistir en que el ambiente de estas reuniones era radicalmente contrario a la dictadura y aunque formalmente los temas de trabajo eran otros, como comentar la obra de Stouffer *The American Soldier* de la que el teniente Gómez Cafarena, que sabía inglés, nos traía a cada reunión un capítulo traducido,[1] sin embargo, aquellas reuniones ayudaban a nuestra concienciación política.

Los miembros civiles de esta tertulia nos insistían en la necesidad de adquirir una mayor formación, de hacer una carrera civil. El primero que se decidió fue Florentino Ruiz Platero que presionado por Elías Díaz decidió estudiar Ciencias Políticas. Al año siguiente me matriculé yo y ahí empezó a cambiar mi vida pues en la universidad mi irritación antifranquista, de raíz emocional, vital, producida por las vivencias diarias en la ciudad y en el cuartel re-

1. Miguel Alonso Baquer lo ha recordado en el prólogo al libro de Gwyn Harries-Jenkins y Charles Moskos: *Las fuerzas armadas y la sociedad*. Alianza. Madrid, 1981, pág. 24.

cibió una base sólida, una fundamentación intelectual que cristalizó en una conciencia política. Por otra parte, en 1955 o 1956 el padre Llanos decidió desentenderse de todo contacto con burgueses, militares, universitarios, etc., para irse a vivir al Pozo del Tío Raimundo, barrio de chabolas, que en aquella época ofrecía un alucinante espectáculo de miseria y barro (digamos entre paréntesis que veinte años después Pinilla hizo lo mismo y dejó su carrera cuando ya era general de división). Los tenientes jóvenes que por fidelidad personal al maestro le íbamos a visitar al Pozo quedamos fuertemente impresionados ante el espectáculo hiriente de miseria e injusticia. Esta tercera vivencia junto con las conversaciones con los soldados y el estudio universitario nos hizo reflexionar y nos ayudó a concienciarnos de que el régimen de Franco debía ser abolido. Y poco a poco, lentamente, penetraba en nuestras mentes con fuerza una idea nueva: era preciso devolver al pueblo su libertad.

La revista *Reconquista* y la apertura de Ruiz Giménez

El primer enfrentamiento generacional dentro del ejército entre militares que habían hecho la guerra y más concretamente entre alféreces provisionales y militares de la posguerra lo protagonizaron algunos tenientes de Forja coincidiendo con las tensiones que se produjeron en Madrid, durante el final del ministerio de Ruiz Giménez. Éste, como es sabido, realizó el primer intento aperturista del régimen entre 1951 y 1956,[2] reponiendo en sus cátedras a los entonces llamados heterodoxos (Ortega y Gasset, Duperier, Boix Raspall en Barcelona, etc.) propiciando el nombramiento de rectores como Laín Entralgo en Madrid y Tovar en Salamanca, intentando que el SUE, Sindicato Único de Estudiantes, adquiriese una máxima apertura, etc. Por otra parte, la tensión la producía, más

2. En 1951, Franco hizo ministros a dos dirigentes católicos, Martín Artajo, de «la santa casa» (o sea, de la Editorial Católica, ligada al obispo Ángel Herrera y los restos de la antigua CEDA) y Joaquín Ruiz Giménez, dirigente de la Acción Católica. Estos nombramientos cayeron muy mal entre los sectores del viejo franquismo, del movimiento. A Martín Artajo, en los círculos falangistas se le llamaba peyorativamente «el elefante blanco» y a Ruiz Giménez, «Joaquinito» con la misma intención. Sin embargo, contribuyeron decisivamente a romper el aislamiento del régimen al lograrse la firma del Concordato con la Santa Sede y el Pacto de Mutua Defensa con Estados Unidos.

que sus propias acciones, su talante personal, y así, un hecho tan normal (desde la perspectiva actual) como fue su asistencia al entierro de Ortega desencadenó la ira del poderoso sector inmovilista y produjo una gran crispación.

Los tenientes de Forja, como ya he dicho, habíamos conectado a través de José M.ª Llanos con el sector católico renovador y en la crispación de los años 1954-1956 nos alineamos con los aperturistas librando una pequeña batalla en el único lugar del ejército en que existía un espacio de libertad, el consejo de redacción de la revista *Reconquista* y las tertulias que esta revista organizaba.

Reconquista[3] había nacido en 1950 y era inicialmente el órgano de los militares aperturistas. En febrero de 1952 (ya es ministro Ruiz Giménez y su amigo y colaborador, el entonces teniente coronel Sintes Obrador es director general de Archivos y Bibliotecas), la revista dirigida por el general Álvarez Serrano dio un paso adelante y publicó un vigoroso editorial que la alinea con la corriente crítica: «El primer mandoble contra nosotros mismos», llegaron a escribir. Y se inicia la apertura, el debate y la polémica.

En el número 51 de marzo de 1954, el editorial titulado «El Camino de Reconquista» indica por una parte, la implantación ascendente de la revista que según el editorial es leída casi por el 20 por ciento de los oficiales y por otra, el inicio de los ataques del sector integrista:

> Hay quien pretende inducirnos a frenar, acusándonos de meternos en camisas de once varas o intentando asustarnos por las consecuencias de lo que llaman crítica, y hay por el contrario quien nos acucia a emplear la espuela con apelaciones a la urgencia, a la prisa, a la demolición, a la censura, al vituperio. No haremos caso del freno, ni de la espuela... hemos abierto brecha en fortines que cerraban el paso, como la ignorancia maliciosa, la incomprensión egoísta y la voluntaria ceguera de las conciencias culpables... hemos tenido que oír insidias como la murmuración insolente que identificaba nuestro puro afán, con la solapada tarea de una especie de masonería blanca y se nos motejaba de intrigantes.

Simultáneamente, en este mismo número, y desde una perspectiva opuesta, Jorge Vigón publicaba un artículo titulado «Un ejérci-

3. Sobre esta polémica puede leerse Juan Carlos Losada: *Ideología del Ejército Franquista 1939-1959*. Itsmo. Madrid, 1990.

to apolítico» en el que aprovechando lo ocurrido al ejército alemán de Von Seeckt (que aceptó la llegada de Hitler al gobierno) señala lo peligroso que era para cualquier régimen (y consecuentemente también para el franquista) el apolitismo de sus militares.

Alonso Baquer y el enfrentamiento de los tenientes jóvenes con los «alféreces provisionales»

En el número 54, correspondiente a junio de 1954 (el año en que las críticas contra la apertura arrecian más), la revista coloca como primer artículo uno escrito por un joven teniente, Miguel Alonso Baquer, número uno de su promoción y entonces líder de Forja, que se titula: «Modernos y antiguos en el ejército.» En el artículo se habla de los nuevos oficiales, estableciéndose ciertas analogías con el artículo que García Escudero (entonces teniente coronel)[4] había publicado en la revista católica *Incunable* con el título «Jóvenes y viejos en la Iglesia».

Este artículo inicial del teniente Alonso fue continuado por otros dos: «Tradicionales y Revolucionarios» (número 61, de enero de 1955) y «Bélicos y sociales» (número 66, de junio de 1955) que provocan una fuerte polémica que viene a sumarse a las que ya existen en la revista entre aperturistas e inmovilistas.

En el número 67, de julio de 1955, se publica un artículo de otro de los líderes de Forja, Javier Calderón, con el tiempo teniente general y director del CESID, titulado «Francia y el Cuartel como Escuela, Taller y Hogar» en el que apunta que el soldado pierde tiempo en el cuartel y por tanto se debe aprovechar el servicio militar para educarlo. La réplica llega dos meses después en un artículo de JAL (número 69, de septiembre de 1955) en el que se opina que las tareas sociales son impropias del ejército. En el mismo número otro teniente joven, José Casinello, defiende al teniente Alonso Baquer.

Los ataques contra los tenientes de Forja que colaboran con la revista hacen que el consejo de redacción salga en su defensa y se publique un editorial titulado «Reafirmación de principios» (haciendo referencia a la línea editorial iniciada en febrero de 1952) en el que se dice:

4. Años después director general de Cine y tras el 23-F instructor del sumario. Llegó a general auditor.

> Contra nuestra voluntad surge en torno a lo que *Reconquista* es, y a lo que *Reconquista* quiere ser, una cierta confusión (...). Algunos dicen que somos lo que no confesamos (...). Se califica de panfletario el caballeresco tono polémico de algunos de nuestros ilustres colaboradores (...). Los duros tildan de pedantería esas jóvenes plumas, de las que el Ejército puede esperar mucho, por reafirmar el talante crítico.

En el mismo número se publican dos artículos, uno de José M.ª Llanos titulado «A belicosos» y otro del comandante integrista Juan de Zabala titulado «A imbelicosos» demostrativos de las polémicas del momento. La tensión entre los jóvenes oficiales aperturistas y los «alféreces provisionales» inmovilistas en los consejos de redacción y reuniones de la revista llegó a ser tal, que en una de ellas, el citado Zabala le tiró un tintero al teniente Gómez Cafarena, lo que pese a ser un hecho irrelevante y anecdótico, cito por ser algo indicativo de la tensión que se llegó a crear. Y en el ámbito de esta tensión creciente el teniente Miguel Alonso mandó al director, el general Álvarez Serrano, una «Carta Cerrada» que paradójicamente se publicó con este mismo título. En ella Alonso decía que vistas las cosas era preciso «buscar un nuevo César». Alguien entendió que había que sustituir a Franco. Fue el punto final de la polémica.

La caída de Ruiz Giménez y el fin de la polémica de *Reconquista*

En febrero de 1956 cayó Ruiz Giménez y se detuvo la apertura con lo que los debates que se realizaban en *Reconquista* perdieron sentido y quedaron condenados a desaparecer. El ministro del Ejército nombró director de la revista al general Jorge Vigón (número 78, de junio de 1956), conocido ultra procedente de Acción Española que en aquel invierno se había enfrentado a Tovar, el rector aperturista de la Universidad de Salamanca, en una conferencia en el Ateneo de Madrid.[5]

5. En un ciclo de conferencias, creo recordar, en el Ateneo de Madrid, Tovar había hecho unas críticas a los guerrilleros españoles de la guerra de la Independencia aludiendo a su barbarie, recogida en los dibujos de Goya y reconocida incluso por el teniente general Martínez Campos en su *España Bélica*. En la conferencia siguiente, titulada *Lealtad, discrepancia y traición*, el general Jorge Vigón arremetió contra Tovar acusándolo de falta de patriotismo, lo que en aquellos años significaba

Vigón cambió el consejo de redacción apartando a los de Forja y demás críticos y se acabó la polémica para entrar así la revista mansamente en la línea del integrismo total. Por ejemplo, uno de los temas céntricos de la revista pasó a ser la equiparación del cuerpo de oficiales con la nobleza, tema al que se dedican los artículos más destacados de aquella época (uno en el número 77, dos en el 78, otro en el 79, etc.).

Los de Forja, perdida la tribuna de *Reconquista*, nos defendimos mediante unas *Notas Informativas*[6] ciclostiladas, que en general escribía Miguel Alonso. Cuando a principios de 1959 Forja fue disuelta pasamos a colaborar en la revista *Pensamiento y Acción*, de lo que se hablará más adelante.

Por otra parte, el 25 de febrero de 1957 se produjo una remodelación ministerial (la caída de Ruiz Giménez fue un hecho aislado que sólo le afectó a él y al ministro del Movimiento). En el nuevo gobierno los militares volvieron a tener una gran presencia ya que contaban con nueve carteras. El general Vigón fue nombrado ministro de Obras Públicas y en junio, el general Carmelo Medrano pasó a ocupar su lugar como director de *Reconquista*. Era un incondicional y amigo personal de Franco y dirigió la revista hasta su muerte, acaecida doce años después, en septiembre de 1969. En el número 91, de julio de 1957, el segundo que se publica bajo su dirección, en el editorial se escribe: «No hay posibilidad de duda, hoy, acerca del objeto de nuestra lealtad: La España del 18 de julio, con su fe, sus esperanzas y su Caudillo.»

Como es lógico, a los tenientes de Forja el nuevo gobierno nombrado el 25 de febrero de 1957 no nos gustó. En agosto de aquel año,

---

el fin de cualquier hombre público. Y en uno de los epígrafes de la conferencia, que tituló «El opio de los intelectuales», Vigón concluyó: «quien tal concepto tiene, y difunde, de una de nuestras más puras glorias, era entonces (cuando lo dijo) y es ahora Rector Magnífico de la Universidad de Salamanca». El ataque de los inmovilistas al equipo de Ruiz Giménez difícilmente podía ser más contundente. La conferencia fue recogida en el libro de los generales Carrasco Verde, Jorge Vigón y otros: *Cien años en la vida del Ejército Español*. Nacional. Madrid, 1956, pág. 162.

6. El 16 de abril de 1957, los tenientes de Forja de Zaragoza enviaron un largo documento titulado *Las Directrices de Forja*. En él se decía que se debía tener una «activa atención política» que hacía obligatorio adquirir formación al respecto. Para ello, los tenientes destinados en Jaca comenzaron a enviar unas *Notas informativas* (cuya extensión era de uno a tres folios, pues a los oficiales jóvenes aún no nos gustaba leer) que escribía, en Madrid, el teniente Miguel Alonso Baquer, que era el intelectual del grupo y que recogían la actualidad política interior o internacional del momento.

Alonso Baquer redactó un documento sobre el gobierno, titulado *Notas sobre la Situación Nacional* en el que, prudentemente, hizo una valoración negativa.

Entramos en contacto con el Frente de Liberación Popular (FLP o FELIPE)

Durante los veranos, varios tenientes, que de hecho formábamos el núcleo central de Forja: Miguel Alonso, Ruiz Platero, Ruiz Nicolau (Celso), Pérez Grueso y yo, íbamos a Santander a la Universidad Menéndez y Pelayo y allí se nos unían otros dos tenientes de la organización, destinados en aquella ciudad: Antonio Gil Muley, que con los años sería miembro de la UMD y entusiasta defensor de la democracia y Félix Alonso, que era primo de Miguel. En la UIMP habían comenzado a celebrarse cursos de problemas militares en 1951, gracias al impulso de Sintes Obrador que pudo organizarlos por su doble condición de militar y director general del Ministerio de Educación.

Durante el curso del año 1958 aproveché la estancia en Santander para conocer a Ignacio Fernández de Castro, que era entonces el mítico líder del FLP. Fui a su casa (un piso cuya sencillez me sorprendió) con el teniente Miguel Alonso Baquer, primo de los Martín Retortillo Baquer, que entonces militaban en el FLP, vulgo Felipe. Recuerdo perfectamente la entrevista porque fue el primer contacto político de mi vida y dada la dictadura gobernante me produjo la lógica desazón, pero también porque acababa de leer *Del paternalismo a la justicia social* y me identificaba con el proyecto de revolución cristiana que auspiciaba la última parte de la obra. Unos días después acudieron a su casa otros tenientes de Forja. Hicimos un par de reuniones más en una barca, en el mar, ya que allí la policía no nos podía vigilar ni escuchar.

Al acabar el verano establecimos un contacto permanente que se encomendó al teniente Alonso y a uno de sus primos del FLP. Informalmente había varios contactos más: yo hablaba con el padre Aguirre (hoy duque de Alba) en su confesionario de la capilla de la ciudad universitaria de Madrid, con Alfonso Carlos Comín en su casa de la calle República Argentina y con Juan Gomis en el despacho de *El Ciervo*.

En resumen, durante la segunda mitad de la década de los cincuenta algunos tenientes de Forja, especialmente el núcleo dirigente de Madrid (algunos de cuyos miembros ya habíamos comenzado a estudiar en la universidad) realizamos una toma de conciencia política que nos hizo evolucionar rápidamente hacia la democracia y, en este sentido, los contactos con los hombres del FLP fueron importantes.

Disolución de Forja y radicalización política (1959-1960)

A principios de 1959, la organización, que lógicamente debía estar detectada e infiltrada desde hacía años, fue disuelta por la superioridad. La causa exacta jamás la supimos. Quizá fueron los contactos con el FLP u otros que tenían mis compañeros de Madrid los que decidieron al gobierno a acabar con Forja a comienzos de 1959, lo que para mí, que llevaba siete años en esta organización, fue un duro golpe. Sin embargo, la decisión del gobierno era lógica: en el momento de su disolución Forja contaba con cuatro capitanes, cincuenta y nueve tenientes (trece en Madrid, siete en Jaca, cinco en Zaragoza, cuatro en Lérida, etc.) y además sesenta cadetes que en un plazo de cuatro años se habrían convertido en tenientes. Hoy, con cuarenta años de perspectiva y conocimiento de las pautas de conducta franquistas, parece lógico creer que la disolvieron en el momento en que por el despegue político y el aumento del número de tenientes comenzaba a convertirse en un peligro.

Sin embargo se nos dijo —y nosotros entonces nos lo creímos— que la organización había sido descubierta por una indiscreción de un teniente, Carlos Alaiz Miranda, destinado en Valladolid, al que se impuso un arresto. Franco abroncó al general-arzobispo Nuño Yerro que era el vicario general castrense y que de alguna forma había autorizado la organización. El jefe del Estado Mayor Central reprendió a Pinilla, que aun cuando ya hacía un año que había dejado esta organización dio hidalgamente la cara por la misma y pasó a la situación de «supernumerario». Miguel Alonso, que había sustituido a Pinilla en la dirección, fue destinado a la segunda sección de Estado Mayor de Capitanía, supongo que para tenerle totalmente controlado.

El grupo de tenientes de Madrid no aceptamos la disolución y realizamos algunas reuniones en 1959 en un local de la calle Conde de Xiquena que nos prestaba Acción Católica. A estas reuniones invitamos a varios tenientes de mi curso de la Escuela de Estado Mayor hasta que fuimos descubiertos por segunda vez decidiéndose entonces la disolución definitiva. En estas últimas reuniones las críticas a la dictadura eran ya descaradas: algunos hablábamos claramente de acabar con aquella situación. Por otra parte todos los domingos nos reuníamos en la cafetería Yucatán, en la glorieta de Bilbao, que tenía un discreto altillo en el que «rajábamos de lo lindo» contra Franco y su régimen aunque quizá éramos más confusos criticones y protestones que otra cosa.

Cuando ya llegamos a la conclusión de que era imposible reorganizar Forja, decidimos darle un cierto contenido a estas reuniones y buscamos el paraguas de la Iglesia. Un jesuita intelectual, el padre Iturrioz, director de *Razón y Fe*, nos prestó un local en su residencia y allí hacíamos reuniones y tratábamos de temas de actualidad. Invitamos a varios militares cultos, entre otras cosas porque eran las personas que conocíamos. Recuerdo que asistieron los entonces tenientes coroneles Tafur, Eduardo Blanco y Sintes Obrador, con los que más tarde colaboraría en un libro, el también teniente coronel Juan Yáñez, brillante profesor de economía de la Escuela de Estado Mayor, etc.

En noviembre de 1959 se celebró el consejo de guerra contra Julio Cerón, uno de los líderes del FLP y varios de nosotros conseguimos entrar en la sala gracias al documento militar de identidad. Habían hecho correr el rumor en la Escuela de Estado Mayor que convenía que asistiesen militares para contrarrestrar posibles algaradas en la sala. Lo que supongo que ni les pasó por la cabeza era que un grupo de militares fuimos aprovechando sus facilidades pero con un fin totalmente contrario: por la simpatía que sentíamos hacia el acusado. Y recuerdo que nos indignó que los jueces fueran militares (aún no sabíamos que cualquier actividad de la oposición era condenada en consejos de guerra) y contrariamente nos agradó que los defensores también lo fueran (entonces tampoco sabíamos que no podía ser de otra forma).

El *affaire* Gironella y el calvario del coronel Delgado Piñar

Disuelta Forja y cerrada la posibilidad de publicar en *Reconquista*, el grupo de jóvenes tenientes pasamos a colaborar en *Pensamiento y Acción*. Era una revista del apostolado castrense, carrinclona y floja con avaricia, que en Barcelona publicaba el coronel de ingenieros Delgado Piñar. Delgado Piñar era un hombre muy católico y conservador pero excelente persona y sobre todo muy abierto. Hablé con él, le expuse lo que pasaba y decidió acogernos. Creo que más por su bondad natural que por otra razón. Con el impulso de las nuevas colaboraciones la revista adquirió cierta divulgación en los medios militares y cambió de formato en enero de 1960.

Como Delgado Piñar nos dejaba hacer, solicitamos colaboraciones para la revista a Ruiz Giménez, José M.ª Llanos, Sintes Obrador, Laín Entralgo, uno de los hermanos Gomis, el padre Iturrioz S.J. (director de *Razón y Fe*), etc., y dedicamos atención a los problemas del colonialismo, al europeísmo, a la objeción de conciencia, el ejército social (en referencia a la función social del ejército), el problema de Cataluña, los valores que defiende Occidente, etc. Para solicitar las colaboraciones solíamos ir dos o tres tenientes, normalmente Miguel Alonso, Florentino Ruiz, Jacinto Pérez Grueso o yo. Y así recuerdo que conocí a Pedro Laín Entralgo, personaje que para nosotros era mítico por ser autor de *España como Problema* y más especialmente por su volumen sobre *La generación del 98.* La estructura que dimos a la revista era un artículo central de una de las personalidades citadas y tres pequeños artículos de tres tenientes jóvenes reabundando en lo mismo, con lo que *Pensamiento y Acción* se fue convirtiendo *de facto* en portavoz de los tenientes jóvenes ya que colaboramos muchos: Alonso Baquer, Martín Biscarri, Pérez Grueso, Alaiz Miranda, Gómez Cafarena, Luis Guerrero, Florentino Ruiz, José M.ª Cirera, Alberto Pérez Moreno, Argimiro Calama, y yo, entre otros.

Se fue creando cierta pugna entre las dos revistas del apostolado castrense, *Reconquista* que como ya antes se ha indicado estaba entonces dirigida por el general Carmelo Medrano, un integrista de la línea de Jorge Vigón y *Pensamiento y Acción*, a pesar de que esta revista también era católica y conservadora. Obviamente eso le creó mal ambiente.

En junio de 1961 (número 129) se publicaron dos recensiones comentando la obra de Gironella *Un millón de muertos*. Es preciso aclarar que en esta obra (que era muy esperada porque su primera parte *Los cipreses creen en Dios* tuvo un gran éxito editorial) se narraba el fusilamiento de un cura vasco por los franquistas y este párrafo produjo una gran conmoción porque quebraba la idea de que la guerra civil había sido una Cruzada contra los enemigos de la Iglesia y se levantó una gran campaña contra Gironella, que tuvo que marcharse una temporada y hacer un largo viaje. En este ambiente crispado se publicaron las dos recensiones citadas. Eran comentarios objetivos, asépticos, que precisamente por serlo no gustaron a Luis García Arias, un catedrático de la Facultad de Derecho de la Universidad de Zaragoza que había creado la Cátedra Palafox de Cultura Militar y denunció al gobierno la desviación de la revista, por lo que ésta fue cerrada al mes siguiente. Al coronel Delgado Piñar, que mandaba el Regimiento de la Red Permanente (regimiento de postín del servicio de Transmisiones), le llamó a su despacho el teniente general jefe del Estado Mayor Central y tras la bronca de rigor, le quitó el mando del regimiento y lo mandó a su casa de Barcelona sin permitirle despedirse de sus oficiales. Un año después lo pasaron a la Reserva sin tener la edad reglamentaria, truncando la carrera de un militar que de haber seguido en activo habría llegado a teniente general. Cuando un par de años después me casé, le pedí que viniese a mi boda con su uniforme de coronel, cosa que hizo y me comentó con cierta amargura que era la primera vez que se lo ponía desde que le habían quitado el mando del regimiento.

III

INICIO MI ACTIVIDAD CONTRA LA DICTADURA

En la Escuela de Estado Mayor

En 1958 ingresé en la Escuela de Estado Mayor. El ingreso era de nuevo —como cuando en 1950 ingresé en la Academia Militar— una oposición y los aspirantes superábamos el número de plazas. No era una oposición multitudinaria y éramos sólo dos o tres por plaza, pero la dificultad era grande porque todos los candiatos ya eran profesionales: capitanes o tenientes. Pero de nuevo y pese a ser, como cuando me presenté a la Academia de Zaragoza, de los más jóvenes, conseguí ingresar a la primera y con buena puntuación.

Me ayudó a preparar la oposición el coronel Fernando de Salas López. Era uno de los militares más cultos que he conocido a través de cuya *«literatura militar»*, adquirí conocimiento de los clásicos militares y observé con alegría que los más destacados pensadores militares del siglo pasado, Villamartín, Barado, Banús, San Miguel, etc., eran liberales y por tanto, defensores del mismo sistema político, democrático-liberal, que yo defendía en el ejército franquista de aquellos años.

El plan de estudios era bueno y se adquiría una buena formación. Y gracias a las enseñanzas de la Escuela en verano aprobé algunas asignaturas en la Facultad de Ciencias Políticas sin abrir un libro. Algunos profesores eran brillantes, como el teniente coronel Yáñez, de Intendencia, que nos explicaba economía, el «tío Sergio» (Sergio Gómez Alba) que lo hacía en energía atómica, los profesores de historia y geografía, «el sordo» Rupérez, extraordinario en organización, el «tío Félix» (Álvarez Arenas que sería ministro del Ejército) en táctica, etc. Sin embargo, y pese que a mí siempre me ha gustado estudiar, la estancia en la Escuela me resultó muy dura. La razón era la forma de calificar y el concepto selectivo, elitista, de la dirección del centro. La asistencia a clase era obligatoria. Nos señalaban tarea y temas de estudio de un día para otro (normalmente excesivas, casi imposibles de realizar) y además nos sacaban a la pizarra para interrogarnos. Cada dos meses nos calificaban y si se repetía el suspenso dos bimestres seguidos en cualquiera de las asignaturas se nos expulsaba de la Escuela.

Como además la táctica, que era la asignatura central de los tres cursos, más que una ciencia, es un arte, y los criterios y valoraciones son bastante subjetivos, la dificultad aumentaba al tener que «adivinar» el criterio del profesor. Así se creaba una tensión permanente muy elevada. En mi curso, de los cincuenta y nueve que ingresamos, a doce se les apartó de la Escuela y no se les concedió el diploma, con lo que tuvieron que regresar al cuartel con el sambenito fastidioso de que te «habían expulsado». Y como los cursos académicos eran tres y hasta el final te podían expulsar, la angustia y el estrés eran notables. En mi promoción varios tuvieron una úlcera de estómago.

Durante los últimos años de mi estancia en la Escuela de Estado Mayor mi inquietud política fue aumentando. Vivía en la residencia de oficiales y comía con los también tenientes José y Celso Ruiz Nicolau, Florentino Ruiz Platero y Luis Guerrero. Las tertulias de la mesa, con unos compañeros preocupados por la realidad de España, eran una incitación constante. Con ellos tenía total confianza puesto que procedían de Forja. A la tertulia de nuestra mesa solían añadirse otros compañeros, como Miguel Iñíguez, cuando se quedaban a comer en la residencia. Iñíguez ya era capitán y llegaría a ser jefe del Ejército de Tierra (en argot JEME) desde 1986 a 1989.

En la Facultad de Ciencias Políticas

Durante los cuatro años (1958-1962) que fui alumno de la Escuela de Estado Mayor estudié simultáneamente la carrera de ciencias políticas. Era algo que tenía que hacer con discreción porque en la Escuela a los profesores les irritaba que fuésemos a la universidad, por lo que varios que estudiábamos carreras civiles procurábamos que no se supiese porque si la noticia llegaba a los profesores corríamos el riesgo de ser mal calificados.

La Facultad de Políticas aún estaba en el viejo caserón de la calle San Bernardo, a cinco minutos escasos de la calle Santa Cruz de Marcenado, en la que estaba, y aún está, la Escuela de Estado Mayor y resultaba fácil llegar andando. Y hacerlo era gratificante y refrescante. Era cambiar de mundo. Me solía saltar las clases de equitación, gimnasia y yudo, en las que había cierta tolerancia, para ir a la facultad a oír a Juan A. Maravall (padre), a Arbolella, a Carlos Ollero, a Díez del Corral, a Valdeavellano y a otros grandes maestros. También para meterme en las asambleas de estudiantes en las que veía con preocupación y angustia que los estudiantes tampoco querían la libertad, sino una dictadura de otro signo (estoy hablando de finales de los cincuenta).

Estudiar ciencias políticas con cierta edad, con cierta madurez y además hacerlo por libre o sea, enfrentándome en solitario con algunos textos extraordinariamente rigurosos, afectó profundamente mi ideología política. Especialmente dos del FCE de México: la *Historia de la Teoría Política* de Sabine y la *Teoría y realidad de la organización política democrática* de Friedrich me produjeron gran impacto y me hicieron comprender que la democracia es primordial y que la única democracia real es la liberal o constitucional. Sin embargo, lamentablemente, a finales de los cincuenta, los partidarios de este sistema, que es el actual, éramos pocos, pues por una parte los franquistas aún eran numerosos, y por otra, la dictadura del proletariado (o sea un régimen parecido al ruso), aunque ahora asombre, tenía muchos partidarios pues el PCE aún no había asumido la defensa de las que entonces llamaba peyorativamente libertades formales o burguesas y el FLP (Frente de Liberación Popular o Felipe) mantenía la misma posición. Esto me producía una gran preocupación que me angustiaba, lo que me decidió a actuar, a organizar una plataforma de personas realmente demócratas, o sea, simultáneamente contrarias a ambas formas de dictadura.

El Parral, 1961: Un intento de Plataforma Democrática Unitaria

Consulté con mi amigo el cura Llanos y decidimos organizar una reunión con algunas personas que compartían nuestra posición: «Construir una sociedad sin clases, sin explotación, pero de hombres libres, plenamente democrática.» Era la bella utopía que tanto nos movió durante quince años (de 1960 a 1975).

La reunión se celebró en el monasterio de los Jerónimos de El Parral (Segovia) durante el verano de 1961. La cobertura la proporcionó un curso sobre *Doctrina Social de la Iglesia*, que en teoría era impartido por José M.ª Díez Alegría, que, como Llanos, posteriormente militaría en el PCE. Eran íntimos amigos.

Acudieron a la cita los hermanos Lorenzo y Juan Gomis de la revista *El Ciervo* (el primero dirigió varios diarios en Barcelona), *mossèn* Dalmau, párroco de Gallifa (al que la prensa fascista siempre anteponía «el tristemente célebre» por lo mucho que se movía), Jordi Maragall (hijo del famoso poeta catalán y padre del alcalde Pasqual Maragall, que en la España democrática sería senador socialista), Rocha (que llegaría a ser diputado del PSC), Manuel Lizcano y José Luis Rubio, que lideraban unos grupos sindicalistas, dos o tres curas-obreros (uno de ellos vino de Galicia) que trajo el padre Llanos, varios obreros de la HOAC que trajo *mossèn* Dalmau (dos eran mujeres, lo que obligó a montar una tienda fuera del monasterio, ya que los monjes no permitieron que pernoctasen dentro) y varios tenientes procedentes de Forja a los que yo invité (entre los que recuerdo a Jacinto Pérez Grueso y Florentino Ruiz Platero, actualmente coroneles retirados). No recuerdo si asistió Leopoldo Arranz que dirigía la Editorial Euroamérica de la BAC y excusaron su asistencia Carlos Santamaría, dirigente de Pax Christi (después destacado miembro del PNV) y Gervasio Rovirosa, líder de la HOAC, que por aquellas fechas perdió una pierna en un accidente y se retiró al monasterio de Montserrat. En total éramos unos veinte o treinta.

La reunión duró tres días. El primero lo dedicamos a tratar de la libertad, los derechos humanos, la forma de elegir el gobierno, etc., y el segundo al tema de las clases sociales y la desigualdad. Díez Alegría dio dos charlas sobre la posición de la Iglesia ante ambas cuestiones (con enorme buena voluntad estiraba la doctrina católica como si fuera un chicle y te llegabas a creer que la Iglesia era de izquierdas).[1] El tercer día hablamos del federalismo y las autonomías: de Cataluña y de España.

El Congreso de Múnich y la abortada reunión de 1962

Durante el curso 1961-1962 preparé la siguiente reunión. Viajar a menudo de Madrid (donde estaba la Escuela de Estado Mayor) a Barcelona (donde vivía mi familia) me permitía contactar con personas de ambas ciudades. Y así, a la reunión de 1962 debían acudir, además de los asistentes el año anterior, Jacinto Alegre Marcet, que con Bascomte lideraba a los graduados de Acción Católica

1. El texto de sus dos conferencias, reelaborado, dio lugar a un libro titulado *Actitudes Cristianas ante los problemas sociales.* Estela. Barcelona, 1963.

de Barcelona (murió siendo uno de los dirigentes de Banca Catalana), Enrique Ferran, que se consideraba socialdemócrata, Enrique Miret Magdalena, que dirigía la cátedra Pío XII de doctrina social de la Iglesia (con los socialistas fue director general en el Ministerio de Justicia), y algunos militares más.

En junio de 1962 ya había ascendido a capitán y acabado mis estudios en la Escuela de Estado Mayor. Estaba ultimando la preparación de la segunda reunión de El Parral, y ya había celebrado varias reuniones previas en Madrid y en Barcelona cuando con sorpresa leí en la prensa que se había celebrado el Congreso de Múnich y que uno de los asistentes, creo que Madariaga, había dicho que contaba con militares para acabar con la dictadura, lo que me dejó muy preocupado porque en aquella época el ejército era políticamente monolítico y los que en los cuarteles nos permitíamos formular algunas críticas (aunque muy moderadas, claro está) no llegábamos a una docena y además algunos estábamos fichados desde que en 1959 el gobierno había disuelto Forja, por lo que era de prever que íbamos a ser objeto de vigilancia especial.

Mis temores resultaron ciertos. Eché de menos papeles manuscritos en mi habitación de la residencia de oficiales de la Escuela de Estado Mayor, que aun cuando eran notas de las asignaturas de la carrera de ciencias políticas que estaba estudiando parecían tener contenido político partidista y supongo que por eso me los cogieron. Unos días después sorprendí a dos capitanes de mi curso, J. G. y M. V., registrando mi habitación y desconcertados me dieron una excusa absolutamente increíble. Comencé a ser vigilado y seguido en una forma a veces discreta, pero otras ostensible, supongo que con intención intimidatoria.

No fui el único sometido a vigilancia. A otros dos capitanes de mi curso les pasó lo mismo. Uno de ellos, José Besteiro, simplemente por ser sobrino-nieto de Besteiro, el histórico líder del PSOE, o quizá por haber sido el defensor del general Vicente Rojo cuando volvió del exilio. Del otro sólo recuerdo que se llamaba Alonso y nunca más volví a saber de él.

Y lo mismo ocurrió a otros de los que debían acudir a la segunda reunión de El Parral. En resumen, la represión que siguió al Congreso de Múnich imposibilitó la reunión, que inicialmente fue aplazada, pero ya nunca se llegó a realizar, frustrándose la posibilidad de una plataforma unitaria que además tenía cierto apoyo clerical y militar.

Un seguimiento policial neurotizante

Como el cerco en torno a mí se iba haciendo un tanto asfixiante, el curso estaba prácticamente acabado y aquel verano me iba a casar, decidí irme de Madrid, pues en la residencia de oficiales en que vivía me sentía totalmente controlado. Así es que me presenté al director de la Escuela, que era el duque del Infantado, y le pedí que me adelantase un mes el permiso de verano a causa de los preparativos de la boda, a lo que el general, que era una buena persona, accedió. No me valió. En Barcelona la neurotizante persecución siguió y cuando ya en mi viaje de novios pasé por Palma de Mallorca, el capitán Celso Ruiz Nicolau, que era yerno del capitán general de Baleares (general Alonso Alonso), me avisó, muy en secreto, que su suegro había recibido un boletín de información reservado en el que se nos acusaba a mi padre (que era médico de la Guardia Civil) y a mí de ser socialistas. Y aquella acusación en 1962 era de una gran gravedad. Para quitarme de en medio había programado un viaje de novios largo, lo que hizo que me gastase todos mis ahorros con la esperanza de liberarme del seguimiento policial, que además me provocaba cierta neurosis. Así es que de Mallorca me fui con Montserrat Barenys, mi mujer, al BENELUX. Pero allí la incomodidad aún fue mayor.

El *tour* duraba seis o siete días y pronto observé que sistemáticamente nos ponían en una habitación unida a otra a través de una puerta condenada. Además, la luz de la habitación de al lado no se apagaba durante toda la noche y se notaba una cierta actividad, paseos, etc., indicativa de que allí alguien velaba, ¿vigilaba?, durante toda la noche. Y esto fue ocurriendo durante las sucesivas noches que duró el *tour* pese a que cada día cambiábamos de hotel y de ciudad.

La última noche, ya de regreso a Bruselas, me alojaron en un hotel (se llamaba Bedford) en el que, como siempre, me dieron una habitación unida a otra a través de una puerta condenada. Exigí que se me cambiase y como el gerente se negó, amenacé con irme del hotel ante lo que él accedió a trasladarme.

Aquella noche el que vigilaba, al carecer de la facilidad de una puerta condenada, se vio obligado a vigilar caminando por el pasillo. De cuando en cuando se paraba y pegaba el oído a la puerta de mi habitación. Al día siguiente denuncié lo ocurrido a la policía belga. Sentí la tentación de quedarme en el extranjero y pedir asilo político, pues el montaje me pareció indicativo de que me querían imputar algo importante, con independencia de lo que yo hubiera hecho, ya que no era un Estado de derecho. Detuve mi viaje de novios y decidí quedarme en Bruselas por el momento.

Escribí varias cartas angustiosas explicando lo que me estaba pasando al general Enrique Serra Algarra, un laureado amigo de mi padre que había asistido a mi boda, y a alguna persona más y me contestaron a través de mi padre tranquilizándome y me convencieron para que volviera. También escribí al general Alonso, capitán general de Baleares, pero la carta me la contestaron conjuntamente y en forma muy afectuosa, su yerno Celso Ruiz Nicolau y su hijo Miguel Alonso Baquer, explicándome que no habían considerado oportuno entregar la carta al general Alonso. Éstos me aconsejaron que regresara y puesto que eran amigos íntimos consideré que su decisión sería la mejor para mí. Finalmente regresé. Me recluí en Virgili, un caserío perdido de La Riera (Tarragona), en el que mi suegro tenía una masía y esperé a que llegase el mes de octubre en el que finalmente me entregaron el diploma de Estado Mayor.

IV

ENTRE EL ESTADO MAYOR Y LA IPS

Sospechoso en la Capitanía General

Al año siguiente mi vida fue un infierno. En la calle, en más de una ocasión pude comprobar la persecución intimidatoria y en el Estado Mayor de la Capitanía de Barcelona, a la que fui destinado y donde obviamente expliqué lo que me ocurría, menudearon los desplantes. Detallarlos, de puro amargo, me resulta enojoso. Recuerdo que en cierta ocasión el comandante J. G. destinado conmigo a la tercera sección de Estado Mayor me espetó:

—Y tú que eres democratacristiano, ¿por qué no pides la baja?

Lo bueno del caso era que yo en aquel entonces ni era democratacristiano ni nada, era sólo un militar demócrata que estaba contra la dictadura y además más solo que la una porque al destinarme a Barcelona me había separado de mis compañeros de Madrid.

Otro día, el de la Inmaculada, que era la patrona, estábamos reunidos los de Estado Mayor, que éramos sólo media docena, tomando juntos un aperitivo con el capitán general, Emilio de Lamo Peris. Era una persona correcta, pero que aquel día debía estar irritado por alguna razón ya que al hacer el discurso de rigor, dijo:

—... porque hay enemigos incluso dentro de nuestras filas...

Y el capitán Ángel Crespo, que estaba a mi lado, me dio con el codo y me dijo:

—Eso lo dice por ti.

Naturalmente me marché.

En fin, podría contar muchas anécdotas amargas. Recuerdo un día en que la tensión con el comandante de mi sección, J. G., debió ser tan fuerte que decidimos pasar a las manos para lo que nos encerramos en una habitación en la que guardábamos los documentos «clasificados», que en nuestro argot llamábamos «el cuarto secreto». Cuando ya tras el ritual de «quitarnos la guerrera» (o sea prescindir del grado) íbamos a empezar a pegarnos, el jefe de la sección, el teniente coronel Martín Pintado, nos ordenó abrir la puerta. Inicialmente no le hicimos caso, pues estábamos ambos furiosos. Pero él empezó a golpear la puerta con tal fuerza y ruido que tuvimos que abrirle. Lo lógico habría sido que nos hubiera arrestado a ambos duramente, pero aquel hombre al que la vida había hecho sufrir mucho tenía una gran humanidad y nos ordenó:

—Daos un abrazo y sed buenos compañeros.

Y zanjó así el incidente. Era una excelente persona. Un caballero y un gran militar.

En otra ocasión se decidió organizar una cena y varios compañeros intentaron ignorarme, o sea, que yo no me enterase de que se hacía el acto y por tanto mi ingrata presencia no les molestase. Martín Pintado se enteró. Lo impidió y además en la cena él y su esposa (una mujer extraordinaria que tristemente murió poco después) compartieron la mesa con mi mujer y conmigo cuando a él, lógicamente, le correspondía estar en la mesa del general.

En el Estado Mayor inicialmente lo pasé mal. Como desconfiaban de mí no me daban trabajo, o sea, asuntos a resolver y mientras mis compañeros estaban abrumados yo me veía condenado a una presencia inútil, paralizante. Después de estar así varios días, decidí llevarme a Capitanía los libros que tenía que estudiar para acabar la carrera de ciencias políticas, de la que me quedaban unas pocas asignaturas. Al observarlo cambiaron de actitud. Fue «mano de santo».[1] Algunos años después, en la década de los setenta, las persecuciones y las pequeñas inquisiciones eran la represalia a algo que había hecho, escrito, o simplemente algo que había dicho en el mismo Estado Mayor. Sin embargo, en 1962 cuando llegué a la Capitanía de Barcelona era muy cuidadoso y procuraba no abrir la boca, por lo tanto, la persecución y vigilancia sólo podía estar motivada por algo anterior a mi llegada. Posiblemente los acontecimientos de El Parral.

El general Enrique Serra Algarra (llegaría a teniente general, caso único en la Guardia Civil), que era un gran amigo de mi padre

1. Muchos años después, y estando ya en la UMD, coincidí con Carlos Sanjuán en Madrid donde había sido trasladado forzosamente por segunda vez por sus actividades político-laboralistas de defensa de los obreros. Estaba destinado en el Ministerio de Marina y me contó que al llegar le hicieron un vacío profesional análogo al que yo había padecido muchos años antes. Afortunadamente, los miembros de su cuerpo eran juristas y la arbitrariedad del trato hizo que un teniente coronel jurídico formulase un escrito defendiendo la obligatoriedad de repartir el trabajo. Sin embargo, inicialmente también había una gran desconfianza contra él y uno de sus superiores, Carrero (nada que ver con el almirante), que acudía a la auditoría con una pistola, no se marchaba hasta que él lo hacía.

y tenía un talante e ideología realmente liberal, me protegió y habló con el jefe de Estado Mayor, el general Ruiz Fornells (también se retiró como teniente general). Éste cuando era joven tuvo que sufrir bastante, sobre todo durante la guerra, y quizá todo lo que le había ocurrido, y más que a él a su familia, le ayudó a comprenderme.[2]

De todas formas, y más allá del trato recibido, existían dificultades objetivas difíciles de superar. Recuerdo un día que el comandante J. G., antes citado, me encargó que hiciera el plan de defensa de Barcelona (era algo lógico, pues la tercera sección es la que realiza estos trabajos). A mí el encargo me interesó obviamente como militar y como catalán. Tenía interés en la defensa de mi ciudad de un posible enemigo exterior. Trabajé un par de días y le presenté el trabajo pero el comandante J. G. no lo entendía. Estuvimos hablando un poco. Yo daba mis razones pero no había manera de entendernos. En un momento determinado que recuerdo como si fuese ahora porque me impresionó, me dijo:

—Pero tú, ¿dónde pones el enemigo?

Me quedé desconcertado:

—En el norte, evidentemente, el enemigo viene de Francia (téngase en cuenta que era en 1962).

Me contestó:

—No, hombre, no. El enemigo está aquí, en los barrios obreros.

Y claro, allí era donde en su opinión, tenía que preverse el tiro de la artillería.

Huelgan comentarios. Y evidentemente, yo no hice el plan.

Por otra parte, el trato y la desconfianza no fue siempre igual, sino variable, normalmente en función del capitán general que había. Además del período inicial de llegada a la Capitanía que fue realmente malo, hubo otro período más o menos coincidente con el mandato de Pérez Viñeta como capitán general en el que el general R. V., el coronel B. y el teniente coronel C. C. me vigilaban (no tenían otro militar al que vigilar en muchas leguas a la redonda) y a mí su vigilancia me resultaba agobiante.

2. Era hijo de un conocido general considerado el cerebro de las reformas de Azaña (creo que había sido subsecretario del ministerio). Un hermano suyo, también militar de carrera, había hecho la guerra, como el padre, en el ejército republicano. Se decía que al iniciarse la guerra civil le habían obligado a hablar contra su propio padre desde una emisora de propaganda de guerra.

La función social del Ejército

En el año 1961, cuando estaba a punto de acabar mis estudios en la Escuela de Estado Mayor, publiqué mi primer libro, o mejor debería decir coordiné, ya que el libro lo escribimos diez personas. Ciertamente fue idea mía. Yo lo impulsé y gestioné su edición con ayuda de quien en aquellos años era mi gran amigo, Miguel Alonso.

Se trataba de presentar el pensamiento militar a través de escritores más o menos representativos de las tres generaciones que entonces componían el ejército, la anterior a la guerra, que en el libro representaron tres tenientes generales, la de la guerra, representada por tres tenientes coroneles y la de posguerra, que representamos los tenientes Miguel Alonso y yo. La organización del libro me permitió conocer a los colaboradores, personas destacadas en la vida política y militar de aquella época. Los generales de la generación anterior a la guerra, a los que personalmente no conocíamos y elegimos por su prestigio intelectual, resultaron más abiertos que la mayoría. El general Kindelán, al que visité con Miguel Alonso (se excusó por no poderse alzar de una silla de ruedas), ya había tenido varios fuertes enfrentamientos con Franco. Martínez Campos resultó ser amigo de Gil Robles según me explicó éste años más tarde. García Escudero que era teniente coronel jurídico y escribió el epílogo ya era autor de *España, pie a tierra* (en oposición a la *España a Caballo* de los del «Santiago matamoros») y en 1981 fue el juez instructor del 23-F. De Sintes Obrador ya he hablado antes extensamente.[3]

Mi aportación al libro fue un capítulo titulado «El ejército ante los problemas sociales contemporáneos»,[4] en el que sostenía que el ejército debía servir para dar a los soldados una formación cultural

3. El tercero de los tenientes generales, González de Mendoza, fue precisamente quien con cierta sorpresa para nosotros decidió que el libro se titulara *El problema de los Ejércitos*, lo que nos alineaba más con los críticos, que contemplaban a «España como problema», que con el sector de «España sin problema». En cuanto al padre Iturrioz, autor del prólogo y director de *Razón y Fe* fue siempre un hombre tolerante. A través de él conectamos con Leopoldo Arraz, director de Euroamérica, que fue quien editó el libro y que en aquellos años ya era un decidido demócrata. Fue un excelente amigo.

4. Mi participación en este libro me valió ser incluido por el teniente coronel Fernando de Salas López entre los cuarenta y ocho *Escritores Militares Contemporáneos*. Imprenta Geográfica del Ejército. Madrid, 1967.

(ejército-escuela) y profesional (ejército-taller) acabándose así con el analfabetismo y el peonaje. La idea actualmente no tendría sentido porque ahora España es un país desarrollado pero en 1961, cuando lo escribí, nuestra sociedad era muy distinta de la actual y los índices de analfabetismo y peonaje aún eran muy elevados.

Estas tesis, favorables al desarrollo de funciones sociales del ejército, las había aprendido de Luis Pinilla y creía en ellas por lo que las fui reiterando a través de las revistas militares en todas las ocasiones posibles.[5] Gracias a mi destino en el Estado Mayor de Capitanía las pude hacer realidad.

La extensión cultural y la formación profesional de los soldados

La oportunidad para hacer realidad estas tesis se me presentó en septiembre de 1963. Ya llevaba un año en el Estado Mayor y los jefes y compañeros habían podido observar que no era el demonio con cuernos y rabo que creían cuando llegué, sino una persona normal. Aprovechando una temporada en la que el ambiente estaba más tranquilo, le pedí al jefe de Estado Mayor, general Ruiz Fornells, que me permitiera crear en la segunda sección un negociado de acción social y cultural. Su respuesta fue positiva y permanecí al frente del negociado hasta marzo de 1965. Fueron casi dos años durante los cuales pude hacer algo realmente interesante y útil: organicé la extensión cultural y la promoción profesional en la cuarta región militar, o sea, en Cataluña.

La extensión cultural, la monté con don Carlos Muñoz, director del grupo escolar Pere Vila y de la peña El Trascacho. Era un hombre culto que años después se hizo popular cuando en la televisión presidió el tribunal de *Un millón para el mejor*. Recorrimos juntos los cuarteles de Cataluña, que entonces eran muchos pues había guarniciones en muchas poblaciones, como Puigcerdà, Manresa, Berga, La Seu, Olot, Figueres, etc., y en todos organizamos escuelas y examinamos a los soldados.

Las clases las daban por la tarde soldados que eran maestros y

5. Así en *Empuje* (número 194, noviembre de 1960), *Pensamiento y Acción* (una serie de siete artículos de los años 1960 y 1961), *Formación* (número 122, septiembre de 1963), *Ejército* (número 303, abril de 1965).

cuando no los había el Ministerio de Educación destinaba maestros. Los soldados que habían llegado analfabetos o semianalfabetos se licenciaban en posesión del Certificado de Estudios Primarios.[6]

La promoción profesional inicialmente la organicé en colaboración con varias escuelas civiles como los salesianos de Sarrià y una escuela de formación profesional acelerada del Ministerio de Trabajo.

Poco después el Ministerio del Ejército decidió organizar escuelas propias en los cuarteles. Y ocurrió que estas escuelas, a caballo entre lo civil y lo militar, se fueron convirtiendo en viveros de militares demócratas. En una escuela de automovilismo que creamos en la Base de Parques y Talleres de Sant Boi fueron directores inicialmente Ramírez Feliu y después Gabriel Cardona, que años después pertenecerían a la UMD. Y en otra escuela, más importante y con más medios, que creamos en colaboración con Telefónica en el cuartel de Pedralbes, estuvieron destinados varios universitarios que habían sido alumnos míos y que en aquel momento estaban haciendo el servicio militar, como Antoni Tulla, Jaime Lanaspa o Rafael Sunyol, pese a que estaban muy comprometidos con la izquierda. Políticamente aquello era una «cueva». Profesionalmente trabajaban muy bien.

Los dos programas, el de extensión cultural y el de formación profesional funcionaron bien y me proporcionaron muchas satisfacciones, no tan sólo por las felicitaciones, notas ampliatorias en la hoja de servicios,[7] una Mención Honorífica en el *Diario Oficial*, etc., sino también porque me permitieron sentirme útil a la sociedad a través de mi profesión.

Cuando ya llevábamos algún tiempo con estas actividades se decidió hacer una entrega solemne de títulos o certificados a los soldados que los habían obtenido y con este motivo, el general de Estado Mayor debía pronunciar un discurso. Me encargaron que se lo escribiera y como lo conocía bien le escribí un discurso que comenzaba en un tono ultra, hablando de tres enemigos de España contra los que teníamos que luchar y a los que había que exterminar (su-

6. En un artículo de la revista *Ejército* (número 303 de abril de 1965), publiqué los resultados obtenidos para el reemplazo de 1963 en la IV Región Militar: 4.946 reclutas de esta quinta recibieron el Certificado de Estudios Primarios.

7. El presidente de la junta calificadora del año 1964 escribió: «Este oficial ha demostrado extraordinario celo en la organización y desarrollo de los cursos de Formación Profesional de la tropa y Extensión Cultural, actividades por las que siente verdadera vocación y a las que se dedica con entusiasmo.» En 1965 cuando seguía realizando la misma actividad, se reitera una nota parecida.

pongo que todos esperaban que se hablase del comunismo, el socialismo y el separatismo, o algo parecido, de acuerdo con los tópicos de la época, pues eso era lo que entonces las autoridades decían) y a continuación se explicaba que en aquel momento de desarrollo económico, los enemigos a los que había que erradicar eran el subdesarrollo, el analfabetismo y el peonaje y que, en consecuencia, la extensión cultural y la formación profesional eran las armas con las que el ejército tenía que luchar contra los enemigos de España.

El general se arriesgó y asumió el discurso y como había «enanos infiltrados» de la «prensa canallesca» a los que yo alerté, publicaron el discurso con elogios y la gente empezó a escribir cartas al general felicitándole y diciéndole que aquello era lo que había que hacer. Y ahí vino la sorpresa, porque al llegar la primera carta el general se sintió halagado, pero cuando las cartas rozaban varias docenas se preocupó bastante pues temía que le consideraran subversivo.

La IPS y su comisión depuradora. Joan Manuel Serrat

Mientras durante los inviernos estaba en el Estado Mayor, en verano iba al campamento de la IPS de Castillejos a mandar una compañía de zapadores, pues desde 1964 éste era mi destino oficial. Y en ella tuve, por puro azar, varios alumnos que con el tiempo llegaron a destacar. El más conocido es Joan Manuel Serrat. Persona de gran calidad humana, consiguió el número uno de la compañía al acabar el primer verano. Quiero aclarar que aún no había grabado ningún disco y era totalmente desconocido. El segundo verano que subió ya había grabado un *single* y en la cubierta decía que en el campamento de Castillejos los compañeros le habían animado a grabar algún disco y así lo había hecho.[8]

8. En el *Nuevo Diario*, del 27 de abril siguiente, tras el problema que se creó cuando reclamó el derecho a cantar en catalán en la Eurovisión y fue sustituido por Massiel (momento en el que le envié una carta muy enfática, apoyándole) hizo unas declaraciones al periodista M. Gómez Ortiz. Éste le preguntó:

—¿Eres hombre de amigos?

Serrat contestó:

—Siempre he tenido compañeros y profesores estupendos. Y en el ejército conocí a dos hombres extraordinarios: el capitán Busquets y el teniente Vidal, honestos, justos, cultos y avanzados.

No cabe duda de que él sí que es un excelente amigo.

En cierta ocasión un oficial de la compañía le impuso un descuento. El motivo era banal y decidí suprimirlo. Entonces Serrat me vino a ver: «Mire, mi capitán —me dijo—, usted sabe que Jiménez, que es aragonés, y yo, que soy catalán, pugnamos por el número uno y si usted que también es catalán me quita el descuento, en la compañía podrán interpretar parcialidad.»

Me quedé muy sorprendido. Positivamente sorprendido por su sensibilidad y mantuve el indebido descuento.

Otro que destacaba, pero éste por su posición antimilitar (me traía loco) era Anoro, que actualmente es un pintor afamado.

En la IPS, lo mismo que en Hoyo de Manzanares, cuando siendo teniente ya mandaba compañía me tropecé con los odiosos vetos del servicio de información política, la famosa segunda bis de triste memoria.

Había un capitán, R., que tenía instalada una oficina siniestra en uno de los barracones y se dedicaba a llamar a los alumnos que habían participado en actividades políticas democráticas, como haber estado en la capuchinada (reunión en un convento de capuchinos en la que se fundó el SDEUB, sindicato libre de estudiantes, al margen del SEU o sindicato falangista), etc.

Uno de los que llamaron con acusaciones de esta índole era el arquitecto Roca de Viñals que me vino a ver con la preocupación lógica y con el que desde entonces tengo amistad. De mi compañía inicialmente llamaron a dos: Jorge Romeva y Andrés Peix Masip. Defendí a ambos; hice incluso un escrito muy enfático —del que aún guardo la copia— defendiendo a Romeva, pero obviamente todo fue inútil y al comenzar el segundo verano ya no les dejaron subir. Y algo parecido ocurrió el verano siguiente con otros dos alumnos: Santiago Loperena y Luis Sangüesa.

Ignacio Solà Morales

Eso era algo frecuente en aquel ejército franquista. Un caso especialmente sangrante, que recuerdo perfectamente porque la víctima fue un gran amigo mío, fue el del arquitecto Ignacio Solà Morales, cuyo nombre actualmente no requiere presentación. A Ignacio, después de haber aprobado los dos campamentos y ser, por tanto, alférez de complemento (aunque fuera eventual), le degradaron a soldado y le obligaron a hacer el resto de servicio militar que le quedaba (un año) como soldado en un cuartel de Gerona. Además allí lo maltrataron.

A principios de la década de los noventa, y siendo todavía diputado, hubo una recepción en el palacete Albéniz. Mientras estaba hablando con un general de división, compañero de la Academia, que era el gobernador militar de Barcelona, se nos acercó Ignacio. Se lo presenté al gobernador militar y le expliqué lo que había ocurrido esperando que dijese: «Estas injusticias eran cosa de otros tiempos» u «hoy todo ha cambiado mucho», o algo así. Pues no. El gobernador militar ascendido y nombrado por el gobierno socialista, le dijo que «si le habían echado de la milicia universitaria por algo sería». Como diría un castizo, me quedé con la boca abierta.

Evidentemente, los muchos alumnos de la IPS que fueron vejados y expulsados de la milicia universitaria habían hecho algo: Habían luchado contra la dictadura y en favor de la libertad y la democracia. Por tanto, sus actividades lo que merecen es una condecoración o una felicitación y nunca otra condena. Y lamentablemente, muchos años después de que ocurrieran estas cosas, aún está por oír una disculpa de la cúpula de las Fuerzas Armadas por una serie de atropellos, injusticias y acciones represoras, que fueron simplemente incalificables. Ni tampoco he oído una voz en la cúpula política a favor de los muchos oficiales y suboficiales de milicias, que dentro de las Fuerzas Armadas sufrieron, a veces mucho, por defender la libertad.

Mi teniente: Bernardo Vidal

En el campamento de Castillejos, la persona que me resultó más interesante y con la que hice más amistad fue con Bernardo Vidal. En verano de 1965 fue el teniente de mi compañía. Era un oficial ejemplar, muy querido por los alumnos y a la vez firme en el mando, responsable, trabajador, eficaz... Tenía una buena hoja de servicios: Había pasado varios años voluntariamente en el Sáhara. Pero lo que más me sorprendió y motivó nuestra gran amistad fue que era demócrata. ¡Demócrata en el ejército español en 1965!... algo realmente excepcional. Creo que había descubierto la libertad como tantos de aquella época, como José María Llanos y José María Díez Alegría, como García Nieto y Alfonso Comín, como los obreros de la HOAC o algunos tenientes de Forja, a través de la reflexión sobre el cristianismo. Un cristianismo social de base que consistía en servir a los demás. Y poco a poco acababa dando conciencia política a quienes lo profesaban.

Al acabar el campamento regresó a su destino en Palma. Como el correo y el teléfono podían estar intervenidos, nos carteábamos con la ayuda de soldados de Barcelona que hacían el servicio en Mallorca. Recuerdo a Jorba, con los años vicerrector de la Universidad Autónoma de Barcelona y a uno de los hermanos Fina. En cierta ocasión el acoso fascista y la gran soledad ideológica en que estaba me hizo desfallecer. Bernardo vino desde Palma a pasar un fin de semana conmigo para animarme. Le presenté a los pocos militares demócratas que conocía en Barcelona y a Alfonso Comín,[9] con quien habría de coincidir en tantas cosas, y como él, prematuramente fallecido.

Hacia 1970 ingresó en la Escuela de Estado Mayor. Amaba su profesión y quería mejorar su formación. Aprobó el ingreso y los cursos sucesivos. Hacia 1973 o 1974, cuando ya estaba acabando su último curso, en uno de mis viajes a Madrid, Javier Calderón que estaba destinado en el Servicio de Información del Alto Estado Mayor me avisó de que yo era uno de tres militares vigilados por conspirar contra la dictadura y en la conversación surgió el nombre de Bernardo, y del tercero no me dio el nombre pero años después deduje que debía ser Juan Barja, pues me comentó que además de militar era abogado y se dedicaba a defender a izquierdistas.

Para avisar a Vidal sin despertar sospechas fui varios días a desayunar al bar de la Escuela de Estado Mayor. Al tercer día apareció. Le hablé de pie, breve y rápidamente:

—Bernardo, ten mucho cuidado. Van a por ti. Desazte de cualquier cosa que pueda comprometerte.

Ya era tarde. Un par de meses después fue dado de baja en la Escuela pese a tener todas las asignaturas aprobadas. Recuerdo que me llamó a casa para decírmelo. Hablé con el general Sintes Obrador y con algún amigo más. No hubo nada que hacer. La injusta arbitrariedad se consumó y no le dieron el diploma de Estado Mayor. Le arruinaron tres años de su vida.

9. En 1989 M. Lluïsa Oliveras, viuda de Comín, me explicó que en una de las ocasiones que detuvieron a su marido durante el registro que hicieron en su casa, la policía encontró un papel escrito por mí y muy subversivo y le dijo que si identificaba al autor quedaría libre en aquel momento. Alfonso se negó y prefirió ir a la prisión.

Lamentablemente no fue ni el único ni el último caso. En plena democracia y ya con gobierno socialista se produjeron dos sucesos análogos: se echó de la misma escuela a Jesús Molina, de Ingenieros, por haber participado en los sucesos que a mí me llevaron a prisión en 1975, y en la Escuela de Estado Mayor del Aire ocurrió lo mismo con el comandante García Caneiro, que había pertenecido a la UMD.

Obviamente, antes de la llegada de la democracia este tipo de acciones se dio mucho más. Mientras estuve destinado en el Estado Mayor de Capitanía, desde 1961 a 1966, y luego en el Gobierno militar, en el antedespacho de los generales gobernadores Serrano Ariz, infante de Baviera y Borbón y García Rebull siempre estuve atento a cualquier dato que pudiera ser relevante para ayudar a la recuperación de la libertad. Como los militares que acudían, en general no sabían como pensaba y me veían en el antedespacho del gobernador militar con la faja azul de Estado Mayor hablaban más de la cuenta y así fue como me enteré de las persecuciones de que habían sido objeto algunos militares aislados que habían asumido posiciones democráticas y fueron represaliados por vías paralelas (no judiciales) y sin publicidad, con total secreto. Los represores no daban la cara y utilizaban vías paralelas: las reprimendas, la persecución diaria, las pequeñas inquisiciones que hacían la vida imposible al sospechoso para que al final renunciase, para que se marchase del ejército y les dejase a ellos el terreno.[10]

10. La relación de los casos concretos que conocí la detallo en el epígrafe del capítulo I de la Segunda parte, titulado *El nacimiento de la UMD en Barcelona*.

V

PROCESADO POR PUBLICAR MI TESIS DOCTORAL

Obtengo el título de doctor (1966)

En 1962 acabé la carrera de ciencias políticas. La llegada a Barcelona de uno de mis antiguos profesores de la Universidad de Madrid, Salustiano del Campo, me permitió comenzar a dar clases en la universidad. Me recibió con los brazos abiertos. Y comencé a trabajar en su cátedra, el primer año como ayudante y el segundo como adjunto (empleo equivalente a lo que ahora es un profesor titular) y además me encomendó las clases de teoría del Estado. La Facultad de Económicas, en la que daba clases, carecía de edificio propio por lo que debía reducir su actividad a las tardes y eso me permitía compatibilizar la docencia universitaria con la asistencia a Capitanía por las mañanas. Era una tarea hacia la que me sentía muy inclinado y aún actualmente me produce gran satisfacción. Sinceramente, me gusta dar clase. Mi padre había sido profesor en la universidad y supongo que el modelo paterno me predisponía a ello.

En aquella época en Barcelona había una gran tendencia entre los oficiales de posguerra a estudiar carreras civiles. En 1968 hice un cómputo y el 44 por ciento de los capitanes de carrera tenían un título universitario[1] o estaban estudiando una carrera civil. Resulta evidente que el estudio propiciaba la concienciación política. Más adelante al hablar de las causas del nacimiento de la UMD citaré varios casos de represiones contra militares demócratas por su actividad universitaria.

La docencia universitaria implicaba, y continúa implicando, la obligación de hacer la tesis doctoral. Por otra parte, los graves problemas que había tenido en 1962 me habían llevado a la convicción de que por el momento nada se podía hacer, políticamente hablando, en las Fuerzas Armadas por lo que decidí cambiar de estrategia y usar la cobertura intelectual. Mi idea era que con un doctorado universitario y el ejercicio de la docencia en la universidad podría

1. Léase *El militar de carrera en España*. Ariel. Barcelona, 1984, pág. 228.

aumentar mi prestigio entre mis compañeros. Posiblemente algo ayudó, pues varios miembros de la UMD: Julián Delgado, Juan Diego, Ángel Pajares, Arturo Gurriarán, Paco Casanovas y creo que Fernando San Agustín me conocieron en el ejercicio de la docencia. Y Gabriel Cardona comenzó a impartir clases de historia militar como ayudante mío.

A la hora de elegir el tema de la tesis doctoral tenía varios proyectos relacionados con la sociología política. Acariciaba la idea de encontrar una vía nueva para llegar a una sociedad sin clases y de hombres libres. Era un bello sueño que en aquellos años muchos acariciábamos. El director de mi tesis, Salustiano del Campo, me hizo bajar a la realidad. Me hizo notar que en una tesis lo más lógico es analizar el sector social que el doctorando conoce mejor, que en mi caso eran las Fuerzas Armadas. El consejo era bueno y yo mismo a lo largo de los años lo he repetido muchas veces, pero en mi caso y precisamente porque conocía las Fuerzas Armadas, me daba cuenta de las dificultades que tendría, primero para escribir la tesis, y después para poderla publicar.

Salustiano, para allanar el camino, escribió a Fraga, su maestro. A mí me conocía porque había sido alumno suyo (aunque ciertamente un alumno algo díscolo ya que me echó dos veces de su clase). Fraga hizo una gestión y se autorizó la realización de la tesis.[2]

Indagué durante varios años. En aquella época investigar era mucho más duro que ahora. No existía una cosa tan usual como la fotocopiadora y una vez que encontrabas en el *Diario Oficial* del ministerio una ley, tenías que copiarla pacientemente con tu bolígrafo para después pasarla a máquina en casa, poniendo detrás del original un papel carbón para la copia. Por otra parte, desde la guerra civil no se había escrito nada serio sobre este tema y carecía de bibliografía. Trabajar aquel tema era hacerlo en un desierto intelectual, por lo tanto, casi todo el trabajo se basó en investigación directa.

El 15 de junio de 1966 leí mi tesis doctoral: *El militar de carrera en España*. El acto académico se desarrolló con una austeridad inusual: No avisé absolutamente a nadie y sólo asistieron al ejercicio dos catedráticos. Uno era Antonio Truyol Serra, mi antiguo profesor de derecho internacional y que con los años fue miembro del Tribunal Constitucional. Además no les invité a comer, lo cual

2. Cartas de Camilo Meléndez, ministro del Ejército, a Fraga del 21 de mayo de 1964 y 6 de julio de 1964.

actualmente me parece una impertinencia fuera de lugar, dado que se trata de una costumbre académica, pero entonces me pareció algo coherente con mi ideología. No obstante, el tribunal formado por Carlos Ollero, que actuó como ponente, José A. Maravall (el padre), Lisarrague y Sosa, además del director Salustiano del Campo, me otorgó sobresaliente *cum laude* y con este aval publiqué la tesis.

El militar de carrera en España

Con este título, que era el de la tesis, en junio de 1967 se publicó la primera edición del libro en un momento en el que desde hacía treinta años no se publicaba ningún libro sobre el ejército español, pues era un tema tabú.[3] Incluso el libro de Payne salió poco después que el mío.

Me lo publicó Ariel, que en aquellos años era la editorial puntera en temas sociales, y con mi libro inició una nueva colección de libros de sociología en la que se publicarían obras de Del Campo (que la dirigía), González Seara, Maravall, Estruch, Pere Negre, Duverger, etc. Dirigían la editorial Alejandro Argullós, Pep Calsamiglia y Joan Reventós. Este último era el más joven. Lo conocí allí. Recuerdo que le entregué el último capítulo del libro que se titulaba «Intento de interpretación» y trataba de las tres generaciones militares (anterior a la guerra, de los alféreces provisionales y de los de posguerra), del origen social de los militares y del autorreclutamiento, del ejército de Madrid, del de provincias y del de África, etc. Pasados unos días me volvieron a llamar. Reventós, que ya había leído mis hojas, era partidario de la publicación, cosa que Argullós no veía muy clara. Entonces Reventós le entregó mi original y le dijo:

—*Si ho comences, no ho deixaràs* (si lo empiezas no lo dejarás).

El libro fue objeto de gran cantidad de recensiones: Se ocuparon de él personalidades diversas, incluso del sector aperturista del régimen, como Antonio Tovar, ex rector de la Universidad de Salamanca, que lo trató en la *Gaceta Ilustrada*, Fernández de la Mora (que

3. Aquel mismo año, y un poco después que el mío, se publicaron en el extranjero los libros de Christiansen: *The origins of the military power in Spain* y de Payne: *Politics and the military in modern Spain*. Pero entonces aún no conocía a ninguno de los dos. Varios años después tuve la suerte de conocerles e incluso mantuve con Payne cierta relación de amistad. Actualmente ambos dedican su actividad científica a investigar en otras áreas.

después fue ministro de Obras Públicas) y le dedicó dos páginas en *ABC*, y lo que es más importante, lo incluyó en su libro *Pensamiento Español 1967*,[4] Ricardo de la Cierva, que lo elogió en *El Español*, Joaquín Bardavio, que me dedicó una página entera en *Madrid*, etc. En la inauguración del seminario de sociología del CESEDEN, el subsecretario del Ministerio de Educación, Legaz Lacambra, que era sociólogo, hizo grandes elogios del libro y en el mismo sentido intervinieron otros, como Sánchez Agesta, Perpiñá Grau y Lizcano.[5] Por último recibí —y conservo— cartas de felicitación de diversas personalidades como el general Enrique Jiménez Benamú, que era subsecretario del Ministerio del Aire, el rector Valdecasas, el coronel Tafur, Antonio Truyol, etc. También desde el extranjero. Alain Rouquier, que sería embajador de Francia en Argentina y al que conocí años después, me comentó que a través de la recensión de mi libro se inició en la sociología militar (*Revue Française de Science Politique*, agosto de 1969, págs. 886-892). Charles Moskos lo recensionó en *Contemporary Sociology* (julio de 1972 / vol. 1, número 4). También hubo abundantes comentarios en *Le Monde* (30-5-67, 20-3-68, 22-12-70 y 20-1-71), en *Die Welt* (26-4-68 y 21-5-70) o en *L'Expresso*.

Los comentarios más entusiastas vinieron de los intelectuales: Antonio Menchaca en *Cuadernos para el Diálogo*, Santiago Nadal en *Destino*, Antonio Tovar en *Gaceta Ilustrada*, Luis Fina, Juan Gomis y González Casanovas en *El Ciervo,* Guillermo Díaz Plaja (junior) en el semanario *El Mundo*, Javier Salas en la *Revista de la Administración Pública*, Pedro Oriol Costa en el *Madrid* (publicó tres artículos a toda plana con extractos del libro), Antoni Jutglar en *Miscelánea Barcelonesa*, etc.

El problema estalló con la segunda edición

El insospechado éxito del libro, que fue leído desde Javier Conde hasta Madariaga (ambos lo solicitaron), hizo que se agotase en un año, lo que debió molestar y hacer que los Servicios de Información se fijasen en él.

4. Gonzalo Fernández de la Mora: *Pensamiento Español 1967*. Rialp. Madrid, 1968.

5. Mi amigo y compañero, entonces capitán de Estado Mayor, Florentino Ruiz Platero, que asistió al acto, me escribió una carta que guardo, contándomelo.

Me abrieron un expediente por haberlo publicado.[6] Me obligaron a elevar un largo escrito exculpatorio para defenderme de las acusaciones que se me hacían de escribir sin permiso. Lo pintoresco del caso es que en el propio oficio acusatorio se me ordenaba relacionar todo lo que había escrito, para así, sobre mi propia palabra poderme acusar con más facilidad. Eran cerebros realmente retorcidos, cuyos nombres recuerdo perfectamente, pero me repugna relacionar. Me decían:

> En relación a su tesis doctoral, *El militar de carrera*, deberá adjuntar cuantos borradores o copias de documentos obren en su poder (...), acopio de datos, etc.

La verdad es que además de sectarios eran pintorescos y no tenían ni idea de lo que es una tesis doctoral. He guardado el oficio, pues lo considero una pieza antológica ilustrativa de la incompetencia y del sectarismo. Lo malo para mis detractores era que como el libro había tenido cierto éxito, algunas altas jerarquías militares de buenos profesionales me habían felicitado, entre otros el ministro. Una carta especialmente enfática era la del general Jiménez Benamú, subsecretario del Ejército del Aire. Les di a conocer las cartas, que supongo que les debieron llenar de confusión.

El expediente se resolvió con un arresto porque —se me dijo— no cumplía lo preceptuado sobre permisos para publicar en la prensa, pero creo que lo que más les irritaba era el contenido del libro, aunque no quisieran decirlo para no darle más publicidad.[7] Tras el arresto recibí varias cartas de solidaridad, entre ellas las de Ramón Salas Larrazábal o Luis Otero. Éste en aquella época estaba totalmente integrado en la promoción y desde Madrid me decía que ésta me apoyaba.[8]

Si la primera edición sólo me costó un arresto, la publicación de la segunda me proporcionó un disgusto mucho mayor. Los tenientes generales con mando, reunidos en el Consejo Superior del Ejército, trataron del libro (que dicho sea entre paréntesis, sólo Villaescusa había leído). El general Vega, que siempre fue liberal, me defendió

6. Escrito 2.236 del 6 de noviembre de 1967, firmado por el general jefe de Estado Mayor, de la Capitanía General de Cataluña.

7. Escrito reservado 87, del 17 de noviembre de 1967.

8. Carta de Luis Otero de 5 de diciembre de 1967.

pero la mayoría decidieron procesarme,[9] lo que acabó ocurriendo en verano de 1971. Me hicieron pasar uno de los años más amargos de mi vida porque si hoy después de llevar más de veinte años fuera del ejército puedo mirar el tema con cierta frialdad, lo cierto es que entonces tenía una fuerte vinculación afectiva hacia esta institución e, incluso (más allá de las penas que pudiera costarme el proceso), este hecho significó una afrenta, un auténtico trauma personal, que —ruego se me perdone la frase— sólo puede comprender el que es o ha sido militar. Poco después secuestraron el libro.

Ciertamente debo aclarar que la segunda edición modificó un tanto la primera y que endurecí el texto al introducir una serie de afirmaciones con cierto contenido político, incluso algunas contra Fuerza Nueva. Ésta era una organización que crecía con ímpetu en las Fuerzas Armadas de Cataluña. El capitán general era Pérez Viñeta. Por ello en la página 272 escribí: «en Cataluña casi la mitad de los oficiales están suscritos a *Fuerza Nueva*, revista dirigida por Blas Piñar, pensador de extrema derecha que goza de muy escasa acogida en el resto de la sociedad». No hace falta comentar cómo debió sentar este párrafo al capitán general.

Me comunicaron que estaba procesado un fin de semana, que era 15 de agosto, o sea en una fecha en la que no hubo manera de encontrar a nadie para que me echara una mano. Como yo estaba de vacaciones en Comarruga y no me encontraban, no se les ocurrió mejor forma de buscarme que mandar a la Guardia Civil a La Floresta donde veraneaba mi madre a la que por poco da un síncope al ver que a su hijo, que ella consideraba un honorable capitán de Estado Mayor, lo perseguía la Guardia Civil.

Argumentaban que había escrito el libro sin permiso o sea, sin pasarlo por la censura militar previa. Pero si lo hubiera pedido me lo habrían negado porque el contenido sociológico del libro era incompatible con el estilo apologético, que era entonces el único tolerado, o de darme el permiso, me habrían destrozado el texto con sus recortes, como se evidenció después cuando argumentaron que era

9. Me lo contó muchos años después cuando era diputado el general Prieto de la Guardia Civil (suegro del diputado socialista Curro Valls) y que se presentó un par de veces en las elecciones con el partido de Fraga. A su vez, a él se lo contó uno de los asistentes, el general Vega, con el que él tenía gran amistad. En 1975, estando destinado en Salamanca, estuve a las órdenes del general Vega, tuve dos conversaciones a puerta cerrada con él y pude comprobar personalmente que los comentarios elogiosos que hizo de él el general Prieto se correspondían a la realidad.

injurioso para las Fuerzas Armadas. Así es que como preveía la prohibición, tiré por la calle de en medio y decidí publicarlo sin autorización. Al fin y al cabo, ni era un libro de técnica militar ni su contenido afectaba en nada a la defensa del Estado. Era sólo una tesis doctoral de Sociología calificada con sobresaliente *cum laude* por un tribunal de catedráticos.

Con Ruiz Giménez y Justicia Democrática

Elegí como defensor a Ruiz Giménez, que me citó en casa de Fernando Ledesma, con el que don Joaquín tenía una gran vinculación ideológica y personal y que años después sería ministro de Justicia de Felipe González. Recuerdo que cuando entré en el comedor de su casa me quedé impresionado: estaban celebrando una reunión unos treinta jueces y fiscales de Justicia Democrática que me recibieron con gran cordialidad. Varios de ellos ya eran amigos míos. Desde hacía años los militares demócratas teníamos dos tertulias con un grupo de fiscales y magistrados entre los que recuerdo a José María Mena, Carlos Jiménez Villarejo, Luis Valentín, Antonio Carretero, Manolo Peris, Fernando Ledesma y Zato. A menudo nos reuníamos en la casa de la calle de Provenza que acabo de citar, en la que vivían varios de ellos (Antonio Carretero, Ledesma y Zato, si no recuerdo mal) y otras en nuestros propios domicilios.

Una de las tertulias era consecuencia de la coincidencia en la Escuela de Psicología (de la que yo era profesor) y de la que fueron alumnos los capitanes Julián Delgado, Juan Diego, Ángel Pajares, Ramírez Feliu y varios jueces. Otra era consecuencia del encuentro en la actividad editorial. Allí conocí a Carlos Jiménez Villarejo. En este núcleo difuso estaban también los capitanes de ingenieros Julve y Perinat. Con el tiempo, de estos núcleos informales de jueces, fiscales y militares demócratas, nacerían Justicia Democrática y la UMD.

Pero volviendo al tema del procesamiento por haber escrito el libro, hay que destacar que en el auto que contiene la acusación se hacían afirmaciones genéricas e imprecisas y se me acusaba de dividir el ejército por afirmar que en su interior existían distintos grupos sociológicos y otras lindezas parecidas. Contesté con un recurso que me redactó el capitán Ramírez Feliu, que ya era abogado, y ante la contundencia de sus argumentos cometieron una auténtica aberración jurídica, consistente en modificar el auto de procesamiento. Y dicho y hecho, en un libro de trescientas páginas espigaron cinco parrafitos que sacaron de contexto y consideraron injuriosos.

El recurso contra el nuevo auto de procesamiento lo redactó el magistrado Antonio Carretero. En él señalaba acertadamente la indefensión en que se me dejaba al modificarme el auto de procesamiento y al no dejarme nombrar defensor a Ruiz Giménez. Además evidenciaba la carencia de *animus injuriandi*. Fueron dos recursos excelentes hechos por dos amigos, grandes juristas, que pasaron varios días trabajando para mí, y obviamente, y tal como era costumbre en aquella época en los casos de problemas políticos, sin cobrar ni un real.

El procesamiento fue un golpe bajo porque incluso más allá de los años de prisión que me habrían podido caer, el mero hecho del procesamiento por «injurias al ejército» me presentaba ante mis compañeros como un ser vil, un enemigo, y anulaba mi posibilidad de incidencia en ellos, que supongo que era lo que se proponían.

Ante el atropello de que era objeto, los compañeros de los claustros de profesores de la Universidad Autónoma de Barcelona y de la Facultad de Políticas de Madrid elevaron escritos de protesta repletos de firmas. Y también lo hicieron algunos sociólogos americanos, encabezados por mis amigos Juan Linz y Morris Janowitz. También participaron muchos militares y políticos, entre los que recuerdo especialmente a Ruiz Giménez y a su yerno Rafael Arias Salgado, Joaquín Bardavio, que movió a Nicolás Franco (hijo) y al entonces joven príncipe Juan Carlos. Me ayudaron incluso personas que ignoraba. Por ejemplo, bastantes años después del suceso supe por José María Díez Alegría, el jesuita del PCE, que su hermano Luis, que era general de ingenieros, y aún más moderado que el otro hermano militar más conocido, Manuel, hizo gestiones a mi favor. Ortega Díaz Ambrona, siendo ministro de Educación de la UCD, me explicó que el único escrito colectivo de contenido político que había firmado para protestar había sido precisamente el que se hizo a mi favor en la Facultad de Políticas de Madrid.

Finalmente la sensatez se impuso. Cuando ya llevaba casi un año en la situación de procesado, me telefoneó a casa el capitán Emilio Alonso Manglano (con los años jefe del CESID) que era el número uno de mi promoción de la Escuela de Estado Mayor para darme la noticia: mi causa había sido sobreseída. Pero lo hicieron de forma vergonzante, precisamente un Viernes Santo, como si el sobreseimiento se debiera más al perdón cristiano que al motivo real: la total carencia de delito. Sin embargo, el general auditor, que evidentemente era un hombre justo y un caballero, redactó un auto de sobreseimiento que me produjo honda satisfacción pues en él llegó a decir que yo era un «oficial distinguido del ejército», algo que obviamente es inusual al hablar de alguien que en este momento deja de estar procesado.

Como consecuencia del sobreseimiento, el libro volvió a los escaparates de las librerías pero a mí me habían hecho pasar uno de los años más amargos de mi vida.

Del ambiente envenenado que en ciertos sectores se creó contra el libro y contra mí es prueba un incidente que ocurrió en la revista *Reconquista*. En esta revista (número 231, pág. 43 de marzo de 1969) un teniente coronel cuyo nombre omito, pues el incidente finalmente se resolvió bien y él se excusó, publicó una recensión del libro de Herman Oerling *La función política del Ejército* y aprovechando que el Pisuerga pasa por Valladolid me acusó de antimilitarista, paisanófilo y otras lindezas. Ni corto ni perezoso di parte por escrito (por injurias). Se abrió un expediente judicial y aunque sorprenda, gané el caso. Y un año después, en el número 242 de la revista se publicó una rectificación.[10]

Con los académicos internacionales

Como no hay mal que por bien no venga, toda esta algarabía me dio cierta popularidad. En Barcelona el cónsul norteamericano Richard Brown no paró hasta conocerme. Era un político extraordi-

10. J. M. G. Revista *Reconquista*, número 242, pág. 50 «Sobre el militar de carrera en España»:

«Las ocasionales alusiones a la obra de don Julio Busquets *El militar de carrera en España*, aparecidas en nuestro número 231, han movido al autor a solicitar la rectificación de algunos términos que el crítico se complace en precisar para su satisfacción personal, en el sentido de que nunca estuvo en su ánimo injuriar al autor de la obra; antes bien, en diversos escritos y charlas ha destacado varias veces su labor de militar estudioso, con inquietud universitaria y sociológica, y celebró que figurase entre los cuarenta seleccionados de *Escritores Militares Contemporáneos*. Encuentra muy laudable ese celo por su dignidad y honorabilidad militar y le ha sorprendido gratamente su sensibilidad pundonorosa.»

nariamente eficaz y muy informado. Me lo presentó Ibáñez Escofet con el que yo colaboraba en *El Correo Catalán* y llegamos a tener una buena amistad. En 1968 me consiguió una invitación para viajar a su país, algo que entonces solía realizar con los líderes de la oposición y Ruiz Giménez, Jiménez de Parga, Peces-Barba, Elías Díaz, Anton Cañellas, etc., habían ya viajado anteriormente con una invitación semejante. En mi estancia en Estados Unidos conocí a varios destacados profesores entre ellos a Marcuse, que entonces era docente en el campus de La Jolla de la UCLA. Estaba amenazado por la American Legion y recuerdo que recibía a las visitas con la puerta de su despacho abierta, pues temía un atentado. Obviamente me entrevisté también con los especialistas en sociología militar.

Tres años después me invitó el gobierno inglés. También en este viaje realicé interesantes visitas, entre las que recuerdo a Seymour Finner, posiblemente el más importante estudioso de las dictaduras y los golpes de Estado.

Además aproveché ambos viajes para estudiar las minorías nacionales de ambos países. Muchos de los datos, obtenidos de primera mano, me ayudaron a publicar otro libro: *Sociología de las Nacionalidades* que me editó Cuadernos para el Diálogo en 1972.

Antes, en 1969, otra invitación, en este caso laboral, llegó a través del gobierno de Argelia y durante un mes de verano trabajé para el gobierno de este país en un plan de desarrollo y asentamiento de nómadas en los poblados petrolíferos del desierto.

De 1966 a 1974, año a partir del cual mi actividad en la UMD me obligó a recortar mi dedicación a la vida académica, aproveché los veranos para tener contactos con los académicos internacionales. En 1966 aún no se había publicado mi tesis doctoral, pero publiqué un anticipo en la revista del CSIC *Anales de Sociología*, que llamó la atención de los especialistas en sociología militar norteamericanos y me invitaron al congreso mundial que aquel verano celebraba la ISA (Asociación Internacional de Sociología) en Evian, Francia. Allí conocí e hice amistad con los grandes maestros de la sociología militar mundial, Morris Janowitz y su sucesor académico, Charles Moskos y me integré en el grupo de trabajo de los expertos en esta materia: el comité de investigación Armed Forces and Society de la ISA.

Dos años después, en 1968, se celebró en Londres otra reunión del citado comité de sociología militar y fui elegido miembro del

Executive Council o núcleo dirigente del mismo.[11] En el congreso de Toronto me volvieron a reelegir y así continuaron hasta que en 1984 renuncié a la reelección. Por la misma razón me incluyeron también en el *Advisory Board* de la revista *Armed Forces and Society*, que este grupo editaba en la Universidad de Chicago.

En la democracia el vicepresidente Alfonso Guerra presentó la tercera edición

Muchos años después, entre 1982 y 1984 reelaboré el libro y le pedí a Alfonso Guerra que me lo presentara. Alfonso, que entonces era vicepresidente del Gobierno, aceptó y el 16 de enero de 1985 presentó el libro en forma harto elogiosa en el Congreso de los Diputados. Presidió la mesa el presidente del Congreso, que era Gregorio Peces-Barba, al que acompañaron el vicepresidente primero, Leopoldo Torres y el presidente de la Comisión de Defensa, Guillermo Galeote. El vicepresidente del Gobierno glosó larga y cordialmente mi libro y dijo, produciéndome gran satisfacción, que «era un magnífico libro».

Difícilmente podía esperar más, especialmente si se recuerda que en 1971 la dictadura lo había secuestrado y a mí me habían procesado precisamente por escribirlo y me habían sobreseído en una forma vergonzante. En cambio, cuando en el marco del Congreso y flanqueados con la bandera, las autoridades antes citadas, presidieron la presentación de la nueva edición, mi reivindicación fue total. Y además el vicepresidente en la presentación aprovechó la ocasión para elogiar la actitud de los miembros de la UMD. «Se anticiparon en la asunción de la democracia» dijo. Difícilmente podía darme más satisfacción.[12]

11. En el congreso mundial de Toronto de 1974, el delegado ruso me objetó por ser militar, pero Janowitz explicó lo de mi procesamiento por la tesis, y fui reelegido. El Executive Council estaba formado por M. Janowitz (EE.UU.) que era el presidente, P. Zbilin (URSS), J. Wiatr (Polonia), D. N. Solomon (Canadá), A. Mazrui (Uganda), J. A. Jackson (Inglaterra), J. Doorn (Holanda), D. Canton (Argentina) y B. Abrahamsson (Suecia). Para mí, que era un joven profesor, fue un alto honor pues los miembros del citado comité estaban entre los mejores expertos del momento.

12. Léase en esta misma obra el epígrafe titulado «Alfonso Guerra anunció la Amnistía de la UMD» en el cap. II de la Tercera parte.

VI

LOS MILITARES DEMÓCRATAS CON LA SOCIEDAD CIVIL

La lenta gestación de un grupo de militares demócratas

Desde que en 1962 llegué a Barcelona hasta 1970, fecha en la que firmamos un manifiesto nueve capitanes y dos tenientes de la guarnición, fui tejiendo lentamente la formación de un grupo de militares demócratas.[1] Inicialmente viví en el medio militar en una radical soledad ideológica, pero cuando la persecución policial amainaba, quizá motivado por el recuerdo de la media docena de años que había estado en Forja, intentaba reestructurar a semejanza de aquello a un grupo de militares demócratas. Era algo que consideraba condición *sine qua non* para el restablecimiento de la democracia habida cuenta de que en aquellos años el ejército era monolíticamente franquista.

Poco a poco fueron llegando algunos capitanes procedentes de Forja, que habían asumido ya la democracia: Florentino Ruiz Platero, Jacinto Pérez Grueso, José Ruiz Nicolau, Santiago Perinat, Ángel Pajares... A través de Jacinto conocí a Ramírez Feliu que también tenía ya conciencia democrática. Y a través de Santiago Perinat al capitán José Julve que también era demócrata.

En el campamento de Castillejos el azar hizo que fuera destinado a mi compañía el teniente Bernardo Vidal, mallorquín, concienciado a través de sus contactos con grupos cristianos de base y éste me presentó al teniente Martín Rotger. En 1970, el día en que firmamos un manifiesto, llegó a mi casa Rotger acompañado del también teniente Gabriel Cardona. También llegó a Barcelona, roto por dentro por una gran tragedia familiar otro viejo amigo de Forja, Ángel Pajares, que me presentó a Juan Diego («es un teniente que lee *Cuadernos para el Diálogo*» recuerdo que me dijo) y a Julián Delgado. A través de ellos recuperé mi amistad con un condiscípulo del colegio Bonanova, José Sagrado, que era también capitán.

Por otra parte, en la universidad conocí a bastantes militares

1. Léase Joaquín Escofet (a) Santiago Perinat, en un artículo publicado en el número 25 de la edición castellana de *Play Boy* correspondiente a noviembre de 1980.

de la guarnición que además me veían como profesor,[2] lo cual me daba un plus de prestigio y por tanto, de incidencia sobre ellos. A los que conocía los ponía en contacto con otros compañeros y así, poco a poco, nos íbamos conociendo y se iba creando a través de conversaciones, cafés y tertulias un núcleo de militares que éramos amigos y teníamos una conciencia democrática. Fue una tarea lenta de muchos años de duración y que no tuvo su primera manifestación hasta 1970.

La sociedad civil nos ayudaba

Como las condiciones objetivas eran totalmente desfavorables, procuraba aprovechar todas las oportunidades y así cuando venía alguna personalidad destacada a Barcelona, por ejemplo, el coronel Sintes Obrador, los jesuitas Díez Alegría y Llanos, Aranguren, etc., y yo le conocía, procuraba que viniese a comer o a tomar café a mi casa y aprovechaba la ocasión para que viniesen también varios capitanes y así se fuesen concienciando un poco. Fue una tarea lenta, larga, un sembrar poco a poco.

Con los años han ido apareciendo libros y memorias de personas que en aquellos años luchaban contra la dictadura y a las que conocí y traté. Ibáñez Escofet publicó *La memòria és un gran cementiri*,[3] en donde habla de alguna reunión a la que asistió en mi casa junto con otros militares demócratas, entre los que cita al entonces coro-

2. Ramírez Feliu, Juan Diego, Julián Delgado y Ángel Pajares estudiaron en la Escuela de Psicología de Siguán de la que era profesor. Paco Casanovas fue, como Pedro Cuadrado, alumno mío de la Facultad de Económicas. A Fernando San Agustín lo conocí cuando era capitán del Gobierno militar y él teniente de la policía militar un día que estaba muy alterado porque se le obligaba a apuntar los nombres de los que iban a un consejo de guerra que era audiencia pública. Antonio Miralles era el teniente de Juan Mas cuando este amigo mío mandaba una unidad de ferrocarriles. José Luis Díez Gimbernat, amigo desde la época de Forja, apareció en el cuartel de ingenieros en el que estaba arrestado por un enfrentamiento con Pérez Viñeta y me presentó a su íntimo amigo el capitán José Delás. Los veranos cultivaba mi vieja amistad con Carlos Aguado que venía desde Canarias donde estaba destinado después de haber sido apartado de Barcelona por haber defendido a Jordi Pujol en su consejo de guerra. Por último Jesús Martín Consuegra, viejo amigo de Forja, fue destinado al Gobierno militar de Gerona y allí nos reencontramos y reiniciamos nuestra vieja amistad.

3. Manuel Ibáñez Escofet: *La memòria és un gran cementiri*. Ed. 62. Barcelona, 1990.

nel Sintes Obrador. Sergio Vilar en su *Naturaleza del Franquismo* explica que era pública su relación conmigo, pese a que yo no era comunista (quizá en 1977 cuando escribió este libro él lo era). Más detalladamente en su *Historia del antifranquismo*,[4] explica su asistencia a las reuniones que se celebraron en mi casa de 1966 a 1968 y cómo allí conoció al general Sintes Obrador, y cómo poco a poco fue venciendo el lógico recelo que los militares demócratas le despertábamos cuando fue comprobando mis anteriores contactos con Fernández de Castro y Comín, pero sobre todo con Ruiz Giménez y el cura Llanos. Más tarde hablaré de Albert Manent.

La publicación de mi tesis doctoral *El militar de carrera* me dio cierto renombre y los equipos de redacción de los diccionarios enciclopédicos me vinieron a buscar, sin que implicase especial mérito, ya que en la década de los sesenta, los únicos militares de Barcelona que escribíamos con una retórica carente de patrioterismo a lo franquista éramos López de Sepúlveda y yo (poco después comenzó a hacerlo Santiago Perinat y más tarde Gabriel Cardona y Julián Delgado).

En la *Gran Enciclopèdia Catalana* y el *Salvat 20*

Uno de ellos fue la *Gran Enciclopèdia Catalana*. En esta publicacion, que iniciamos en los años sesenta, se reunió un importante elenco de la oposición catalana: Raimon Obiols, Heribert Barrera, los dos Lluch (Ernest y Enric), los dos Molas (Isidre y Quim), Manuel Sacristán, Fontana, Termes, Marta Mata, Salvador Giner, etc. Yo coordinaba los temas militares y un marino mercante, Alfons Quintà, que con los años sería el brillante periodista que todos conocemos, escribía las de la Marina y así nos hicimos amigos. También me hice amigo de Jordi Carbonell, que era el jefe de redacción del diccionario y con el que comimos un día todos los militares que colaborábamos: dos mallorquines, el capitán Bernardo Vidal y el teniente Martín Rotger y varios catalanes, como Jose M.ª Cirera y José Ruiz Nicolau. Años después varios de ellos serían firmantes del contramanifiesto de Barcelona, del que hablaré más adelante, y miembros de la UMD.

4. Sergio Vilar: *Historia del antifranquismo*. Plaza y Janés. Barcelona, 1984, pág. 452.

De la GEC pasé al *Salvat 20*. Aquí de nuevo colaboró la oposición y recuerdo que el jefe de redacción era Vicens, el homólogo catalán de Claudín y Semprún, en la famosa escisión comunista, con el que en la segunda legislatura coincidiría como diputado en Madrid. Y también aquí organicé un grupo de militares para redactar las voces. Colaboraron Javier Calderón, Argimiro Calama, Florentino Ruiz Platero, los hermanos José y Miguel Ruiz Nicolau y Santiago Perinat, al que pasados unos meses cedí la coordinación de las voces militares. En las primeras hojas de la enciclopedia se pueden leer sus nombres, siempre acompañados de capitán del arma correspondiente.

Mi obsesión durante todos estos años era crear un grupo de militares demócratas. Obsesivamente dedicaba mis días libres a aumentar mis relaciones de amistad con mis compañeros para, poco a poco, irles dando una conciencia política que nos permitiera en algún momento ayudar a dar libertad al país, y así, fuimos creando un grupo de capitanes, que si bien en cierto sentido éramos sólo un grupo informal, un grupo de amigos, compartíamos una ideología y manteníamos unos lazos de amistad muy estrechos.

Este grupo se cohesionó especialmente en diciembre de 1970 cuando once de nosotros firmamos un manifiesto del que se habla en el capítulo X.

Maristany, Coll i Alentorn, Albert Manent...

A mediados de los años sesenta apareció por Barcelona Ignacio Cavero, que antes había sido militar de Forja y en aquel momento estaba acabando sus estudios de jesuita en Sant Cugat, en lo que ahora es el Centro Borja. Me vino a ver y reanudamos nuestra amistad. Me presentó a varios compañeros suyos, muy interesantes. Uno, Josep M., después ha sido decano del centro y era hijo de Coll i Alentorn, que con el tiempo sería president del Parlament de Catalunya.

Poco después se produjo una caída de UDC y Coll i Alentorn fue detenido. Su hijo Josep M. y yo, ambos debidamente trajeados, él con su sotana y faja negra y yo con mi uniforme y faja azul, fuimos a ver al coronel jurídico Vidal Aznárez, un hombre duro (poco después también me procesó a mí, a pesar de que éramos relativamente amigos), para lógicamente interceder a favor de su padre. Lo sorprendimos y no se pudo negar a recibirnos, pero sólo la primera vez, después ya siempre intentó eludirnos.

Otro de los amigos de Cavero era Maristany (con el tiempo profesor de la UAB). Dirigía un grupo de jóvenes muy válidos, con los que me puso en contacto y entre los que hice especial amistad con Ignacio Solà Morales, del que antes he hablado,[5] por la persecución que padeció durante el servicio militar por sus ideas políticas. Otros dos que recuerdo eran el hoy filósofo Eugenio Trías (actualmente catedrático, como Solà Morales) y Lluís Sales-Balmes, que murió prematuramente, y que muy joven comenzó a escribir en *La Vanguardia*. Este último me presentó a Albert Manent. Me vinieron a ver a casa varias veces. Cuando llegó la democracia, Manent, que llevaba una especie de diario, publicó la primera entrevista que tuvimos en sus memorias. Recuerda Manent en su libro que nos reunimos el 31 de marzo de 1965 y charlamos durante dos horas y media y detalla pormenorizadamente la actitud intransigente, ultra, que le expliqué que se respiraba en la Capitanía. Su lectura me ha permitido recordar el ambiente obscurantista y cargado de rencor y odio contra todo lo que significase democracia y que no reparaba en utilizar toda clase de medios, desde la calumnia y la maledicencia, hasta las palizas o las bombas contra librerías, revistas, etc.

Manent explica en su libro[6] aquella lejana tarde de 1965 en la que Barcelona estaba indignada por el atentado que los falangistas habían perpetrado contra el Casal de Montserrat. El capitán general y el gobernador civil no admitían que hubiesen sido los falangistas quienes causaron el incendio y afirmaban que lo hicieron los propios catalanistas. No fue el único caso. Los ultras atentaron con cócteles molotov contra la librería Cinc d'Oros, la revista *El Ciervo,* etc. Lo hacían a través de personas de sus servicios de información y luego con descaro y cinismo acusaban del hecho a las víctimas del mismo.

5. Léase el epígrafe que le dedico en el capítulo IV.
6. Albert Manent: *El Molí de l'Ombra.* Ed. 62. Barcelona, 1986, págs. 75 y 76.

VII

COLABORAR CON LA PRENSA ERA UN RIESGO

En 1966 me destinaron en plaza de categoría superior de comandante, al Gobierno militar de Barcelona. El gobernador, general Serrano Ariz, me apreciaba porque le había preparado varios discursos y conferencias, por lo que me ubicó en su antedespacho para que me dedicara fundamentalmente a preparar sus intervenciones en la vida civil. Él leía en los actos oficiales los discursos que yo le escribía, que sorprendían gratamente a una población acostumbrada al léxico cerril que usaban las autoridades militares de aquellos años, que contrastaban con el talante culto y aperturista que presentaban las intervenciones del gobernador militar. Pero él era un hombre cordial y campechano y a todos los que le felicitaban por sus discursos les decía con gran sencillez que yo se los había escrito.

Por otra parte, durante aquellos años, ya había comenzado a colaborar en varias revistas militares (*Ejército*, etc.), pero como sociólogo necesitaba hacerlo en revistas científicas (*Anales de Sociología*, la *Revista Española de la Opinión Pública*, la *Revista de Estudios Políticos*, etc.) para lo que tuve que pedir un permiso a Capitanía. Me dieron el permiso pero el general jefe de Estado Mayor, de puño y letra escribió (y guardo el papel, la Nota a SE.): «Conforme, siempre que se trate de trabajos técnicos, que no tengan relación con la religión, la política ni el ejército.» Huelgan comentarios.

Y allí, en el antedespacho del gobernador militar, el azar me facilitó comenzar a colaborar con la prensa diaria, algo que me interesaba mucho ya que los diarios tenían mayor incidencia en la población.

Un día apareció por el Gobierno militar uno de los propietarios de *El Correo Catalán*. Creo que se llamaba Baxauli o algo parecido. Era un carlista más o menos evolucionado. Charlamos un poco, comentamos que había publicado un libro y me ofreció colaborar en *El Correo Catalán*.

Obviamente tuve que volver a pedir permiso. Existía el antecedente de López de Sepúlveda, que tenía un permiso (como el que yo quería) para escribir en *La Vanguardia* sin necesidad de pasar una censura previa en la Capitanía. Y este hecho, unido a que en aquel momento contaba con el apoyo del gobernador militar, por las razones antes explicadas, y del capitán general, que era Montesino-Espartero, hizo que me diesen una autorización inicial, aunque sólo para escribir en *El Correo Catalán*.[1]

En el período en el cual el general Montesino-Espartero fue capitán general de Cataluña, mis problemas se redujeron al mínimo, pues no permitió actitudes inquisitoriales.[2] En cierta ocasión el general jefe de Estado Mayor fue con varias estúpidas acusaciones contra mí (las había redactado el teniente coronel jefe de la segunda sección) y Montesino les regañó y les dijo que lo que debían hacer era procurar ser buenos compañeros.

Mi primer artículo, «Oficiales jóvenes contra tiranos feudales», lo publiqué el día 7 de mayo de 1967. Trataba de la sublevación de los oficiales jóvenes del Yemen. Escribí con entusiasmo y asiduidad durante medio año en *El Correo Catalán*, el *Madrid* de Calvo Serer y la revista *Mundo* de Sebastián Auger.

Al mes de haber comenzado a colaborar, estalló la guerra árabe-israelí. El subdirector de *El Correo Catalán*, Ibáñez Escofet, se empeñó en que escribiese un artículo sobre lo que iba a pasar. Era arriesgado ya que sólo tenía unos conocimientos militares adquiridos en la Escuela de Estado Mayor y, por supuesto, no tenía «bola de cristal». Ibáñez Escofet insistió y me arriesgué. En *El Correo Catalán* el 6 de junio publiqué un artículo en el que decía:

> ... el único objetivo válido estratégicamente es el Canal de Suez. En consecuencia Moshe Dayan realizará un ataque que recuerde los de Alemania al comienzo de la Segunda Guerra mundial y utilizando carros de combate, infantería motorizada y aviación, se lanzará sobre Suez (pág. 14, de *El Correo Catalán* del 6 de junio de 1967).

Al leer el artículo Francisco López de Sepúlveda, que estaba destinado conmigo en Capitanía, me dijo:

—Te has jugado tu prestigio.

Era verdad. Me lo jugué. Pero acerté.

1. Escrito de Capitanía General del 24 de abril de 1967.

2. El hijo del general Montesino-Espartero, Pablo, actual duque de la Victoria, era amigo mío. Nos habíamos preparado juntos para ingresar en la academia militar. Y ambos, el padre y el hijo, eran unas excelentes personas, austeros y sencillos. Por ejemplo, no supe que Pablo era el primogénito del duque de la Victoria hasta varios meses después de conocerle, a pesar de que cada día charlábamos un rato mientras regresábamos juntos a nuestras casas al acabar la clase.

Al día siguiente publiqué otro artículo titulado «Ejércitos nacionales y cascos azules» en el que ante aquella guerra pedía, lo que ahora hace ya la ONU, en Timor y otros lugares, una intervención militar internacional a favor de la paz... y el 8 de junio Moshe Dayan desencadenó el ataque de blindados sobre el canal, tal como dos días antes había previsto que iba a ocurrir.

El 24 de aquel mes publiqué otro artículo: «La humanidad no quiere la guerra atómica.» El 24 de septiembre escribía sobre «El bilingüismo y las Fuerzas Armadas». El 11 de octubre señalaba al capitalismo como causante de la guerra de Nigeria. El 24 de octubre, a raíz de la muerte del popular guerrillero Che Guevara, escribí en *Madrid* sobre las guerrillas de Bolivia. Mi artículo irritó, más que por su contenido, por estar escrito precisamente por un militar. El 18 de noviembre en la revista *Mundo* publiqué otro artículo titulado «Los primeros días del Ejército Soviético», con motivo del cincuenta aniversario de la revolución.

Fue el último artículo de la temporada pues a continuación me retiraron la autorización para escribir. Al analizar lo ocurrido ahora, con treinta años más, pienso que lo ocurrido tenía que pasar. El mero enunciado de los títulos de mis artículos, con seguridad irritaba a aquellas autoridades militares.

De aquellos años en que tuve la suerte de colaborar en *El Correo Catalán* tengo un excelente recuerdo. El director era el bueno de Roselló, el subdirector Ibáñez Escofet y el jefe de redacción Wifredo Espina. Entre los tres llevaban el periódico. Manuel Fraga, que era ministro de Información y Turismo, invitaba cada mes a comer al director. La comida consistía en una reprimenda por las cosas que no se debían haber publicado y endurecidos comentarios respecto al futuro. Roselló, que era de carácter más bien tranquilo, a medida que se iba acercando el día de la comida mensual iba poniendo dificultades ante la publicación de cualquier tema delicado, ya que preveía la reprensión. Y después de cada comida, durante varios días, el recuerdo de la reprimenda le impedía dejar pasar las cosas. En resumen, cada mes había unos pocos días, alejados de ambas comidas, en los que la redacción trabajaba con naturalidad y podía tranquilamente publicar lo que consideraba oportuno.

Prohibido escribir

Al conocer la prohibición de escribir, les propuse a los capitanes Florentino Ruiz Platero y Javier Calderón que se hiciesen cargo de las colaboraciones con la prensa que yo tenía para que no cayesen en manos de la ultrada militar. Florentino me contestó el 19 de diciembre de 1967 en nombre de los dos, aceptando la colaboración aunque sólo en algunas publicaciones y sólo hasta que a mí me devolvieran la autorización. Eran —y siguen siendo— unos excelentes amigos.

Yo por supuesto insistía en mi intento de recuperarla y finalmente me volvieron a dar la autorización. Escribí durante un par de años hasta que participé en un programa de TVE sobre la violencia, en el que todos los participantes la condenaban, pero yo, contrariamente, afirmé que podía ser lícita frente a regímenes como el de Hitler en Alemania, Mussolini en Italia, Salazar en Portugal, Trujillo en Santo Domingo, Somoza en Nicaragua, Batista en Cuba, etc., sólo faltaba decir Franco en España, pero quedaba muy claro que la inclusión estaba implícita. Además, en vez de salir con corbata, como en aquellos años era de uso, me puse —ex profeso— un jersey de cuello alto. Entre lo que dije y el jersey hubo un gran «cabreo».

Me impusieron otro arresto[3] de catorce días de Banderas en el cuartel de ingenieros. El asunto no quedó aquí: Me quitaron una vez más la autorización para escribir. Como yo seguía protestando e insistiendo, el 25 de noviembre de 1971 me enviaron un oficio, que guardo, en el que me comunicaron las nuevas normas para colaborar con la prensa. Son unas normas hechas por un cerebro enfermizo, cuyo nombre voy a omitir,[4] que decían lo siguiente:

> 1. Excluir todo aquello que se sospeche pueda dar lugar a desunión o sectarismo dentro del ejército, desde los puntos de vista profesional, político, social o religioso.
> 2. No se aceptarán críticas ni ironías contra instituciones nacionales o internacionales de características similares a las nuestras...
> 3. No se intervendrá en polémicas que tengan relación directa o indirecta, aunque lejana, con las fuerzas armadas...
> 4. El oficial encargado de este cometido (se entiende el censor) leerá con el máximo detenimiento los artículos (...) subrayará con *lápiz*

3. Escrito confidencial de la Secretaría de Justicia que me trasladó el gobernador militar de Barcelona el 12 de enero de 1970.

4. Escrito del capitán general de Cataluña al gobernador militar de Barcelona, A/g, número 2.448 con fecha 22 de noviembre de 1971.

azul todos aquellos pasajes, párrafos o frases que en una forma más o menos concreta tengan relación con lo especificado en estas normas.
5. Subrayará con *lápiz rojo* los aspectos más sobresalientes...
6. A cada oficial que escriba se le abrirá una carpeta-expediente en la que se archivarán todos los trabajos que publique.

Creo que no hace falta continuar. El lío de los distintos escalones de censores, del Gobierno militar, la Capitanía y el ministerio armados con los lápices azul y rojo subrayando ya lo conocía porque cada vez que se publicaba algo mío ya lo usaban... lo que ellos no sabían era que había mucho soldado «rojo» y yo me enteraba de todas las «putadas» (con perdón) que me preparaban.

Unos días después de estas medidas restrictivas, el 9 de diciembre de 1971, nos quitaron el permiso para continuar colaborando con la prensa a López de Sepúlveda (al que tenían auténtica envidia por su prestigio) y a mí con la excusa de que habíamos cambiado de destino o situación militar. La prohibición en mi caso era absurda porque yo había pasado a la situación de supernumerario, en la que, obviamente, la dependencia funcional desaparece. Los que así obraban lo sabían aunque no les importaba porque lo que querían era callar mi voz. Mientras tanto, en el mismo escrito, se mantenía el derecho a seguir escribiendo a otros dos militares, antiguos alféreces provisionales y superadictos.

Con esta última prohibición, mi colaboración con la prensa acabó y no pude volver a escribir hasta que en 1977 llegó la democracia. Me tuvieron seis años y medio sin poder coger la pluma.

Más prohibiciones

Cuando ya no podía escribir, a través de los muchos amigos periodistas que tenía aleccionaba a las redacciones de los medios sobre cómo tenían que tratar los acontecimientos militares para seguir repudriendo a la dictadura. Esta actividad me proporcionó otro grave disgusto. A raíz de una marrullería del catedrático Fenech, un superconservador que era el vicepresidente de la Cátedra Alfonso V de las Armas y las Letras, pasé la noticia a la redacción de la revista *Mundo* para que escribiese un editorial. Fenech se irritó y protestó ante el capitán general. Éste llamó al director de la revista, Sebastián Auger, al que —según él mismo me contó— maltrató de mala manera. Al ponerle contra las cuerdas Auger reveló su fuente y el jefe del Estado Mayor, general Vivas, me echó una de las broncas más desagradables de mi vida.

El 19 de febrero de 1973 volví a insistir. Elevé instancia al ministro del Ejército. En ella pedía permiso para escribir artículos de sociología sin que fueran sometidos a autorización previa. Estaba en situación de supernumerario desde hacía años y no tenía sentido que mis trabajos científicos de sociología tuviesen que ser recortados y corregidos por unos burócratas del Ministerio del Ejército, completamente legos en mi especialidad. Con fecha del 22 de mayo de 1973 el general Vivas me contestó con un escrito, que obviamente guardo pues también es antológico, en el que se me da traslado de otro del ministerio, en el que con rara sabiduría se me dice que «la censura previa sólo puede afectarme en lo que al retraso respecta, ya que no se concibe que quiera hacer uso de la solicitada autorización, para verter en sus publicaciones conceptos con los que prevea va a disentir del Estado Mayor Central». O sea, que «ni se concebía que se pudiera disentir». Y evidentemente me niegan —una vez más— la autorización. Pero antes de que me llegase el escrito yo ya conocía su contenido. Florentino Ruiz Platero me había escrito una carta, antología de amistad y lealtad, en la que entre otras cosas me decía: «De Capitanía de Barcelona mandaron tu instancia con un escrito en el que decía que no era merecedor de que se me concediese nada.» Evidentemente, con este informe del capitán general, que creo era Pérez Viñeta, uno de los «azules», no me iban a dar la autorización. Y evidentemente también, el teniente coronel de la segunda sección, el de los lápices rojo y azul, no me podía ver.[5]

5. El 3 de mayo de 1973 Fernando Pedrós de la revista *Hechos y Dichos* me escribió de parte del padre Iturrioz, el jesuita amigo que había prologado el libro *El problema de los ejércitos*, pidiéndome un artículo. Pedí autorización con respuesta negativa. Poco después, el 8 de enero de 1974 me pidió otro Félix Santos, director de *Cuadernos para el Diálogo*, que estaba preparando un número sobre las clases medias. Respuesta negativa otra vez.

Los últimos problemas los tuve ya en 1977, un poco antes de las elecciones y estando de nuevo en la situación de supernumerario. El gobernador militar, general Vega (no confundir con el teniente general Vega, que era liberal) me negó el permiso dos veces. Luego, cuando ya estaba retirado me pidió ayuda para un yerno suyo en paro y de camino me contó que el coronel de Estado Mayor, Martín de Pozuelo, le «pinchaba» para que me hiciese la vida imposible, lo que no me extrañaba nada habida cuenta de que se trataba de un fascista notorio, al que pese a todo, mis compañeros, los socialistas de la Junquera o de Port Bou quisieron presentar para alcalde en las elecciones municipales de 1987 y el gobierno socialista le hizo general honorario... Como dice el Quijote: «cosas veredes, amigo Sancho...»

VIII

MIS PROBLEMAS CON EL SERVICIO DE INFORMACIÓN MILITAR DE CARRERO BLANCO

Uno de los capitanes cultos de Capitanía, con el que hice una buena amistad, era Luis del Pozo. Un buen día de 1969, Luis desapareció de Capitanía y dejó de hacer servicios, con el lógico «cabreo» de los demás capitanes. Como éramos amigos, un día que salimos con nuestras mujeres, su esposa nos dijo que en broma le llamaba Perry Mason, ya que no le quería decir ni a ella lo que hacía, de tan supersecreto que era.

Unas semanas después fui a Madrid. Allí la comidilla de todas las tertulias militares era el nuevo servicio de información militar de Carrero Blanco. Al llegar a la residencia de oficiales de la Escuela de Estado Mayor, el encargado de la residencia, el teniente Barcigalupe, me explicó que en una comida que había celebrado una promoción en la Escuela habían preguntado públicamente al de mayor graduación sobre el nuevo servicio secreto. También me lo comentaron muchos más, entre otros recuerdo a Jacinto Pérez Grueso, Javier Calderón, etc.

El nuevo servicio había nacido con mal pie por dos causas puramente profesionales: primera, sus miembros desaparecían de las unidades y sus compañeros tenían que hacer su trabajo (hasta que causasen baja oficialmente, claro está, lo que tardó lo suyo), y segunda, cobraban un plus de quince mil pts., lo que en aquellos años era una cantidad muy importante. Estas dos cosas irritaban a los militares. Total, que el tema en los círculos militares de Madrid era público y había malestar y marejadilla.

Me contaron que el jefe del servicio era el coronel Sanmartín (perdió la carrera por su participación en el 23-F), y el subjefe el teniente coronel Quintero (que desde Ankara durante la transición envió un informe en el que se justificaba una intervención militar turca que se podría imitar en España, lo que se llamó el «quinterismo», plagio de triste recuerdo). Debajo de ellos había cuatro jefes militares en áreas dedicadas a vigilar a los obreros, a los estudiantes, a los clérigos y a los intelectuales. Los cuatro jefes de área despacharían directamente con Carrero y cobrarían un buen pastón. A mi amigo, el capitán Calderón, que no tenía más ingresos que los de su trabajo, le interesaba aceptar la oferta, pero era —y por supuesto aún es— un hombre muy íntegro, demócrata, aunque ciertamente conservador y tenía muy claro que estos cometidos (que no eran el contraespionaje, sino la persecución de la disidencia) no eran propios de militares, por lo que no quiso aceptar.

Cuando volví a Barcelona con la inconsciencia de la juventud, lo primero que hice fue ir a ver a mi amigo Del Pozo para «descojonarme» explicándole que lo sabía todo y aconsejarle que dejase el servicio, toda vez que no era misión del ejército vigilar a la población civil. Supongo que de acuerdo con las pautas de conducta del servicio, dio la lógica nota informativa, con lo que yo —si es que aún no lo estaba— quedé en el punto de mira del servicio.

Tal y como estaban las cosas y seriamente preocupado por lo que consideraba un proceso de politización creciente del ejército, decidí crear un grupo de militares demócratas para contrarrestarlo. En Madrid conocí en la revista *Índice* al capitán de Artillería Anselmo Santos. Estaba supernumerario y se me había manifestado demócrata, así es que me fui con él a La Granja donde veraneaba Javier Calderón para estudiar entre los tres qué se podía hacer. Conversamos largamente durante una tarde, pero no pudimos celebrar ninguna reunión más. Poco después la relación de los dirigentes del servicio se hizo pública. Quizá la información la pasó Anselmo Santos al PCE, pues toda la vida estuvo cerca de este partido. O quizá se enteraron por cualquier otra vía habida cuenta de que su existencia era aquellos días la comidilla de las salas de banderas. De todas formas el que los saboteó creo que hizo bien porque aquello no era ni un servicio para defender al Estado de enemigos exteriores ni tampoco un servicio de información militar, sino simplemente un servicio de represión política bajo órdenes del partido franquista. Como el que estaba en el punto de mira del servicio era yo, fueron a por mí, que sinceramente no había tenido nada que ver con la filtración.

Pérez Viñeta me da un golpe bajo

En primer lugar me dieron un golpe bajo, supongo que para debilitarme, asustarme y así forzarme a negociar. El caso es que un día, creo que del mes de noviembre de 1969, me llamó desde Madrid mi buen amigo el capitán Florentino Ruiz Platero, para decirme que convenía que fuera rápidamente allí porque se había enterado por casualidad (se lo contó el capitán de Estado Mayor, Perico Calvo. Un hombre extrovertido, «voceras», en el argot militar, con el que se cruzó en un pasillo) que había llegado a la Dirección General de Personal un oficio de Pérez Viñeta en el que se decía de mí pestes: que era un mal oficial (lo que era falso, pues me habían calificado con «mucho», que era la máxima nota en varios conceptos en la hoja de servicios), que estaba peleado con todos mis compañeros (más falso aún ya que no estaba enemistado con ninguno), que era liberal, socialista, que me gustaba escribir, que daba clases en la universidad, etc., y esto último sí que era cierto pero no tenía nada de malo.

Me quedé muy preocupado, pero al día siguiente me fui a Madrid en el primer avión que salió. Como supuse que el director general de personal no querría recibirme, me fui a ver al general laureado Enrique Serra Algarra, del que ya he hablado antes y que me había ayudado mucho hacía unos cuatro o cinco años cuando se produjo mi persecución política tras mi boda. Le expliqué lo que me pasaba y delante de mí telefoneó al director general, que casualmente era muy amigo suyo, diciéndole que yo era su ahijado y que necesitaba verle urgentemente, pero sin decirle en ningún momento mi nombre a fin de que me dejase entrar, sin saber que era yo.

Me fui al ministerio y así conseguí entrar en su despacho.

—A la orden de V.E., mi general, se presenta el ahijado del general Serra, capitán Julio Busquets, etc.

El hombre, que era una excelente persona, se quedó de una pieza. Pero yo ya estaba largando el «rollo» que había preparado contra Pérez Viñeta porque mi técnica fue pasar a la ofensiva, acusarlo de perseguirme porque no toleraba sus cacicadas y sus politiquerías, etc., todo lo cual era cierto, pero también —aunque yo lo callaba— que Pérez Viñeta fundamentalmente me odiaba porque yo me quería cargar el régimen político que él apoyaba. Muy irritado di varios puñetazos en su mesa, diciendo: «Pérez Viñeta me ha calumniado.» Y el viejo general me decía: «Bueno, cálmese hombre, cálmese, todo se arreglará.» Me permití hablar así porque tenía el respaldo del general Serra y conocía la gran amistad que unía a los dos generales.

Regresé a Barcelona muy satisfecho, pero unos días después, el 13 de noviembre de 1969, apareció en mi despacho del Gobierno militar el teniente coronel Luis Enríquez García, del Alto Estado Mayor, que me venía a interrogar. Lo recibí de uñas. Después de haberme estado siguiendo y fastidiando los servicios de información militar durante varios años, al final daban la cara. Pero fue educado y leal conmigo. Incluso reconoció que cuando iba a Madrid los del servicio solían seguirme.

—Has de comprender que nos interesa saber con quién tú te relacionas —me dijo.

Me estuvo interrogando durante dos días con corrección, pero también con gran habilidad.[1] Tuve que contestarle con pies de plomo porque si bien era cierto que yo no había filtrado la informacion, existía la posibilidad de que lo hubiese hecho Anselmo Santos con el que por cierto no me atreví a volver a ver hasta que cayó la dictadura, por si acaso.

Amigo de «ex militares rojos» y «curas demagogos»

Amnistiado de las acusaciones de los servicios de información, se hacía preciso resolver el tema del oficio de Pérez Viñeta, pues aun cuando ya lo había parado «en espíritu» no se podía dar carpetazo sin más, a un oficio de un capitán general. Decidieron abrirme un expediente no judicial en la Capitanía. Fue instructor del caso el coronel Juan Reiriz, segundo jefe de Estado Mayor, y ultra notorio. Y como el tema ya iba en curva descendente, bajó la guardia. En un momento determinado le llamaron por teléfono, se le complicaron las cosas y tuvo que salir del despacho. Se hizo un lío y yo rescaté de la papelera un papel manuscrito que ya había desechado por usado, en el que venían los cargos. Aún lo conservo. No copiaré completo lo que dice el papel escrito de puño y letra del coronel Reiriz, pues es largo y son ocho puntos. Sólo copiaré el séptimo. Dice así:

> Cuando se enroló en el Cuerpo Facultativo de la Escuela Superior de Ciencias Sociales (ICDES) (Universidad de la Iglesia) ¿eran desconocidos para Vd. Alfonso Carlos Comín Ros, Casimiro Martí, Antoni Bascompte, ex oficiales del Ejército Rojo, y sacerdotes y reli-

1. Las paradojas de la vida hicieron que bastantes años después y cuando era ya diputado me viniera a ver para pedirme que le ayudara a obtener su ascenso a general honorífico, lo mismo que Morón Izquierdo, quien era jefe de los servicios de información en Barcelona en aquellos años. A ambos los atendí con respeto.

> giosos conocidos por su demagogia y manifiesta animosidad contra el Régimen establecido y sus principios, y demás personajes que suenan siempre en las algaradas? ¿Considera honesto para un profesional militar, especialista de Estado Mayor, convivir y participar en las tareas educativas de un grupo semejante?

En el escrito de descargo, fechado el 3 de diciembre de 1969 y del que lógicamente conservo copia, dije, entre otras cosas lo siguiente:

> [...] Siente no poder compartir la afirmación de la superioridad, de que mis actuaciones pueden romper la unidad del Ejército, ya que en su opinión lo que quebranta la unidad del Ejército, no son las actuaciones de los militares-intelectuales, como el general Díez Alegría, cuyo ejemplo intento seguir, sino los militares que actúan en la política práctica, terreno en el que no me he movido, ya que no pertenezco a ningún partido.

Mi respuesta, pese a ser correcta, era una imprudencia, ya que Pérez Viñeta, alternaba la camisa azul con la caqui y así ponía en riesgo la unidad del ejército. Además Pérez Viñeta no podía ver a Díez Alegría ni en pintura y ponerlo como ejemplo era irritarlo más. Lógicamente al resolverse el expediente me impuso un arresto de quince días con la excusa de que había hecho unas declaraciones sin permiso.

Cumplí el arresto en el Regimiento de Ingenieros. El trato fue correcto. Los compañeros de Ingenieros me vinieron a visitar. Recuerdo que el capitán Juan Mas el último día vino a cenar conmigo al cuartel. Y que un día apareció un joven capitán, José Luis Díez Gimbernat, viejo amigo de la época de Forja, que acababa de ser destinado al regimiento y que con los años sería uno de los puntales básicos de la UMD.

El teniente general Díez Alegría me defendió

Una de las personas que me ayudaron en el desagradable asunto del servicio de información de la presidencia de Gobierno fue el general Díez Alegría, que entonces era director del CESEDEN. Antes había oído hablar mucho de él, entre otros a su hermano José María, el jesuita, con el que tenía gran amistad desde la reunión de El Parral de 1960, y aunque sentía gran admiración por él, nunca había tenido oportunidad de hablarle personalmente.

Me enteré de que me había defendido porque me lo contó Cano Hevia, que entonces era teniente coronel, amigo de Díez Alegría, y como él, un militar culto y demócrata. Al saberlo me decidí a escribirle (el 10 de diciembre del 1969) y desde entonces mantuvimos una correspondencia larga, en la que sus cartas, que guardo, acaban añadiendo al mecanografiado amigo y compañero (que es de ritual) un «que te quiere mucho» escrito de puño y letra. Era un general demócrata y honesto que paternalmente protegía a los pocos militares que entonces profesábamos esta ideología y por ello éramos perseguidos. Más tarde nos conocimos personalmente y nos hicimos amigos. Le fui a ver varias veces a su despacho y a su casa particular en el barrio de Salamanca, relativamente cerca de casa de Ruiz Giménez, por lo que en mis viajes a Madrid solía aprovechar la misma mañana para ir a visitar a ambas personalidades.

De mi larga relación con él recuerdo dos momentos de cierta importancia:

Un primer momento fue cuando presentó a las Cortes orgánicas un proyecto de ley regulando la objeción de conciencia.[2] En la Comisión de Defensa se produjo una gran algarabía y ocurrió algo totalmente inaudito en la España franquista: El proyecto de ley fue devuelto al gobierno. Pero además, el general Cano Portal, que se escondía bajo el seudónimo de Jerges, le lanzó desde *El Alcázar* la clásica palada de basura. Para contrarrestarlo llamé a varios periodistas influyentes de Barcelona, entre otros a Lorenzo Gomis y a Ibáñez Escofet, de *La Vanguardia* y *El Correo Catalán* respectivamente. Al día siguiente, el 17 de julio de 1971, tuve la satisfacción de leer varios editoriales defendiéndole. En *El Correo Catalán* se publicó con su fotografía y a dos columnas. Lo titularon «La representatividad de un general».

El segundo momento fue poco después del 25 de abril portugués. El general portugués Spínola usaba monóculo y algunas personas, supongo que de algún partido, comenzaron a enviarle monóculos a Díez Alegría, lo que era una forma de pedirle que interviniera a favor de la democracia. En una de las visitas que le hice le pregunté cuántos monóculos había recibido. Me dijo que el rumor era falso, que no había recibido absolutamente ninguno. Sin embargo, yo co-

2. Léase en la Tercera parte de esta obra los epígrafes dedicados a la Objeción de Conciencia de los capítulos III y VI.

nocía a muchas personas que se los habían enviado, de lo que deduje que el teniente general Díez Alegría, pese a ser jefe del Alto Estado Mayor (el destino militar más importante de los tres ejércitos) tenía el correo intervenido.

La rectitud profesional de Cano Hevia

Al después teniente general Cano Hevia lo conocí cuando era teniente coronel profesor del CESEDEN, y vino a Barcelona a dar una conferencia en la Cátedra Alfonso V, en la que yo actuaba como secretario a las órdenes del gobernador militar. Simpatizamos rápidamente, y desde que le conocí le profesé gran admiración por su cultura y el talante abierto que tenía, muy excepcional en aquellos lejanos años sesenta. Nos hicimos amigos y cuando después fue agregado militar en Londres lo visité varias veces. Pero antes, cuando tuve el problema del que estoy hablando, también me defendió. Explicarlo es fácil porque el propio Cano Hevia publicó lo ocurrido años después a raíz de la muerte de Díez Alegría. Textualmente escribió:

> El entonces capitán Busquets estaba siendo injustamente amenazado. La amenaza provenía de un alto mando, al que disgustaba un libro de Busquets y su actividad universitaria. Le acusaba de presunto liberal en un escrito en el que pedía que se le destinara a cualquier lugar donde no hubiera Universidad ni pudiera ejercer su actividad de profesor. Interesa resaltar que entonces no existía la UMD.
>
> Cuando me enteré (por el mismo Busquets), le dije que mis posibilidades eran muy limitadas, pero que iba a hacer todo lo que a mi alcance estuviera para impedir semejante desaguisado, que me recordaba otro anterior. Quiero aclarar que lo que me hizo adoptar la defensa de Busquets no fue ningún sentimiento político, sino el convencimiento de que se estaba cometiendo una injusticia y una gran torpeza.
>
> Lo primero que hice fue pedir al general Díez Alegría, entonces mi jefe directo, autorización para ir a ver al jefe de Estado Mayor del Ejército (general González Camino), al que quería exponer mi opinión sobre lo que había llegado a mi conocimiento. Díez Alegría, en cuanto escuchó mi explicación, me hizo la misma observación que yo había hecho antes a Busquets: *¿Es eso cierto, exactamente como me lo cuenta? Porque no estaría bien dar un patinazo.* Mi contestación

fue que para mí la versión de Busquets *iba a misa*, porque me había dado su palabra y era un oficial.

La reacción del general fue inmediata. *Espere* (me dijo) y cogió el teléfono, marcó el número del ministro, pidió a los ayudantes que le pusieran con él y le dijo: *Me acabo de enterar de una petición que te han hecho respecto al capitán Busquets, de Barcelona. Como compañero y como teniente general te pido que, antes de tomar medidas semejantes contra un oficial, ordenes una investigación imparcial de los motivos que puede haber en esa petición. Si hay realmente un hecho punible, que se castigue. En caso contrario es tu obligación y la mía proteger al injustamente perseguido.*

El ministro prometió a Díez Alegría que ordenaría una investigación y el general se volvió a mí, preguntándome: *¿No le parece que podemos posponer un poco su audiencia con el jefe de Estado Mayor?* Por si interesa el resultado del incidente, diré que la investigación se realizó sin encontrar falta para Busquets. (Copiado del artículo del teniente general Cano Hevia).[3]

3. Teniente general Cano Hevia: «Díez Alegría: Anécdotas y lecciones.» *Diario 16* del 8 de febrero de 1987. Madrid.

IX

HASTA LLEVAR BARBA ERA UN PROBLEMA

En 1959 triunfó la revolución cubana, dirigida por unos guerrilleros jóvenes que llevaban aparatosas barbas y en los años sesenta los contestatarios se dejaron barba. Era una de las pocas posibles formas de manifestar la disconformidad en un sistema político, en una sociedad en donde no había forma alguna de manifestar que uno estaba en desacuerdo con la dictadura. En consecuencia, yo también decidí dejármela, aunque la cosa era difícil, porque en el ejército estaba prohibido y como yo era capitán de Estado Mayor estaba todo el día con los generales.

Mis jefes, ultras y conocedores como toda la sociedad del significado del ornamento capilar, estaban lógicamente contra la barba y aún más en contra de que se llevase en el seno del ejército, por lo que me presionaban para que me la quitase cada vez que me la dejaba y unas veces tuve que ceder y otras conseguí trampear la situación. Porque más allá de lo ideológico, quitarte la barba es una lata, ya que te obliga a dar explicaciones a las personas con que tratas, que la primera vez que te ven te preguntan por qué te la has cortado y cuando encima lo has hecho porque te lo ha impuesto la autoridad militar, la explicación es aún más enojosa. En consecuencia, cada vez que me la dejaba me resistía todo lo que podía a cortármela.

La primera vez que me la dejé fue en Argelia en septiembre de 1969 cuando aprovechando mis vacaciones de verano me fui allí a trabajar como sociólogo en un plan del gobierno de aquel país para asentar nómadas. Por cierto, Pérez Viñeta me negó la autorización necesaria para hacer el trabajo. La negativa formaba parte de la política de hacerme la vida imposible para que me fuera del ejército. Así es que me aguanté, me fui al desierto sólo un mes (el mes de vacaciones que no me pudieron quitar) y en el desierto me dejé la barba.

Al regresar me presenté al gobernador militar, que era el infante de Baviera y de Borbón, tío del actual rey, y del que yo era oficial de Estado Mayor y me dijo:

—Se ha dejado usted la barba.

A lo que yo contesté, habida cuenta de que era un hombre bondadoso y muy elemental, casi infantil:

—Sí, mi general, porque es una vieja costumbre militar. Porque ¿verdad, mi general, que cuando usted era joven había militares que llevaban barba?

Se lo dije maliciosamente para lograr de su ingenuidad una autorización difícil de lograr en 1969.

—Sí, es cierto —me contestó—, cuando yo estudiaba en la Academia de Guadalajara, recuerdo que había algún profesor que llevaba barba.

—Pues ahora igual, mi general —recuerdo que le dije—, ahora yo también llevaré barba, ¿verdad que le parece bien?

—Claro, claro.

Y a continuación fui presentándome a mis superiores con barba y al comentarlo, les decía que el general-infante ya me había autorizado. Ellos rugían por dentro porque se daban perfecta cuenta de que les había metido un gol, liando al simplón del gobernador, pero no se atrevían a dejar en evidencia al general-infante, así es que seguí con barba hasta que llegó la patrona del Arma de Ingenieros: San Fernando, el día 30 de mayo.

A «las generalas» les irritaba mi barba

La fiesta de San Fernando se celebraba con una misa en la capilla castrense del parque de la ciudadela y yo andaba con mi uniforme, mi sable, mi faja azul de Estado Mayor... y mi barba, y realizaba las labores propias de mi condición y grado, o sea del capitán de Estado Mayor del gobierno que consistían en ir colocando a las autoridades con arreglo al protocolo en su sitio. Montserrat Barenys, mi mujer, que estaba de pie en la puerta detrás de un grupo de «generalas», oyó que una decía:

—Atiza, lo que me faltaba por ver. ¡Qué horror! ¡Un capitán de Estado Mayor con barba!

Mi mujer, la pobre, acostumbrada ya a compartir problemas, en cuanto oyó la exclamación se dijo:

—Eso va por mi marido.

Y así fue. Un par de días después, el general, segundo jefe del gobierno militar, me llamó a su despacho y me dijo que tenía que cortarme la barba. Recuerdo perfectamente que de entrada le dije que no. Se puso violento. Me amenazó con llevarme por la fuerza a la barbería, pero yo no aflojé y él sabía que no lo podía hacer. En aquel sistema en el que en las comisarías se repartían bofetadas y a veces también en los cuarteles, un oficial era físicamente intocable (aunque psíquicamente podían destrozarte) porque el código de conducta militar no admitía el uso de la fuerza física contra él. Dejando aparte que en las anticuadas ordenanzas de Carlos III, el asunto no estaba nada claro. Le dije que la diferencia entre un militar y un esclavo era que al esclavo se le podía mandar todo, pero al militar sólo se le podía ordenar lo que indicaba la ordenanza y que las ordenanzas autorizaban la barba.

Total, se encontraba ante un problema de mala solución porque su código corporativo le permitía arrestarme, abroncarme, pero no podía afeitarme a la fuerza.

Al fin yo mismo le ofrecí la salida:

—Me quitaré la barba durante el permiso de verano.

Pasó el mes de junio, y a primeros de julio el general me volvió a llamar:

—Me prometió usted que se quitaría la barba —me dijo.

—Sí, pero durante el permiso de verano —le contesté.

—Ni verano, ni nada, se la quita usted ahora mismo.

—No me la quito. Usted no me puede ordenar esto.

Y otro broncazo y otra discusión de caballo en la que yo utilicé los argumentos de siempre: «Ustedes me persiguen. Ustedes me tienen manía», etc., lo que les situaba en una mala posición porque sabían que era cierto.

Al fin el hombre, harto ya de una desagradable discusión y viendo que se iba a montar un lío innecesario puesto que yo estaba dispuesto a quitármela en verano, me dijo:

—Bueno, pues prométame que no irá a la misa de la patrona de Caballería.

Por supuesto que se lo prometí con gran satisfacción. Y así fue como comprendí la razón del follón, que no era otra que la regañina que «las generalas» le iban a echar a él si el día de Santiago, 25 de julio, volvía a aparecer el capitán de EM con la barba.

Añadiré simplemente que al llegar aquel verano pedí el pase a la situación de supernumerario y me fui a dar clase a la Universidad Autónoma de Barcelona, que se estaba creando entonces, y por supuesto, aquella vez ya no me tuve que quitar la barba.

Esta actitud absurda, anticuada y cerrada duró prácticamente hasta el final de la dictadura.

Tengo un escrito del 20 de diciembre de 1973, firmado por el general Vivas, jefe del Estado Mayor de la Capitanía trasladándome otro escrito del mismísimo ministerio en el que entre otras lindezas se dice:

> — Pelo: cortado de modo que queden limpios del mismo y visibles la totalidad de las orejas y debiendo estar a dos centímetros del borde de la camisa.
>
> — Bigote: recortado de forma que sea visible la totalidad del labio superior, que no descienda en sus bordes laterales y que las guías no se aproximen a las patillas.
>
> — Patillas: en corte horizontal, no deben descender más abajo de la altura media de la oreja.
>
> — Barba: queda prohibida, salvo en la legión.

Éstas eran las preocupaciones, o al menos algunas de las importantes preocupaciones del Ministerio del Ejército al finalizar el año 1973. Huelgan comentarios.

X

EL CONTRAMANIFIESTO DE LOS CAPITANES DE BARCELONA

El manifiesto ultra de los capitanes de Madrid

En abril de 1970 el almirante Carrero Blanco fue nombrado jefe de Gobierno y se inició un tímido intento de apertura: Garicano Goñi sustituyó a Camilo Alonso y cambió el estilo del Ministerio de Gobernación; Villar Palasí inició la reforma educativa y creó las nuevas universidades autónomas que acogieron a algunos profesores que habían sido separados de la docencia por razones políticas; López Bravo puso en marcha la Ostpolitic estableciendo relaciones con la China de Mao y Torcuato Fernández-Miranda sustituyó en el Movimiento las camisas azules por blancas. Era, ciertamente, un intento menos vigoroso que el de Ruiz Giménez en 1955 o el de Fraga con la Ley de Prensa y los procuradores familiares, pero era algo, al menos ante la alternativa del total inmovilismo.

En esta situación, entre el 3 y el 9 de diciembre de 1970 se celebró un consejo de guerra en Burgos contra varios miembros de ETA. Lo presidía un coronel de Caballería, Ordovás, que había ganado importantes concursos hípicos y tenía cierto prestigio entre sus compañeros de Arma, especialmente entre los concursistas de la Escuela de Aplicación de Caballería de Madrid, también llamada de Equitación. Como el consejo de guerra era altamente impopular, parece ser que algún exaltado dijo alguna inconveniencia a algún familiar del coronel o le llamó por teléfono soltándole las consabidas amenazas.

Los de la Escuela de Equitación de Madrid se enteraron y se produjo una crispación. Se celebraron varias reuniones de capitanes de Caballería en la propia escuela. Se dijo que los líderes de aquella capitanada eran Meer de Rivera (poco después sería gobernador civil de Baleares y era muy proclive a Fuerza Nueva, pero fue especialmente conocido cuando ya gobernaban los socialistas a raíz de su detención por haberse entrevistado con El Gadafi), Basílides Merino, un oficial excelente ligado entonces al Opus, José Peñas, el pequeño de varios hermanos de Caballería, Sanz Esteban, etc. En resumen, los capitanes de la escuela redactaron un manifiesto de seis puntos que se podría resumir diciendo que pedían mano dura y nada de apertura. Se dijo que también pedían la dimisión del gobierno, extremo este que no puedo asegurar. Tras redactar el documento recorrieron los cuarteles buscando adhesiones y corriendo, como es lógico, distinta suerte según el coronel que mandaba la unidad, pues los hubo que los echaron del cuartel, otros que se identificaron con el manifiesto y los más que llamaron a Capitanía, ganaron tiempo y torearon la situación. En resumen, al parecer recogieron unas cien o doscientas firmas.

Mientras esto ocurría en Madrid, en Barcelona no sabíamos nada, por lo que cuando Joaquín Bardavio me llamó para ver si se podía hacer algo para contrarrestar a la ultrada me quedé muy sorprendido. Conocía a Bardavio porque había escrito para el diario *Madrid* una serie titulada «La nueva frontera», en la que hizo varias entrevistas a toda plana a Ramón Tamames, Pedro Altares, José Mario Armero, Amando de Miguel y a mí (por ser autor de *El militar de carrera*)[1] entre otros. Posteriormente pasó a trabajar para Presidencia del Gobierno. En aquel momento me llamaba, en primer lugar, para enterarse de lo que pasaba (y yo me enteré por él) y en segundo lugar, para ver si existía la posibilidad de contrarrestar la ascendente marea militar inmovilista y como evidentemente la posición que defendían los capitanes de Madrid era aún peor que la del propio gobierno, creí conveniente apoyarlo por ser el mal menor. Y sobre todo porque además así se ayudaba a dividir al franquismo. Llamé a Santi Perinat. Por aquel entonces era el capitán de Barcelona más demócrata que conocía (con la democracia se retiró y dirigió varias policías municipales: Zaragoza, Córdoba, Guadalajara) y le propuse redactar un contramanifiesto pidiendo la apertura política. Recuerdo que me dijo: «Debemos redactarlo lo más suave posible para lograr las máximas adhesiones.» Y así lo hicimos.

Por la tarde convoqué a varios compañeros más. Todos, menos dos, eran capitanes, y todos, menos tres, tenían una carrera civil o la estaban estudiando. Nos tuvimos que reunir aún dos veces más (la segunda fue en el despacho del capitán Ramírez Feliu) hasta lograr redactar un contramanifiesto muy suave en el que hacíamos una llamada a la disciplina y a la unidad de las Fuerzas Armadas que habían roto nuestros compañeros de Madrid. Además afirmábamos

1. *Madrid* del viernes 5 de abril de 1968, pág. 6.

que el ejército debía ser apolítico y obediente al gobierno, cuya destitución, al parecer, aquéllos deseaban. Y lo firmamos, conscientes de que incurríamos en delito de sedición al poner más de cuatro la firma en el mismo papel y que para nosotros no habría la tolerancia que había para los inmovilistas. Por eso, el primer firmante fue el capitán Juan Mas, que era íntimo amigo del Rey, con lo cual esperábamos cubrirnos un poco.

Además de los ya citados, firmaron el manifiesto los capitanes José Ruiz Nicolau, José Sagrado, Ángel Pajares, Juan Diego y Luis Fuentes y los tenientes Martín Rotger y Gabriel Cardona, al que conocí precisamente en aquella ocasión. Once en total, nueve capitanes y dos tenientes. Actualmente ya todos están retirados.

Me entrevisto con don Juan Carlos

Hicimos dos ejemplares: uno para el Rey (que entonces sólo era Príncipe de España) y otro para Díez Alegría. Juan Mas se lo leyó a don Juan Carlos en una audiencia privada que le concedió. No lo debió encontrar mal, porque al explicarle que el contramanifiesto se había escrito por mi iniciativa y en mi casa, me concedió una audiencia privada, en la que recuerdo que ya en aquel lejano 1970 se me manifestó liberal y aperturista.

Con el ejemplar para Díez Alegría me fui a Madrid. Recalé en casa de mi amigo el capitán Javier Calderón, que entonces mandaba una compañía de guerrilleros, para que me ayudase a recoger más firmas de capitanes en Madrid, pero fue completamente imposible. La guarnición estaba crispada y el contenido del documento condenando a los firmantes del manifiesto de Madrid difícilmente podía ser asumido allí. Me desaconsejó ver a Díez Alegría.

—No nos recibirá y además le comprometeremos gravemente —recuerdo que me dijo.

Ante el fracaso fotocopié el contramanifiesto y se lo di a Joaquín Bardavio para que lo elevase a la superioridad y así neutralizar el manifiesto involucionista que habían hecho los de la Escuela de Aplicación de Caballería.

El día 17 hubo una de las últimas apoteosis franquistas de la plaza de Oriente. La prensa señaló la asistencia de varios capitanes de uniforme en la manifestación. Supongo que serían los del manifiesto y sus amigos. Y la miniapertura se frenó. Poco después la ultrada militar me hizo procesar. La excusa fue la publicación de *El militar de carrera en España*, pero las frases del libro que entrecomilla el auto de procesamiento indican una clara intención política. Y en cierta forma es lógico porque el contramanifiesto era un caramelo envenenado que bajo la apariencia del apoliticismo, la unidad y el respaldo al gobierno estaba haciendo una grieta en el búnker del franquismo.

Pasados unos días, y después de serenarse la situación política, nos reunimos de nuevo los firmantes en mi casa y quemamos los dos manifiestos firmados. Su objetivo ya había sido cumplido y no tenía sentido guardar un documento cuya existencia podía servir para acusarnos de sedición. Y cuatro años después, en el verano de 1974, prácticamente todos los firmantes nos volvimos a encontrar en algo más firme y duradero: la UMD. Y es que, en mi opinión, el citado contramanifiesto fue su antecedente más próximo y concreto.

XI

LA EXPULSIÓN DE CUATRO ALFÉRECES

Mario Fallos y Francisco García

Conocí a Mario Fallos hacia 1970. Entonces estudiaba en la Academia Militar de Zaragoza. Tenía las inquietudes normales en un joven. Deseaba una sociedad mejor, más libre, más justa. Encauzaba sus inquietudes trabajando en la OCA u Organización Cadete, que era algo equivalente al RES o Recreo Educativo del Soldado. Le gustaba leer; le preocupaba la formación del soldado. Era una persona muy abierta. Tenía una medio novia en Barcelona a la que iba a ver de cuando en cuando y aprovechaba la ocasión para conocer escritores o personas que él juzgaba interesantes. Un día fue a ver a Gironella, autor de *Un millón de muertos*, una novela cuya mera recensión costó la carrera al coronel Delgado Piñar. Otro día me vino a ver a mí, que había sido procesado por escribir *El militar de carrera en España*. Y así se creó una relación que mantuvimos ya que nos veíamos un par de veces cada año.

En una ocasión me vino a ver su amigo, Francisco García, al que los amigos llamaban Frank. Frank me impresionó todavía más. Era todo un militar, serio, «prusiano», trabajador y a la vez ávido de saber. Se pasó la tarde en mi biblioteca haciendo fichas de libros de historia y de sociología militar.

Recuerdo que le insistí, lo mismo que a Mario, que fuesen muy prudentes, que hasta que no fuesen tenientes no se metiesen en nada, pues temía que su entusiasmo juvenil les hiciese notarse y el choque con el ambiente ultra de las academias (la de Zaragoza la dirigía entonces el general Iniesta) les hiciese perder la carrera.

Lo que me temía, ocurrió. Una noche de julio de 1973, ya tarde, después de cenar —lo recuerdo como si fuera ayer— estaba en mi casa con dos compañeros, los capitanes José Julve y Alejandro Zanui y llamaron a la puerta... Era Mario. Le acompañaba su novia. Venía destrozado. Lo acababan de expulsar de la Academia de Infantería. También a Frank, a Faustino Canga y a Juan M. Vázquez. Y lo hicieron precisamente cuando sólo les faltaban dos días para acabar la carrera, el uniforme de teniente hecho, las estrellas bordadas y el destino a un regimiento ya pedido. La dureza de la medida, no sé si debería escribir la crueldad, sólo la puede comprender (y pido perdón por la frase) quien haya pasado ya cuatro años internado en una academia militar y espera anhelante el momento de lucir las dos estrellas y mandar una sección. A Mario y a Frank los expulsaron de la Academia cuando este momento iba a llegar, creándoles el lógico trauma psíquico, ya que de golpe perdieron cinco años de su vida y una carrera acabada y tuvieron que volver a empezar.

Lo más grave fue la forma como lo hicieron. Los incomunicaron. No les permitieron asesorarse por abogado alguno. No les dieron los cargos por escrito. Comparecieron ante una especie de tribunal militar en el que no existía ningún miembro del cuerpo jurídico y sin saber de qué se les acusaba. Les hicieron preguntas de tipo ideológico sobre sus creencias y prácticas religiosas, sobre los libros y revistas que leían, sobre las aficiones y las amistades que tenían y a continuación los expulsaron de la Academia sin entregarles la sentencia, que inicialmente fue secreta, lo mismo que el juicio, que había sido a puerta cerrada y además sin darles posibilidad alguna de apelar. Al día siguiente se publicó su baja en el *Diario Oficial* junto a la de otros dos alféreces de tercero, Faustino Canga y Juan Manuel Vázquez. En resumen, se utilizó un procedimiento medieval, inquisitorial. Y era 1973...

Rafael Arias Salgado defendió a los cuatro alféreces

Rafael Arias Salgado, que me había defendido en los círculos políticos cuando me procesaron en 1971 y trabajaba con Ruiz Giménez, se hizo cargo de la defensa política de los alféreces porque judicialmente entonces nada se podía hacer y cuando en el verano siguiente, en 1974, fundamos la UMD le pedí que redactase un documento explicando el *affaire* de los cuatro alféreces de Infantería. Así lo hizo, y los de la UMD divulgamos ampliamente lo ocurrido. Durante el año transcurrido, Arias Salgado había conseguido acceder a la sentencia y se había quedado sorprendido. Los cargos por los que se les hizo perder la carrera eran los siguientes:

> Haber tenido una crisis religiosa que les llevó a abandonar la fe católica, aunque sin dejar de ser cristianos.
> Amistad con universitarios con los que hablaban de los aspectos reformables de la sociedad.

Ser lectores de revistas como *Triunfo* y *Cuadernos para el Diálogo*, y libros de Enrique Tierno y de Aranguren.

Estudiar preferentemente materias económicas en perjuicio de las estrictamente militares.

Permitir el tuteo con los soldados en las horas de asueto.

Pues bien, por esos y otros motivos parecidos, los alféreces cadetes Mario Fallos, Francisco García, Faustino Canga y Juan Manuel Vázquez fueron expulsados del ejército.

A partir de aquel día, y con más fuerza desde que llegó la democracia, ellos lucharon por su rehabilitación. Durante años Faustino Canga, desde Oviedo, lideró a sus compañeros y con tenacidad luchó por el reingreso. Les ayudó Ruiz Giménez, que con el tiempo fue Defensor del Pueblo e interpuso un recurso a su favor. También lo hizo el secretario particular del ministro de Defensa, Lluís Ballbé, y personalmente también hice cuanto pude. Pero sólo en parte se logró su rehabilitación. En 1986, la llamada Ley de Amnistía de la UMD les reconoció el empleo y sueldo de capitán de escala activa, aunque (y eso fue lo doloroso y en mi opinión injusto) en la situación de reserva activa, en la que posteriormente ascendieron a comandantes.

SEGUNDA PARTE

LA UNIÓN MILITAR DEMOCRÁTICA

I

LA FUNDACIÓN DE LA UMD

El impacto de la Revolución de los Claveles

Cuando el 25 de abril de 1974 vi en el telediario que la dictadura había caído en Portugal, sentí una gran emoción, una alegría enorme, pues como muchos conciudadanos deseaba que cayera la nuestra e interpretaba lo que allí ocurría como algo que podría ocurrir aquí. Pero a mí, que entonces era militar, capitán para más señas, lo que más me entusiasmó fue que a la odiada dictadura la habían derribado oficiales jóvenes, un movimiento de capitanes, o sea, hombres de mi profesión, edad y mentalidad ¡Cómo los envidié! ¡Cómo me identifiqué con ellos!

Durante los días siguientes el país vecino absorbió mi atención. Leía con afán toda la prensa y devoraba los telediarios. Y me decía: «Es posible, se puede hacer, se puede devolver al pueblo su libertad.» Desde finales de los años cincuenta había adquirido una conciencia democrática y había intentado varias veces estructurar una organización de militares demócratas, pero siempre había sido descubierto por los servicios de información, lo que me llevó al desánimo, a creer que no se podía hacer nada dentro de las Fuerzas Armadas. Y de repente, surgía el MFA portugués y demostraba palpablemente que en una dictadura militar y fascista era posible organizar un grupo de militares demócratas capaz de devolver la libertad al pueblo y además sin violencia, sin verter sangre... Y cuando lo pensaba, mi vida tenía sentido y reencontraba mi profesión militar.

Primeros núcleos de la futura UMD

Después de algunos días de gran excitación interior, decidí comunicar mi inquietud a dos capitanes, Julián Delgado y Juan Diego, con los que había hecho amistad años atrás cuando eran mis alumnos en la Escuela de Psicología de la Universidad de Barcelona. Vinieron a tomar café a mi casa después de cenar, el lunes 13 de mayo, y volvieron el lunes siguiente, día 20, acompañados esta vez del capitán José Sagrado, al que conocía desde hacía muchos años pues habíamos estudiado juntos el bachillerato en el colegio La Salle Bonanova. El lunes 27 tuvimos una tercera reunión en casa de Julián Delgado a la que invité al capitán Gabriel Cardona. Ya éramos cinco. Uno de los primeros grupos de lo que sería la UMD estaba constituido.

A principios de junio, después de cuatro años de excedencia (supernumerario) pasados trabajando en la Universidad Autónoma de Barcelona, me incorporé al Regimiento de Ingenieros de esta ciudad con el decidido propósito de crear otro grupo de militares demócratas. Allí estaban destinados dos capitanes, José Julve y Santiago Perinat, muy concienciados. Fue con los primeros con los que me reuní, el 9 de mayo, para comentar lo que había ocurrido en el vecino Portugal.

En el Regimiento de Ingenieros además estaba destinado Díez Gimbernat, que era un viejo amigo de la época de Forja y me había presentado, ya hacía algún tiempo, a José Delás. Gimbernat tenía a su cargo el armamento y en esta dependencia comenzamos a reunirnos los cinco capitanes citados (Julve, Perinat, Gimbernat, Delás y yo) y poco a poco se fueron añadiendo otros más: Antonio Miralles, Pascual Alonso, Pepe Laín, Alcázar, Lorenzo (que se fue a Zaragoza) hasta una docena de capitanes de este regimiento que llegaron a ser de la UMD.

Simultáneamente expliqué lo que hacíamos los ingenieros a un íntimo amigo, el capitán López Amor, de Artillería, que decidió organizar una reunión en su casa con los artilleros. Fue muy concurrida, pues acudieron el comandante Justo Ballesteros y los capitanes Guillermo Reinlein, De la Torre, Tarrasa, Julio Vázquez, los hermanos Alejandro y Manolo Zanui, etc., y también alguno de Ingenieros, como López de Sepúlveda. Después este grupo continuó celebrando sus reuniones en Tecnisa, empresa en la que trabajaba Guillermo Reinlein y en el apartamento de Cristina Sabater (hija de un dirigente de la Lliga amigo de Cambó), persona muy concienciada políticamente. Cristina Sabater tenía entonces una gran amistad con Guillermo Reinlein por lo que nos prestaba su casa y además de actuar de anfitriona participaba activamente en las reuniones impulsando siempre la concienciación democrática.

Por otra parte, el 12 de mayo *La Vanguardia* publicó un artículo de Trias Fargas titulado «Preparar las condiciones: La lección portuguesa», que de hecho era una llamada, o así se podía entender, a seguir el ejemplo de Portugal. Subrayé las frases más importantes y mandé tres fotocopias a tres amigos militares que estaban fuera de Barcelona y con los que por tanto me resultaba difícil hablar, pero sabía que lo podían entender. Uno de ellos era Ángel Pajares, capitán de Infantería, entonces profesor de la Academia de Zaragoza, que prudentemente lo guardó hasta que poco antes de Navidades viajó a Barcelona y me vino a ver. Otro era Francisco Bravo, capitán de Ingenieros de mi promoción, que estaba destinado en Salamanca y me llamó por teléfono para decirme de forma para mí comprensiva que había recibido mi carta y que tenía ganas de verme para hablar más. El tercero era Luis Otero, que entonces aún era capitán y estaba destinado en el ministerio y que a los dos días cogió un avión y me vino a ver a casa lleno de entusiasmo y de deseo de hacer algo.

Tuve varios contactos más: con el capitán de Infantería Carlos Aguado, destinado en Canarias, pero de vacaciones en Barcelona, que se había concienciado políticamente, a raíz de haber sido el defensor de Jordi Pujol en el consejo de guerra que se le hizo tras los sucesos del Orfeó Català; con el capitán Martín Rotger, de Mallorca, que había sido uno de los firmantes del contramanifiesto del año 1970 antes aludido, y con Mario Fallos, uno de los cuatro cadetes alféreces de la Academia de Infantería que habían perdido la carrera en 1973 que me puso en contacto con algunos tenientes de su promoción.

Primeros contactos políticos: Reventós y Ruiz Giménez

Como a los miembros de las tres tertulias (la de Infantería y Caballería, la de Ingenieros y la de Artillería) se les despertó una gran inquietud y deseaban conocer directamente, sin las tergiversaciones de la censura, la opinión de los dirigentes políticos, decidí presentarles a un dirigente socialista, Joan Reventós, al que conocía desde hacía algunos años ya que había sido el editor de mi libro *El militar de carrera en España*, y a otro democristiano, Joaquín Ruiz Giménez al que conocía también desde hacía tiempo.[1] Así pues, el 12 de julio después de cenar acompañé a Joan Reventós a casa de Julián Delgado. Allí nos esperaban los cuatro compañeros de Infantería ya citados. Y aquel verano de 1974, Reventós explicó lo que era el so-

1. Me lo había presentado en el inicio de la revista *Cuadernos para el Diálogo* el general Francisco Sintes Obrador, al que ya he citado anteriormente.

cialismo a un grupo de militares a los que no conocía, pero que quedaron entusiasmados con él. Después repitió la experiencia con los ingenieros el 6 de septiembre en el domicilio de Antonio Miralles en la calle Violante de Hungría, y por último, el 8 del mismo mes se reunió con tres artilleros (López Amor, Guillermo Reinlein y José Ruiz Nicolau) en el apartamento de Cristina Sabater.

Como, por otra parte, Ruiz Giménez veraneaba en la Costa Brava, en Palamós, resultaba posible tener un contacto con él. Y allí fuimos a verle el 6 de agosto varios de Ingenieros, entre otros Julve, Perinat, Miralles, Delás, Díez Gimbernat, etc. El 9 volví con los capitanes Cardona y Julián Delgado y el 12 con los capitanes Guillermo Reinlein y Salvador de La Torre, de Artillería.

Las reuniones con Ruiz Giménez, ex ministro de Franco y persona de gran prestigio, impresionaban mucho a mis compañeros y ayudaban muy positivamente a su concienciación. Al llegar el otoño, Ruiz Giménez se volvió a reunir varias veces con nosotros. En una primera reunión con la dirección de Barcelona,[2] le leímos el ideario y en este caso fue él el que quedó muy favorablemente impresionado. En otra ocasión y para ayudar a la concienciación de mis compañeros, montamos una reunión amplia entre él y otros doce o quince capitanes en casa de Cristina Sabater.

Por otra parte, cualquier acontecimiento cultural ciudadano era aprovechado *ad limitem* para ayudar a que mis compañeros se concienciasen social y políticamente. Por ejemplo, recuerdo que aquel verano Aranguren vino a Barcelona a dar unas conferencias. Asistimos a ellas y después José Delás y yo nos lo llevamos a cenar a Can Cortés. Luego tuvimos una larga reunión en casa de Antonio Miralles con varios compañeros más, casi todos de Ingenieros.

Como Julián Delgado me presionaba e insistía en que nuestras ideas debían extenderse a la guarnición de Madrid, el 30 de julio fui allí para hablar con algunos amigos militares que sabía que eran demócratas. Hablé separadamente a Luis Otero y a Jesús Martín Consuegra, que aún no se conocían entre sí. Otero era compañero mío en la novena promoción de Ingenieros. A Consuegra lo conocía desde que se preparaba para ingresar en la Academia Militar. Recuperamos el trato porque estuvo destinado en Gerona y vino varias

2. La reunión fue en la calle Aribau, 174, en casa de mis hermanos Ramón Roig y María Dolores Busquets. Asistimos Delgado, Diego, Julve, López Amor, Guillermo Reinlein y yo.

veces a mi casa, a las reuniones que desde hacía años venía organizando con amigos militares más o menos demócratas. Y ambos, Otero y Consuegra, se adhirieron a lo que estaba naciendo en Barcelona.

También hablé a otros tres amigos íntimos de Forja que tenían una clara conciencia democrática desde ya hacía años: Luis Pinilla, Javier Calderón y Florentino Ruiz Platero. Florentino me dijo claramente desde el principio que no vendría, Pinilla y Calderón lo dudaron mucho, pero finalmente decidieron no venir. No fue por razones ideológicas, pues los tres siempre fueron decididamente demócratas, sino simplemente porque no veían claro que fuera acertado lo que queríamos hacer.

Viajo a Portugal con Otero. Contactamos con el MFA

Entre los días 19 y 24 de agosto había un congreso mundial de sociología en Toronto (Canadá) y decidí hacer en el viaje de ida una escala de tres días en Lisboa. Así tendría una buena coartada para contactar con los militares del Movimiento de las Fuerzas Armadas (en lo sucesivo MFA). Rafael Lorente (que había sido capitán de Intervención y en aquel momento era amigo de Santiago Carrillo) me venía a ver a casa de cuando en cuando y me presionó para que fuese e incluso me dio varios nombres y direcciones.

Le pregunté a Otero si me quería acompañar y quedamos en reunirnos allí. La cita fue en el hotel Florida en la rua Duque de Palmela 32 de Lisboa el día 15 a las cuatro de la tarde. Él había hecho el viaje en tren desde Madrid y yo en avión desde Barcelona, por lo que era muy difícil que nos descubrieran. A la hora previamente determinada fui a su habitación. Me abrió la puerta Luis Otero. Recuerdo que nos fundimos en un largo abrazo y salimos a contactar con los compañeros del MFA, cuyas direcciones me había proporcionando Rafa Lorente. No tuvimos en cuenta que era 15 de agosto, momento del verano en el que falta mucha gente en la ciudad. Después de haber fracasado en todos nuestros intentos de contactar con el MFA, llegamos fatigados al palacio de Belem, sede del presidente de la República (Spínola), cuando llegó un coche del que se apeó un militar.

—¿Quién es? —pregunté al cabo de guardia con el que llevábamos un rato intentando que comunicase nuestra presencia pero sin acabar de darnos a conocer.

—El mayor (o sea el comandante) Monge.

—Pues muy bien —le contesté—, ve y dile que hay aquí dos militares del ejército de España, que son demócratas y que quieren hablar con él.

Aunque parezca mentira, la gestión dio resultado y pocos minutos después subíamos por una escalera monumental en la que había un paraca con metralleta cada tres o cuatro peldaños y llegábamos al antedespacho del propio jefe de Estado. ¡Y sin habernos dado a conocer!

El mayor Monge compartía el antedespacho con el teniente coronel Almeida Bruno. Era éste un militar extraordinariamente preparado en lo profesional y en lo político. Recuerdo que al llegar y a punto de darme a conocer, metí la mano en el bolsillo interior de la chaqueta para sacar la cartera con el documento militar de identidad. Al observar mi movimiento, Almeida Bruno se lanzó en plancha tras un sillón ya que creyó que iba a sacar un arma. Otero muy enfadado, me dijo:

—Pero, ¿qué haces?

Pero yo ya tenía en la mano la cartera que contenía el documento militar de identidad.

En la entrevista, Almeida Bruno nos habló con preocupación de los comunistas. Le tranquilizamos explicándole que los comunistas en España eran demócratas y que Santiago Carrillo... y recuerdo mi sorpresa, cuando nos atajó y nos dijo:

—Nosotros ya sabemos que Carrillo es demócrata, pero aquí Alvaro Cunhal no lo es.

Yo en aquel momento no le creí y pensé que tenía contra los de su país los típicos prejuicios de los militares, pero poco después me di cuenta de que tenía razón, pues los comunistas portugueses eran distintos de los españoles y no habían hecho una transformación hacia la democracia. Tuvimos dos largas entrevistas, una por la mañana y otra después de comer.

Al atardecer acompañé a Luis a la estación y al día siguiente, ya solo, me reuní con el capitán marqués de Pinto Soares, que con el tiempo fue portavoz del MFA y director de la academia militar. Tenía su despacho en la Asamblea Legislativa, que estaba cerrada. Fue una entrevista larga y cordial.[3]

3. Los contactos entre la UMD y el MFA portugués fueron varios. Después del citado comienzo en Lisboa los gallegos enlazaron con las guarniciones del norte de Portugal y el capitán Correia Jesuino (que estaba casado con una española) realizó muchos viajes a Madrid que aprovechó para contactar con la UMD. Por último, el capitán de aviación Domínguez (que se exilió cuando intentaron detenerle) disfrutó

De Lisboa volé a Toronto donde se celebraba el congreso mundial de sociología y presenté una ponencia sobre los ejércitos de España y Portugal. El texto de la ponencia lo incluyó Harries-Jenkins, militar retirado del ejército inglés y profesor de sociología de la Universidad de Hull, en su libro *The Military and the problem of legitimacy.*[4] Por otra parte, en Toronto fui reelegido miembro de la dirección colegiada de los estudiosos de sociología militar mundial,[5] y permanecí en esa presidencia colegiada hasta 1984.

La reunión fundacional

Los días 31 de agosto y 1 de septiembre nos reunimos en casa de Guillermo Reinlein en Barcelona, en la calle General Mola (hoy paseo de Sant Joan) número 29, los miembros del primer grupo que se constituyó (Julián Delgado, Juan Diego, José Sagrado, Gabriel Cardona), cuatro del cuartel de ingenieros (Perinat, Julve, Miralles y yo), dos de la tertulia de los artilleros (López Amor y Reinlein) y dos que vinieron de Madrid (Otero y Consuegra). Otero y yo en aquel momento ya éramos comandantes, aunque recién ascendidos. Reinlein recibió el oficio comunicándole el ascenso durante la reunión. Los demás eran capitanes.

La elección del domicilio de Reinlein obedeció a motivos de dis-

---

de la hospitalidad de los compañeros del MFA durante muchos meses e hizo gran amistad con Melo Antunes, que incluso puso un prólogo a su autobiografía titulada *Cuando yo era un exiliado. Cambio 16.* Madrid, 1977.

4. Gwyn Harries-Jenkins y Jacques van Doorn: *The Military and the problem of legitimacy.* SAGE Publications Ltd. Londres, 1976. Como tenía prohibido escribir, usé un seudónimo, John Brown para firmar el capítulo «The Legitimacy Problem in Latin Europe» en el que trataba fundamentalmente de los ejércitos español y portugués.

5. En 1966 había asistido al congreso mundial de sociología que se celebró en Evian, en Francia, cerca de Suiza, y me integré en el comité de investigación Armed Forces and Society de la ISA (Asociación Internacional de Sociología). Acababa de leer mi tesis doctoral sobre los militares españoles y la comunicación que presenté les interesó mucho. Después, en 1968, se celebró en Londres la convención intercongresual del citado comité de sociología militar, y fui elegido miembro del Executive Council o grupo dirigente. En el congreso de Toronto me volvieron a reelegir. Continuaron así hasta que en 1984 renuncié a la reelección. La relación de los diez miembros del Executive Council internacional ha sido ya mencionada en la nota 11 del capítulo V de la Primera parte de estas memorias (pág. 79).

creción. Obviamente no era bueno reunirnos en una casa militar, en la que vivían la mayoría de los asistentes (López Amor, Julve, Perinat, Cardona...), por otra parte yo ya estaba muy fichado, algunos domicilios eran pequeños, etc., por lo que por exclusión se decidió utilizar el domicilio de Reinlein, que además de civil, era amplio y su familia estaba fuera. Allí nos dirigimos tomando toda clase de precauciones hasta el extremo de que a los dos que venían de Madrid les hicimos bajar en Reus y desde allí los trasladamos en coche.[6]

El primer día la reunión versó en una especie de reflexión colectiva sobre la situación de España, su régimen político y el papel que estaba jugando el ejército, que era, de hecho, el gran bastión que mantenía la dictadura y convinimos que debíamos abrir los ojos de nuestros compañeros para que el ejército regresara a los cuarteles y fuera el pueblo el que libremente decidiera el camino a seguir. Yo hice la exposición, para la que estaba más preparado en aquella época, habida cuenta de que ya llevaba más de diez años dando clases de teoría del Estado y sociología en la Universidad de Barcelona.

Aquella noche recuerdo que casi no pude dormir, excitado porque al fin se iba a conseguir aquello por lo que llevaba tantos años luchando, o sea un grupo de militares demócratas. Y dándole vueltas a la cabeza pensé que sería bueno dar al grupo una coherencia ideológica, un ideario, y como hacía poco que la Asamblea de Cataluña había aprobado uno, me inspiré en él.

Al día siguiente lo presenté a mis compañeros, que lo reelaboraron colegiadamente estructurándolo en dos partes, una primera de tipo político (en la que modificaron y añadieron algún punto nuevo, como la lucha contra la corrupción) y una segunda, con varios puntos militares relativos a las reformas que requería la institución.

6. A título de anécdota: Los fueron a recoger López Amor y Julve que veraneaban cerca de Reus, en Torredembarra y Salou respectivamente. Como entre ellos no se conocían debían identificarse llevando la revista *Cambio 16* bajo el brazo. Habíamos previsto tres posibles lugares donde celebrar la reunión: las casas de Reinlein (Barcelona), López Amor (Torredembarra) y Julve (Salou) y hasta el final no se decidió cuál de las tres sería. Para comunicar por teléfono el domicilio elegido usamos como clave los nombres de las tres hijas de López Amor, y de esta manera, hasta última hora no se supo dónde se haría la reunión. En general, en Barcelona las medidas de seguridad siempre nos las tomamos muy en serio.

Después aprobamos un nombre y unas siglas y elegimos una dirección formada por cuatro capitanes, uno de cada Arma: Sagrado, de Infantería, Delgado, de Caballería, López Amor, de Artillería y Julve, de Ingenieros. La UMD había nacido y yo había vivido el día más importante en mi carrera militar. Los veinte años que llevaba en el ejército y los doce de persecución política habían valido la pena. Y con ilusión pensaba, soñaba, en un ejército que devolviera al pueblo su libertad. Era en agosto de 1974. Hace 25 años.

Un intento de interpretación de las causas del nacimiento de la UMD en Barcelona

Al analizar las razones de la aparición de la UMD creo que se pueden observar dos, que de hecho son las mismas que se dan en la aparición de cualquier movimiento político, ideológico, religioso, etc., por una parte, un voluntarismo pertinaz y, por otra, unas condiciones objetivas que en un momento determinado permiten que este voluntarismo fructifique. Sobre el primer hecho, el voluntarismo, he escrito mucho en las páginas anteriores. Sobre las condiciones objetivas, quisiera añadir algunas consideraciones, unas relacionadas con el ambiente social del lugar, Barcelona, de las que hablo a continuación, y otras relativas al ambiente político del momento, 1974, que trataré en el epígrafe siguiente.

Primero, la influencia del espíritu liberal y progresista de Cataluña y más concretamente de la ciudad de Barcelona, que en alguna medida penetró en los oficiales de la plaza a través de vinculaciones familiares, sociales, culturales, etc. En Barcelona, desde hacía ya algunos años, y sin que tuviesen nada que ver con lo que después fue la UMD, se venían produciendo esporádicas tomas de conciencia política por parte de militares aislados, que influidos por el ambiente ciudadano adoptaban posiciones democráticas y eran por ello represaliados, y aunque en aquella época las represalias se hacían casi siempre por vías paralelas (no judiciales) y en todos los casos sin publicidad, con total secreto, haber vivido en esta ciudad durante muchos años me permite señalar varios ejemplos de una lista que con toda certeza es incompleta:

Se persiguió al coronel de Estado Mayor Andrés (que era el segundo jefe de Estado Mayor de la Capitanía) hasta hacerle perder la carrera por razones estrictamente ideológicas y se argumentó que antes de la guerra civil había tenido contactos con intelectuales de izquierda, entre otras cosas. Se persiguió al teniente coronel Castells Adriansen porque un hijo suyo pasaba propaganda por la frontera. Al capitán capellán José Bailo, amigo de Alfonso Carlos Comín, lo detuvieron de forma aparatosa y humillante, y tras proceso y consejo de guerra lo condenaron a prisión por tener contactos con el FLP (Felipe o Frente de Liberación Popular). Del coronel Delgado Piñar ya he explicado que lo retiraron del ejército porque en la revista *Pensamiento y Acción* se publicó una recensión favorable al libro de José M.ª Gironella *Un millón de muertos*. Y después hablaré de Pedro Costa y de Jiménez de Parga.

Segundo, la existencia previa de un grupo de capitanes de la guarnición de Barcelona, del que ya se ha hablado, que si bien en cierto sentido, éramos sólo un grupo informal, un grupo de amigos, compartíamos una ideología y manteníamos unos lazos de amistad muy estrechos y desde hacía años organizábamos normalmente tertulias en nuestras casas con las personalidades de talante democrático (como Ruiz Giménez, el general Sintes Obrador, el jesuita Díez Alegría, Aranguren, etc., cuando venían a Barcelona) y con algunos magistrados y fiscales de Justicia Democrática. Recordemos que este grupo se cohesionó especialmente en diciembre de 1970 cuando once de nosotros firmamos un manifiesto.[7] Cuatro años después, la mayoría de los firmantes pertenecíamos a la UMD.

Tercero, la situación particularmente conflictiva de la ciudad de Barcelona, unida a la práctica de la dictadura de utilizar al ejército como instrumento de represión mediante las fuerzas de orden público, que entonces eran totalmente militares, paradójicamente facilitó la concienciación de los oficiales destinados en estas unidades y así tres de los doce fundadores, Julián Delgado, Juan Diego y José Sagrado estaban destinados en la Policía Armada (y otros activos miembros de la UMD, como Ángel Pajares, Pedro Calderón, Borderías, Javier Perote, etc., en algún momento también pertenecieron a estas unidades). Un efecto análogo produjo la utilización de los consejos de guerra contra los líderes políticos y sindicales, pues aceleró la concienciación de los capitanes de los regimientos de modo que se extendió entre los capitanes que no querían participar en la represión la costumbre de formular un voto separado

7. En el capítulo X de la Primera parte se trata extensamente del manifiesto que aquí se cita.

absolutorio en los consejos de guerra. Recuerdo que el primero que formuló un voto separado de esta clase fue Enrique López Amor, que sería uno de los fundadores de la UMD. Y otro de sus miembros, Carlos Aguado, se había concienciado años antes, en 1960, cuando —como ya se ha dicho— fue el defensor de Jordi Pujol en su consejo de guerra. No fue el único. A través de lo que Carlos detalladamente explicaba (interrogatorios con torturas, etc...) el impacto también me llegó a mí, afianzándome en mi deseo de acabar con aquel sistema político.

Cuarto, el mayor contacto con la universidad que tenía esta guarnición, en la que en 1968 el 44 por ciento de los capitanes de carrera tenían un título universitario[8] y resulta evidente que el estudio propiciaba la concienciación política. En efecto, en esta universidad se produjeron varios casos de represiones contra militares demócratas debido a su actitud universitaria. El capitán de la Policía Armada, Pedro Costa,[9] fue trasladado de Barcelona a Melilla porque mientras estudiaba ciencias económicas se negó a delatar a los líderes de los alumnos (digamos entre paréntesis que no fue el único: el general de la Guardia Civil, Ángel Martín Díez Quijada, cuando era comandante y profesor de derecho administrativo fue trasladado de Madrid a Mallorca porque se negó a delatar a los profesores contrarios a la dictadura). Asimismo, por dar sus clases de acuerdo con una ideología liberal fue obligado a pedir la baja del ejército (o alternativamente ir destinado a Guinea) el capitán jurídico, prestigioso catedrático, y después ministro de UCD, Manuel Jiménez de Parga. Análogamente, casi todos los firmantes del manifiesto de 1970 lo mismo que los fundadores de la UMD tenían alguna carrera universitaria. Y esta característica la encontramos

8. He tratado más extensamente este tema en mi libro *El militar de carrera en España*. Ariel. Barcelona, 3.ª edición, 1984, pág. 234. Sobre el personal de la época que estoy tratando, léase mejor la edición anterior de la misma obra publicada en 1971 (2.ª edición, págs. 260 y ss.).

9. Estudiaba económicas por su cuenta, en sus ratos libres. Conocido este hecho por su jefe le ordenó que, puesto que era policía aunque uniformado, informase sobre los líderes de la oposición democrática de la universidad. Y como él contestó que no iba a la universidad como policía sino como alumno y no quería ser un mal compañero, se enfurecieron. Le quitaron el mando, lo dejaron sin destino y lo enviaron forzoso a Melilla, donde mandaba Gotarrodona. Allí lo maltrataron hasta que lograron desmoralizarlo e hicieron que pidiera la baja. Regresó a Barcelona para acabar la carrera de economista y en la facultad conoció a Jacinto Pérez Grueso, hoy coronel retirado, que le puso en contacto conmigo.

también en muchos de los miembros más sólidos de la UMD de Madrid y de Galicia.

Quinto, consecuencia de la titulación universitaria, del especial momento económico que vivía España y las muchas ofertas laborales que existían en Barcelona en la década de los sesenta, alrededor del 80 por ciento de los oficiales de la guarnición practicaba el pluriempleo.[10] Y el ejercicio de esta segunda actividad les permitió romper con el pernicioso aislamiento en que vivía entonces la gran mayoría del ejército español e integrarse en la sociedad civil.

La situación política de España en 1974

En la fecha fundacional, 1974, se produjeron una serie de acontecimientos, nacionales e internacionales, que crearon una situación ambiental que propiciaba la aparición de la UMD.

En efecto, hasta entonces todos los intentos que habíamos realizado dentro de las Fuerzas Armadas para crear un núcleo de militares dispuesto a restablecer la democracia no habían tenido éxito precisamente por haberse desarrollado en condiciones desfavorables. Pero las condiciones cambiaron en la década de los setenta pues mientras la oposición crecía y se fortalecía, la dictadura se resquebrajaba.

La influencia de esta situación ambiental en el nacimiento de la UMD viene reflejada en nuestros propios documentos, concretamente en el manifiesto titulado *Por la Libertad hacia la Justicia Social*, que redacté en gran parte y fue aprobado en la II Asamblea Nacional, celebrada en Madrid, en diciembre de 1974. En él se analiza el fracaso del intento aperturista de Arias Navarro conocido como el espíritu del 12 de febrero (de 1974, día en que pronunció un discurso programático tímidamente aperturista), con las siguientes palabras: «en los últimos quince años se han hecho ya cuatro intentos de apertura, habiendo ya fracasado los tres primeros (el de Ruiz Giménez, el de Fraga-Solís y el de López Bravo-Villar Palasí) y llevando las mismas trazas el cuarto de Arias Navarro, pues eso parecen indicar las destituciones de Pío Cabanillas y Barrera de Iri-

10. En *El militar de carrera*, *op. cit.* pág. 228 y ss. se ofrecen datos más completos y modernos del pluriempleo, basados en una encuesta realizada por el Ministerio del Ejército en 1976, fecha en la que los jefes y oficiales del Ejército de Tierra pluriempleados eran 8.453.

mo y las 20 dimisiones (de Directores Generales) que les siguieron».

Simultáneamente, el citado documento analiza la pérdida constante de apoyo del régimen: «el franquismo de unos años acá, no sólo no ensancha su base popular, sino que pierde adeptos de día en día, habiendo abandonado sus filas muchos grupos que inicialmente lo apoyaban, como los carlistas, los monárquicos, los democratacristianos; gran parte del clero, del capital, grupos de funcionarios, etc. (...) mientras la oposición, por el contrario, ve aumentar cada día sus efectivos mientras prepara la ruptura democrática».[11]

Por último, también influyó en el nacimiento de la UMD la situación internacional de 1974. En efecto, aquel año se produjo la caída de tres dictaduras militares, las de Portugal, Grecia y Etiopía, y al coincidir estos acontecimientos con los diez meses de gestión de Pío Cabanillas (que permitió un cierto grado de libertad a la prensa al aplicar liberalmente la ley que años antes había hecho Manuel Fraga), estos sucesos fueron comentados en una forma clara y concienciadora para cualquier militar medianamente sensible. Y más en Barcelona donde los periodistas, en aquellas fechas, en su mayoría pertenecían a la oposición.

Y sobre esta guarnición, con los antecedentes inicialmente citados: con su entorno civil democratizador y en la que además algunos de sus miembros veníamos realizando un duro trabajo político, se produjo el impacto del abril portugués, impacto que fue psicológicamente muy importante y animó extraordinariamente a la oposición, pero más especialmente a los jóvenes oficiales, o mejor dicho, a la escasa minoría que deseábamos el restablecimiento de la democracia, que nos sentimos estimulados por el ejemplo y el éxito de los vecinos.

El análisis de contenido de los documentos de la UMD permite comprobar esta afirmación, concretamente el titulado *¿Dónde están los capitanes?* Comienza así: «Son muchos los españoles que a raíz de la intervención militar portuguesa se han preguntado: ¿dónde están los capitanes?»... y más adelante sigue: «los ejemplos de los militares griegos, etíopes y lusitanos han hecho inevitable que en nuestra Patria los ojos se vuelvan hacia el Ejército...».

11. Libro blanco del Ministerio del Ejército. Estado Mayor Central: *La «UMD» y la Causa 250/75*. Talleres del Servicio Geográfico del Ejército. Madrid, 1975, págs. 20 y 202. También *Libro oficial de la UMD* sin pie de imprenta (impreso clandestinamente en la imprenta de Juan Guerra, en Sevilla a finales de 1976), pág. 53.

Por último, añadamos que la dictadura se encontraba en su recta final, pero que algunos sectores, especialmente en las Fuerzas Armadas, repetían con machaconería en todas las oportunidades que tenían, que no tolerarían ningún tipo de evolución hacia lo que ellos llamaban «corrompidas democracias occidentales», y que estaban dispuestos a mantener el sistema al precio que fuera; se entendía que hasta el de la sangre. Y los intentos de desplazar a Franco por Juan Carlos naufragaban. Y así dos días después de la fundación de la UMD Franco, que había renunciado por enfermedad a favor de Juan Carlos, reasumió sus poderes.

El general Luis Pinilla, líder de un amplio grupo de oficiales jóvenes.

El «cura» Llanos en la puerta de su casa del Pozo del Tío Raimundo.

Los mandos de la Dirección General de Carabineros antes de la guerra civil. Con barba, el general Cabanellas, y a su derecha mi abuelo materno, el general Julio Bragulat.

Con los compañeros del colegio Bonavova, poco después de salir de la prisión militar de El Hacho.

Hospital de campaña de Vilma. Mi tío paterno, el teniente José Busquets, herido en la División Azul, vistiendo el uniforme alemán (4/6/42).

Maniobras en la Academia Militar. De izquierda a derecha, Jaime Espinazo, Busquets, Andrés Aguilera.

Maniobras en la Academia Militar. De izquierda a derecha, Teixidó, Busquets, Piris, Ruiz Platero, etc.

Equipo de hockey de la Academia de Ingenieros (1953).

Grupo de Ingenieros de Alcalá tendiendo un puente colgante sobre el río Henares (1954).

Acto militar en la Escuela de Aplicación de Ingenieros (1955).

En la unidad de zapadores subacuáticos (hombres rana) de la Escuela de Aplicación (1956).

Cartagena. Prácticas de la Escuela de Estado Mayor, en la cubierta de un submarino. Agachados, Crespo Cuspinera, con gafas de sol, que sería uno de los condenados por el golpe del 27-O, y descubierto, Joaquín Rodríguez Solano, uno de los protagonistas de la Operación Galaxia (1961).

Arco de sables en la boda de Montserrat Barenys y Julio Busquets. A la izquierda A. Martínez Teixidó, que posteriormente fue capitán general de Cataluña (1962).

Militares asistentes a mi boda: a mi derecha, el general laureado Enrique Serra Algarra, y a su lado, el coronel Delgado Piñar, que había sido obligado a retirarse por motivos políticos, y los capitanes Crespo, López de Sepúlveda y López Amor. A la izquierda de la novia, el general Rodríguez Baster, dos jefes de la Guardia Civil y los capitanes Teixidó y Jaime Ríos (1962).

El general Duque de la Victoria, capitán general de Cataluña, con los miembros de su Estado Mayor.

En el campamento de las milicias universitarias de Castillejos.

Mi teniente, Bernardo Vidal, llevando la bandera en el campamento de Castillejos. Detrás, el número uno de la promoción.

Ejercicio táctico con el Regimiento de Caballería en Santa Coloma de Gramenet.

Biblioteca de la Capitanía de Barcelona, donde en febrero de 1975 se celebró una reunión de 28 jefes y oficiales en la que se redactó un escrito aperturista (Foto: José Julve).

El castillo de San Fernando de Figueras. Pabellón en el que estuvieron sucesivamente recluidos los comandantes Busquets, López Amor y Guillermo Reinlein, y los capitanes Julve, Diego, Gurriarán y Herreros, todos de la UMD (Foto: José Julve).

Varios jóvenes tenientes de Ingenieros en la boda de Luis Otero. A la izquierda de la novia, Carmen Macías, Martínez Teixidó, Busquets, Francisco Bravo, que pertenecería a la UMD, y Ramón Cifuentes, general de conocido talante liberal, prematuramente retirado del ejército.

Cuartel de Ingenieros de Barcelona en el que tuvo especial implantación la UMD.

Con los capitanes de ingenieros Pascual Alonso (de uniforme) y Luis Carcaño, en el Estadio de Montjuïc, que el capitán general se proponía destruir, mediante el sistema de «voladura controlada», a petición del alcalde de Barcelona. Nuestro informe negativo detuvo la absurda operación e hizo posible que posteriormente se celebraran allí los Juegos Olímpicos de 1992 (enero de 1975).

Cena aniversario de la Academia General Militar, en el Casino Militar, sito en la plaza de Cataluña, donde ahora está el Corte Inglés (20 de febrero).

Alfonso Pérez Viñeta, capitán general de Cataluña y hombre de la Falange.

El general Constantino Ortín Gil, gobernador militar de Madrid, asesinado por ETA.

Interior de mi habitación en la prisión de El Hacho (Foto: Roca de Viñals).

La prisión-fortaleza de El Hacho (Foto: Roca de Viñals).

Maniobras del Regimiento de Ingenieros de Salamanca en Los Montalvos, bajo la dirección del capitán general de la VII Región, Pedro Merry Gordon (7/10/75).

Los tres «úmedos» detenidos en Barcelona: Arturo Gurriarán, Enrique López Amor y Juan Diego.

Los nueve «úmedos» condenados en Hoyo de Manzanares.

Reacción de la prensa ante la reunión de capitanía de 1975.

Varios miembros de la UMD de Barcelona en la cena de homenaje al coronel y compositor Ortega Monasterio, tras ganar el recurso y recuperar su grado de coronel. De izquierda a derecha, Roura Moure, Julio Vázquez, López Amor, Busquets, José Sagrado y sus esposas (diciembre de 1984).

Javier Solana, ministro de Cultura, con la UMD: Antonio Herreros, Busquets, Rafael Tejero, Solana, Cardona y Manuel Fernández Lago (8/4/86).

Varios miembros de la UMD de Barcelona para celebrar mi acceso a la cátedra en la universidad. De pie, Julio Vázquez, Diego, Busquets y Julve, y sentados, Delgado, López Amor, Luis Alonso, Cardona y Feliu (1987).

Varios antiguos miembros de la UMD en la boda de Juli Busquets Barenys. De izquierda a derecha, Julián Delgado, Busquets, López Amor, Pepe Julve, Díez Gimbernat, Ramírez Feliu, Juan Diego, José Ruiz Nicolau, Julio Vázquez y Juan Mas (1993).

Varios miembros de la UMD de Barcelona con Joan Reventós, celebrando su nombramiento como embajador en Francia (Foto: José Julve). De pie y a la izquierda: Paco Casanovas y José Sagrado.

Maniobras en Figueras. Dos cofundadores de la UMD en el cuartel de Ingenieros: José Delás, recientemente fallecido y que fue líder pacifista en Gerona, y el coronel Díez Gimbernat (de espaldas) (Foto: José Julve).

Unidad de los socialistas catalanes. De izquierda a derecha, Busquets, Ramos, Cirici Pellicer, Triginer, Obiols, Eduardo Martín y Reventós. En las primeras elecciones democráticas todos fueron elegidos diputados, excepto Pellicer, que fue al Senado (junio de 1977).

Mitin central de Barcelona, en la plaza de toros. Puede verse a Joan Blanch (ex alcalde de Badalona), Martí Jusmet, Marta Mata, Quim Nadal, alcalde de Gerona, Anna Balletbó, Carlos Cigarrán (de espaldas), Joaquim Jou y Armet (junio de 1977).

Discutiendo la Ley de Amnistía en el Congreso con Felipe González y Txiqui Benegas. Detrás, de pie, Carlos Sanjuán (octubre de 1977).

Al inicio de la legislatura constituyente, con Felipe González, en el Congreso de los Diputados.

II

EL CRECIMIENTO DE LA UMD EN 1974

Me destinan a Jaén

En julio de 1974 había ascendido a comandante y causado baja en el Regimiento de Ingenieros de Barcelona. Y poco después fui destinado forzoso a la Caja de Reclutas de Jaén. Así es que en cuanto acabó la reunión fundacional de la UMD hice mis maletas y me fui a Jaén.

Sólo estuve allí un par de meses que me permitieron conocer superficialmente la vida provinciana. El comandante Oreja, que tenía a su cargo la intervención de la zona, me presentó a un grupo de funcionarios, jueces, profesores del instituto, etc., con los que teníamos una agradable tertulia. Por lo demás, militarmente me encontré a gusto: los compañeros, entre los que recuerdo con afecto al capitán Pérez López y el coronel, eran excelentes personas.

Cuando estuve en Jaén tuve un problema con el ministerio: Había salido un destino de comandante de ingenieros en Barcelona, y yo lo podía pedir por tener derecho de retorno y me lo debían dar pues me correspondía por antigüedad. Cuando se lo pasaron al ministro, que era Coloma Gallegos, para que lo firmara, enfureció y comentó que Busquets nunca más volvería a Barcelona. De esto me enteré por un compañero de Estado Mayor destinado en el ministerio.

No era el ministro el único que se oponía a mi regreso. El capitán general de Cataluña, Bañuls, que me tenía auténtica manía, se había enterado de mi petición de regresar a Barcelona porque mi padre, que era médico de la Guardia Civil, lo había comentado en el cuartel. Bañuls manifestó su oposición nada menos que en una reunión de los tenientes generales del consejo superior del ejército. Y ahora viene lo más sorprendente, el capitán general de Granada, que en aquel momento era mi jefe porque Jaén dependía de él, llamó a mi coronel para que me lo contara y yo avisara a mi padre de que fuese prudente con sus comentarios en el cuartel... en fin, el suceso me dejó doblemente sorprendido... porque por una parte comprendía que el general Bañuls ordenara que me vigilasen a mí, pero me parecía totalmente improcedente que vigilasen a mi pobre padre, y por otra parte, me sorprendía que el capitán general de

Granada me avisara para ayudarme a través del coronel de mi unidad. Este hecho me hizo ver que las fisuras prodemocráticas estaban llegando a la mismísima cúpula institucional.

La bomba de la calle del Correo y la detención del capitán Bernardo Vidal

El día 1 de septiembre de 1974, recién acabada la asamblea fundacional de la UMD, y antes de que regresara a Madrid, le di a Luis Otero la dirección de Bernardo Vidal en Madrid para que le fuese a ver. No le había avisado para la reunión fundacional debido a la vigilancia de que era objeto por las acusaciones que le hacían, explicadas anteriormente, y que le ocasionaron la pérdida del diploma de Estado Mayor. Di a Otero una tarjeta mía para Vidal en la que escribí que el portador Luis Otero era persona de toda confianza. Y pocos días después fueron a verlo Otero y Consuegra, que aún no lo conocían, y como era previsible inmediatamente se apuntó.

Pocos días después de que Otero y Consuegra hablasen con Vidal, el viernes 13 de septiembre, toda España quedó conmocionada por la bomba de la calle del Correo. Ahora se sabe que fue un atentado más de ETA pero el aparato franquista montó una gran campaña de prensa, malintencionada e injusta, para justificar la detención de varios artistas e intelectuales: Eva Forest, Eliseo Bayo, Lidia Falcón, Mary Paz Ballesteros, Sainz de la Peña (que de joven había pertenecido al grupo del capitán Pinilla y había sido expulsado de la Academia Militar por haberse manifestado contrario a Franco), etc.

También fue detenido el capitán de Aviación Bernardo Badell, entonces casado con la actriz Mary Paz Ballesteros, que era mallorquín y capitán como Vidal. Existía entre ambos cierta amistad y la policía al encontrar el nombre de Vidal en la agenda de Badell también lo detuvo. Pero se retrasaron y Vidal conoció la noticia de las primeras detenciones por la televisión y al prever una «caza de brujas» metió todos los papeles comprometedores que tenía en casa, incluidos los de la UMD, en su propio buzón de correo en la portería. Poco después la policía hizo un registro exhaustivo de su casa, pero no se les ocurrió mirar el buzón. Lamentablemente lo que encontraron en su casa fue la tarjeta de presentación que di a Otero, con lo que ambos, Otero y yo, fuimos objeto de una nota informativa, que se leyó en los cuarteles, en la que se nos echaban las consabidas «paladas de mierda», tal como en aquella época acostumbraban a hacer con los contrarios al régimen.

A Bernardo lo llevaron a la cárcel (en vez de a la prisión militar que era lo reglamentario), en donde fue tratado como un preso común y días después a un cuartel. Pero el gobierno negaba su detención pues no quería reconocer la existencia de militares contrarios al régimen. Ante eso, dos capitanes de Ingenieros, Rafael Adrover que era el número uno de su promoción y creo que Altozano, que además era abogado, se presentaron con un notario en el cuartel a levantar acta. Fueron arrestados pero el gobierno como temía el escándalo dejó en libertad a Vidal.

Cuando detuvieron a Vidal yo estaba destinado en Jaén. Los compañeros de Madrid me avisaron de lo ocurrido por teléfono. Al día siguiente, en la Caja de Reclutas, el responsable del Servicio de Información me preguntó insistentemente si conocía a Lidia Falcón, destacada jurista y líder feminista que vivía en Barcelona y había sido detenida en la misma redada. A mí entonces la pregunta me pareció simplemente estúpida, habida cuenta de que Barcelona es muy grande, e incluso el núcleo, digamos, intelectual es numeroso. Pero las preguntas no eran estúpidas sino malintencionadas. Años después conocí a Lidia Falcón en la universidad de verano de Santander y me contó que en los interrogatorios también a ella le preguntaban si me conocía, usando el mismo argumento, que ambos vivíamos en Barcelona y la presionaban para que diera nombres de militares demócratas.[1] Y me comentó:

—Y yo, pobre de mí, no conocía a ninguno.

Con maldad, intentaban meternos a los pocos militares demócratas que había, en el mismo saco que a los civiles detenidos por el atentado de la calle del Correo. Con perfidia, los interrogadores mediante presiones sobre los detenidos, intentaban involucrarnos con ETA y de esta forma, mediante esta calumnia, anular nuestro prestigio y nuestra capacidad de incidir en las Fuerzas Armadas. Querían matar a la UMD nada más nacer.

Vidal, al salir de la cárcel, fue destinado, quizá debería escribir

1. Me lo contó en la Magdalena, sede de la UIMP, donde coincidí con ella en verano de 1984. Yo había acudido a presidir el grupo de trabajo de sociología militar de un congreso de la Federación Española de Sociología (FASEE) y ella creo que a una reunión relacionada con el feminismo.

desterrado, al Sáhara, lugar donde ya había estado cuando era teniente. Se identificó con los saharauis y algunos de sus amigos con el tiempo llegaron a ser dirigentes del Polisario. Y además organizó allí la UMD.[2]

Regreso a Cataluña. Época de crecimiento de la UMD

Pese a la animadversión que me tenía, el ministro acabó firmando el destino y en octubre regresé a Barcelona, finalizando mi estancia en Jaén. Y durante los restantes meses de 1974 me dediqué a hacer proselitismo como los demás compañeros de Barcelona. Los líderes políticos con los que conversábamos a menudo nos animaban a ello. Recuerdo que Joan Reventós siempre nos decía: *«Feu taca»*, o sea, extended la mancha, creced.

Para ello, lo primero que lógicamente hacíamos era hablar con aquellos con los que teníamos cierta confianza. Los tanteábamos y después de varias conversaciones les leíamos el ideario, y si estaban de acuerdo pasaban a integrarse en la organización, que iba creciendo en los distintos cuarteles de tal modo que al finalizar el año 1974, unos cuarenta capitanes de la guarnición de Barcelona pertenecían a la UMD, o sea, aproximadamente la mitad de los que había en la ciudad procedentes de la Academia Militar de Zaragoza, que de hecho eran los que tenían mando de tropa.[3]

2. Regresó a la Península con el ejército del Sáhara. El 1 de febrero de 1976 fue elegido miembro del comité ejecutivo de la UMD. Permaneció en el mismo hasta la asamblea de El Escorial (diciembre del mismo año). Recuerdo un día en que fuimos juntos a ver a Joaquín Satrústegui, que entonces era jefe del partido monárquico, y nos recibió en su casa. También recuerdo otra visita a Jesús Esperabe de Arteaga, que luchaba para hacer evolucionar al franquismo desde dentro, y nos recibió en las Cortes. Fue el primer día que entré en aquel edificio, que de 1977 a 1993 sería mi lugar habitual de trabajo. Al llegar la democracia Vidal fue el organizador de las cenas militares para celebrar los aniversarios de la Constitución. La última vez que lo vi fue en un homenaje a Miguel Ángel Aguilar. Murió el 12 de enero de 1982.

3. En el cuartel de Infantería de Pedralbes, Gabriel Cardona habló de la UMD a su amigo Fernando San Agustín y a Juan Feliu, José Corominas y Serra, todos ellos capitanes. En la IPS, José Sagrado habló a Gotarrodona. En Artillería el núcleo estaba formado por López Amor, Reinlein, Pepe Ruiz Nicolau, los hermanos Zanui, Cabrera y De Latorre, que se fue a Valencia y se desvinculó. Poco después se incorporaron los capitanes Vicente Ferrero y Vecino y además los capitanes Nadal y Seoane estaban muy cerca. Y del grupo de Ingenieros ya se ha hablado.

Simultáneamente, organizamos unas comidas amplias y abiertas en las que se preparaba el ambiente y se conversaba de temas políticos y concienciaba a los compañeros: los de Ingenieros las organizaron en el cuartel de Lepanto (el que había en Hospitalet, en la Gran Vía) y asistían también algunos de Ferrocarriles como Antonio Miralles y Jesús Molina. Y Julián Delgado organizó las reuniones en el cuartel de la Policía Armada a Caballo, de San Andrés, que él entonces mandaba y a las que invitaba a oficiales de la Policía Armada y de la Guardia Civil, como Fernández Romero y Blázquez. Y a mí también me invitaba porque en aquel momento fundacional, por mi mayor conocimiento político, me tocaba asistir a muchas reuniones.

En resumen, donde la Unión más creció fue en Barcelona, donde llegó a haber una docena de capitanes en el Regimiento de Ingenieros, cinco en el de Infantería y unos ocho en los de Artillería. Además había varios capitanes de la Policía Armada y otros en los servicios y centros de mando regional.[4]

Los militares demócratas de Galicia

Después de las primeras conversaciones previas a la fundación de la UMD que tuve con Jesús M. Consuegra en Madrid los meses de mayo y junio de 1974, él se fue a veranear a Galicia con Arturo Gurriarán. Ambos eran amigos desde que se prepararon juntos para ingresar en la AGM en el colegio de Forja. Y en aquel veraneo gallego

4. Otro lugar donde la UMD creció deprisa fue en Gerona, donde el capitán de Caballería, Arturo Gurriarán, desplegó una extraordinaria actividad (que le comportó ser procesado unos meses después con Juan Diego y López Amor). En la provincia de Gerona se formaron dos importantes núcleos, uno en la misma Gerona, y otro en el CIR o campamento de Sant Climent Sescebes; de entre los que allí estaban recuerdo a los comandantes Vidal Lladó y Justo Ballesteros, de Artillería, Mayoral, Córdoba Trujillano, de mi promoción de Ingenieros (que me vino a visitar cuando estaba en la prisión militar de San Fernando de Figueras) y Melquíades Álvarez, de Intervención, y a los capitanes Huelín, Periago, Aldeguer (que luego se fue a Jaca). Joaquín Roura, el capitán Juan Macías que después fue destinado a Lérida y creo recordar al capitán Jorge Cerdó y al teniente Meléndez y otros estaban muy cerca como Alfonso Vidal (actualmente jefe de la guardia urbana de Barcelona). Los miembros de Gerona y Barcelona celebraron en 1975 una reunión en Hostalric, en casa de mi buen amigo el capitán José María Cirera, aunque éste no pertenecía a la UMD; al parecer, eran más de treinta (yo no asistí porque ya estaba en la prisión de El Hacho).

contactó con otro antiguo compañero de Forja: Octavio Vázquez Sotelo que le puso en contacto con el capitán José Fortes, al que no conocía, pero de cuya ideología tenía constancia porque había prologado un libro de historia militar.[5] José Fortes era un raro caso de militar culto, licenciado en historia y que se había autoconcienciado de la conveniencia de la democracia. Y tuvo múltiples problemas desde que en 1964 dio a conocer su forma de pensar en unas conferencias profesionales. En 1971 estuvo tres meses vigilado por la Policía.

El capitán Octavio Vázquez invitó a Jesús Martín Consuegra, José Fortes, Arturo Gurriarán y al capitán Javier Perote, destinado en la Policía Armada y también ya concienciado con lo que acabaron reuniéndose el 3 de agosto del año 1974 en Raxo (Pontevedra) cinco capitanes demócratas.[6] Consuegra me contó la reunión y me apuntó la conveniencia de que viniera alguno a la reunión de Barcelona, pero yo por razones de seguridad no me atreví. Evidentemente me equivoqué. La seguridad me obsesionaba, y como creía que la dictadura aún duraría mucho tiempo y la lucha sería larga, consideraba mejor avanzar lentamente pero con seguridad.

En cuanto se fundó la UMD, con el primer núcleo con el que se tomó contacto fue con los gallegos. En septiembre, mientras yo estaba destinado en Jaén, se reunieron en Ponferrada José Fortes y Octavio Vázquez, que acudieron desde Galicia, y varios «úmedos» de Madrid (Otero y Consuegra), Barcelona (Julián Delgado), y el comandante Bravo de Salamanca,[7] incorporado a la UMD tras una conversación con Luis Otero.[8]

5. E. Christiansen: *Los orígenes del poder militar en España*. Aguilar. Madrid, 1973. Prólogo del capitán José Fortes Bouzan.

6. José Fortes y Luis Otero: *Proceso a nueve militares demócratas*. Argos Vergara. Madrid, 1983. Fortes da datos de la fundación de la UMD gallega.

7. Francisco Bravo era y es un íntimo amigo desde que estudiamos juntos en la Academia de Ingenieros. Cuando estuve preso en El Hacho me vino a ver dos veces trayendo con él a mi mujer y a mis hijos.

8. En pocos meses se crearon dos puntos fuertes de la UMD en Galicia: Santiago y Pontevedra. En Santiago estaban destinados el comandante Castro (en la IMEC), el capitán Vázquez Sotelo (en el regimiento de Infantería) y dos capitanes y un teniente a los que él habló. Y en Pontevedra estaban Pepe Fortes, en la Base de Automovilismo, Eusebio Talens, el comandante Caballero, y otros más... Vázquez Sotelo viajó a La Coruña y allí habló a dos capitanes. Y en La Coruña estuvo también más tarde el comandante Carlos Aguado, amigo mío desde la época de la preparación militar, y que ya había participado en algunas reuniones de la UMD en Barcelona.

Extensión a Madrid: El curso de psicología

Simultáneamente durante este último trimestre de 1974 se estructuró la UMD de Madrid. Inicialmente, en esta ciudad sólo se contaba con dos de los fundadores, el comandante Luis Otero y el capitán Consuegra, que habían sido reclutados personalmente por mí antes de la reunión fundacional cuando me desplacé desde Barcelona a Madrid para hablarles. Y aunque a ellos se unió Bernardo Vidal, ya he explicado que después de su detención lo trasladaron al Sáhara.

Durante el último trimestre de 1974 se organizó un curso de psicología militar en Madrid. El director fue el coronel Luis Pinilla, del que ya se ha hablado, y el jefe de estudios Jesús M. Consuegra. Pinilla no pertenecía a la UMD pero había sido invitado a la reunión fundacional y a través de Consuegra estaba totalmente informado e identificado con la organización. Como alumnos asistieron Julián Delgado y Juan Diego. El curso se desarrolló más de acuerdo con las pautas de conducta universitarias que con la tradicional rigidez militar, entre otras cosas, porque para hacer el curso se eligieron oficiales que previamente habían obtenido una licenciatura en la universidad (casi siempre la de psicología). En aquel ambiente, el proselitismo fue fácil y al acabar el curso muchos de los asistentes eran miembros, o al menos simpatizantes, de la UMD.

El curso de psicología, antes citado, permitió al capitán Julián Delgado hablar al capitán de Estado Mayor Manuel Fernández Lago, con el que había estado destinado en el Sáhara en la Legión. Lago procedía de una familia trabajadora en la que no existía absolutamente ningún antecedente militar. Tenía una clara conciencia social y organizó un grupo de la UMD con varios oficiales jóvenes.[9]

9. Rafael Tejero, Juan Prado Fernández, García Muñoz el Guari, Samuel Pellicer, Rúa y Echeparen formaron uno de los primeros grupos de la UMD en Madrid. Otro grupo lo formó Fermín Ibarra, que como Otero era experto en informática, y al que éste habló de la UMD. Y con el tiempo se crearon más grupos: En la Escuela de Estado Mayor estaban José Luis Díez Gimbernat y Pepe Laín, procedentes del Regimiento de Ingenieros de Barcelona, y Toni García Márquez, que fue uno de los detenidos en agosto de 1975. A este grupo pertenecía también el capitán García Valdivia de Ingenieros que estaba haciendo un curso en Madrid.

Extensión a otras guarniciones

Durante los restantes meses de 1974 y la primera mitad de 1975 (de hecho hasta las detenciones de nueve compañeros en agosto de aquel año), los miembros de la UMD nos dedicamos a realizar proselitismo y la organización se extendió a otras guarniciones sobre la base de los circuitos tradicionales de toda conspiración militar, de la misma forma que a principios de siglo se habían desarrollado las juntas de defensa y en la década de los años treinta, las asociaciones antagónicas UME y UMRA. Como ha escrito Cardona:

> El cuerpo de oficiales estaba ligado por conexiones interiores muy sólidas: el parentesco, el compañerismo, la educación en común, la endogamia, la coincidencia en las diversas guarniciones, la movilidad impuesta por los diferentes destinos, la pertenencia a un mismo cuerpo, o a una misma promoción... todo establecía una corriente de relaciones personales; cualquier militar con ciertos años de servicio contaba, en cada guarnición importante, con algún compañero en quien confiar plenamente y así la Unión pudo extenderse...[10]

En el caso de la UMD había, sin embargo, dos peculiaridades que incidían, aunque en sentido distinto, sobre el proceso de crecimiento. Por una parte lo ayudaba y lo posibilitaba la existencia anterior de Forja por las razones que ya se han citado anteriormente (aumento de amistades íntimas, costumbre de asociarse y reunirse clandestinamente, conciencia mesiánica del deber de ayudar a la sociedad, etc.). Por otra, el grado de control político del régimen franquista era muy superior al que había existido en tiempos anteriores, y no sólo por razones políticas, pues en 1974 el control policial estaba ya muy resquebrajado, sino por causas puramente tecnológicas debidas al grado de desarrollo de una sociedad en la que la electrónica y la informática estaban ya comenzando a ser usadas por las instituciones policiales, lo que incidía negativamente en el proselitismo de la UMD al obligar a tomar gran cantidad de precauciones que limitaban la capacidad opera-

10. Estas frases de Gabriel Cardona: *El poder militar en la España contemporánea hasta la guerra civil.* Siglo XXI. Madrid, 1983, pág. 219, hacen referencia al crecimiento de la UME en los años treinta, pero en líneas generales son también válidas para explicar el crecimiento de la UMD.

tiva de sus miembros y a la larga acabaron destruyendo a la organización.[11]

Desde los núcleos iniciales de Barcelona, Madrid y Pontevedra, la UMD continuó creciendo gracias a los viajes que hacíamos para dar a conocer la organización a compañeros de otras guarniciones. Sin embargo, el resultado de estos viajes sólo permitió la creación de unos núcleos muy reducidos en Zaragoza, Granada, Salamanca y San Sebastián. Los viajes se tenían que realizar de forma atropellada, en un fin de semana, y no daba tiempo a convencer a muchos oficiales.

No creo que sea necesario realizar un relato pormenorizado y exhaustivo, que por otra parte resultaría prolijo y reiterativo, detallando cómo la UMD se fue extendiendo por las distintas guarniciones. Personalmente, contribuí a la penetración de la UMD en Zaragoza, Aviación, Marina, la Guardia Civil y la guarnición de Ceuta. A Zaragoza hicimos un primer viaje el capitán Julve y yo. Recuerdo que hablamos con varios capitanes amigos suyos, pero finalmente sólo conseguimos convencer a dos que procedían de Forja: el capitán Ángel Pajares, de forma rotunda (era uno de los destinatarios del artículo de Trias Fargas que antes cité) y el comandante Celso Ruiz Nicolau que no lo vio muy claro, por lo que debieron volver su hermano Pepe R. Nicolau y Juan Diego, que además viajó a Lérida esta vez acompañado del capitán Pascual Alonso, etc.[12]

11. Las modernas técnicas de escucha telefónica, «dopado» de lugares, filmado de personas, etc., fueron decisivas a la hora de acumular pruebas contra los detenidos por pertenecer a la UMD. Concretamente, como mínimo (porque las películas se pasaron en los interrogatorios) se filmó la entrada de los asistentes a tres reuniones celebradas durante el mes de julio de 1975 (las detenciones fueron el día 30 del mismo mes): el día 7 en Barcelona, en casa del capitán Juan Diego; el día 14, en Madrid, en casa del capitán Fermín Ibarra y el 21, también en Madrid, en casa del capitán Restituto Valero. Varios meses después se intentó filmar a los asistentes a una reunión en el domicilio del comandante Antonio Córdoba pero éste se dio cuenta y la desconvocó.

12. Otros compañeros fueron desde Barcelona a Valencia dos o tres veces. Primero fueron Julio Vázquez y Perinat, que contactaron con José Luis Pitarch aunque no lo lograron convencer, y además el viaje fue detectado. Otros dos viajes los hicieron López Amor con Guillermo Reinlein y Latorre y hablaron con el capitán Adán, y de nuevo López Amor con Juan Diego, que se reunieron con doce capitanes de aquella guarnición, a los que explicaron lo que era la UMD y les leyeron el ideario. Después de muchas dudas no se llegaron a apuntar, por lo que la UMD no existió en Valencia, hasta que ya en 1976 Julián Delgado hizo otro viaje y convenció a José Luis Pitarch, que creó allí un pequeño núcleo con Esteve (o Esteban) y Álvarez Ba-

La inesperada visita del capitán Domínguez del Ejército del Aire

La penetración de la UMD en el Ejército del Aire fue obra del capitán José Ignacio Domínguez, para los amigos el Cuchi, persona muy concienciada y que al parecer había pertenecido a algún partido, al que abandonó en diciembre de 1974 para poder entrar en la UMD. Era un capitán joven y muy popular en su promoción, la diecinueve de la Academia General del Aire, que era una de las más numerosas de este ejército, pues eran casi un centenar.

Creo que fue la víspera de la virgen del Loreto, patrona de la Aviación (9 de diciembre de 1974), cuando me llamó a casa desde Madrid. Me dio un nombre y me dijo ser teniente de navío. Nos citamos para el día siguiente en mi casa a una hora determinada.

Al día siguiente, dos horas antes de lo acordado, llegó a casa un joven. Me dijo:

—Soy el capitán Domínguez, de Aviación, y te he dado un nombre y graduación falsos porque supongo que tu teléfono puede estar intervenido y por si querían controlar la cita he venido dos horas antes.

Me quedé alucinado. Si era cierto, se trataba de un militar totalmente concienciado, pero si no lo era, podía ser un miembro del Servicio de Información. Me explicó que me venía a ver por consejo de Ruiz Giménez. Como no le conocía personalmente no podía fiarme de él. Sin embargo, extender la UMD al Ejército del Aire era demasiado importante como para despreciar aquella oportunidad. Así es que negué, pero «me enrollé», charlamos durante toda la mañana, y quedamos para seguir después de comer. Seguimos toda la tarde, y aunque el capitán Domínguez contestaba bien, no me fiaba. Hacia las nueve de la noche estábamos los dos agotados. Se hizo un silencio. Entonces me dijo:

---

llarín cuando fue destinado a Castellón. Simultáneamente los de Madrid se desplazaron a Andalucía, Castilla-León y Euzkadi. A Andalucía viajaron inicialmente el comadante Bravo, después Rafa Tejero y García Muñoz y una tercera vez Jesús Consuegra. Resultado de estos viajes fue la creación de un núcleo en Granada en el que entre otros estaban Ledesma, Florencio Vicente, apodado «Floro» y ya en 1976 el teniente coronel Gili que procedía de alférez provisional y al que habló el también teniente coronel Pedro Rodríguez. Toño Herreros viajó a Burgos, donde enlazó con Javier García Bueno (que era compañero suyo de la décima promoción y había sido muy activo en Forja) y a Euzkadi, con Álvarez Ballarín. Los de Santiago y Pontevedra viajaron a La Coruña, etc.

—¿Qué estás pensando?

—Que una de dos: O tú perteneces ya a algún partido político o a la policía porque un interrogatorio de diez horas, un militar sólo inquieto no me lo aguanta.

—Tienes razón —me contestó. Y ya «a calzón quitado» me contó toda su lucha desde hacía años y sus contactos políticos.

Y yo correspondí a su sinceridad y le expliqué lo que era la UMD. Y como vivía en Madrid le puse en contacto con Otero. Después, pasados los años, me contó más detalladamente algunas acciones que había realizado antes de conocerme, y concretamente que el *Boletín de Jefes y Oficiales* lo hacía él con su cuñado Fernando Martín y lo imprimía un amigo anarco que se llamaba Juan Alberto Sevilla, y que en 1975, poco antes de morir Franco, estuvo hospitalizado cinco meses después de las palizas de un interrogatorio de la policía.[13]

El Cuchi, después de las Navidades, extendió la UMD gracias a sus compañeros de la diecinueve promoción dos de los cuales un año después, fueron, como él, procesados: los capitanes Ruiz Cillero, que cumplió un año de prisión y García Caneiro, que después de varios días de detención fue finalmente sobreseído.[14] Otros del grupo eran Prieto, Roberto González Vallejo, Enrique Gadea, el capitán médico Paco Vaquero, con el que en Madrid llegué a tener gran amistad, y algunos de la Base Aérea próxima a Salamanca, con los que contacté cuando estuve destinado allí.

13. Inicialmente redactaba unas hojas y las enviaba él mismo a direcciones que sacaba de las escalillas. Compraba los sobres en distintas papelerías, de cien en cien, y de diferentes formas y colores para no ser detectado a través de ellos. Escribía un cliché para una máquina ciclostil. Eran unos trastos con los que reproducíamos las cosas antes de llegar la fotocopiadora y que en el argot político los llamábamos la churrera. El cliché ya confeccionado, Fernando Martín, que era de la CNT y entonces era novio de la hermana de Domínguez (y era el único que sabía que él lo escribía), lo llevaba a una churrera que tenía Juan Alberto Sevilla, y que no sabía detalles de la procedencia ni de la utilización de lo que reproducía. Todo esto lógicamente le daba un trabajo enorme, así es que se lo contó a un amigo del PCE, y éste le puso en contacto con Bilbatua y a partir de entonces él hacía sólo los artículos y el resto del trabajo corría a cargo de Bilbatua.

14. Posteriormente, cuando era alumno de la Escuela de Estado Mayor del Aire, causó baja por motivos que podrían tener relación con su antigua pertenencia a la UMD.

Otra visita inesperada: el teniente Alonso, de la Guardia Civil

A principios de 1975, me vino a ver a casa el teniente de la Guardia Civil, Luis Alonso.[15] Y de nuevo repetí un largo tanteo como en el caso del capitán Domínguez de Aviación. En este caso fue más fácil porque Luis tenía un hermano, Pascual Alonso, que era capitán de Ingenieros y muy amigo mío y aunque no conocía personalmente a Luis, la amistad con su hermano era una garantía.

Cuando Luis vino a mi casa hacía aproximadamente una semana que Pascual y yo habíamos ido juntos a Tarragona a inspeccionar una unidad de Ingenieros. Yo entonces estaba destinado como comandante en la jefatura de Ingenieros y teníamos que hacer algunas inspecciones. Los amigos del regimiento, que ya pertenecían a la UMD, me habían hablado de un capitán majo, captable, que se llamaba Pascual Alonso. Y cuando necesitaba desde la comandancia a algún capitán de Ingenieros lo reclamaba a él. Una de las veces recuerdo que fue a raíz de la «estupenda» idea del capitán general que consistía en que los de ingenieros voláramos el Estadio de Montjuïc (del que entonces deseaba deshacerse el ayuntamiento) mediante el sistema de voladura controlada. Hicimos varios estudios y vimos claramente que el problema nos desbordaba, por lo que aconsejé no hacerlo habida cuenta de los riesgos que comportaba la voladura para la ciudad. Obviamente también existían razones culturales e históricas que a aquel capitán general no le podía dar porque no las habría entendido. Por cierto, que el Estadio de Montjuïc que nos querían hacer volar es el que luego acogió la ceremonia de inauguración de las olimpiadas de 1992.

Otro miembro de la Guardia Civil, muy próximo a la UMD (*de facto* perteneciente a ella), fue el teniente coronel Ángel Martín Díez Quijada. Tenía referencias de él desde hacía años pues cuando era comandante había hecho un curso con un sociólogo, Julio Hardison, que me había hablado muy bien de él, y sabía de su destierro a Palma porque en los años sesenta cuando era profesor de la Facultad de Derecho se negó a denunciar a los compañeros profe-

15. Luis Alonso un par de años después y siendo capitán jefe de la Guardia Civil de Tolosa, tuvo un enfrentamiento con el teniente coronel Tejero. Léase en el capítulo IX de esta parte el epígrafe titulado «Luis Alonso se enfrenta a Tejero en Tolosa».

sores que actuaban políticamente. Sin embargo, nunca había conseguido hablar con él, ni tampoco Bernardo Vidal que lo intentó desde Palma. Juan Barja lo logró cuando yo estuve preso en El Hacho, y como era profesor de derecho administrativo le pidió que me redactase el recurso contra la sanción que me habían impuesto, lo que él hizo de forma magistral. Posteriormente fue defensor de Luis Otero hasta que lo sustituyó Enrique Tierno. Con la democracia y siendo ministro José Barrionuevo, ascendió a general y fue director de Enseñanza de la Guardia Civil.

III

NAVIDADES DE 1974: CONSOLIDACIÓN DE LA UMD

La vida clandestina de los «úmedos»

El crecimiento que experimentó la UMD durante el último trimestre de 1974 junto a algunos sucesos como la detención del capitán Bernardo Vidal, aconsejaban organizarnos y tomar medidas de seguridad. En consecuencia, los que dirigíamos el grupo de Barcelona nos reunimos varias tardes en un despacho de psicólogos, en el que trabajaba Juan Diego, y redactamos unas normas complementarias al ideario, que tenían un carácter operativo. Estaban divididas en cinco apartados que trataban de organización, formación, relación con los grupos políticos, captación y seguridad.

Respecto a la organización se estableció una estructura mínima basada en el reconocimiento de tres núcleos territoriales en los que tenía especial implantación la UMD: Cataluña, Madrid y Galicia. En cada uno de estos tres lugares la UMD estaba dirigida por un colectivo formado por un representante de cada cuartel. En Cataluña, los que dirigíamos la organización y nos reuníamos casi semanalmente éramos: dos artilleros (López Amor y Reinlein), dos ingenieros (Julve y yo), y dos de Infantería-Caballería (Julián Delgado y Juan Diego). En Madrid dirigían el grupo Luis Otero, Manolo Lago, Fermín Ibarra y Jesús Martín Consuegra. En Galicia, Pepe Fortes y Octavio Vázquez Sotelo. Decidimos que la dirección estatal de la UMD la elegiríamos en una asamblea nacional inicialmente formada por los doce compañeros antes citados que actuábamos como representantes. Esta asamblea lógicamente aumentó su composición a medida que la UMD fue creciendo. La asamblea nacional, por estar formada por militares de guarniciones alejadas, sólo se reunía periódicamente. Durante los tres años que existió la UMD se reunió siete veces. A lo largo de estas memorias detallaré el desarrollo de las asambleas a las que pude asistir.

La importancia de la formación residía en la convicción de que la lucha para lograr la democracia sería más larga de lo que finalmente fue, y en consecuencia era fundamental tener una formación sólida, que proporcionase ideas claras y convicciones firmes para poder triunfar en una contienda que preveíamos incruenta, pero dura y prolongada. La redacción de este apartado me tocó a mí por aquello de ser profesor de la universidad. Redacté un plan con treinta y dos temas, que incluían el análisis de las principales ideologías políticas (liberalismo, socialismo, comunismo, fascismo), las constituciones de seis países y algunos temas importantes de ciencia política y sociología: partidos, elecciones, derechos humanos, clases sociales, la empresa, sindicatos, grupos de presión, la Iglesia, y por último, cinco temas militares.

Los temas se debían preparar mediante una bibliografía que incluía treinta y cinco libros entre los que figuran textos de algunos profesores de universidad como José M.ª Maravall, Tamames, Salvador Giner, Elías Díaz, García Pelayo, Enrique Tierno, Solé Tura, Joan Estruch y un par míos, así como los conocidos tratados de Sabine, Friedrich, Duverger... en resumen, los libros que en aquella época incluía en los programas de mis clases en la universidad.

El apartado sobre seguridad fue redactado por los compañeros que estaban destinados en la Policía Armada: Julián Delgado y Juan Diego, y que eran —y son— auténticos expertos en estas cuestiones. Lo curioso del caso es que inicialmente estos compañeros eran los más reticentes a tomar medidas de seguridad. Recuerdo que Julián me decía: «¡Cómo me van a seguir a mí que soy capitán de la policía!» Sin embargo a él también lo siguieron y lo persiguieron y le hicieron la vida imposible. Lo mismo ocurrió a otros más importantes policialmente como a Ángel Martín Díez Quijada que pese a ser teniente coronel de la Guardia Civil pudo comprobar en una reunión en Valladolid con el comandante Paco Bravo cómo eran seguidos y vigilados de forma claramente intimidatoria.

Para obtener un mínimo grado de seguridad tomamos varias medidas. Nuestro nombre fue sustituido por un alias, y así a mí me llamaron inicialmente Serrat, y más tarde, cuando fui destinado a Salamanca Unamuno, aunque el apodo más usual era el Tigre, puesto en broma porque evidentemente no me va, pero que quizá por eso desorientaba a los Servicios de Información, pues el «Tigre» de una organización militar clandestina hace pensar en alguien muy fiero. También dimos nombres distintos a los lugares en que nos acostumbrábamos a reunir y al comunicarnos por teléfono las citas, además de no usar el teléfono de casa, decíamos siempre un día después y una hora después de la real a fin de que si el teléfono estaba interceptado, los del Servicio de Información acudieran a la cita a destiempo.

Por último, creamos también un servicio de correos a base de buzones limpios. Utilizábamos sistemáticamente el domicilio de unos amigos de Montserrat Barenys (mi mujer), Carlos Tarrida y Ana Corominas, y excepcionalmente (por ejemplo para las cartas que más tarde llegarían del capitán Domínguez desde el extranjero) la empresa del primero. Para el teléfono, a veces me llamaban también los compañeros de Canarias, a casa de mi vecino, Pere Blanc y otro vecino, Francesc Casares, miembro destacado del PSC, en más de una ocasión me guardó papeles, lo mismo que mi cuñado José Antonio Roca de Viñals, casado con mi hermana Juani Busquets. La ciudad estaba contra la dictadura y todos querían ayudar.

Los que más lo hicieron fueron los que nos dejaron sus casas para las reuniones. Inicialmente, en Barcelona, estos lugares fueron un piso de la calle Aribau, 174, entonces desocupado y en el que habían vivido mi cuñado Ramón Roig y mi hermana Dolores Busquets, la casa del capitán Fernando San Agustín en Sant Cugat y la de Matide de Sora, viuda de un ofical de Artillería. Pero no fueron los únicos y con el tiempo fuimos diversificando los lugares. A lo largo de estas memorias citaré reuniones en las casas de Dolores García Ramón, Jesús de Miguel, Marita Rodríguez, etc.

En el tema de seguridad, sin embargo, nuestra práctica fue muy irregular. Algunos tomábamos muchas precauciones porque militábamos en la clandestinidad desde ya hacía años, pero otros pasaban de estas pesadas molestias. Así ocurría especialmente en Madrid, donde existían más neófitos. Por ejemplo, en una reunión en casa de un compañero, su mujer observó que desde el portal de la casa de enfrente a los que llegaban los iban filmando. Y se lo advirtió:

—Llegas trayendo detrás a la Metro Goldwyn Mayer —dijo.

Y su marido, el capitán de la casa añadió:

—¿Sabéis que os digo? ¡Que se vayan acostumbrando!

En otras ocasiones, por el contrario, tomábamos muchas precauciones. Para llevar a Ruiz Giménez a una reunión con la junta que dirigía Barcelona, se le citó en una cafetería, La Oca, que tenía al lado un ascensor interior que permitía bajar a un párquing. Allí subió a un coche que salió del párquing llevando otros dos coches de escolta, uno delante y otro detrás, y después de dar algunas vueltas le llevamos a Aribau, 174.

Otros dos ejemplos contradictorios que me contó Antonio Herreros:[1]

Para realizar una asamblea en Andalucía, José Julve necesitaba cierta documentación. Antonio Herreros, responsable del archivo, fotocopió varios ejemplares y voló a Sevilla. En el aeropuerto le esperaba uno del PSOE que él no conocía y que llevaba como contraseña una revista de una fecha determinada y lo condujo a la ciudad. Al llegar a una esquina le dijo:

—Ahora baja, anda dos travesías y encontrarás otra persona con la misma revista (era otro del PSOE).

Así lo hizo, lo encontró y subieron a otro coche con el que dieron algunas vueltas. Pararon en otra esquina y le dijeron:

—Sigue andando por esta calle y al llegar al numero tal, entras en una discoteca y allí encontrarás a Julve.

Por el contrario, en otra ocasión tuvo que viajar a San Sebastián para entrevistarse con tres compañeros de un regimiento, que se empeñaron en celebrar la reunión en el bar del mismo, lo cual, evidentemente, era una grave imprudencia.

La II Asamblea Nacional

El 28 de diciembre de 1974 celebramos una asamblea nacional, la segunda, para acabar de perfilar la organización e ideología de la UMD. Esta reunión (como la asamblea fundacional celebrada en agosto en Barcelona) duró dos días y estuvimos en el convento del Sagrado Corazón de Chamartín (Madrid). El lugar fue elegido por dos sacerdotes, Antonio Albarrán y Luis Sánchez Torrado, que dieron cobertura a la reunión simulando unos ejercicios espirituales.

Asistimos once miembros: los seis de la dirección de Barcelona, los cuatro de Madrid, antes citados, y uno de Galicia (Fortes, porque Octavio Vázquez a última hora no pudo acudir). El número de los asistentes era proporcional a la implantación que la UMD tenía en diciembre de 1974 en cada lugar (aproximadamente uno por cada seis u ocho). Mientras celebrábamos la reunión apareció, avalado por los curas que nos daban cobijo, el comandante Juan Barja,

1. Me lo contó en verano de 1998 en Comarruga en una reunión con Mercedes Ribas.

pero los compañeros no le dejaron quedarse porque no representaba a ningún núcleo.

En esta II Asamblea Nacional se reelaboró el ideario, que se había redactado en la asamblea fundacional, celebrada tres meses antes (en verano de 1974) en Barcelona, y dedicamos media jornada a debatirlo. Quedó definitivamente estructurado en diez puntos, de los que cinco hacían referencia a objetivos políticos y otros cinco a objetivos militares.

Los objetivos políticos o nacionales eran los generales de la oposición democrática: restablecimiento de las libertades, promulgación de una amnistía, elecciones para una asamblea constituyente, autonomía para las nacionalidades, regiones y ayuntamientos, incluyendo el derecho a elegir democráticamente sus propias autoridades, reformas socioeconómicas tendentes a igualar la riqueza y lucha contra la corrupción.

Hoy llama la atención el hecho de que en aquel ya lejano 1974 escribiéramos en nuestro ideario: «elaborar una Constitución para España, que nos permita integrarnos en Europa Occidental». La integración en la Europa occidental, aparece explícitamente citada en el ideario como confirmación de nuestra clara vocación europeísta. No es el único lugar en que así aparece, pues lo encontramos en otros: En el primer documento que figura en el libro oficial de la UMD, titulado «Reflexión crítica sobre el Ejército»[2] se lee: «Si queremos integrarnos en el mundo occidental debemos contribuir a él, en la parte que nos corresponda» (alusión a la necesidad de contribuir a su defensa). Y es que en aquellos años, la mayoría de los demócratas éramos favorables al ingreso de España en los organismos supranacionales de Occidente, porque considerábamos que esta integración podía ayudar a la democratización y esta consideración prevalecía sobre cualquier otra.

En cuanto a nuestros objetivos militares, repasados ahora, se ve claramente que corresponden a un reformismo profesional deseoso de tener un ejército moderno y bien organizado: se preconizaba la creación de un Ministerio de Defensa único (en aquella época, cada uno de los tres ejércitos tenía su propio ministerio), se precisaba revisar el servicio militar y acortar su duración (entonces duraba dos años), era necesario reformar el Código de Justicia Militar

2. *Libro oficial de la UMD*, sin pie de imprenta (impreso clandestinamente en la imprenta de Juan Guerra, en Sevilla a finales de 1976), págs. 19 y 20.

(recordemos que aún estaba vigente la famosa Ley de Jurisdicciones, así como la de Bandidaje y Terrorismo), se debía dignificar el cuerpo de suboficiales y elaborar un Estatuto para el militar. De hecho, nuestras peticiones, razonables y moderadas, han sido poco a poco asumidas por los sucesivos gobiernos de la democracia.

En aquella reunión se acabó de perfilar nuestra idología que se concretó en un manifiesto titulado *Por la Libertad hacia la Justicia Social.* El documento comenzaba así:

> Gravemente preocupados ante la situación que vive nuestra Patria en el momento presente, caracterizado por la liquidación de una etapa histórica y el inicio de otra nueva, creemos que debe superarse un sistema político que nació en una guerra civil. Al objeto de posibilitar la creación de una nueva España en la que todos podamos convivir en paz sin que nadie pueda arrogarse del monopolio de la verdad ni del patriotismo, y siendo conscientes de que las Fuerzas Armadas deben colaborar en esta positiva y patriótica labor, un grupo de militares, pertenecientes a las distintas Armas y Cuerpos de los tres Ejércitos, hemos constituido la Unión Militar Democrática y lanzamos este manifiesto a nuestros compañeros de armas con la esperanza de que todos unidos ayudemos a edificar una España en *paz, justicia y libertad.*

En este documento la UMD —frente a lo que en aquel momento aún era frecuente en algunos ambientes de la oposición— optaba decididamente por una democracia pluralista y rechazaba el sistema político imperante en el este de Europa. El borrador del documento lo redacté yo, tras presionarme mucho Julián Delgado. Éste me decía que necesitábamos un planteamiento teórico, que presenté a los compañeros de Barcelona para que lo aprobaran en una amplia reunión de capitanes de la guarnición, celebrada en casa de Cristina Sabater. Los compañeros introdujeron varias modificaciones.

Anecdóticamente, quiero explicar que en la primera redacción que di al documento caí en el «sarampión gauchista», o si se prefiere, en el utopismo, por otra parte recurrente en la izquierda de aquellos años. Lo que planteé fue la construcción de una sociedad sin clases y de hombres libres, o sea socialista y con democracia occidental, algo evidentemente imposible, pero que entonces muchos creíamos que podríamos lograr. Además a nuestro lado, los militares portugueses también lo intentaban, movidos por el síndrome revolucionario. Mi documento agradó mucho a mis compañeros, personas generosas que entraban en la política movidos por el desinteresado afán de lograr una sociedad más libre y más justa. Sin embargo lo que ocurrió fue que cuando ya lo tenía redactado me encontré al «Guti» (Antonio Gutiérrez, entonces líder del PSUC) con el que tenía amistad desde hacía años y se lo comenté. Mostró mucho interés y en la intimidad le leí el documento. No le gustó. Recuerdo que me dijo:

—Si algún día se llega a hacer esto el capital se asustará y se retirará de España y hará una política de cerco económico y hostilidad. El pueblo comenzará a padecer pobreza, habrá que aumentar los controles y se generará un malestar que acabará volviendo al pueblo contra el gobierno. El PSUC no apoyará esta opción.

Como diría un castizo de puro impresionado me quedé «patidifuso». Evidentemente, no tenía sentido que nosotros fuésemos más papistas que el Papa, léase «más obreristas que los propios obreros». Así es que reelaboré el documento en un sentido claramente democrático occidental. Pero claro, algunos compañeros (los más íntimos) que conocían la versión anterior y estaban ilusionados con ella se sintieron muy frustrados y expusieron objeciones y reticencias. Recuerdo que Luis Otero lo calificó de «parida», muy disgustado por el cambio, pues la primera versión le parecía mucho mejor. Y algo parecido le ocurrió a Manuel F. Lago.

Mi amistad con el Guti venía de hacía unos años. Me lo había presentado Antonio Carretero y el Guti se había empeñado, con el afán proselitista que le caracterizaba, en que me apuntase al PSUC. Pero yo tenía muy claro, desde hacía años, que lo que tenía que hacer era lo que finalmente acabé haciendo: crear un grupo de militares demócratas que propiciasen el paso a la democracia y para hacerlo, pertenecer a algún partido político lo único que haría sería poner dificultades, añadir riesgos de indiscreción y de recibir órdenes de civiles que difícilmente valorarían el aislado mundo militar mejor que nosotros. Yo se lo explicaba, pero mis argumentos le resbalaban y machaconamente volvía a repetir los suyos. Entonces, y a fin de convencerle, le sugerí que nos reuniésemos con otros dos capitanes de Ingenieros que también eran demócratas para valorarlo conjuntamente.

El Guti aceptó e invité a Pepe Julve y a Santi Perinat, y los cuatro nos reunimos en mi casa bastantes veces. Los tres capitanes lo veíamos igual, o sea, éramos partidarios de un grupo profesional, pero el Guti no cedía. Ante ello me fui a ver a Reventós y le expliqué lo que pasaba y éste habló con el Guti que dejó de insistir hasta que volvimos a vernos ya tras la fundación de la UMD.

En aquellos años la ideología preeminente en la oposición no era la de ahora, y en algunos núcleos democráticos se vivía un auténtico sarampión izquierdista. Nosotros, evidentemente, no nos planteamos si debíamos inclinarnos por un modelo occidental o por uno comunista, pero sí sentimos la tentación de los modelos híbridos como el que entonces estaban intentando nuestros vecinos y amigos los militares portugueses del MFA. En aquella reunión de diciembre de 1974 el debate se centró fundamentalmente en este tema y finalmente optamos por el occidental pese a las reticencias de dos o tres compañeros.

Las objeciones de algunos compañeros, junto con las razones por las que se optó por el modelo occidental, o sea el democrático-liberal, fueron añadidas en un *anexo* al documento en el que se explicaba que se había decidido elegir como primer objetivo la conquista de la libertad y en consecuencia relegar momentáneamente la conquista de la justicia social por cuatro razones: «primera, la existencia legal de partidos y sindicatos obreros permitirá a los trabajadores defender sus derechos...; segunda, donde se implanta la dictadura del proletariado, su final nunca acaba de llegar; tercera, en España hasta los propios partidos obreros dan prioridad a la conquista de la libertad; y cuarta, creemos que el socialismo también debe repartir el poder político, o pierde su validez, y por tanto no hay más que un socialismo válido: el que construye un pueblo libre y responsable».

Por último, en esta reunión se eligió una dirección colegiada de la organización llamada Comité Ejecutivo Nacional (CEN) de cinco miembros: dos de Barcelona (Julián Delgado y yo), dos de Madrid (Luis Otero y Manuel F. Lago, que por renuncia fue poco después sustituido por Jesús Martín Consuegra) y Pepe Fortes, de Galicia.

Con Nicolás Redondo, Felipe González y la ejecutiva del PCE[3]

Durante los meses de enero y febrero de 1975, los cinco miembros del recién elegido CEN hicimos una ronda de contactos con los dirigentes políticos de ámbito nacional. Ciertamente antes ya habíamos

3. De los contactos políticos se trata en varios epígrafes más: en el capítulo I ya se trató de los contactos con Reventós y Ruiz Giménez. Más extensamente se habla de ello en el capítulo VII.

realizado algunas conversaciones con Ruiz Giménez y Joan Reventós, pero aquellos contactos anteriores tenían una finalidad puramente formativa o informativa y en ellos sólo se pretendía que mis compañeros adquirieran mayor formación humana y política, mientras que ahora, ya nacida la UMD, los nuevos contactos pasaban a tener un sentido distinto y ser cualitativamente más importantes pues no eran entre personas sino entre organizaciones.

El primer contacto político con fuerzas de ámbito estatal lo hicimos con la UGT. Joan Reventós lo preparó con gran generosidad y realizamos la reunión con Nicolás Redondo, en Madrid, en casa de Julio Luque, cuñado de Luis Otero. Además de éste asistimos Fernández Lago, Julián Delgado y yo. Nicolás estuvo cauto, como es lógico no se acababa de fiar de unas personas que, al fin y al cabo, eran militares en activo. En estas reuniones solíamos analizar la situación política. Y recuerdo que al valorar las expectativas y el posible futuro democrático ante la impaciencia de alguno de nosotros nos recordó nuestra situación y la suya: a los pocos días tenía un juicio por sus actividades sindicales. Y es que en aquellos momentos iniciales, algunos de mis compañeros tenían el entusiasmo del converso y Nicolás la prudencia que nace de la responsabilidad de quien dirije un sindicato obrero.

Poco después hicimos otra reunión con Felipe González, en Barcelona, en la calle Numancia, 18, que era la casa de Roberto Ribera, un íntimo amigo de Joan Reventós. Felipe se desplazó a Barcelona, precisamente para reunirse con nosotros. Recuerdo que cuando entré en la habitación en que debía celebrarse la reunión, me encontré con un chico joven que vestía una cazadora de cuero y como en aquella época era frecuente que los partidos te engañasen, pensé que ya me habían engañado, que la entrevista no iba a ser con Felipe González, así es que bastante molesto le dije en tono seco al joven que estaba ante mí:

—¡Pero bueno... no habíamos quedado que la entrevista sería con Felipe González!

A lo que el joven de la cazadora contestó:

—Sí, soy yo.

Me quedé de una pieza. Yo esperaba una persona mayor que yo, con un aspecto como el de Ruiz Giménez o Enrique Tierno, así es que metiendo todavía más la pata le dije:

—Perdona, es que yo esperaba una persona mayor.

Felipe me contestó:

—No creas, ya tengo 30 años.

El diálogo fue franco y distendido. Asistieron tres socialistas: Felipe, Reventós y el anfitrión y los cinco del Comité Ejecutivo de la UMD.

Varios años después, cuando era ya diputado, no sé si Luis Yáñez o Guillermo Galeote, me contó un día en el bar de las Cortes, la explicación de la entrevista que Felipe hizo a la Ejecutiva del PSOE. Les dijo:

—Me encontré allí —les dijo— a un militar intelectual que todo lo analizaba y todo lo matizaba.

Al parecer Felipe esperaba encontrar unas personas distintas, unos militares más o menos rudos, con el típico maniqueísmo profesional y le sorprendió encontrar a unos militares de talante universitario. El caso es que desde entonces le tengo gran aprecio y siempre me ha sido fácil entenderme con él. Luego hubo muchas reuniones más. Lo mismo que con los demás partidos. Más adelante explicaré algunas.

Mención especial merecen los contactos con los comunistas. En las normas complementarias que habíamos aprobado en la asamblea celebrada en las Navidades de 1974, se incluyó un apartado dedicado a la relación con los partidos políticos y con relación al Partido Comunista, tema tabú para cualquier militar en aquel lejano 1974, textualmente se escribió:

> ... consideramos que el PCE tiene tanto derecho a la existencia legal como cualquier otro partido político; pero además consideramos que su existencia legal es totalmente necesaria para un desarrollo democrático en España, porque lo mismo en los sectores obreros, que en los universitarios, el PCE representa la única posibilidad de orden y diálogo frente al creciente gauchismo: maoístas, trotskistas, internacionalistas, anarquistas, etc., y por tanto no se podrá gobernar democráticamente, sin permitir participar en el juego democrático al PCE... (sin embargo) debemos abstenernos de todo contacto con el PCE... pues es tabú en las Fuerzas Armadas, y si la UMD fuese acusada de tener contactos con el PCE, podría ser fácilmente desprestigiada y destruida.

Pese a esta prevención, el CEN acabó considerando que no se podía tener contactos con todos los partidos y excluir a los comunistas, por lo que se celebró una primera reunión en Madrid, en casa del editor Víctor Díaz Cardial, cerca del parque del Conde de

Orgaz, y a la que asistieron varios de sus dirigentes: Simón Sánchez Montero, Faustino de la Lastra, Armando López Salinas y creo que José Sandoval. Fue una reunión agradable y cordial. Años después, cuando era diputado, tuve la oportunidad de colaborar con Sánchez Montero en varios trabajos parlamentarios y tomé aprecio a quien siempre fue una excelente persona.

En Cataluña las reuniones eran más frecuentes. Con Reventós me veía desde hacía muchos años, en su propia casa, una torre (chalet) en la calle Anglí de Barcelona, en su casa de veraneo en Sant Salvador al lado de la playa y en sus lugares de trabajo, la editorial Ariel y la distribuidora Iberamer. Más tarde, cuando estuve en la prisión de El Hacho, Reventós acudía a casa de Juan Diego en Comarruga. Entraba por una discreta puerta trasera. En cierta ocasión, cuando comenzaron los contactos de políticos con la UMD, me comentó que las sorpresas o impresiones más fuertes de su vida política se las había producido yo con estos contactos, y es que ciertamente relacionar socialistas y militares en vida de Franco era algo poco imaginable.

También nos veíamos con los democratacristianos de UDC, concretamente con Anton Cañellas en el altillo de su joyería situada al lado del Turó Park; con Jordi Pujol en un piso que tenía en el paseo de Gracia, al lado de Banca Catalana y también en su casa del Maresme y con Antonio Gutiérrez, en mi propia casa en la que aparecía de cuando en cuando (lo que a mí, «me ponía la piel de gallina», dado que era comandante de Estado Mayor y él era el jefe del partido comunista).

IV

VEINTIOCHO MILITARES DE BARCELONA A FAVOR DE LA APERTURA

El día 15 de febrero de 1975 se celebró una reunión en la biblioteca de la Capitanía General de Cataluña, a la que asistieron veintiocho jefes y oficiales, que tuvo cierta repercusión en la prensa nacional e internacional y como consecuencia de la misma varios de los asistentes fuimos arrestados o represaliados.

La importancia que se dio a este hecho probablemente fue debida a que era la primera vez que un grupo de oficiales de posguerra, de cierta entidad, se manifestaba abiertamente en una forma crítica o discrepante (califíquese como se quiera) y en favor de una apertura, modernización o cambio. Antes, ciertamente, algunos oficiales habían mostrado su desacuerdo con la dictadura, y en general habían pagado su osadía con la pérdida de la carrera (Jiménez de Parga, Antonio Menchaca, Pedro Costa, Echegaray Saiz, etc.), pero sus gestos individuales habían pasado desapercibidos, sumidos al silencio por una prensa totalmente amordazada por la rígida censura oficial. Incluso la expulsión de los cuatro alféreces, alumnos de la Academia de Infantería de Toledo, en julio de 1973, había sido totalmente silenciada y se realizó sin que se publicase la más mínima noticia en la prensa.

Por el contrario, los simples arrestos impuestos como consecuencia de la reunión del 15 de febrero de 1975 provocaron cierta conmoción en el ejército y en el país, quizá debido a que la proximidad del 25 de abril portugués hizo que la prensa nacional y las radios extranjeras dieran amplia información del hecho. Y también, obviamente, porque el paso de Pío Cabanillas[1] por el Ministerio de Información había aflojado la dureza de los controles sobre la prensa, que en aquel momento ya comenzaba a expresarse con cierta libertad.

1. Pío Cabanillas fue cesado de manera fulminante el 29 de octubre de 1974, después de haber estado al frente del ministerio unos nueve meses. Había sido nombrado ministro por Arias Navarro en enero de aquel mismo año dentro del gobierno que se creó tras la muerte de Carrero Blanco por ETA y actuó con un talante decididamente aperturista, que le enajenó el odio del búnker, que no cesó hasta lograr su destitución. Pero ésta tuvo un gran coste político para el gobierno, pues otro ministro, Barrera de Irimo, se solidarizó con él y dimitió y tras él más de veinte directores generales o cargos importantes (Fernandez Ordóñez, Ricardo de la Cierva, Marcelino Oreja, etc.) hicieron lo mismo.

Las celebraciones del aniversario de la Academia General

El problema estalló como consecuencia de la celebración del aniversario de la fundación de la Academia General Militar,[2] fecha que es recordada por los antiguos alumnos de la Academia con una cena de hermandad. En Barcelona, en aquella época las cenas se celebraban en el Casino Militar (estaba en la plaza Cataluña donde actualmente está El Corte Inglés) y desde hacía años se había creado la costumbre de hacer dos discursos, uno de los oficiales jóvenes o sea, de los de posguerra, y otro de los que estudiaron allí entre 1928 y 1931, cuando dirigía la Academia el general Franco y, obviamente, habían hecho la guerra con él.

Durante la década de los sesenta se sucedieron en el mando de la Capitanía General de Cataluña varios generales monárquicos, o simplemente franquistas, como Pablo Martín Alonso, Luis de Lamo o Montesino Espartero, duque de la Victoria, que la mandaron el primero con despotismo y los restantes con profesionalidad, sin poner un especial énfasis en la politización. Lamentablemente, en 1971 fue nombrado capitán general Pérez Viñeta, falangista activo de toda la vida y destacado representante de los entonces llamados generales azules, que en cuanto llegó politizó un acto que tradicionalmente era de fraternidad profesional y de contenido exclusivamente patriótico y corporativo.[3] Los discursos pasaron a ser pronunciados por oficiales que le eran especialmente adictos, a menudo sus propios jefes de prensa, lo que daba lugar a protestas cada vez más ruidosas.

2. La historia de la Academia General Militar abarca tres épocas, que prácticamente no guardan relación entre sí, aun cuando ciertamente en las tres hay un rasgo común: La Academia es centro de formación interfacultativa, general, por usar el término grato a los militares, y en ella se educan juntos infantes, artilleros, ingenieros, etc. La fecha que se conmemora, como fundacional, es el 20 de febrero de 1882, día en que Alfonso XII firmó el Real Decreto de creación de la AGM. Y esta misma fecha fue la elegida, en 1927, por Primo de Rivera, para que Alfonso XIII firmase un nuevo decreto para reorganizarla.

3. En febrero de 1975, fecha en que ocurrieron los hechos que aquí se relatan existía un auténtico búnker militar al frente de la IV Región Militar del que eran figuras especialmente representativas el general Salvador Bañuls, capitán general de la región que había sucedido en el cargo a Pérez Viñeta, el general Morillo Galcerán, que era su jefe de Estado Mayor, el coronel Luis Martín de Pozuelo, que era segundo jefe del Estado Mayor y cuya vinculación con la extrema derecha era pública, el general auditor Vidal Aznárez, etc.

Así, en 1972, después del general Pérez Viñeta habló el capitán de Ingenieros R. S. que era jefe de su oficina de prensa y que llegó a decir que se había tropezado con una manifestación obrera (ya comenzaban a producirse en las calles) y que había sentido ganas de sacar la pistola. Al año siguiente habló el capitán de caballería E. B. destinado en el Estado Mayor de la Capitanía (y que pronto pasó al Servicio de Información) que empleó un tono parecido, y lo mismo hizo un año después el capitán de artillería L. P. que dijo que la juventud estaba corrompida (excepto la militar, claro). Y este tipo de intervenciones provocaba descontento en algunos de los presentes, que nos considerábamos en la obligación de manifestarlo ostensiblemente.[4]

En 1975 y a fin de evitar que se repitieran las discusiones que se venían produciendo los años anteriores, o quizá por asumir en alguna medida el llamado espíritu del 12 de febrero del año anterior, fecha de un discurso programático de Carlos Arias en que anunciaba un tímido intento aperturista, se decidió que el discurso del representante de los oficiales de posguerra fuese redactado por una comisión. Ésta inicialmente era reducida, pero a propuesta del teniente coronel Fernández Romero y el comandante López de Sepúlveda se nos incluyó a varios más (entre otros a mí) del sector que podríamos llamar contestatario, de tal forma que acabamos siendo unos veintidós militares (un comandante y un capitán de cada cuartel) a los que se añadieron tres de la Guardia Civil y tres de la Policía Armada. En total veintiocho personas. Entre los asistentes había varios de los más maduros miembros de la UMD, concretamente cinco de los doce fundadores: López Amor, Juan Diego, Julián Delgado, José Julve y yo.

La víspera de la reunión, al comprender la importancia que podía tener el discurso que se iba a redactar, y que iba a ser leído ante la gran mayoría de los miembros de escala activa de la guarnición, fui a las casas militares de las calles Valencia/Vilamarí y me reuní con tres capitanes de la UMD que vivían allí (López Amor, Julve y Cardona) para, entre los cuatro, redactar un borrador del discurso, de modo que al llegar a la reunión todos defendié-

4. Francisco Caparrós: *La UMD: militares rebeldes*. Argos Vergara. Barcelona, 1983. Recoge lo que ocurría. Asimismo Paul Preston: *La Política de la venganza: El Fascismo y el militarismo en la España del Siglo XX*. Península. Barcelona, 1997, pág. 274 y ss.

ramos una misma posición. Cardona no iba, pero explicó lo decidido al capitán Baeza que representaría a los de su cuartel: Infantería de Pedralbes.

La reunión de Capitanía: Pedimos la apertura

Al día siguiente, el sábado 15 de febrero, nos reunimos en la biblioteca de Capitanía. Éramos veintiocho jefes y oficiales que de alguna forma representábamos a los cien o ciento veinte de Barcelona. Todos fuimos de uniforme menos un coronel retirado, Manuel Sanz Solé y el antes citado E. B. del Servicio de Información (la llamada segunda bis) que «se coló», lo mismo que otros tres del Estado Mayor. En la presidencia se sentaron el coronel Sanz Solé, el teniente coronel Sáez de Cabezón (ambos de Ingenieros) y el comandante de E. M., Ricardo Marzo, que era el secretario del capitán General (años después fue capitán general de Cataluña con Narcís Serra).

El comandante Marzo, después de unas palabras introductorias relativas a la organización del aniversario, comentó que el capitán general y el gobernador militar estaban molestos porque el año anterior no había ido casi nadie a la misa militar, que se había celebrado en la capilla castrense del Parque de la Ciudadela, por lo que sugería que se impusiese obligatoriamente la misa a todos, a lo que contestó el capitán Julve que: «si nadie iba lo que se debía cuestionar era la conveniencia de mantener tal costumbre y no la obligatoriedad de un acto, al que voluntariamente nadie asistía». Tras breve deliberación fue puesta a votación la supresión de la misa o su mantenimiento con carácter voluntario y se decidió mantenerla por diecisiete votos contra ocho. El voto fue secreto y hubo tres votos en blanco.

A continuación se pasó a tratar del contenido del discurso que se debía pronunciar. El comandante Marzo lo traía ya elaborado, de acuerdo con las directrices de la superioridad, y esperaba que los oficiales aprobasen lo que se les daría hecho. Sin embargo, contra lo que tenían previsto, el capitán Julve se levantó de nuevo y leyó el guion de un posible discurso que proponían los capitanes de su regimiento. A continuación, se levantó el capitán López Amor y manifestó que la propuesta que traía en nombre de los de Artillería era parecida y acto seguido dijo lo mismo el representante del cuartel de Pedralbes (Regimiento de Infantería Jaén 25).

Ante la virtual unanimidad se decidió usar el guión del capitán Julve como base de discusión. Y durante varias horas los oficiales que representábamos a la guarnición debatimos ampliamente los puntos en una atmósfera desinhibida y de general acuerdo, pese a que en la reunión se habían introducido algunas personas de Estado Mayor, que sólo se representaban a sí mismas y que sostuvieron puntos de vista mucho más conservadores (García Roselló, Baldovín...), apoyados por algún que otro conocido ultra, como los comandantes Grau, de Infantería, o Velloso, de Caballería.

Varios asistentes habíamos estudiado en la universidad y expusimos nuestras ideas sobre el momento presente de una forma sincera y clara. A lo largo del diálogo que se realizó sobre el contenido del discurso hubo intervenciones especialmente lúcidas e incluso, al menos para mí, emocionantes. Aún recuerdo que el entonces teniente coronel de la Guardia Civil, Fernández Romero (que ascendió a general con el gobierno socialista), nos explicó que «la Guardia Civil está al servicio de la ley antes que al servicio del orden, y que la ley es el fin del que el orden es sólo el medio». El capitán López Amor contestó al comandante Velloso que reclamaba, apoyándose en el juramento a la bandera que se respaldase el orden político entonces vigente: «que primero estaba la justicia que el orden, y no se podía respaldar un orden injusto». El capitán Julián Delgado insistió en que el ejército debía estar al servicio del pueblo, criterio en el que abundé yo mismo insistiendo en que nunca un ejército debe actuar contra su propio pueblo, y parecidas posiciones manifestaron los entonces comandantes Justo Ballesteros (que también era de la UMD) y López de Sepúlveda y los capitanes Seoane y Baeza, etc.

Cuando ya llevábamos más de tres horas de discusión se decidió elegir un grupo reducido, de entre los presentes, para que recogiera las conclusiones del debate y diese forma al discurso. Se votó a uno de cada Arma y los elegidos (cuatro de los cuales pertenecían a la UMD) se reunieron aquella misma tarde en casa de López de Sepúlveda y de nuevo el lunes en el Gobierno militar.[5]

Al releer hoy el discurso, resulta muy suave: Lo importante de

5. Los miembros de la comisión redactora fueron: López de Sepúlveda, por el Estado Mayor, Juan Diego, por Infantería, Lorenzo Sureda, por Caballería, Justo Ballesteros, por Artillería, José Julve, por Ingenieros, José Lillo, por Intendencia y Julián Delgado, por las Fuerzas de Orden Público.

él, más que lo que dice, es la posición aperturista que da a entender frente al sector inmovilista que hacía oír su voz en años anteriores. Así se habla de «la natural pluralidad de ideas», que «conceptos como disciplina, sacrificio, austeridad, están en crisis», que «la productividad en los cuarteles tiende a disminuir», que «hay que hacer posible una verdadera comunicación entre el pueblo y las FAS», se aconseja que se «reconsiderasen aquellos cometidos que no eran específicos de las FAS» en clara alusión a los militares que desempeñaban cometidos políticos al servicio de la dictadura franquista, se aboga por la «integración en Europa», lo que irritaba al sector franquista, se señala que los alféreces provisionales tenían una hermandad de la que carecían los procedentes de la Academia General Militar, y se acababa haciendo «una llamada al apartidismo absoluto para que sea la nación la que con orden y elecciones decidiera el camino a seguir».

Antes de disolverse la reunión, el capitán Julve y yo, que éramos de Ingenieros, explicamos a los asistentes, por encargo de nuestros compañeros de Arma, un problema que tenía el capitán Jesús Molina, destinado en ferrocarriles. Este capitán había sido arbitrariamente atropellado por sus superiores por negarse a cumplir una orden injusta. Concretamente, le habían ordenado que diese los nombres de los dirigentes obreros que impulsaban el movimiento reivindicativo en la elaboración de un convenio colectivo.[6] Como la orden era anómala, Molina pidió que se le diese por escrito. La respuesta fue arrestarle, quitarle el mando de su compañía y ordenarle que pidiera destino fuera de Cataluña. Ante tamaño atropello, la «capitanada» de Ingenieros (la mayoría pertenecían a la UMD) vibró de indignación. Nos reunimos todos en su casa y nos encargaron a Julve y a mí que expusiéramos el tema en la reunión que estoy comentando a fin de lograr la solidaridad de los compañeros de las otras Armas. Y nosotros así lo hicimos.

6. Los soldados de ferrocarriles trabajaban en la RENFE o en el metro simultaneando un peculiar servicio militar con un período de formación y prácticas en las citadas empresas. Esta anómala situación fue la que permitió a un mando militar muy politizado presionar al capitán Molina para que averiguase los nombres de los líderes obreros que presentaban exigencias a la empresa en el momento de negociar el convenio colectivo.

La irritación del capitán general

La reunión se había celebrado un sábado. El domingo y el lunes transcurrieron sin novedad. El martes el comandante López de Sepúlveda presentó en el Estado Mayor el discurso. La reacción no se hizo esperar.

El capitán general de Cataluña, Salvador Bañuls, muy irritado llamó al ministro, general Coloma Gallegos. Las llamadas se multiplicaron. José Julve y yo fuimos trasladados en condición de detenidos/arrestados al castillo de San Fernando de Figueras y tras la formulación de un expediente judicial en el que no se nos permitió consultar con ningún abogado se nos condenó a dos y seis meses de prisión respectivamente, que cumplimos en un régimen de parcial incomunicación en La Palma (El Ferrol) y El Hacho (Ceuta). Además a Julve se le privó de una beca para estudiar en la universidad, que ya le había sido concedida, y al acabar el arresto fuimos trasladados: yo al Regimiento de Ingenieros de Salamanca y Julve al de Sevilla, con prohibición de regresar a Barcelona durante un año. El coronel Sanz Solé, que había presidido la reunión, fue arrestado en su domicilio y el teniente coronel de la Guardia Civil Fernández Romero fue llamado a Madrid. Tuvo la suerte de que en aquella época su director general era el teniente general Vega, cuyo talante liberal le hizo dar una justa apreciación a lo ocurrido. Julián Delgado también tuvo que trasladarse a Madrid a explicarse ante el general jefe de la Policía Armada, que lo trasladó a Badajoz y posteriormente le quitó el mando de su escuadrón dejándolo en situación de disponible. Y se le abrió un expediente judicial por razones derivadas de su comportamiento político.

Otros asistentes posteriormente represaliados fueron el comandante Enrique López Amor y el capitán Juan Diego. A partir del mes de junio fueron seguidos de una forma obsesiva. Además el comandante López Amor perdió su destino y fue trasladado a Tenerife para ser al fin detenido y procesado junto con el citado capitán Diego y el capitán Arturo Gurriarán de la guarnición de Gerona.

En el cuartel de Ingenieros, los arrestos produjeron indignación, especialmente entre los capitanes. Y ésta aumentó cuando varios de ellos que fueron por la tarde a casa de Julve para mostrar su solidaridad a su esposa observaron que la policía vigilaba el domicilio. Al día siguiente los capitanes Perinat, Díez Gimbernat, Delás, Alonso, Miralles y Laín solicitaban del jefe de la Unidad, coronel Zaforteza, que la vigilancia fuese retirada, lo que el coronel inicialmente logró. Sin embargo, pocos días después la vigilancia reapareció de forma sistemática, no sólo sobre los domicilios de los dos arrestados, sino también sobre los de otros capitanes de Ingenieros y posteriormente sobre varios de los asistentes a la reunión.

La cena de hermandad de la AGM fue suspendida, para al día siguiente, contradictoriamente, ordenarse su celebración con asistencia obligatoria y no en el Casino Militar, como era costumbre, sino en un cuartel: el de Pedralbes. El discurso obviamente no fue leído. En su lugar habló el capitán general, Salvador Bañuls, en un tono entre justificativo y amenazador: «me he visto obligado a arrestar a dos de Ingenieros». Varios capitanes de Ingenieros, Pascual Alonso, José Delás, etc., dieron la vuelta al plato negándose a comer.

La excusa del arresto fue el apoyo que pedimos para el capitán Molina de ferrocarriles. Pero el propio Decreto-Auditorado por el que se nos condena a prisión a Julve y a mí dice que «emitieron opiniones negativas sobre el Gobierno». Y ciertamente era verdad.

Cambio 16 fue secuestrada por informar de lo ocurrido

Como la dictadura ya declinaba, la prensa de Barcelona informó, aunque escuetamente, de lo ocurrido y la noticia se extendió deformada y exagerada por toda la ciudad. Un par de días después las revistas *Cambio 16* y *Mundo* fueron secuestradas por explicarlo y los periodistas que habían tratado de lo ocurrido, amenazados. José Antonio Novais salió en su defensa en *Gentleman's*: «Los periodistas novios de la muerte»[7] y el escándalo internacional estalló.

El conservador *Le Figaro* tituló el día 24 a cuatro columnas: «Des officiers réclament la mise à la retraite du général Franco» y *Le Monde* a dos columnas el mismo día: «Vingt-cinq officiers de

7. *Gentleman's* número 29 del 15 de marzo de 1975. Novais escribe:
«La revista *Cambio 16* ha sido clausurada por orden de las autoridades del Ministerio de Información, por tres semanas y se le ha impuesto una multa de 100.000 pts. (y estamos en 1975). El presidente, el director (que era Manuel Velasco), el redactor-jefe y los principales redactores han recibido amenazas de muerte a través de llamadas telefónicas. Las causas de estas amenazas, según los anónimos matamoros, es que *Cambio 16* había publicado una noticia sobre el arresto del comandante Busquets y el capitán Julve, que según ellos podía fomentar la desunión en el ejército.»

Barcelone affirment que l'armée n'est pas une force de maintien de l'ordre», *L'Unitá* el día 22 y a cuatro columnas: «Lettere di ufficiali spagnoli: Siamo al servizio del popolo». El *Herald Tribune* del mismo día a tres columnas y en primera plana: «25 Spanish Officers Sing Protest», etc. Y lo más importante: En Alemania y en Italia la televisión dio un avance informativo sobre la reunión y los arrestos. Y es que sobre los medios de comunicación actuaba el recuerdo de lo ocurrido en Portugal aún no hacía diez meses: el 25 de abril del año anterior.

La policía colocaba micrófonos para grabar a los capitanes

Después de explicar estos hechos, quisiera escribir algo que aquel mismo día, y quizá motivado por la catarsis emocional que entonces estábamos viviendo, me contó el comandante José Lillo, de Intendencia. Estábamos destinados los dos en el edificio del Gobierno militar y habíamos sido elegidos para ir a la reunión. Pues bien, cuando lo fui a buscar para ir juntos a Capitanía, me contó lo siguiente:

Hacía unos pocos días, cuando él estaba de jefe de servicio del Gobierno militar, se le presentó un comisario de policía llamado Clavero (el nombre lo recordaba perfectamente porque me dijo que lo confundió con su hermano que era teniente coronel) que venía a colocar micrófonos ocultos en el salón del Gobierno militar, que se utilizaba también como sala de justicia, para grabar las deliberaciones que «a puerta cerrada» realizaban los miembros del tribunal, que preceptivamente eran un coronel y cuatro capitanes.

Como es lógico, Lillo inicialmente rechazó la orden, pero el gobernador militar en persona le conminó de forma contundente a que colaborase con el comisario. Esto obviamente humilló al comandante, que se desahogó explicándomelo. Me detalló que tras varios intentos los pusieron debajo de la mesa del tribunal pegados con celo, y en el despacho contiguo, que ocupaba un teniente coronel llamado Toral, instalaron una grabadora. Los micrófonos, me detalló, tenían el tamaño de un botón y una antenita de cuatro dedos de larga.

El motivo era que en los últimos consejos de guerra por razones políticas, los capitanes argumentaban contra las condenas, y no contentos con eso, algunos formulaban votos separados y manifestaban su disconformidad. En este sentido había sido comentado un «voto separado» que recientemente había formulado el capitán López Amor, lo cual para los mandos militares fue especialmente impactante, dado que su padre había sido un destacado líder del 18 de julio.

V

EN LAS PRISIONES MILITARES

Del castillo de San Fernando de Figueras a Ceuta

Cuando el coronel juez-instructor me leyó que se me condenaba a seis meses de prisión, creí que los cumpliría en la fortaleza de Figueras. Y allí no estaba del todo mal. En parte porque convivía con el capitán Julve, con el que desde hacía años compartía ideales e inquietudes, y en parte porque en Figueras la familia nos podía venir a ver cada semana. Y como en una rueda de prensa, el ministro de Información había dicho que nuestro arresto era «rutinario» parecía lógico creer que se cumpliría, como todos los arrestos rutinarios, en la prisión militar de la Capitanía.

No fue así. Pocos días después de la visita del juez-instructor, nos llamó el coronel director de la prisión (creo que se llamaba Esteban y le llamaban «el homólogo», desde que había sido profesor de matemáticas de la Academia) y nos dijo que al día siguiente seríamos trasladados a otra prisión. Y así fue. A las cinco de la madrugada, el oficial de guardia, Antonio Homar, un teniente joven mallorquín, me despertó él mismo en persona, lo cual no sé si fue una delicadeza o consecuencia de una orden dada con afán de secretismo. Media hora después llegó el teniente coronel Huet, el mismo que me había trasladado de Barcelona a Figueras, y todavía de noche, nos metimos en un Seat negro con matrícula oficial, que nos llevó hasta el aeropuerto del Prat.

En la puerta nos aguardaba un joven, ignoro si un soldado disfrazado de civil o un policía de la social, que nos llevó al despacho de un comandante del Ejército del Aire que tenía a su cargo la seguridad del aeropuerto. Y como el mundo es un pañuelo, y el régimen franquista estaba ya minado por todas partes, aprovechando un momento que el teniente coronel Huet salió del despacho y nos quedamos solos, me dijo que era miembro del PSOE y amigo de Pablo Castellanos. Por supuesto, en aquel momento no le creí, antes bien creí que era otra trampa, pero era cierto. Años después lo conocí y traté con él en el PSC. Era el comandante de Aviación González Quiñones que en los años ochenta, cuando era ya teniente coronel pasó a la vida civil y fue jefe de la guardia urbana de un ayuntamiento de la Costa Brava.

Después de varias horas de espera, y siempre custodiado por el teniente coronel Huet, tomamos un avión, que yo no sabía adónde iba (las medidas de seguridad que tomaron, rozaban lo ridículo). Pero de nuevo ocurrió algo imprevisto: En el avión me encontré a Alfonso Carlos Comín[1] y recuerdo que me preguntó:

—¿Adónde vas?

Y yo me vi obligado a contestar:

—El caso es que no lo sé.

La cara que puso Alfonso Carlos fue indescriptible, aunque él conocía mis problemas por la prensa. Al instante se hizo cargo de la situación y maliciosamente me contestó:

—Pues este avión —dijo con cierto retintín— va a Sevilla.

Y así me enteré de que iba a El Hacho. Cuando llegamos a Sevilla me abrazó para despedirse y me dijo:

—Estamos todos muy preocupados.

Yo me consideré con la obligación de tranquilizarle y le dije:

—El trato es duro, pero correcto.

Unos días después la revista *Doblón* (a cuyo director el Servicio de Información de la Guardia Civil en cierta ocasión propinó una paliza) publicaba la noticia de mi paso por Sevilla.

En Sevilla nos esperaba otro coche oficial que nos llevó directamente al puerto de Algeciras. El gobernador militar del Campo de Gibraltar que era el general Oliete, de Ingenieros, quiso verme, pues me conocía de Barcelona, donde había estado destinado como jefe de Ingenieros, pero el teniente coronel Huet tenía órdenes muy estrictas y lo impidió. En Ceuta tomamos el obligado transbordador y cuando llegamos un jeep con el que arribamos a El Hacho entrada la noche.

Una cosa que me llamó la atención fueron las exageradas, a la par que solapadas, medidas de seguridad que tomaron conmigo. Aparte de sacarme de Figueras de noche, sin ninguna necesidad, y de ocultarme mi punto de destino, en el trayecto Figueras-Barcelona, un coche patrulla de la Guardia Civil no se despegó de nosotros, ya que estuvo revoloteando constantemente a nuestro alrededor, unas veces delante y otras detrás. En el trayecto Sevilla-Algeciras volví a observar plantones de policía militar en varios puntos de la carretera, los cuales además, evidentemente esperaban que pasase algún coche oficial, pues todos saludaron al vehículo, y por último, para ir del puerto de Ceuta a El Hacho, un coche de la policía repi-

1. A Comín en el avión le acompañaba Carles Obeso.

tió el show que a primera hora de la mañana habían hecho los de la Guardia Civil.

Por lo demás, las catorce o dieciséis horas que duró el viaje, me permitieron conocer a un militar con un historial realmente peculiar: el teniente coronel Huet. Lo original de su biografía estribaba en que cuando acabó la guerra organizó un grupo antiguerrilla para luchar contra los restos del ejército popular que aún quedaban en Extremadura y Sierra Morena y según me contó lo hizo precisamente a base de excombatientes republicanos que por dinero y a cambio de que se les perdonase estaban dispuestos a cambiar de bando. Huet con su «contraguerrilla» de diecisiete hombres consiguió así lo que no habían logrado, con elevados efectivos, unidades regulares. Sin embargo, en algunas acciones actuó de una forma cruel y luego vivió torturado por el recuerdo y el remordimiento, de tal modo que llegó incluso en un momento de su vida a ingresar en una cartuja.

Incomunicado en El Hacho

Entrada la noche llegué a la prisión militar de El Hacho. Era una antigua fortaleza edificada por los portugueses en el siglo XV, que por aquel entonces albergaba la prisión militar y una unidad de Artillería. La prisión la mandaba el coronel Edmundo Voig, un hombre rudo, alto, rubio, fuerte, ex alférez provisional, y activista de Falange durante la guerra y el grupo de Artillería de Costa lo mandaba el comandante Pedro Rodríguez, que como Voig era hijo de Ceuta y ex alférez provisional, lo que hacía que se llevasen bien, pese a ser ideológicamente antitéticos, pues Pedro Rodríguez tenía un talante liberal y era un demócrata convencido, que odiaba la dictadura. Y aquella mañana, como se había ya enterado de mi traslado a El Hacho porque las radios extranjeras ya habían dado la noticia, Pedro Rodríguez, al que yo no conocía, le dijo a Voig en el bar:

—Creo que viene aquí el comandante Busquets.

A lo que el coronel Voig contestó:

—Yo a éste le haría fusilar.

Cuando llegué por la noche, Voig me estaba esperando. Hablamos un poco y el teniente coronel Huet, con el que se había creado una corriente de simpatía, le habló algo más de mí.

Unos días después el coronel Voig y el comandante Rodríguez volvieron a encontrarse desayunando en la cantina. Como ya he dicho, ambos eran amigos, y entre ellos se produjo el siguiente diálogo, que me contó el propio Rodríguez.

—¿Llegó Busquets? —le preguntó.

—Sí —contestó Voig de forma muy escueta, más bien cortante.

—Bueno, ¿y qué tal?

—El caso es que me parece una persona normal.

En El Hacho me trataron con dureza pero con corrección. En ningún momento me ocurrió nada vejatorio como le pasó al capitán Bernardo Vidal y a tantos presos políticos más. Sin embargo las órdenes que Voig tenía respecto a mí eran draconianas y de hecho entrañaban una situación de incomunicación. Y así frente a la tradicional costumbre de permitir a los oficiales arrestados deambular libremente dentro del castillo (derecho del que disfrutaban incluso un par de suboficiales expulsados del ejército por tráfico de grifa) yo sólo podía pasear en un pequeño espacio de 20 × 70 pasos (lo medí infinitas veces) y frente a la puerta de mi habitación se instaló un puesto de centinela —lo mismo de día que de noche— que tenía una severa consigna: «Evitar que nadie hable con el comandante, e impedir que nadie entre en su habitación.» El resultado era que sólo podía hablar con tres de mis carceleros: el coronel Voig, el capitán Gurrea, que era el administrador de la prisión, y Miguel, el soldado que me traía la comida.

En aquella situación había algo más grave que la propia incomunicación y era la forma con que se intentaba encubrir un trato discriminatorio respecto a los demás militares arrestados y que rompía las tradicionales pautas de conducta de la institución militar y además implicaba una ilegalidad pues la ley prohibía, ya entonces, mantener a un recluso incomunicado más de cinco días y la incomunicación sólo podía ordenarla el juez. Así es que intentaban tenerme incomunicado, pero sin comunicármelo. Lógicamente, el hecho se fue evidenciando, pues los centinelas asignados a la custodia de mi habitación, impedían, eso sí discretamente, toda comunicación advirtiéndoselo a mi posible interlocutor que tras las frases murmuradas en voz baja por el centinela, me miraba abriendo unos ojos como platos para irse apresuradamente y evitarme en lo sucesivo. La escena se repitió varias veces, incluso una vez con el capitán A. A. un día que estaba de servicio en la unidad de Artillería de Costa y otra vez con uno de los tenientes de guardia (C. S.) lo que era indicativo de que la orden no la recibían los centinelas por conducto reglamentario.

Cuando meses después salí de la prisión supe que varias personas habían intentado infructuosamente verme. Mis compañeros de la Universidad Autónoma. El catedrático de sociología, Salustiano del Campo, que se pasó una mañana en el cuerpo de guardia de El Hacho sin conseguir entrar. No obstante hicieron varias excepciones y permitieron que me vinieran a ver, y lo hicieron asiduamente, dos compañeros de mi promoción de Ingenieros: Rafael Martín de la Escalera y Vicente Juan Pozuelo, especialmente el primero, que se portó conmigo como un hermano. Uno de los pocos que logró hablar conmigo fue el general Piqueras, también de Ingenieros, y con gran prestigio dentro del Arma. Supongo que vino por ser compañero del Arma y por la repercusión que dentro de la misma habían tenido los arrestos de Julve, Molina, Sáez de Cabezón y el mío, todos de Ingenieros. Otro que vino fue un coronel amigo de Pedro Rodríguez, al que los amigos llamaban Tinito, un ultra bueno al que unos años después asesinó la ETA y que tenía un hijo muy liberal.

Lo más grave del caso es que al notar, ya en Figueras, que el trato no se ajustaba al reglamento, pedí al coronel juez instructor que se me permitiese consultar a un abogado, a lo que el general auditor de la cuarta Región Militar contestó por escrito en su dictamen:

> ... dijo el comandante Busquets que le agradaría consultar un abogado, con lo cual el jefe expedientado demuestra su total ignorancia sobre las más elementales normas de la Justicia Militar...

Como no me permitieron durante los seis meses de prisión hablar con ningún abogado, pudieron abusar de mi indefensión y de mi ignorancia jurídica e intentaron hacerme cumplir el medio año de prisión en un régimen de parcial incomunicación, endureciendo el arresto al privarme de los únicos consuelos que tiene cualquier recluso: la relación con otros internos y la recepción de visitas del exterior.

Recuerdo que un día un sargento de guardia ya mayor, que era legionario, me dijo:

—¿Me convida a una copa, mi comandante?

Y yo, que estaba deseando hablar con quien fuera y de lo que fuera, le contesté:

—Por supuesto, por supuesto...

Entonces, el sargento legionario que debía ser buena persona, me dijo:

—Es que lo suyo, mi comandante, es muy duro porque los demás cuando acaba el trabajo hacen sus tertulias, juegan su partida, y en cambio usted aquí solo todo el día y sin poder hablar con nadie...

Cuando el paso del tiempo me permitió serenar mis ideas, reflexionar y estudiar el Código de Justicia Militar, me concienciéde mi situación y puse un recurso, que no se me contestó hasta unos días antes de salir de la prisión. En él se me decía que no tenía derecho a recurrir, que el famoso artículo de las Ordenanzas que dice que se podrá llegar hasta el Rey en presentación del agravio era para faltas leves y la mía era grave. Huelgan comentarios.

De todas formas, la incomunicación tenía un sentido: Temían que propagase nuestras ideas entre los oficiales destinados en El Hacho. Algo que de todas formas pasó ya que las draconianas prohibiciones pronto fueron burladas. En efecto, el primer día, cuando al mediodía desplegué la servilleta para comer, me encontré un papel que decía:

—Estamos contigo.

Y firmaba: comandante Pedro Rodríguez.

Me quedé muy sorprendido. En el aeropuerto el comandante jefe de seguridad me había dicho que era socialista, y nada más llegar aquí, el jefe de la unidad de Artillería me decía que estaba conmigo. Evidentemente la dictadura se descomponía aceleradamente.

Dos conversaciones con Gutiérrez Mellado

Cuando ya llevaba varios meses en El Hacho, tomó posesión del mando de la comandancia de Ceuta el general Gutiérrez Mellado. Yo lo conocía desde hacía un par de años, pues un viejo amigo de mi familia, que entonces era teniente coronel, me lo había presentado un día que fui a verle al Alto Estado Mayor, y como ya había conversado a solas con él, conocía su ideología liberal. Pero lo que no me podía imaginar era que al día siguiente de tomar posesión, el 9 de julio de 1975, miércoles, se plantara en la prisión y le dijera a Voig, el coronel-director, que quería hablar a solas con los jefes y oficiales arrestados. O sea, conmigo, porque el único que reunía estas condiciones era yo. Durante una larga entrevista, de más de dos horas, intentó persuadirme y me presionó todo lo que pudo para que hiciera una instancia al ministro, en la que me arrepintiera de lo que había hecho.[2]

2. Era una forma de actuar que él solía emplear. Cuando Antonio Herreros, que era ahijado suyo, salió de la prisión militar en el verano de 1976 con motivo de la amnistía, se empeñó en lo mismo: Que hiciese una instancia en la que se arrepintiese de lo hecho, etc.

—Y se va usted a su casa —decía.

Como es lógico no me convenció. Yo tenía muy claro que había obrado bien y que aquella instancia y aquella salida antes de tiempo de la prisión iban a dañar mi imagen, a la vez que iban a beneficiar la imagen de un gobierno que yo deseaba ver caer. En su argumentación, realmente muy hábil, me llegó a contar algunos sucesos de su vida personal:

Durante la guerra civil, había estado en Madrid, trabajando para el Servicio de Información de los nacionales. Su trabajo había sido brillante y además había ayudado a muchas personas, a las que salvó la vida, al pasarlas al bando nacional. Estas personas, al acabar la guerra, intentaron que se le concediese la medalla militar, reconociendo sus méritos. Pero a los generales africanistas les costaba mucho entender la importancia de un buen servicio de inteligencia, así es que no se la dieron. Y lo que fue tremendamente grave, acabaron acusándolo del asesinato de un teniente compañero suyo y del robo de los archivos de la masonería de Toledo. Evidentemente debió sufrir mucho. Ser acusado de «masón y de traidor» a los veintidós años, en un ejército crispado e histérico, como era el de Franco en los años cuarenta y estar procesado bajo esta acusación durante ocho meses tuvo que ser un auténtico calvario. Y una enorme injusticia, que ciertamente hacía palidecer las pequeñas inquisiciones que yo había sufrido.

Casualmente yo ya conocía el suceso porque hacía algunos años había tenido como jefe de sección en la Capitanía de Barcelona a un teniente coronel, antimasón visceral, llamado Rigo, que me lo había contado (aunque sin decirme su nombre) por charlatán e indiscreto, que no por otra cosa y cuando Gutiérrez Mellado me lo explicó comprendí que era el hecho que ya conocía, y así se lo hice saber. Al oírme se quedó «petrificado». A partir de aquel momento dejó de presionarme y me trató con gran respeto.

Cuando me faltaba sólo una semana para acabar de cumplir mi condena, tuve una segunda conversación con él. Por una radio extranjera me enteré de la detención de seis compañeros de la UMD y dos días después de las de los capitanes Jesús Martín Consuegra y Manuel F. Lago. Como es lógico, el suceso me produjo gran preocupación y me pareció conveniente, en un momento en que las posiciones políticas se iban destapando, ver cuál era la posición del generalato liberal y hasta qué punto se podía, o mejor, si se podría contar con ellos.

Le dije al coronel Voig que pidiera a Gutiérrez Mellado una audiencia para mí para tratar de un problema personal. A aquellas alturas, y quizá debido al síndrome de Estocolmo,[3] entre Voig y yo había ya un auténtico afecto. Voig me consiguió la audiencia y él mismo me llevó a la Comandancia en su coche. Otra vez nos encerramos a solas Gutiérrez Mellado y yo y esta vez el que hablé fui yo. Lo llevaba preparado. La idea con la que intenté convencerle consistía en decirle que los generales tenían una responsabilidad que cumplir y que si ellos no la asumían, si ellos no cumplían con su deber, entonces sería inevitable que lo hicieran los oficiales, pero al ser éstos muchos se produciría una quiebra en la unidad del ejército y las detenciones que se estaban produciendo indicaban que lo que le decía no era una especulación abstracta.

Como noté que asumía mi idea, a continuación le hablé de algunos generales o coroneles demócratas cuyos nombres creía que debía conocer y quizá contactar. Recuerdo que le cité, entre otros, a Enrique Jiménez Benamú, de Aviación, que me había ayudado mucho cuando me procesaron, y también a Luis Pinilla, aunque entonces creo que sólo era coronel, a Sabino Fernández del Campo, entonces general de brigada, al que habían ido a ver a raíz de mi arresto, mi mujer y mi hermana y al general Sintes Obrador, que como él era artillero y además habían coincidido en la Academia y algún nombre más. Estuvo muy receptivo, apuntó los nombres que le di y tuve la impresión de que asumió la idea. En efecto, en cuanto salí de la prisión contacté con alguno de ellos y Sintes Obrador me dijo que ya se había reunido con él. A otra persona que fui a ver fue al general Sabino Fernández del Campo, que entonces era secretario del ministro del Ejército. Tenía mucha curiosidad por conocerlo, dado que Montse Barenys, mi mujer, y mi hermana María Dolores, después de la audiencia que les concedió, quedaron muy favorablemente impresionadas:

—Es un general alto, guapo, amable, inteligente y sobre todo muy demócrata —me habían dicho.

Tenían razón. Y para mí, fue realmente gratificante ver que la ideología democrática había finalmente llegado al propio corazón del poder militar.

3. Quizá a causa del síndrome de Estocolmo porque la incomunicación me hacía estar deseando que llegara para poder conversar con él dado que había días que no hablaba con nadie. Esto al principio; al final la situación mejoró.

La voz de la UMD llega al Rey

Durante el mes de mayo me vinieron a ver a la prisión mis amigos el comandante Francisco Bravo y su esposa M.ª Teresa. Los controles se habían aflojado y Paco pudo contarme que durante la Semana Santa de 1975, aprovechando las vacaciones, se había celebrado en Madrid, otra asamblea nacional, la tercera en la historia de la organización, en la que la más importante novedad fue la asistencia por primera vez de un representante del Ejército del Aire, el capitán José Ignacio Domínguez, y de algunos oficiales de gran prestigio, como el capitán del Estado Mayor de la brigada paracaidista, Restituto Valero, hombre mítico para los franquistas, pues había nacido en el Alcázar durante el célebre asedio.

La III Asamblea Nacional posiblemente marca el momento de máxima euforia de la UMD. El régimen de Franco se estaba agotando, el ambiente general era ya claramente favorable al restablecimiento de las libertades y las captaciones eran cada vez más fáciles. Por otra parte, la divulgación de los sucesos de Barcelona, antes explicados, al haber unido a la petición política la motivación corporativista, «la defensa de un compañero», nos había dado gran popularidad.

Los compañeros me escribieron gran cantidad de cartas. Algunas eran espontáneas y consecuencia de la situación que se había creado y gallardamente las firmaban compañeros de armas, pese a que al mandármelas, los autores sabían que quedaban fichados. Entre ellas recuerdo dos especialmente enfáticas, de dos comandantes de Estado Mayor, compañeros de promoción, Eduardo Fuentes Gómez (nada que ver con Gómez de Salazar) y Alberto Piris. Pero además, los compañeros de la UMD hicieron una operación psicológica. Cada uno de ellos me escribió unas diez cartas, anónimas, pero que por su forma de redactarse permitían deducir que las había escrito un militar, y me las enviaron echándolas en buzones de distintas guarniciones. Recibí más de un millar de cartas. Y esto obviamente hizo creer al mando que nuestra fuerza era mucho mayor que la real. Y la cosa no paró aquí. La sociedad civil también presionó, empezando por mis compañeros de la Universidad Autónoma de Barcelona, que en el claustro constituyente pidieron la amnistía, después de varias intervenciones a las que fui citado y los dos departamentos con los que trabajaba, sociología y geografía, me enviaron cartas de solidaridad firmadas por todos los compañeros.[4]

La impresión sobredimensionada que de la UMD tenían en las altas esferas, se fue extendiendo. Mientras yo estaba en prisión, don Juan Carlos hizo un viaje a Barcelona. En una recepción que hubo en el Salón del Trono de la Capitanía General de Cataluña[5] los compañeros de la UMD de la guarnición se organizaron de forma que mientras media docena se acercaba a don Juan Carlos y le hablaba de nuestros ideales políticos (uno de ellos era el capitán José Delás, cuya familia pertenecía a la nobleza), otro número mayor formaba una especie de cinturón dificultando que se acercasen personas que no tenían relación con nosotros o que pensaban de forma contraria. De esta manera se hizo un filtraje positivo que logró que el Príncipe tuviera la impresión de que los militares demócratas éramos muchos más.

Supongo que esto explica, junto a otros encuentros semejantes, que un año después le comentase a Areilza el mismo día en que se realizó la jura de su primer gobierno:

—Hay más UMD de lo que te supones.[6]

Y evidentemente, esta creencia ayudaba también a impulsar la transición.

Pedro Rodríguez organizó la UMD en Ceuta

Mi permanencia en la prisión militar permitió extender la UMD a la guarnición de Ceuta. Como ya antes he contado, el primero que

4. El 18 de marzo desde el Departamento de Sociología me escribieron a El Hacho una carta firmada por todos los profesores, encabezados por Pancho Marsal, Amando de Miguel, Faustino Miguélez, Marina Subirats, Joan Estruch, Jaito Oltra, María Pía Barenys, Paco Hernández, etc. Especialmente emotiva fue la de mis compañeros del Departamento de Geografía del 5 de marzo: «hemos plantado claveles en tu despacho y los regamos cada día, esperando que florezcan pronto, para regalártelos cuando vuelvas...» Y firmaban, con letra clara y muy legible, Laura Zumín, Rosa Ascón, Pilar Riera, Enric Lluch, Antoni Tulla, Àngels Pascual, Elena Estalella, Pilar Benejam, María Villanueva y Lluís Riudor, que al final añaden: «Tots els que no hi són, com si hi fossin» (y los que no firman, como si lo hicieran).

5. Victoria Prego: *Así se hizo la Transición*. Plaza y Janés, Barcelona, 1995, pág. 214.

6. José María Areilza: *Diario de un ministro de la monarquía.* Planeta. Barcelona, 1977, pág. 20. Conversación entre el Rey y Areilza a las 18.00 horas del 13 de diciembre de 1975, día en que se realizó la jura del primer gobierno del Rey, que fue llamado gobierno Fraga-Areilza, aunque el presidente del mismo fuera Carlos Arias.

contactó conmigo, porque fue él quien lo hizo, fue Pedro Rodríguez. No creo que haga falta explicar que no paró hasta que consiguió autorización para hablar conmigo y después de varias conversaciones le hablé de la UMD y se apuntó sin vacilar.

Y no paró ahí la cosa. Comoquiera que finalmente se me autorizó para hablar con los oficiales de guardia, que eran unos jóvenes tenientes de Artillería, me dediqué con ahínco a darles conciencia política y les insistía para que estudiaran, leyeran libros y revistas, etc., de modo que cuando unos meses después salí de la prisión, casi todos eran demócratas y varios también se habían apuntado a nuestra organización.

Al acabar mi condena me quedé un día más en Ceuta para ayudar al comandante Pedro Rodríguez a organizar allí la UMD. Hablé con L. T., un teniente de regulares, compañero de promoción de Mario Fallos (uno de los cadetes que hacía dos años, en 1973, había perdido la carrera dos días antes de ascender a teniente) y fui a ver a su casa al teniente de artillería J. C. Luego comimos en casa de Pedro Rodríguez con dos o tres tenientes y capitanes de Artillería, que eran demócratas, entre los que recuerdo a Jorde y creo que a Luis Santos y Javier García.

El hombre base de la UMD en Ceuta fue Pedro Rodríguez, que, poco después de salir yo de El Hacho ya ascendió a teniente coronel. Era uno de los pocos antiguos alféreces provisionales que pertenecieron a la UMD. Otro fue su íntimo amigo, el también teniente coronel Gili de Granada. Antes de mi salida de la prisión ya había hablado a varios de sus capitanes: Jorde, Luis Santos y Aurelio Valdés y Santos habló a Javier García, que era teniente. En total, en Ceuta llegaron a haber en pocos meses, ocho o diez militares de la UMD. Y unos meses después, el capitán Jorde fue a Sevilla para representar a los de Ceuta en una asamblea de Andalucía y luego a Madrid a la V Asamblea General.

La vida en la prisión militar de El Hacho en 1975

Nunca lo había pensado antes, pero lo cierto es que los seis meses pasados en la prisión fueron enriquecedores para mi formación personal. Me permitieron ver de cerca un mundo muy lejano al mío y observar también que allí viven en muchos casos personas, que habiendo llevado siempre una conducta totalmente normal, se ven sumergidas en aquel mundo por alguna fatalidad de la vida. De entre todos los casos que pude observar, el más impresionante era el de Marcelino, el carpintero. Era un testigo de Jehová que llevaba ya muchos años en prisión y vivía su fe con convicción. Era una auténtica víctima de la fatalidad.

Mi estancia allí me permitió ver de cerca el caso escandaloso de la larga duración de las prisiones preventivas. La primera vez que me lo comentaron no me lo podía creer: había personas que llevaban más de un año de prisión sin haber sido juzgadas. Por otra parte, la vida de la prisión era la de un submundo en el que las mafias operaban a sus anchas y repartían palizas a los que se les oponían. Eso me llevó a leer dos libros relacionados con los penales de Ceuta, el de Tomás Salvador y el de Juan Rebosillas, inspector de prisiones, que estuvo destinado en Ceuta en 1873 y que escribió unas memorias en las que Tomás Salvador se inspiró.[7] También gracias a las facilidades que me dio el coronel Voig después de que con la llegada de Gutiérrez Mellado se flexibilizasen las normas, pude leer en los libros del archivo de la prisión la gran cantidad de presos políticos que habían estado allí, entre éstos los patriotas cubanos y filipinos, los militares del ejército republicano, desde el primo de Franco, Lapuente Bahamonde, al que él hizo fusilar en la puerta del fuerte, y el general que mandaba la plaza el 18 de julio de 1936. Yo ocupé la habitación que cincuenta años antes aquél ocupó. Y dediqué mi tiempo a escribir un diario sobre la vida en aquella prisión militar.

Los enfrentamientos de las mafias

En El Hacho los problemas, que eran constantes, tenían fundamentalmente tres causas: una era la falta de trabajo y de poder reducir condena; otra era la droga, si bien este problema aún no tenía el alcance actual, pues la droga que se consumía en El Hacho era blanda, era grifa; la tercera era la connivencia constante entre los internos y los vigilantes, que nacía del hecho de que unos y otros normalmente procedían del mismo cuerpo (el tercio de la Legión de Ceuta) y consecuentemente eran compañeros.

7. Juan Rebosillas: *Catorce meses en Ceuta.* Imprenta del *Correo de Andalucía.* Málaga, 1886.

Había dos grupos de proveedores de grifa, cada uno de los cuales abastecía a una de las bandas que la vendían al resto de la prisión. Los jefes de las dos bandas eran el Barbero y el Maño.

Uno de los proveedores era el sargento De la B., que precisamente estaba condenado por haber organizado una red de tráfico de grifa. El sargento De La B., proveía a la banda que mandaba el Barbero y a la que también pertenecían Del P., que era el especialista en hacer tatuajes y el Malaguita, que era uno de los hortelanos. El citado sargento hacía el transporte una vez por semana en su propio coche, que además tenía aparcado en la prisión y cobraba a la banda mil pesetas cada vez que hacía el transporte. El día que subió a El Hacho el general Gutiérrez Mellado, el juez militar andaba por allí y se dio de cara con el sargento De La B. Sorprendido al verle allí, preguntó:

—¿Éste está preso? Pero si yo anteayer le he abierto un expediente por un accidente de circulación.

Este hecho hizo desbordar el vaso y decidió al capitán Gurrea a contárselo al Coronel Voig.

Los otros proveedores, paradójicamente, eran los cabos de la vigilancia que abastecían a la otra banda: al Maño, el Estropeado y a al legionario R. P. Como los de la banda de el Maño hacían la limpieza de las oficinas, tenían gran facilidad de movimientos, y se decía que cuando les faltaba dinero, lo cogían del que los presos tenían depositado en la oficina del capitán.

Las dos mafias a veces entraban en conflicto entre ellas o con los proveedores o con los clientes. Y aparecía un recluso con señas visibles de haber sido brutalmente apalizado.

El tercer problema era debido a la promiscuidad entre la poblacion reclusa y los vigilantes, que intercambiaban papeles de la noche a la mañana con solución de continuidad. El lunes 26 de mayo, dos reclusos, «en combinación con un vigilante», huyeron mientras estaban recogiendo cañas en la huerta de la prisión para hacer un chamizo. Ataron a un tercer recluso que no quiso huir con ellos y se descolgaron con una soga por la muralla de la fortaleza. Se fueron a desayunar a un café y desde allí llamaron a un taxi que los llevó a la frontera. Además, el vigilante se llevó la pistola reglamentaria.

Como estos hechos, en el viejo diario que escribí en la prisión recojo algunos más, pero su narración aquí rompería el hilo conductor de estas memorias.

VI

LAS DETENCIONES DEL VERANO DE 1975

La gran caída

Cuando ya llevaba casi medio año en prisión y sólo me quedaban unos quince días para salir, oí en una radio extranjera que habían detenido a varios capitanes, acusados de pertenecer a la UMD. Algunos de los nombres que se daban eran los de los líderes de la UMD de Madrid y Galicia (Otero, Consuegra, Manuel F. Lago, Fermín Ibarra y Fortes) pero otros me eran desconocidos (como los capitanes García Márquez o Ruiz Cillero) y a otros como Restituto Valero o Fernando Reinlein, los conocía pero no sabía que pertenecían a la UMD. Y fue así como me enteré de que la organización había crecido, lo que me alegró, aunque al mismo tiempo me quedé muy preocupado, por lo acontecido a mis compañeros.

Después supe cómo habían ocurrido las cosas. Aprovechando que Carlos Arias estaba en la Conferencia de Helsinski, el sector duro del franquismo decidió actuar para acabar con la UMD, cuya existencia había detectado hacía ya varios meses. El jefe de la División Acorazada, general Milans del Bosch, formuló un parte, como consecuencia del cual, a fines de julio de 1975, se produjo la detención de los ocho miembros de la UMD de Madrid y del capitán Fortes en Galicia. Poco después detuvieron también durante varios días al capitán García Caneiro en la Base de Talavera, en Extremadura, e interrogaron al capitán García Valdivia en Cádiz. Años después supimos que el parte era consecuencia de la labor del Servicio de Información que dirigía Sáez de Tejada.

Como consecuencia de las detenciones, el núcleo de la UMD de Madrid quedó desarticulado, pues de hecho, los detenidos (excepto Fortes) formaban la dirección de Madrid.[1] Sin embargo, no ocurrió

1. Según me contó Díez Gimbernat, celebraban una reunión semanal de jefes de grupo a la que asistían Otero, Consuegra, Barja, Restituto Valero, Fermín Ibarra, a veces Domínguez y él, que dirigía el grupo de los «úmedos» que eran alumnos de la Escuela de Estado Mayor (Laín, Antonio García Márquez...) Al acabar el curso se fue a Barcelona y le sustituyó García Márquez, que fue detenido. En la última reunión a la que asistió Gimbernat, conoció a Fernando Reinlein que se incorporaba al grupo.

lo mismo en Barcelona, donde al día siguiente de las detenciones y cuando yo aún estaba en El Hacho se reunieron cinco compañeros (Julián Delgado, Juan Diego, López Amor, Gimbernat y Delás) en un lugar en el que era difícil imaginar una reunión clandestina: el Club Natación Barcelona. Allí mismo decidieron enviar una carta de réplica a los compañeros de las promociones de los detenidos y continuar la reunión al día siguiente en otro lugar también completamente inédito: un apartamento que Noemí Barja, entonces compañera de Julián Delgado, tenía en la Costa Brava. A esta segunda reunión asistió además Guillermo Reinlein y eligieron una nueva dirección formada por tres capitanes, cuya actividad aún no había sido detectada, pues los más conocidos notaron que ya estaban vigilados. Eligieron uno de cada una de las tres Armas con más miembros de la UMD: Díez Gimbernat, por Ingenieros, Julio Vázquez, por Artillería y Fernando San Agustín, por Infantería. Estos tres fueron muy ayudados en aquellos aciagos días por los capitanes Miralles, Cabrera y Pascual Alonso. Y Díez Gimbernat, excusándose en las vacaciones, viajó al País Vasco y a Galicia para contactar con los núcleos de la UMD que allí existían.

Pocos días después de las detenciones de Madrid, a Julián Delgado le quitaron el mando de su escuadrón y le dieron la baja en la Policía Armada. A primeros de octubre López Amor, Juan Diego y Arturo Gurriarán fueron detenidos, procesados y encarcelados en el castillo de San Fernando de Figueras. Además, varios fuimos trasladados a otras guarniciones: López Amor a Tenerife (antes de procesarle), Julián Delgado a Badajoz, Arturo Gurriarán inicialmente a Tenerife y después a Lanzarote y Pepe Julve y yo, al salir de los castillos, a Sevilla y Salamanca respectivamente.

Las reuniones de Comarruga

Al salir de la prisión de El Hacho, el 15 de agosto de 1975, me trasladé a Sevilla en el coche de un sacerdote catalán que hacía el servicio como cura militarizado en Ceuta y allí me reuní con mi amigo Pepe Julve, con el que había compartido prisión en el castillo de San Fernando de Figueras. Seguimos hasta Madrid y dormimos en la residencia que Luis Pinilla, mi maestro militar y ahora defensor de Jesús Martín Consuegra, tenía en la calle Sancho Dávila y al día siguiente acompañados por Quique Pañeda visitamos a los defensores de su cuñado, Fernando Reinlein, y de José Fortes: los capitanes Prudencio García y José Altozano,[2] para tratar de los problemas de los «úmedos» detenidos y de su defensa.

Al llegar a Comarruga, pues era verano y yo tenía veinte días antes de incorporarme a mi nuevo destino, hicimos dos reuniones en casa del capitán de la Policía Armada, Pedro Calderón, que también veraneaba allí. Asistieron Juan Diego, Pepe Julve y un par de capitanes más, creo que López Belda y Urbano, con la mala suerte de que se enteró el suegro de uno de ellos, antiguo proto de la academia militar. El viejo proto dio parte y les complicó la vida a Juan Diego y a Pedro Calderón, este último entonces era el capitán de la Policía Armada de Sabadell y aún no había sido descubierto, pero a raíz de eso comenzó a ser seguido, fue interrogado de forma desagradable en la segunda bis y después de nuevo en Madrid. Y cuando un mes después procesaron a Juan Diego, en el auto de procesamiento citaron las reuniones de Comarruga.

Recuerdo un día que estaba con Juan Diego en su apartamento cerca de la playa y llegó Pedro Calderón con la cara descompuesta:

—Me siguen, me siguen —nos dijo, lógicamente bastante angustiado.

Y era verdad. Ambos pudimos ver claramente a quienes en aquel lugar apartado y veraniego estaban esperando que saliera. Era algo que a Juan y a mí ya nos había ocurrido varias veces, pero que evidentemente, la primera vez que le ocurría a uno lo traumatizaba bastante. Y más si uno es capitán de la Policía Armada. Por otra parte, aprovechamos aquellos días para redactar con Julián y con Juan dos cartas en apoyo a los detenidos. Inicialmente mis compañeros no querían que apareciera la UMD como autora de las cartas a fin de facilitar la acción de la defensa. Mi criterio era el contrario. Una vez que ya nos habían descubierto y nos perseguían, nosotros debíamos utilizar la fuerza de la opinión pública, que apo-

2. Los compañeros detenidos, inicialmente eligieron como defensores a militares demócratas. Éstos fueron: Pinilla (Consuegra), Díez Quijada (Otero), Javier Calderón (Restituto Valero), Alberto Piris (Ibarra), Prudencio García, que espontáneamente fue a ver a Reinlein y le ofreció sus servicios, Altozano (Fortes), Rúa (Fernández Lago), el coronel Manglano, de Aviación, que defendía a Ruiz Cillero y Cortina (para García Márquez) que poco después renunció y fue sustituido por Lastres. Posteriormente, en diciembre, se decidió nombrar defensores civiles y elegir a los prestigiosos políticos citados en el texto del capítulo siguiente: «Con Gil Robles y los defensores.»

yaría la existencia de una organización de militares demócratas. Al fin prevaleció mi opinión y mandamos una carta firmada por la UMD con nuestra versión de los hechos a muchos militares y a los medios de comunicación.[3]

Antes de dejar Barcelona para incorporarme a mi regimiento de Salamanca me reuní con varios compañeros en el piso de mi hermana de la calle Aribau, 174, en el que unos meses antes nos habíamos reunido con Ruiz Giménez, para resolver el tema de la dirección que interinamente se había creado a raíz de las detenciones, pues los tres elegidos, por estar «blancos» pronto dejaron de estarlo: a Julio Vázquez lo detectaron en un viaje de proselitismo a Valencia; estaba siendo perseguido, y se vio obligado a renunciar, y a los otros dos les pasaba algo parecido, por lo que después de la citada reunión, a la que también asistieron Díez Gimbernat y Fernando San Agustín, volvimos a hacernos cargo de la dirección los que la desempeñábamos anteriormente.

San Agustín, entretanto, en contacto con *mossèn* Dalmau, el párroco de Gallifa, había hecho unas pegatinas en las que pedía libertad para los militares detenidos, que adherían en las cabinas telefónicas. Y además había preparado una reunión con la dirección de la Asamblea de Cataluña, reunión que celebramos en el chalet de Jordi Pujol en Premià. A Pujol le acompañaba *mossèn* Dalmau y otro. Por la UMD fuimos San Agustín y yo.

Por último, me vino a ver el teniente de la Guardia Civil, Luis Alonso, que estaba destinado en Madrid. Le dije que reuniera a los compañeros de aquella ciudad en su apartamento un día y hora determinados. Cuando unos días después, camino de Salamanca, pasé por Madrid, fui a su apartamento a la hora y día convenidos y con sorpresa me encontré a Luis solo con el capitán médico Eduardo Boscá. Me dijeron que los compañeros habían decidido no hacer reuniones de más de tres personas a fin de evitar más detenciones. La idea, desde el punto de vista de la seguridad era correcta, pero tenía un inconveniente: que así no se podía trabajar políticamente y nosotros no habíamos planteado la UMD para que fuese segura, sino para que ayudase a asumir la democracia. Sin embargo, costó bastante lograr que cambiasen de actitud y de hecho no se logró hasta una reunión que hicimos ocho jefes y capitanes en una casita en las afueras de Villaviciosa poco antes de morir el dictador.

3. El texto de esta carta está incluido en el libro oficial de la UMD, págs. 138 a 140.

En Salamanca me esperaba otro arresto político

Nada más llegar a Salamanca, el general Bañuls me impuso desde Barcelona otro arresto de quince días A la guarnición le sentó muy mal. Se interpretó como intromisión, pues ya no era mi capitán general, y como persecución. Incluso el coronel de mi regimiento —lo que fue totalmente inusual— me lo dijo:

—Si le sirve de consuelo sepa usted que aquí esto no ha gustado.

Me quedé muy parado.

Durante un año, desde agosto de 1975 a agosto de 1976 viví en Salamanca, pues a mi medio año de prisión las autoridades militares añadieron arbitrariamente pérdida de destino y un año de destierro, pero de hecho continué colaborando en la dirección de la organización, especialmente del triturado sector de Madrid. En efecto, muchos compañeros orientados por Carmen Macías, la esposa de Otero, que es una persona con una enorme capacidad de trabajo, me vinieron a ver, entre ellos, Ángel Pajares, Monge (dos veces), Bernardo Vidal, Juan Barja, Quique Pañeda, Eduardo Boscá, y ella misma fueron viniendo de uno en uno a Salamanca. No me dejaban ni un fin de semana libre.

El domingo 1 de noviembre, poco antes de la muerte de Franco, ocurrida el 20 de noviembre de 1975, nos reunimos en Villaviciosa de Odón, en una casita de la urbanización El Castillo, ocho capitanes y comandantes: Barja, Monge, Prado, Eduardo Boscá, Toño Herrero, Luis Alonso, Javier Perote (que venía de Galicia y se iba a incorporar a Canarias, donde acababa de ser destinado) y yo. Y esta reunión de hecho significó la reorganización de la UMD de Madrid, que estaba paralizada desde las detenciones de tres meses antes.

Salí de Salamanca en el asiento de atrás del Mercedes de la familia Bravo, que condujo su mujer, María Teresa Castrillo. Me escondió entre unas maletas y me tapó con una manta, y la anécdota se simplificó explicándose que me sacaron en el portamaletas, lo cual era una pequeña exageración.

Hacia el mediodía, los del Servicio de Información militar al notar mi falta de Salamanca y que no sabían dónde estaba, se pusieron histéricos y se personaron en casa del comandante Bravo, de donde les echó José Luis, su hijo mayor. Había dejado la habitación de mi hotel a oscuras, y con la almohada y las mantas colocadas de forma tal que parecía que estaba allí durmiendo. Supongo que al fin debieron entrar y al descubrir el engaño debieron enfurecerse.

Entonces debieron ir a casa de Bravo, por aquello de que tirando del hilo se llega al ovillo.

De mi destino en Salamanca tengo un excelente recuerdo en lo humano gracias sobre todo a la hospitalidad del matrimonio Bravo, mis buenos amigos Paco y María Teresa, así como otros compañeros militares como los Chinchetru, Antonio y María Teresa (cuyo hermano era un sacerdote muy concienciado), los Andrade (que ya conocía de Barcelona), los Garrido... todos ellos demócratas a carta cabal y miembros o muy próximos a la UMD. Y también un excelente recuerdo cívico, pues muchas personas de la ciudad nos ayudaron, desde el procurador Jesús Esperabé (que con la democracia fue vicepresidente de las Cortes) que nos guardaba el archivo de la UMD en su casa, hasta el catedrático Pérez Luño, que cuando viajaba a Barcelona donde vivían sus padres, hacía de correo.

En lo profesional la situación fue contradictoria, pues aunque algunos, como el general Falcó, gobernador militar y antiguo profesor mío, me acogieron muy cordialmente, contradictoriamente se ordenó (obviamente sin decírmelo a mí) a los oficiales de servicio de plaza que cuando yo fuera el jefe de servicio, las novedades no se me comunicaran a mí, sino al suplente (el imaginaria en el argot militar), algo de lo que yo me enteré tarde y por pura casualidad. Y que implica un trato totalmente inusual e insultante.

Cuando estuve allí supe, a través de Carmen Macías, que a Luis Otero, al que habían trasladado a una prisión militar de Mallorca en la que él era el único preso, estaba en unas condiciones de aislamiento que ella y yo considerábamos inhumanas. Para enderezar la situación hice una instancia a mi capitán general, que era Gutiérrez Mellado, en la que le argumentaba que el prolongado aislamiento al que se sometía a mi amigo y compañero de promoción, podía llegar incluso a causarle un daño psíquico irreparable, etc. Le sentó muy mal. Y contestó al coronel de mi regimiento, que «me llamara a su despacho, y que en presencia de los tenientes coroneles me reconviniera severamente por mi escrito (vulgo, "echara la bronca") y no me dejara contestar nada». Pero cuando esto ocurrió (sería abril de 1976), la dictadura ya declinaba, y por otra parte al coronel eso no le gustó nada, así es que hizo todo lo contrario a lo que decía el oficio. Efectivamente, me llamó a su despacho en presencia de los tenientes coroneles, pero me dio el oficio para que yo mismo lo leyera. Me dijo que lo que el oficio decía le parecía muy mal.

Poco después cambiaron el coronel y tuve un problema con el nuevo, ya que era de talante distinto al anterior. Cuando era jefe de día, al hacer la inspección rutinaria por la tarde, me encontré que a los soldados que estaban arrestados en el calabozo no les permitían hacer absolutamente nada, ni trabajar, ni oír la radio ni siquiera leer novelas. Sólo podían pensar. Me fui a ver al coronel y le expuse que esta conducta no era la propia de un arresto militar y que recordaba la famosa «nevera» o aislamiento total utilizado en lugares en que se vulneraban los derechos humanos. Se cabreó mucho y abriendo el cajón de su mesa de despacho sacó un libro de un militar argentino en el que se decía que «todos los que hablaban de derechos humanos eran comunistas». Huelgan comentarios.

Con Carlos Sanjuán la UMD llegó a la Marina

Desde mi retiro de Salamanca mi preocupación principal seguía siendo hacer crecer la UMD. Y en este sentido recordaba que en la primera reunión que la dirección de la UMD tuvo con Felipe González, en casa de Roberto Ribera en Barcelona en enero de 1975, Felipe nos habló del comandante Carlos Sanjuán, único militar que el PSOE tenía, y nos propuso que pasase a la UMD en la que se consideró que podría ser más útil.

Muchos años después,[4] Carlos Sanjuán me contó que a la vuelta de la primera reunión que tuvo con nosotros en Barcelona, Felipe le explicó lo que estábamos haciendo, paseando por el Parque María Luisa de Sevilla y le dijo que era conveniente que pasara del PSOE a la UMD «para ayudarnos a organizarnos», etc. Sin embargo, cuando un mes después, en febrero de 1975, me metieron en una prisión militar, el liderazgo pasó a Otero y el contacto con Sanjuán no se acabó de realizar. Desde El Hacho, conseguí sacar un par de cartas personales, aprovechando el vis a vis con mi mujer. En estas misivas le insistía en que contactase con Sanjuán (al que yo, por supuesto, ni conocía), pero no me hizo caso y cuando salí de la prisión en agosto, el contacto aún no se había hecho.

Como me desterraron a Salamanca y me resultaba difícil llegar

4. Me lo contó el 14 de febrero de 1990 en una comida que nos dio la Mesa de la Comisión de Defensa del Congreso, con motivo de su nombramiento como presidente de la misma.

a Málaga, encargué el contacto a María Teresa Castrillo, la esposa del comandante Bravo, que tenía una casa en Torremolinos. Lo realizó a la perfección. Simuló un problema obrero para conseguir una hora en su bufete de abogado laboralista. Cuando estuvieron solos le dijo:

—Ni obreros despedidos ni nada. Soy la mujer del comandante Bravo de la UMD y vengo a hablarte de la organización.

Carlos Sanjuán exclamó:

—¡Por fin! ¡Llevo medio año esperándoos!

Carlos Sanjuán fue el hombre de la UMD en la Marina. Entonces era comandante jurídico de la Armada y a través de su despacho de abogado laboralista había llegado al PSOE. Cuando lo conocimos ya había sido trasladado una vez de guarnición a causa de sus actitudes democráticas, y poco después lo trasladaron por segunda vez. Carlos, con sus conocimientos jurídicos y políticos, ayudó mucho en la redacción de varios documentos, pero además fue el único de la Marina que estuvo en la dirección de la UMD.

También pertenecieron a la UMD algunos marinos como Bouza, de Infantería de Marina, que entró en la organización a finales de 1976, el interventor Berenguer y algunos más de Canarias, pero no llegaron a participar tan activamente como Carlos Sanjuán ni a formar parte de la dirección.

VII

EL GOBIERNO DE ARIAS-FRAGA-AREILZA

Muerte de Franco: Puedo regresar cuatro meses a Barcelona

La muerte de Franco, el 20 de noviembre de 1975, me sorprendió en la habitación de un hotel de Salamanca con un cólico nefrítico. Durante los días que estuve de baja, mi habitación estuvo muy concurrida, no sólo me vinieron a ver varios compañeros de la guarnición, sino también algunos profesores de la universidad, entre los que recuerdo a Jesús Esperabé acompañado de varios compañeros de la Cátedra de Derecho Político. Y sinceramente, estar de baja en aquel momento supongo que fue un alivio porque en el cuartel había algunos ultras que me imagino que debieron ponerse insoportables.

Muy pocos días después, pedí un permiso de dos meses para acompañar y cuidar a mi padre, enfermo de cáncer, en sus últimos momentos. Para decidir si me concedía el permiso, el general Vega, que mandaba la Capitanía de Valladolid, a la que pertenecía mi regimiento, me concedió una audiencia. Y sorprendentemente para mí (que aún no le conocía) me dijo clara y rotundamente que él era liberal, que me había defendido en varias reuniones del Consejo Superior del Ejército (organismo colegiado formado por los capitanes generales con mando) y me dio el permiso.

No sé si fue casualidad o respondió a instrucciones de la superioridad, pero con sólo días de diferencia me permitieron regresar a Barcelona, sobreseyeron las causas de tres miembros de la UMD de la misma ciudad y dieron destino en Madrid a Julián Delgado y a Bernardo Vidal. En efecto, el 4 de diciembre llegué a Barcelona y al llegar tuve una gran alegría: Aquel mismo día López Amor, Juan Diego y Gurriarán habían salido de la prisión militar con su causa sobreseída. Lamentablemente no todo iba bien. Y al mismo tiempo que se sobreseía a mis compañeros de Barcelona, se hacía firme el procesamiento en Madrid y se endurecían las peticiones del fiscal.

El regreso de los cuatro a Barcelona-Gerona significó una recuperación de la actividad de la UMD en Cataluña, de tal modo que se superó al fin la crisis que se había iniciado a raíz de las detenciones del verano, y aprovechando las Navidades hicimos una reunión en Premià, en un chalet (en Cataluña le llamamos torre) de los suegros del capitán Pascual Alonso, a la que asistieron todos los de Barcelona, Gerona, algunos del CIR de San Clemente y otros que pasaban aquí las vacaciones: Bernardo Vidal, Luis Alonso y Carlos Aguado.

La reunión fue tan larga que se prolongó dos tardes y se aprobó, punto por punto y tras largas deliberaciones un documento titulado *Bases previas a un futuro democrático.*[1] En él se analizaba la situación creada tras la muerte de Franco, ocurrida un mes antes, y se señalaban diez medidas que se debían tomar para que las Fuerzas Armadas asumiesen, o al menos respetasen, el nuevo orden democrático.

Estas medidas, de forma resumida eran: Recoger las armas que poseían las asociaciones de extrema derecha, clausurar los locales de propiedad militar cedidos a los excombatientes (alféreces provisionales, etc.), conceder una amnistía que incluyera a los militares represaliados por razones políticas, suprimir el servicio militar de información política dependiente de Presidencia del Gobierno, realizar el servicio militar en la región militar de origen, reformar la justicia militar, suprimiendo los Tribunales de Honor, los juicios sumarísimos, etc., poner el mando de las unidades más operativas en manos de militares demócratas, suprimir las funciones no militares (judiciales, políticas, etc.) de los capitanes generales, respetar los derechos humanos en los cuarteles y poner la dirección de las revistas militares en manos de militares demócratas.

El documento acababa diciendo: «La verdad de lo que se piense hacer está en lo que se haga en las Fuerzas Armadas. *Conceder libertades al pueblo y garantizarlas con un Ejército dominado por los ultras es un contrasentido y un error histórico*» (la cursiva es del original).

Aprovechando la miniapertura que siguió a la muerte de Franco, también se reorganizó la UMD de Madrid. Dieron allí un destino a Julián Delgado, al que habían quitado el mando de su escuadrón tras las detenciones de agosto en Madrid. Ciertamente era sólo un destino burocrático, como hacían con los militares demócratas. Pero Julián Delgado lo aprovechó para dinamizar la UMD

1. En el citado libro oficial de la UMD se incluye íntegro este documento, pág. 61 y ss.

de Madrid, fundamentalmente con la ayuda de tres capitanes: Luis Alonso, que se hizo cargo del enlace, Antonio Herreros, que llevaba el archivo y Rafael Tejero (hermano de Alfredo Tejero, después concejal del PSOE, pero entonces líder del PCE), que buscaba domicilios para las reuniones, contactos políticos, etc. Y también regresó por las mismas fechas Bernardo Vidal, que había sido destinado/deportado al Sáhara al salir de la cárcel.

Con ellos la organización volvió a crecer y se integraron nuevos miembros. Hicieron una reunión general a la que asistieron unos veinte compañeros y en la que reorganizaron los grupos.[2] En enero hicieron tres documentos para informar sobre el próximo consejo de guerra a los compañeros de la UMD. Uno se mandó a personalidades (intelectuales, líderes políticos, prensa...), otro a jefes del ejército y el tercero a los comandantes y capitanes. Para la distribución, las fuerzas políticas colaboraron y se organizaron tres canales en manos de la Junta Democrática, el PSOE y el PSC (Congrés).[3]

Más contactos políticos: don Juan de Borbón y el duque de Arión

Durante este período, los contactos de la UMD con los políticos de la oposición fueron muchos. En las páginas anteriores ya se han explicado algunos.[4] Era lógico, cada vez que se producía algún acontecimiento importante, estos dirigentes deseaban saber la opinión de las Fuerzas Armadas y obviamente de los militares que más se fiaban porque pensaban como ellos era de los de la UMD.

2. Asistieron todos los que se acaban de citar, junto a Monge, Prado, Juan Barja, Boscá, etc., así como varios suboficiales de Aviación, el capitán de la Legión Barja (hermano del comandante Juan) y otros de nueva incorporación como Juan Carlos Torres, Antonio Córdoba, Borderías, Luis Roldán, etc.

3. Se vaciaron escalillas por ciudades y en las guías de teléfonos se localizaron los domicilios. Uno de los que trabajaron en esta tarea —me lo contó años después— fue Miguel Jordá, que había sido líder de la HOAC, de la que pasó al PCE. Recibió de Sáez de Santamaría, que era marido de Pilar Bravo, unas listas para mandar la foto de los detenidos con un mensaje. El primer envío lo hizo en su casa con sus hijos y después pidió ayuda a los curas que vivían con el padre Llanos en el Pozo del Tío Raimundo.

4. Léase en esta Segunda parte, en el capítulo I «Primeros contactos políticos: Reventós y Ruiz Giménez» y en el capítulo III «Con Nicolás Redondo, Felipe González y la Ejecutiva del PCE».

Y así durante los tres años que duró la UMD se celebraron reuniones con casi todas las fuerzas políticas: los socialistas, entonces divididos en varios partidos: los de Felipe González, Enrique Tierno y Enrique Barón; los democristianos de Ruiz Giménez o Gil Robles; los comunistas, los falangistas-aperturistas de Cantarero del Castillo; los monárquicos-juanistas de Satrústegui y Jaime Miralles; los carlistas de Carlos Hugo; llegamos incluso a partidos tan de izquierda como el PTE o la ORT. Además, obviamente en Cataluña seguían los contactos que antes se han contado con Pujol, Cañellas, Reventós, Antonio Gutiérrez, etc., incluso con los restos de la Lliga de Catalunya.

De entre todos los contactos merecen destacarse las reuniones con Felipe González, la primera de las cuales ya he explicado, que fueron más de media docena. En general asistía solo, pero en algún caso lo hizo con Alfonso Guerra, Yáñez o Galeote. Otro destacado miembro del PSOE que asistió a varias de estas reuniones fue Carlos Sanjuán que como ya se ha dicho, era además miembro de la UMD.

Otras reuniones a destacar fueron las dos que realizó la dirección de la UMD con don Juan de Borbón, que aún no había abdicado y por tanto era el representante de la legitimidad histórica de la Corona. Fueron preparadas por Joaquín Satrústegui, que asistió a una de ellas y se celebraron la primera en París y la segunda en Lausane. A esta última ciudad acudieron el entonces comandante Guillermo Reinlein y los capitanes Juan Diego y Arturo Gurriarán, que en aquel momento dirigían la UMD por estar otros líderes en prisión o estrechamente vigilados. La visita la juzgo muy importante por su valor legitimador. Cuando se realizó esta entrevista, estaba destinado-desterrado en Salamanca, lugar situado lo suficientemente cerca de Madrid para permitirme alguna escapada. En Madrid con quien me reuní varias veces fue con el duque de Arión, que tenía una oficina por Diego de León, creo que en la calle María de Molina. Algunas veces le vi solo, otras acompañado de Toño Herreros. En los medios de la oposición se consideraba, en aquellos años, que el duque de Arión era el hombre que don Juan Carlos usaba como intermediario para conocer nuestros puntos de vista. Recuerdo que en una de aquellas entrevistas, en un momento determinado, en aquellos silencios que seguían a las confidencias, me preguntó:

—¿Eres del partido comunista?

La pregunta no me gustó, habida cuenta que éste era el sambenito que desde el gobierno franquista nos solían colgar a todos los demócratas, y al tratarse de un militar, el supuesto era altamente destructor, por lo que le contesté:

—No. Por cierto, que eso mismo estaba yo pensando de ti.

Obviamente mi respuesta a él tampoco no le hizo ninguna gracia. Aparte de esta anécdota intrascendente, que sólo cuento por ser indicativa de la implantación que en aquella época tenía el PCE y de lo dudosa que era la independencia de los llamados independientes, lo recuerdo como una persona educada, agradable y políticamente muy bien informada. La última vez que tuve contacto con él, fue en su casa de la colonia de El Viso, a raíz del Tribunal de Honor de Julián Delgado. Prometió ayudarnos. Y quizá lo hizo a la vista del resultado.

Me entrevisto con Fraga

Otro contacto importante tuvo lugar el miércoles 7 de enero de 1976, con el propio Manuel Fraga, que era ministro de Gobernación y en su despacho del ministerio.[5] Como había sido alumno suyo en la Facultad de Ciencias Políticas, existía una excusa formal para vernos. El organizador de la reunión fue el capitán Cortina, que había sido designado defensor por uno de los detenidos: el capitán Antonio García Márquez, pues ambos eran compañeros en la Escuela de Estado Mayor. Cortina pertenecía a los Servicios de Información y fue testigo mudo de la entrevista.[6]

Yo me desplacé desde Barcelona para asistir a la reunión que en principio tenía que ser secreta, pero hubo un atentado terrorista y se alteraron los planes de Fraga que no pudo acudir al punto convenido. Como yo al día siguiente tenía que regresar a Barcelona, Fraga, que siempre ha sido persona dispuesta a abordar las cosas de frente, decidió que fuera a su despacho, en el ministerio.

Ofreció el perdón de los nueve detenidos a cambio de la disolu-

5. La fecha la establece exactamente el propio Fraga en sus memorias: *En busca del tiempo servido.* Planeta. Barcelona, 1987, pág. 30.

6. Varios años después se haría famoso cuando fue procesado por su presunta participación en el 23-F.

ción de la UMD. La verdad es que lo pasé muy mal. Discutir con don Manuel siempre es duro y más si se añade que él era ministro de Gobernacion y yo líder de una organización clandestina con nueve personas esperando un juicio. Le pedí garantías, o al menos la promesa de que se realizaría un mínimo proceso democratizador, pero se negó a dármelas y la entrevista acabó sin acuerdo. No tenía sentido que para lograr la libertad de los compañeros disolviéramos la UMD sin garantías democratizadoras. Para eso no la habríamos organizado. Años después en el Congreso de los Diputados he tenido oportunidad de conocer a este gran político cuyo talante democrático quedó evidenciado cuando el 23-F se enfrentó con nuestros secuestradores, pero en aquel momento no le conocía como ahora y creo que él tampoco a mí. Además tengo la impresión de que con los años ha evolucionado, todos hemos evolucionado y acercado nuestras posiciones.

Como Fraga no quería que en la entrevista participase ningún otro miembro de la UMD, me hice acompañar de Julián Delgado hasta la puerta del despacho del ministro y aunque Fraga no le dejó entrar, al salir fuimos Julián, Cortina y yo a un bar que había delante del ministerio y allí reconstruimos entre Cortina y yo la entrevista ante Julián para que de alguna manera quedara un testigo de lo que allí se dijo.

En un ambiente muy distinto, cordial y afectuoso, me recibió también mi amigo Miguel Alonso, que entonces era director general del Ministerio de Educación y al que pedí ayuda para mis compañeros de la UMD detenidos y de los que me prometió ocuparse.

Con Gil Robles y los defensores

La detención de los compañeros y la forma de articular su defensa motivaron también muchas reuniones. En esta época yo estaba en Salamanca y el peso de los contactos (aparte de los de las familias y más especialmente la mujer de Otero, Carmen Macías) desde la UMD lo llevó Julián Delgado que dirigía el grupo en Madrid. En cierta ocasión me pude trasladar desde Salamanca a casa de José María Gil Robles, que era el defensor de Fermín Ibarra, y acudieron a una reunión —que ahora recuerde— Ruiz Giménez (defensor de Fernández Lago), Enrique Tierno (de Otero), Álvarez Miranda (de García Márquez), Joaquín Satrústegui, Jaime Miralles (de Reinlein), y dos o tres juristas más.[7] Me impresionó la personalidad de Gil Robles y el claro liderazgo que ejercía sobre el resto de los asistentes pese a que los citados juristas tenían gran prestigio. Nos contó además que nunca había vuelto a pisar el Ministerio del Ejército, desde antes de la guerra, pero que en esta ocasión había ido para hablar de la UMD con el ministro, que lo había recibido de forma correcta y educada. Evidentemente, el hecho de que Gil Robles hablase a nuestro favor era algo muy importante.

Como es sabido, poco tiempo después el gobierno no aceptó a estos defensores letrados e impuso a unos militares de Arma, o sea, sin conocimientos de derecho, como defensores. Ante tamaño atropello, los compañeros de la UMD decidieron no colaborar en lo que se preveía una farsa y sumergirse en el silencio.

Nosotros, en nuestro afán por ayudarles, recogimos dinero para sus familias, no para ellos, ya que obviamente no lo habrían aceptado: Jordi Pujol dio cien mil pesetas, Trias Fargas, treinta mil, Felipe González hizo dos entregas de cincuenta mil cada una, Justicia Democrática unas cuarenta mil y el SPD alemán cerca de un cuarto de millón (según supe varios años después, gracias a las gestiones del capitán Manzanedo que estaba en París haciendo un curso de telecomunicación). Otra importante ayuda, que también conocí años después en un viaje a México, fue la de los antiguos aviadores de la República (ADAR) que residían allí, y a los que lideraba un viejo «as» de la aviación republicana: Alfredo Turner. El dinero, ochocientos dólares, llegó a través de Javier Paulino, que entonces era del PSP y con los años sería senador de Ciudad Real por el PSOE, y se lo entregó, ya convertido en pesetas, a Carmen Macías, la mujer de Otero. Ella distribuía el dinero que recibía de forma igualitaria entre las esposas de los detenidos excepto en el caso de Manolo Lago, que era soltero y nunca se benefició de estas ayudas.

Las ruedas de prensa

La UMD nunca pretendió cambiar el régimen a través de un golpe de Estado. Y esto era algo más que una afirmación de volun-

7. Los restantes defensores eran Villar Arregui (de Jesús Martín Consuegra, que lo nombró más tarde), Jaime Cortezo (de Restituto Valero, que no recuerdo si asistía) y Manuel Jiménez de Parga (de Pepe Fortes), que no asistió, porque vivía en Barcelona.

tarismo político. Era la constatación de una realidad, de la propia debilidad y de la propia limitación. Una razón está en que los militares de la UMD (excepto en los casos de los tenientes coroneles Pedro Rodríguez y Gili), no habíamos participado en la guerra civil ni en ninguna guerra y por tanto carecíamos totalmente de la experiencia bélica, operativa, necesaria para dar con un mínimo de seguridad un golpe de Estado. Ésta era una de las diferencias básicas entre la UMD y el MFA portugués. Allí los capitanes fueron capaces de poner fin a una larga dictadura mediante un golpe de Estado incruento. Pero si hubieran tropezado con resistencias inesperadas, probablemente no habrían vacilado en hacer uso de unas armas que estaban muy acostumbrados a usar en una larga guerra colonial. Creo, por el contrario, que los militares de la UMD habríamos tenido muy serios problemas de conciencia si por alguna circunstancia nos hubiésemos visto obligados a disparar: éramos unos militares estudiosos, que nos habíamos concienciado de las excelencias de la democracia a través de nuestro paso por las aulas universitarias, de la reflexión sobre el cristianismo progresista, de las conversaciones con los líderes políticos o por cualquier otra razón. Éramos personas a las que repugnaba matar, y por tanto, habría sido muy dudoso nuestro éxito en un golpe de Estado. Y eso la mayoría de nosotros lo teníamos muy claro.

Descartada la usual vía de intervención de los militares en la política, se utilizó *mutandis mutandis* el mismo procedimiento que empleaban los partidos políticos y las fuerzas sociales (colegios profesionales, asociaciones de vecinos...), o sea, extender la ideología favorable al cambio político, aunque en este caso, obviamente se haría dentro de los cuarteles. Fue ésta la modalidad de acción más usada y cualquier suceso nacional o internacional era motivo para desencadenar una ola de propaganda y llenar de panfletos los buzones de las casas militares. Pero esta forma de acción, a pesar de ser importante, no fue la única.

A partir de agosto de 1975, cuando la organización fue descubierta y se produjeron varias detenciones, cambiamos nuestras pautas de actuación y decidimos utilizar, desde la dirección de la UMD, a los medios de comunicación a los que pasábamos comunicados, e incluso hacíamos ruedas de prensa. La más importante fue la realizada en París el 13 de octubre de 1975 por el capitán de Aviación José I. Domínguez, ante las cámaras de televisión de varios países y casi un centenar de periodistas. A los mandos militares las declaraciones del capitán Domínguez les produjeron gran irritación, sin embargo hoy, con cierta perspectiva histórica, hay que reconocer que fueron un acierto. Y no por el efecto, discutible, que tuvieron sobre las Fuerzas Armadas sino por el que tuvieron sobre la oposición democrática. Poco después, el 25 de febrero de 1976, en la Mutualité de París, Domínguez protagonizó otro acto de solidaridad con los «úmedos» detenidos, especialmente importante, porque fue el primero realizado conjuntamente por la Junta Democrática (de Carrillo y Calvo Serer) y la Plataforma (de democristianos y socialistas).[8]

Personalmente hice varias ruedas de prensa. Recuerdo una en el domicilio de Antonio Miralles y a la que asistieron el capitán Corominas, de Infantería y quizá San Agustín. Nos acompañó Josep Ramoneda, que además de periodista era profesor de la UAB. Éste, varios años antes, había sido alumno mío. A la rueda de prensa asistió Marcel Niedergard de *Le Monde*. Otra que recuerdo la hice con varios periodistas ingleses y norteamericanos en casa de Alfons Quintà, extraordinario periodista, que ayudó mucho y muy desinteresadamente a la UMD publicando en *El País* muchas noticias que nosotros le pasábamos.

Asimismo, en Madrid, el 22 de diciembre de 1975, hicieron una rueda de prensa los comandantes Juan Barja y Luis Roldán y el capitán Alejandro Lastres. Y por las mismas fechas, Julián Delgado, Luis Alonso y Bernardo Vidal hicieron unas declaraciones a la televisión de Baviera con el uniforme puesto. Victoria Prego las ha recuperado e incluido en su serie de trece vídeos sobre la transición. Son unas imágenes en las que salen las siluetas de los tres uniformados y destaca el tricornio de Luis Alonso. Otra rueda de prensa muy importante fue la que se hizo el mismo día en que se condenó a varios compañeros en Hoyo de Manzanares, pero ésta la explicaré más adelante.[9]

La IV Asamblea: Documentos de la UMD ante el inicio de la transición

Después de que en las reuniones celebradas durante las Navidades de 1975, en Madrid y Barcelona (Premià) habíamos elegido

8. Victoria Prego: *Así se hizo la Transición.* Plaza & Janés. Barcelona, 1995, págs. 266 y 268.
9. Léase en el capítulo siguiente, el epígrafe «Juicio de Otero y ocho capitanes».

nuevos representantes para la dirección o CEN, nos reunimos, el domingo 18 de enero de 1976, en Madrid en casa del capitán Torres[10] y acordamos celebrar el 1 de febrero de 1976 la asamblea nacional, que no se había podido celebrar en verano a causa de las detenciones. Personalmente no pude asistir a esta asamblea porque la víspera murió mi padre. Como su situación se agravaba, y temiendo lo peor, decidí confiar al capitán Díez Gimbernat los temas que consideraba importantes de tratar. Lo cité en casa de mi padre, que vivía en Aribau, 177. Nos encerramos y cuando llevábamos un buen rato hablando, mi cuñado, Juan Antonio Roca de Viñals, vino y nos dijo:

—Julio, tu padre ya se está muriendo.

José Luis, como es lógico, me dijo que se iba a ir, pero le pedí que se quedase, porque aún había temas importantes que tratar. Me fui al dormitorio de mi padre, que murió pocos minutos después, y posteriormente hice de tripas corazón y regresé al despacho para seguir tratando con Jimy la próxima asamblea, a la que no iba a poder asistir pues iba a coincidir con el entierro. Le hablé de los documentos, de las medidas de seguridad, y —habida cuenta de cómo actuábamos en aquellos tiempos— de lo único que no le hablé fue de la composición de la dirección que se tenía que elegir en la asamblea.

La asamblea se hizo el día siguiente, domingo 1 de febrero de 1976, con asistencia de veinticuatro miembros, de los que dieciocho representaban a sus respectivos grupos[11] y seis eran compa-

10. Asistimos por Madrid, Delgado y Boscá, por Cataluña, Díez Gimbernat y yo, por Andalucía, José Julve, y por Galicia, Octavio Vázquez Sotelo. Como oyentes sin voto los capitanes del «staff» de Madrid: Toño Herreros, Luis Alonso y el dueño de la casa.

11. Habida cuenta de que personalmente no asistí, la relación que añado la he recogido de relatos de los asistentes, por lo que he puesto en letra cursiva los nombres de quienes sé con total seguridad que asistieron: dos de Gerona: *Gurriarán* y *Huelín*; cuatro de Barcelona: *Juan Diego, Díez Gimbernat,* un capitán del cuartel de Ingenieros y quizá Guillermo Reinlein; de Zaragoza, *Ángel Pajares*; dos de Galicia: *Vázquez Sotelo* y *Castro*; de Ceuta, el ya teniente coronel *Pedro Rodríguez*; de Marina, *Berenguer,* que era interventor; once de Madrid, de los que cinco tenían voto, y seis no: *Julián Delgado, Bernardo Vidal, Juan Barja, José Ramón Monge, Antonio Herreros,* Luis Alonso, Rafa Tejero, Juan Carlos Torres, Prado, Perinat y otro; dos suboficiales del Ejército del Aire (uno se llamaba Ángel). Faltamos con motivo totalmente justificado: José Julve, de Sevilla, que era seguido, el comandante Bravo, de Salamanca, que había sido citado para declarar en el juzgado al día siguiente y yo por las razones antes citadas. Por fallos de enlace no asistieron los de Mallorca, Valencia y Murcia, entre otros. Creo que también asistió Macías de Lérida.

ñeros de Madrid, que asistían sin voto. La asamblea se tenía que celebrar en una iglesia, que había gestionado José Ramón Monge, pero al lado de la iglesia, en la plaza de la Elipa, había un coche de policía, lo que hizo temer a los asistentes que la reunión hubiera sido detectada, y se trasladaron a un pequeño apartamento en el que vivía una monja que Juan Barja conocía.

Julián Delgado dirigió la reunión y Antonio Herreros hizo de secretario de actas. En esta asamblea se aprobó el Estatuto del Militar, que pretendía ser una especie de carta de derechos y deberes del militar. Lo más importante de este documento es su exposición de motivos, en la que tras afirmarse que se intenta adecuar la «Declaración de los Derechos del Hombre de la ONU» a la colectividad militar, se pasa a afirmar que es indiscutible que el militar no puede poseer todos los derechos del hombre en su plenitud y debe renunciar a algunos en aras del bien común de la colectividad (...) pero tales renuncias deben ser razonadas y edificarse sobre auténticas necesidades militares o nacionales (...) y no sobre trasnochadas rutinas o despotismo de los mandos superiores. A continuación se pasa a concretar que en este Estatuto del Militar se tratará de trazar la difícil frontera que separa los derechos del militar, de los derechos universales del hombre, procurando llevar esta frontera lo más cerca posible de los derechos que todo hombre posee.

VIII

FEBRERO-MARZO DE 1976: TENSIÓN Y REPRESIÓN

17 de febrero: Tribunal de Honor al capitán Delgado

En febrero de 1976, poco antes de celebrarse el consejo de guerra, y posiblemente con el fin de paralizar las posibles reacciones de la UMD, los Servicios de Información hicieron desencadenar nuevas represalias contra varios miembros de la organización.

El 17 de febrero se formó un Tribunal de Honor, obviamente por razones políticas, a Julián Delgado. Me trasladé a Madrid y estuve con él, con un hermano suyo que era militar y con los capitanes Antonio Herreros y Luis Alonso viviendo intensamente aquellos amargos días. Pocos fueron los apoyos recibidos, entre otras cosas porque todo se realizó con gran celeridad. Un día vinieron al apartamento en el que vivíamos los periodistas Miguel Ángel Aguilar y Pepe Oneto, que entonces formaban tándem en la revista *Posible*. Hicimos muchas gestiones, entre otras, y como ya he explicado, hablé con el duque de Arión para que pidiera ayuda a don Juan Carlos. No sé si lo haría, pero lo cierto es que Julián salió absuelto.

La intención política del Tribunal de Honor quedó aún más clara cuando unos días después en un acto celebrado en el cuartel de Caballería de Barcelona en presencia de don Juan Carlos, el general Tomé dijo que había dos caminos para expulsar a los enemigos del ejército: los consejos de guerra y los Tribunales de Honor,[1] en clara alusión al que se acababa de celebrar contra Julián Delgado. Sin embargo don Juan Carlos no pensaba como él, y en un aparta-

1. Un Tribunal de Honor con trasfondo político se utilizó también contra el coronel Ortega Monasterio. La posición de la UMD siempre fue contraria a estos tribunales que podríamos calificar de medievales por su procedimiento y que actualmente están prohibidos por la Constitución en la sociedad civil, y por ley en el ámbito militar. En la Tercera parte de estas memorias se habla más extensamente de ello. Con la democracia se han publicado varios estudios sobre este tema. Miguel Domínguez-Berrueta: *Los Tribunales de Honor y la Constitución de 1978.* Universidad de Salamanca, 1984; Carmen Lamarca Pérez, con el mismo título que el anterior en la obra colectiva *Libertades públicas y Fuerzas Armadas*. Ministerio de Educación, 1986, y José Luis Pitarch: *El Honor y el Honor Militar*. Grijalbo. Barcelona, 1984.

do, hablando a solas con López de Sepúlveda le comentó que le habíamos saludado López Amor y yo. Evidentemente había una gran distancia política entre el Rey y la «ultrada», entonces aún prepotente, y esta distancia alcanzaba también al trato con la UMD. A mí el discurso del general Tomé me produjo cierta tristeza: Había estado a las órdenes de él y de su hermano, en el Gobierno militar de Barcelona y en la IPS. Eran dos excelentes jefes, competentes y humanos, con los que siempre trabajé a gusto y ahora me sentía tremendamente lejos de ellos a causa de las distintas concepciones políticas que teníamos.

Por otra parte, en aquellos días se produjo en Barcelona otro hecho desagradable: A tres «úmedos» de la novena promoción: López Amor, Guillermo Reinlein y a mí, no nos permitieron reunirnos con el resto de la promoción que celebraba el veinticinco aniversario del inicio de la carrera en Zaragoza. Nos hacía ilusión reunirnos con nuestros compañeros después de tantos años sin vernos. Teníamos el viaje organizado y unas horas antes nos comunicaron la prohibición sin darnos ninguna clase de explicaciones.

26 de febrero: Detención del capitán Herreros

Pocos días después, el 25 del mismo mes de febrero, el capitán Domínguez con apoyo de la Junta (impulsada por Carrillo y Calvo Serer) y la Plataforma Democrática (de socialistas y cristianodemócratas) dio una conferencia en París en apoyo de los militares detenidos.

La reacción fue inmediata. Al día siguiente detuvieron en Barcelona, a punta de pistola, al capitán Antonio Herreros, que me venía a informar del contacto con el único general que asumió el ideario, Francisco Sintes Obrador, antiguo director de la Academia de Artillería de Segovia, con el que Toño tenía confianza porque había sido amigo de su padre. Unos meses antes lo habíamos ido a ver los dos juntos y habíamos convenido la fecha de esta segunda visita que acababa de hacer.

Cuando al llegar a Barcelona Toño Herreros se apeó del coche unos policías que lo seguían en otro coche le pusieron una pistola en los riñones y le empujaron contra la pared, acusándole de llevar drogas en el coche. Lo llevaron al Gobierno militar donde con la ridícula excusa de las drogas le registraron el coche buscando papeles comprometedores.

Toño estuvo detenido durante la primera noche en las dependencias del Gobierno militar de Barcelona. Le quitaron los documentos que llevaba, la cartera, agenda, etc., y lo depositaron todo en la habitación en que quedó detenido, junto con un militar de su propia graduación, un capitán que debía vigilarlo. Pero la noche era larga y el capitán se durmió y Toño que permanecía en atenta vela, aunque simulando dormir, en cuanto el vigilante se durmió se lanzó sobre la agenda y los papeles comprometedores y destruyó todas las direcciones para que no pudieran realizar más detenciones.

Al día siguiente y antes de que él se hubiese podido poner en contacto con su familia, en Madrid la policía irrumpió en su casa. Su mujer, Rosa Laviña, se las ingenió para zafar la vigilancia de los guardias civiles que hacían el registro y me llamó por teléfono a Barcelona:

—Julio —recuerdo que me dijo—, en este momento nos están registrando el piso.

Simultáneamente, se personaron en un estanco que tenía la madre de Toño en el que guardábamos el archivo de la UMD. Allí encontraron unas carpetas con documentos que Toño había dejado preparados antes de salir para Barcelona. El material que allí nos cogieron fue tan abundante —unos ochocientos folios y además sus copias— que necesitaron una furgoneta para llevárselo. Se llevaron hasta la fotocopiadora del estanco.

Al día siguiente Toño fue interrogado por el coronel jurídico. Omitiré su nombre porque se portó como un bellaco. Se dedicó a sacar a colación líos de faldas entre compañeros a fin de conseguir datos con la provocación. Toño Herreros, que es un hombre extraordinariamente digno, dando un puñetazo en la mesa, le cortó sus insinuaciones:

—No toleraré que se ponga en entredicho el honor de la mujer de un compañero —le dijo.

Dos días después, Rosa Laviña, su mujer, vino a Barcelona. La fui a buscar al aeropuerto y la acompañé al castillo de San Fernando en Figueras, al que el capitán Herreros había sido trasladado. Intenté entrar para hablar con él. El jefe del castillo llamó a Capitanía y le ordenaron que nos prohibiera la visita y además que me dijera que yo también me tenía que quedar allí. Me negué. Le exigí un oficio.

—Eso de que me he de quedar, me lo has de decir por escrito y además no se me puede ordenar que ingrese en una prisión sin una orden de un juez —recuerdo que le dije.

Me hizo esperar. Llamó a Capitanía de nuevo. Hicieron consultas y cambiaron de opinión. Dos días después me llegó un oficio imponiéndome un arresto de varios días en mi domicilio, con la excusa de haber salido de Barcelona sin permiso. Como siempre habían utilizado «vías paralelas».

Mes de marzo: Tensiones internas y cambio de dirección de la UMD

Dos semanas después se reunió el Comité Ejecutivo de la UMD para acabar de rematar lo acordado en la asamblea del 1 de febrero y sobre todo para tratar de la respuesta que debíamos dar al ya inminente consejo de guerra. Pedí su casa a Dolors García Ramón, catedrática de geografía de la Universidad Autónoma, que tenía una vivienda muy discreta en la parte alta de Barcelona.

Nos reunimos el día 7 de marzo (víspera del juicio) con asistencia de uno de Madrid (Julián Delgado), otro de Andalucía (Pedro Rodríguez), tres de Barcelona (Juan Diego, Díez Gimbernat y yo) y uno de Gerona (posiblemente Gurriarán) y además por primera vez dos de Valencia: José Luis Pitarch, al que al fin había convencido Julián Delgado que se había trasladado para ello a Valencia y Esteban (o Esteve) que era amigo de Pitarch. Faltó Bernardo Vidal, el otro miembro de Madrid, de la ejecutiva, lo que entonces me resultó inexplicable. Analizamos la reacción que debíamos adoptar con motivo del juicio (que era nuestra obsesión desde hacía meses), sin embargo no se encontró una réplica adecuada a causa del bajo techo de libertad del militar. Se consideró que el mero hecho de seguir haciendo reuniones y declaraciones demostrando en suma que no habían acabado con la UMD era la única réplica posible.

Pocos días después tuve la explicación de la ausencia de Bernardo Vidal. Me vino a ver a mi casa un hermano de Juan Barja, que era capitán de la Legión en Lanzarote y me contó que los de Madrid se habían reunido y habían destituido a Julián porque no confiaban en él. Casi nada. La acusación era totalmente absurda, y en mi opinión lo que estaba detrás era una pugna por la dirección de la UMD de Madrid, que a efectos de relación con otras fuerzas políticas era la más importante en aquellos momentos de inicial transición, y habida cuenta, además, de que yo molestaba poco porque no vivía allí.

Fue un error lamentable que creó una desagradable tensión interna dividiendo a la organización. Fue uno de los momentos más tristes de la UMD. Los que conocíamos a Julián, o sea los de Barcelona y además José Ramón Monge, Francisco Bravo, Toño Herreros, Luis Alonso (que compartía con él el mismo apartamento), Rafa Tejero y yo lo defendimos y consideramos que la acusación era falsa y parecía una confabulación para quitarlo de en medio. Por el contrario, otros cuyos nombres prefiero no citar, porque andando el tiempo ellos mismos reconocieron que se habían equivocado y alguno incluso le pidió excusas, decían estar convencidos de ello y tras hacer una reunión por su cuenta y deponerlo (sin darle oportunidad de defenderse, de hecho, sin que él supiera que se le acusaba) visitaron a los líderes de la oposición para avisarles de la destitución que se había producido y que no contactasen con él, sino con ellos, con quienes le habían destituido.

En general, los líderes políticos les escucharon, excepto Felipe González (al que fueron con el cuento dos veces, en el acto de presentación de *Cuadernos para el Diálogo-Semanal*) que los mandó al diablo y además me hizo avisar. Pero también fueron a hablar a Enrique Tierno, a Ruiz Giménez y a Satrústegui. Con lo que los detractores de Julián no contaban es que los líderes de los partidos se las ingeniaban para hacerme llegar a mí el recado lo antes posible, indicándome que aceptarían a unos o a otros en función de lo que yo les dijera. Enrique Tierno, aprovechó para decírmelo el acto de presentación del PSP de Cataluña que hizo con Soledad Balaguer en el campus de la UAB de Bellaterra, donde yo daba clases aprovechando los cuatro meses de licencia que me había concedido el general Vega.

A finales de marzo, acabado el citado permiso y tras el fallecimiento de mi padre, regresé a mi destino de Salamanca y aproveché el paso por Madrid para intentar resolver el problema fraccional. Estuvimos conversando durante dos días: el miércoles 31 de marzo, en casa de Quique Pañeda (cuñado de los hermanos Reinlein) y el viernes 2 de abril, en un convento de los Oblatos de Pozuelo. Guillermo Reinlein, José Ramón Monge, Paco Bravo y yo defendíamos a Julián frente a tres compañeros de los que, como ya antes dije, no deseo citar sus nombres.

Como no logramos ponernos de acuerdo y la atmósfera en Madrid estaba totalmente crispada y los «úmedos» de allí divididos, decidimos disolver el Comité Ejecutivo y trasladar la dirección de la UMD a Cataluña y ponerla en manos de un triunvirato formado por un militar de cada Arma: Arturo Gurriarán, de Caballería, Juan Diego, de Infantería y Guillermo Reinlein, de Artillería. Se concretó que éstos serían los únicos autorizados a contactar con los partidos políticos, dar notas a la prensa y órdenes al capitán Domínguez, portavoz de la UMD en el extranjero.[2] Y Julián que además tenía problemas en su destino del Gobierno militar de Madrid, donde sus superiores le habían dicho que era mejor que dejase de ir al Gobierno dejó la dirección de la UMD de Madrid y se fue destinado a Mallorca, a una unidad de Caballería.

8-10 de marzo: El juicio de Otero y ocho capitanes

Durante los días 8, 9 y 10 de marzo de 1976 fueron juzgados en Hoyo de Manzanares los compañeros detenidos en agosto. No voy a relatar el consejo de guerra. Es un tema demasiado serio para hacerlo en pocas páginas. Fue un calvario demasiado largo y doloroso y hubo demasiadas anomalías procesales. Por otra parte es un tema que está ya descrito de forma extraordinariamente fidedigna en el libro de Luis Otero y José Fortes, *Proceso a nueve militares*, libro de lectura obligada para cualquiera que desee entender lo que fue la UMD. Sí quiero, sin embargo, recordar que siete de los juzgados perdieron la carrera: Otero (condenado a ocho años), Fermín Ibarra (siete y medio), Jesús Martín Consuegra y Restituto Valero (cinco), Manuel F. Lago (cuatro y medio) y José Fortes y Fernando Reinlein (cuatro). También fueron condenados a prisión, aunque no perdieron la carrera, los capitanes Antonio García Márquez y Bartolomé Ruiz Cillero. Por último, quiero resaltar su gallardía, negándose a contestar, dando un ejemplo de dignidad militar, frente a los líos, contradicciones y enfrentamientos en que incurrieron los golpistas del 23 de febrero de 1981, pese a que éstos sí que tuvieron un juicio con todas las garantías procesales. El 16 de marzo, nada más conocer la sentencia, Guillermo Reinlein me telefoneó a la Universidad Autónoma para explicarme que habían sido condena-

2. La más importante actividad política del citado triunvirato fueron las reuniones en París y Lausane con don Juan de Borbón. Además mantuvieron la actividad de la UMD y uno de los miembros del triunvirato, Juan Diego, se desplazó de Barcelona a Sevilla para presidir una reunión con compañeros de Sevilla (Julve), Granada (el teniente coronel Gili y los capitanes Ledesma y Florencio) y Ceuta (Pedro Rodríguez y Jorde).

dos a cuarenta y tres años y medio de cárcel y además siete perdían la carrera. Al oírle me quedé hundido, anonadado.

Personalmente no había podido asistir al consejo de guerra. No me autorizaron. Sólo se concedieron dos pases a cada uno de los procesados, para ser utilizados por familiares de primer grado, y se llenó la sala, tal como tenían por costumbre los franquistas, con militares de la «ultrada», que detestaban a los que eran juzgados, hecho este que se evidenció cuando el capitán Manuel Fernández Lago intentó dar una explicación política mínima con las razones que le habían llevado a pertenecer a la UMD. La «ultrada» asistente le increpó a gritos y organizó tal desorden que el presidente del tribunal tuvo una excusa para no dejarle hablar.

Mientras estuvieron presos conseguí reunirme con ellos una vez gracias a Carmen Macías, la esposa de Luis Otero, que lo hizo posible. Aprovechó un día que estaba de jefe de servicio del acuartelamiento un compañero de la UMD, el comandante Luis Roldán, y me introdujo en su propio coche. Para mí fue tremendamente emocionante conversar con ellos, a algunos de los cuales, como a Restituto Valero, no había visto desde hacía muchos años, y a otros, como Fermín Ibarra, aún no los conocía, pero lo que recuerdo con más emoción, después de veinte años, es mi reencuentro y conversación con Luis Otero, a quien en aquellos años yo sinceramente quería como a un hermano.

16 de marzo: La UMD contestó desde Canarias

La misma noche que se supo la sentencia, la UMD, a través de dos capitanes, contestó desde Canarias con una rueda de prensa realizada ante unos doce periodistas extranjeros y uno español. Agustín Delgado, de la Legión, y Francisco Casanovas, de la IPS, comparecieron ante los periodistas con uniforme y a cara descubierta. Un tercer capitán, Javier Perote, que venía desde otra isla, no pudo llegar a tiempo por la demora del avión. La importancia de este acto estribaba, por una parte, en la aparición con uniforme, lo que implicaba una cierta firmeza en los principios, ir decididamente a por la democracia, pero simultáneamente que pese a la dureza de las sentencias y al fraude jurídico de un juicio sin defensa, la UMD mantenía su apoyo a don Juan Carlos y a la transición pacífica y estaba totalmente en contra del intervencionismo militar.

Pocos días después recibí una carta de Luis Otero que me hizo saltar las lágrimas de emoción. Le di una fotocopia a Andreu Claret, periodista experto en temas militares, que había escrito un libro sobre el MFA portugués y que me ayudaba en la universidad en la docencia de una asignatura de historia militar. Andreu Claret trabajaba en *Cambio 16* con Mercedes Rivas y ambos ayudaban mucho. Le pedí que escribiese algo en favor de Luis ya que la presión de la opinión pública era nuestra principal fuerza para sacarlos de la cárcel. Y se le ocurrió cortar el principio y el final, que era lo más recio de la carta y pegarlos como si fuera seguido, con lo que la carta quedaba más corta y fotocopiarla para distribuirla por toda España. Era algo que él que era un dirigente de aquel PCE de «los años heroicos», sabía y podía hacer.

Los periodistas destacados para informar del desarrollo del consejo de guerra (en el que los procesados se negaron a contestar por no haber podido elegir libremente a sus propios abogados), especialmente varios corresponsales extranjeros, señalaron, con cierto asombro, cómo habían sido condenados unos militares que defendían ideas asumibles incluso por la derecha europea.

El profundo disgusto, el enorme abatimiento que nos produjeron las condenas, quedaban sin embargo templados por la firme convicción de que en cuanto llegase la democracia estos compañeros serían reivindicados, de que se les devolvería el uniforme y se les reconocería la legitimidad moral y cívica que entrañaba el acto por el que la dictadura los condenaba. Amargamente, dos años después me tocó vivir de cerca la falta de memoria de la clase política democrática. La Ley de Amnistía 46/77 del 15 de octubre no logró resolver su situación y tuvieron que esperar casi diez años, hasta diciembre de 1986, para que se les devolviese su carrera. Y pocos saben el trabajo que costó lograrlo.[3]

13 de marzo: Detención del comandante Córdoba y cuatro más

El día 13 de marzo, cuando ya se había celebrado el consejo de guerra, pero aún no era firme la sentencia, se registraron los domicilios y se detuvo e interrogó a cuatro militares de Madrid (Antonio

3. Léase en la Tercera parte de esta obra el capítulo dedicado a la Amnistía Militar.

Córdoba, Juan Carlos Torres, José Ramón Monge y Juan Barja) y uno de Melilla (Eduardo Boscá). Tras el interrogatorio quedaron libres, excepto el comandante Antonio Córdoba que fue procesado, aunque finalmente sobreseído. Un compañero de la UMD consiguió ver el expediente y los cinco nombres figuraban juntos.

Antonio Córdoba vivía en un entresuelo en la zona de Campamento y varios de la UMD de Madrid tenían que hacer una reunión aquella tarde en su casa. Cuando al mediodía llegó, la mujer que le limpiaba el piso le señaló un grupo de personas, que con unos prismáticos muy aparatosos, vigilaban su domicilio. Resultaba evidente que la reunión había sido descubierta y que esperaban a que se iniciase para detenerlos.

Antonio, con gran sangre fría, metió los papeles de la UMD en una bolsa de plástico que colocó en el congelador de la nevera y la puso al máximo de congelación de modo que la capa de hielo impidiese su visión. Después abrió el balcón que daba a la calle, se sentó en él y a medida que los compañeros convocados a la reunión iban llegando les decía desde el balcón:

—No te pares, sigue y vete, la reunión ha sido detectada.

Y los compañeros seguían, de modo que los del Servicio de Información se quedaron sin pruebas.

El comandante Córdoba ya no se acostó. Y cuando ya en la madrugada, hacia las cuatro lo fueron a detener, lo encontraron con el uniforme puesto. Les dijo:

—Les he estado esperando toda la noche. ¿Quieren un café?

Y por supuesto, aunque registraron la casa, no encontraron los papeles que estaban debajo de la capa de hielo del congelador.

22 de marzo: Detención del teniente coronel Ortega Monasterio y los de Jaca

Siguiendo con esta política de paralizar a la UMD, el 22 del mismo mes de marzo de 1976 detuvieron en Jaca al teniente coronel Ortega Monasterio y registraron el domicilio e interrogaron a dos capitanes de la misma guarnición (con la democracia, uno de ellos, Carlos García, fue durante varios años presidente de la Diputación de Huesca). Ninguno de los tres pertenecía a la UMD, pero los Servicios de Información creían que pertenecían a nuestra organización. Lo que pasó fue que estos tres militares eran demócratas pero estaban aislados en Jaca, y al conocer por la prensa lo ocurrido con la UMD decidieron actuar. El capitán Carlos García redactó un manifiesto, que Ortega Monasterio hizo imprimir en Pamplona, en la imprenta de un amigo y lo echaron en los buzones de los militares de la plaza.

Como la guarnición no era grande y los demócratas eran escasos no fue difícil a los Servicios de Información identificar a los autores, que creyeron pertenecían a la UMD. Y comenzaron a seguirlos, presionarlos, etc. Ortega Monasterio, viendo el panorama, decidió quitarse de en medio tomando su permiso reglamentario pero mientras estuvo fuera los sabuesos encontraron pruebas suficientes para detenerle.

Ortega Monasterio cuenta, con mucha gracia, que al acabar su permiso se presentó al coronel y éste le recibió con cara de pocos amigos:

—Me han dicho de ti una cosa, Picavea (éste es el sobrenombre que le daban sus compañeros), tan mala que no quiero creérmela, que no me la puedo creer.

Y así seguía, dale que te pego, que si lo que tú has hecho Picavea, es tan malo que no me lo puedo creer. Ortega Monasterio me dijo:

—Tan harto me tenía con el rollo de las cosas muy malas que yo había hecho, y que no se las podía creer, que le dije: «Sabes qué te digo: Que ya te lo puedes creer, porque yo he sido el que ha hecho un manifiesto contra las dictaduras y he buzoneado las casas militares con el manifiesto.»

El coronel se quedó de una pieza y le contestó:

—Pues llamaré a la Guardia Civil y tendremos que ir a registrarte la casa.

A lo que Ortega Monasterio añadió:

—Claro que sí, y os daré los manifiestos que me han sobrado.

Obviamente, el teniente coronel Ortega Monasterio debía haber sido procesado, puesto que él mismo reconoció la autoría de los hechos y en el registro domiciliario él mismo les entregó los manifiestos que le habían sobrado, pero el secretario de Justicia de la Capitanía de Zaragoza, comandante José Manuel Muñoz Alonso,[4] también era demócrata y logró convencer al capitán general Lara del Cid para que todo quedase en un arresto de seis meses que cumplió en el castillo de Santa Catalina (Cádiz). Unos días después, lo ocurrido fue comenta-

4. Es hermano del diputado del PP Alejandro Muñoz Alonso.

do en el Consejo Superior del Ejército, y los tenientes generales «azules» atacaron acremente a Lara del Cid, que era una excelente persona, por no haberlo procesado.

Ortega Monasterio cumplió su arresto de medio año de prisión en el castillo de Santa Catalina de Cádiz y salió poco antes de finalizar la condena con motivo de la muerte de Franco y el primer indulto del Rey. Pero su calvario no acabó aquí y el odio de la «ultrada» les llevó, con la Constitución aprobada, a expulsarlo mediante Tribunal de Honor por razones fundamentalmente políticas, aunque convenientemente maquilladas al uso. Sin embargo, recurrió ante el Tribunal Supremo y ganó el recurso, siendo readmitido en el Cuerpo, y manteniendo su grado de coronel.[5]

Carlos García me contó que le registraron la casa, pero el coronel al que se ordenó dirigir el registro había sido profesor de su mujer y no se sentía nada a gusto con el cometido que le habían asignado, de modo que cada vez que los guardias civiles le llevaban papeles subversivos, y había bastantes, porque Carlos García entonces era un dirigente del PSA (Partido Socialista Aragonés) los rechazaba diciendo: «Eso no interesa nada, han de ser papeles sobre temas militares.»

5. Léase en el capítulo III de la Tercera parte de esta obra: El *affaire* Ortega Monasterio.

IX

EL GOBIERNO DE SUÁREZ, ELECCIONES Y DISOLUCIÓN DE LA UMD

Durante los largos años que duró el régimen del general Franco, hubo varios intentos aperturistas, fundamentalmente cuatro: el de Ruiz Giménez en 1956; el de Fraga y Solís, que dio lugar a la abolición de la censura previa y a la elección de los cien procuradores familiares; el del primer gobierno de Carrero Blanco, al que pusieron fin los procesos de Burgos contra ETA y el de Carlos Arias en 1974 tras hacerse cargo del gobierno después de la muerte de Carrero Blanco. El quinto intento, protagonizado por el Rey y realizado por Suárez, sería el que permitiría finalmente una transición pacífica a la democracia, pero sería injusto no reconocer que los cuatro intentos anteriores ayudaron al mismo, preparándolo. El Rey había heredado a Carlos Arias, y deseaba deshacerse de él. «Arias lo para todo», comentó en unas importantes declaraciones a una revista norteamericana. Y, finalmente, aprovechando un momento oportuno aceptó su dimisión.

Pero ante la elección de Suárez, la reacción inicial fue de recelo y desconfianza. La oposición consideraba que Areilza era el hombre que debía liderar la transición, y la elección de Suárez, al que se veía como un ex ministro del Movimiento produjo el lógico disgusto. Obviamente la reacción de la UMD fue la misma que la del resto de las fuerzas políticas. En Salamanca, el diputado (o procurador de las Cortes) pero miembro activo de la oposición, Jesús Esperabé, fue a la universidad a ver sus notas de cuando fue estudiante, y no precisamente con buenas intenciones y el artículo de Ricardo de la Cierva «Qué error, qué inmenso error» fue muy celebrado, precisamente porque sintonizaba con la opinión mayoritaria. Ciertamente todos nos equivocamos y la elección del Rey fue uno de sus mayores aciertos, pero si así pensaban la ciudadanía y la clase política no se podía exigir que la UMD tuviese una capacidad de ver el futuro aún mayor.

La V Asamblea: Me eligen secretario de la UMD

El domingo 4 de julio de 1976, el día siguiente a la designación de Adolfo Suárez como jefe de Gobierno, celebrábamos la V Asamblea Nacional, en Madrid, en un piso muy amplio situado en la calle Francisco Silvela, 69, que era el domicilio y la consulta de Paco Vaquero, capitán médico del Ejército del Aire. Podría parecer que era una inmediata reacción política de la UMD ante el nombramiento, pero no fue así. Nuestras reuniones, por razones de seguridad, se convocaban con bastante anticipación.

Para preparar la reunión, dos semanas antes, el 17 de junio de 1976, nos habíamos reunido cerca de Barcelona, en La Floresta, en casa de Antoni Roig y Marita Rodríguez, seis compañeros elegidos por los núcleos de la UMD. No habíamos celebrado aún ninguna asamblea después del consejo de guerra y era totalmente necesario hacerlo para reestructurar la organización que tenía una dirección interina, un triunvirato que se designó en el mes de abril para superar un problema de desavenencias internas.[1]

En esta reunión previa se me encomendó que redactase un informe político sobre el que basar el debate de la asamblea y concretamos el número de representantes, que en función de su militancia correspondía a las diecinueve guarniciones en las que en aquel momento teníamos presencia. Los representantes éramos en total treinta. Y a continuación pusimos en marcha el complicado sistema para avisar a los diecinueve núcleos para que de entre ellos designasen a sus representantes. Y lo hicimos a través de líneas blancas de correo y de teléfono. Los avisamos a todos, excepto a los de Valencia, con los que no pudimos contactar. Pero obviamente, no todos pudieron llegar, así es que finalmente asistimos veintidós militares que pertenecíamos a once guarniciones.[2]

1. Asistimos José Ramón Monge y yo, por Madrid, Juan Diego y Díez Gimbernat, por Barcelona, Huelín, por Gerona y Pedro Rodríguez por Andalucía.

2. Asistieron siete de Madrid: un comandante (Barja o Córdoba) y los capitanes Paco Vaquero, Bernardo Vidal, Juan Carlos Torres, Rafa Tejero, Antonio García Márquez, que ya había salido de la prisión, y quizá José Ramón Monge; cuatro de Barcelona: el comandante Guillermo Reinlein y los capitanes Juan Diego, Antonio Miralles y otro capitán; dos de Salamanca: los comandantes Paco Bravo y yo, y uno de cada uno de los siguientes lugares: Gerona: posiblemente el capitán Arturo Gurriarán; Lérida: capitán Macías; Euzkadi: capitán Ballarín; Cartagena: teniente Morales; Granada: capitán Ledesma; Sevilla: capitán Julve; Ceuta: capitán Jorde, y Tenerife y Gran Canaria: los capitanes Manzanedo y creo que Javier Perote. No pudieron asistir, pese a estar convocados, por diversas causas dos de Galicia: capitán Vázquez Sotelo con otro, y uno de cada uno de los siguientes lugares: Mallorca (capitán Julián Delgado), Valencia (capitán Pitarch), Alicante (capitán Ángel Pajares), Zaragoza, Málaga (comandante Carlos Sanjuán) y Melilla (capitán Eduardo Boscá).

En esta asamblea[3] se leyó un documento, *La UMD ante el segundo gobierno de la monarquía*, en el que siguiendo a la generalidad de la oposición, asumíamos la «reforma pactada». Sin embargo, varios compañeros no lo veían claro y la discusión sobre este punto nos llevó algunas horas. Pero finalmente esta línea fue la que se impuso.

En lo referente a las FAS se aprobó por dieciséis votos contra seis un documento titulado *Informe sobre las Fuerzas Armadas en julio de 1976* (que actualizaba y ampliaba otro anterior titulado *Bases previas a un futuro democrático* elaborado en las Navidades de 1975-1976). En el nuevo documento además de analizar las Fuerzas Armadas en julio de 1976[4] se reiteraba la necesidad de tomar medidas en su interior para asegurar la democracia, repitiendo las ya incluidas en el anterior documento y añadiendo algunas más:[5] Conceder una amnistía a los militares que aún permanecían en prisión (lo que se hizo muy pocos días después), reformar la justicia militar, hacer el servicio militar en la región militar de origen, rejuvenecer los mandos militares, quitar a los capitanes generales las potestades extramilitares que entonces tenían, poner las revistas militares y los Servicios de Información en manos de militares leales a la democracia, etc. Por último, se daba una lista de treinta y ocho militares demócratas que habían sido represaliados, perseguidos o simplemente vigilados de forma intimidatoria en el último año: el coronel Luis Pinilla, los tenientes coroneles Ortega Monasterio y Díez Quijada, diez comandantes de Tierra, uno de Marina, veinte capitanes de Tierra, y cuatro del Aire, etc.

En la V Asamblea se pasó de la dirección colegiada a la personal, eligiéndose un secretario general, al estilo de la mayoría de las organizaciones de la oposición. Fui elegido en votación secreta por catorce representantes. Los ocho restantes dividieron sus votos entre Bernardo Vidal y Juan Carlos Torres, que obtuvieron tres cada uno, y Juan Diego, que tuvo dos. Conmigo fueron elegidos miembros del Co-

Por Armas, la más representada fue la de Ingenieros. Éramos ocho, creo que uno que no he citado era García Valdivia.

3. De esta asamblea conservo el acta, por lo que lo que de ella se describe recoge con absoluta fidelidad todo lo que allí se hizo.

4. Véase el libro oficial de la UMD, pág. 71 y ss. Por las razones de seguridad que se han citado anteriormante, se cambió la fecha y se sustituyó el mes de julio, fecha real de confección del documento, por agosto.

5. Léase en el capítulo VII el epígrafe «Muerte de Franco».

mité Ejecutivo (CEN) Bernardo Vidal, por Madrid, Guillermo Reinlein y Antonio Miralles, por Cataluña y Pepe Julve por Andalucía.

Destinado al Ministerio del Ejército

Poco después de realizarse esta asamblea fui destinado al Ministerio del Ejército (a la Dirección de Enseñanza) y allí nada más llegar tuve un violento broncazo, práctico enfrentamiento, con el director general que el día de incorporarme me comunicó que no podía salir de la plaza (o sea de Madrid) sin permiso. Me lo dijo estando en el despacho con los otros generales y coroneles de la dirección, pero me planté.

—Yo, por dignidad, no puedo aceptar que se me dé un trato distinto a los demás oficiales. Si yo aceptase una limitación que a los demás no se les impone me degradaría, por lo que siento decirle que no puedo darme por enterado de esta orden. Si usted quiere me puede arrestar, pero esta orden, lealmente le digo, que por dignidad personal, no puedo acatarla.

Fue un diálogo desagradable, tenso y duro, pero ni me pudo convencer ni me quiso arrestar, pues hacerlo habría evidenciado un trato discriminatorio, una situación de persecución encubierta. Pero en la Dirección de Enseñanza, pese a ser profesor de universidad, y por tanto, especialmente idóneo para trabajar en la organización de la enseñanza en las academias militares, me asignaron el negociado de las enfermeras militares y cuatro tonterías más. O sea lo que menos importancia tenía de toda la dirección, en fin, algo realmente decepcionante.

Obviamente, en cuanto pude me marché, pero antes pasé allí medio año durante el cual seguí trabajando para reforzar a la UMD, comenzando por el propio ministerio en el que cuando llegué ya existía un grupo que había creado el comandante de Estado Mayor José Ramón Monge. La mayoría de ellos pertenecían al cuerpo técnico (politécnicos en el argot militar) y los lideraba el teniente coronel de este cuerpo, Jesús García Nieto. Un militar que unía al prestigio profesional una gran sensatez política.

Por otra parte, como entonces mi pertenencia a la UMD era poco menos que pública en los medios militares, algunos demócratas se las ingeniaban para acercárseme espontáneamente. Uno de los que apareció por mi casa de Madrid (un piso de la calle Blasco de Garay en el que mi tía María Bragulat me permitía vivir sin pagarle nada) fue el comandante Antonio Gil Muley, destinado en Almería y con el que ya había hablado el también comandante Francisco Bravo. Gil Muley fue poco después destinado a Oviedo donde tuvo un violento enfrentamiento con los golpistas de su regimiento el 23 de febrero.

Cuando estaba destinado en el ministerio, un día me encontré en el bar al entonces coronel Sáez de Tejada, jefe del Servicio de Información, que era amigo mío desde hacía algunos años pues nos había presentado un amigo común: Carlos San Gil. Me invitó a tomar un café y la conversación obviamente giró en torno a la UMD. Supongo que él deseaba sonsacarme, y yo obviamente también, pues mis compañeros aún estaban presos, aunque en el país ya gobernaba Adolfo Suárez. Y ocurrió que en el calor de la discusión comenzó a criticar a los de la UMD, hablándome de ellos como si yo no perteneciese. Yo los defendía y la discusión se fue calentando hasta que le dije: «esto es así y lo sé porque yo también soy». Pero él se hacía el sordo y seguía con sus críticas y yo me iba cabreando más, y ya llegó un momento en que le dije: «Que te digo que yo también soy, que soy el jefe (y ciertamente yo en aquel momento era el secretario).»

Al llegar aquí, el que se enfadó fue él y me dijo:

—Ya lo sé y si tiro de la lista os puedo detener a unos sesenta o setenta.

Pero ya no podía hacer eso. No podía porque supongo que Suárez no se lo habría permitido, pero fundamentalmente porque ningún régimen político está en condiciones de soportar la presión que supone sentar a setenta oficiales en el banquillo. Cualquier régimen que haga eso corre el riesgo de hundirse.[6] Pero el dato creo que era cierto y en los últimos tiempos los militares detectados de la UMD éramos muchos más que los detenidos.

Luis Alonso se enfrenta a Tejero en Tolosa

En 1976, la tensión en el País Vasco se veía agravada por las peculiares pautas de conducta de algunos mandos de la Guardia Civil allí destinados. El general de la zona, con sede en Logroño,

6. Victoria Prego recoge esta conversación en su obra, *op. cit.*, págs. 238-239.

era Atares (que en 1978 tendría un duro enfrentamiento con Gutiérrez Mellado en Cartagena y fue condenado a seis meses de arresto). Debajo de él, el teniente coronel que mandaba la Comandancia era Antonio Tejero, de sobra conocido, pero entonces aún no lo era. En un cargo inferior la compañía de Tolosa la mandaba el capitán L. que fue acusado de haber torturado al escolapio Luis Asaoga y a la líder obrera Amparo Arangoa.

El gobierno Suárez ya estaba intentando la apertura y había confiado el mando de la Guardia Civil al general Vega, de conocido talante liberal, que tras el *affaire* Arangoa sustituyó al capitán L. por el capitán Luis Alonso.[7] Y éste, nada más llegar, tomó una serie de medidas tendentes a evitar la conexión entre sus subordinados y la extrema derecha. También desarticuló la policía paralela. Además, puso fin a las torturas e impulsó la colaboración con la población civil.

Estas medidas tuvieron para él un alto coste personal y se sintió solo y acorralado dentro de un medio hostil. En el verano de 1976 hablé con él en Barcelona en casa de una hermana suya, que estaba muy concienciada políticamente y ambos le insistimos en que aguantase, habida cuenta de lo importante que era su tarea, por sí misma y por lo que significaba. El 25 de septiembre estuvo en Madrid y comimos juntos con Otero y Toño Herreros y aquella noche, más animado, se fue a Euzkadi.

Nada más llegar a Tolosa se dio cuenta de que el alcalde había autorizado acompañar el duelo en el entierro de un activista. El teniente coronel Tejero decidió desautorizar al alcalde de la ciudad (lo que volvió a hacer en Málaga un año después). Se creó una situación confusa y el capitán Luis Alonso decidió no desautorizar al alcalde (digamos entre paréntesis, que el reglamento entonces vigente en la Guardia Civil permitía las dos opciones). Como la discrepancia entre el teniente coronel Tejero y el capitán Alonso tenía una lectura política, al día siguiente, 27 de septiembre de 1976, toda la prensa comentó lo ocurrido y el teniente coronel Tejero impuso al capitán Alonso una sanción de dos meses de castillo. Además se le quitó el mando de la compañía y quedó en situación de disponible. Ante ello, Pedro Recalde, alcalde de Tolosa, dimitió con todo su concejo, por considerar —informó a *El País,* del día 30—

7. Léase en el capítulo II «Otra visita inesperada: el teniente Alonso, de la Guardia Civil».

que la responsabilidad de lo ocurrido era suya. La semana siguiente, veintisiete ayuntamientos guipuzcoanos se solidarizaron con la actitud del capitán Alonso. Y desde la UMD divulgamos una nota informativa titulada *Ante el castigo de una conducta estrictamente profesional*[8] que hicimos llegar a miembros de las Fuerzas de Orden Público.

El libro de la UMD

En la V Asamblea se había decidido dar a conocer a la opinión pública nuestas ideas (entre otras cosas para defender a nuestros compañeros presos) mediante la publicación de un libro —evidentemente clandestino— en el que se recogiesen los documentos de la UMD.

La publicación del libro fue una de las tareas que me trajeron de cabeza en los siguientes meses. La confección no fue difícil, toda vez que se trataba de una recopilación selectiva de documentos, que incluía además de los obligados, porque habían sido aprobados en las asambleas,[9] algunos artículos periodísticos sobre la UMD, las biografías de los compañeros detenidos, la narración del juicio y las «palabras sacramentales» que pronunciaron los compañeros condenados en Hoyo de Manzanares, cuando al acabar el juicio el presidente del tribunal les preguntó si tenían algo que añadir.

Cuando el libro estuvo acabado se lo llevé a Joan Reventós para que me lo publicara. Joan, aparte de ser amigo y socialista viejo,

8. La nota de cuatro puntos acababa diciendo: «Durante el tiempo que el capitán Alonso ejerció el mando, cesaron las acciones represivas de los grupos ultras y desaparecieron las actividades terroristas, lo que indica que su conducta era estrictamente profesional, imparcial y ajustada a derecho, dedicándose exclusivamente a cumplir con su deber y proteger la paz ciudadana, forma de actuar esta, que honra a quien la practica y a toda la Guardia Civil.»

9. Los documentos aprobados hasta aquel momento en las asambleas de la UMD y por tanto incluidos en el libro eran: el ideario aprobado en la I Asamblea y reelaborado en la II, el documento ideológico básico titulado *Por la libertad hacia la justicia social*, cuyo contenido centró el debate de la II Asamblea, en la que también se aprobó un documento interno titulado *Normas Complementarias* referidas a nuestra organización, normas de seguridad, plan de formación, etc., el *Estatuto del Militar* aprobado en la IV Asamblea y las *Bases previas a un futuro democrático* aprobadas en la V.

trabajaba como codirector de la editorial Ariel y me había editado mi libro *El militar de carrera*. Pero este libro no lo pudo editar. Lo leyó y le gustó y recuerdo que me dijo:

—*Es nota massa la teva mà*. (Se nota demasiado tu mano.)

Me hizo notar que la estructura del prólogo era igual a la del prólogo de *El militar de carrera*. La observación en su caso era lógica. Como editor de mi anterior libro conocía su estructura y por otra parte, yo lógicamente tendía a hacer el prólogo de la forma que personalmente tengo de redactar.

Reventós contactó con una imprenta clandestina que al parecer pidió una cantidad de dinero tan exagerada que el MSC (Moviment Socialista Català) que él lideraba no se pudo hacer cargo de los costes. Pero su secretaria personal lo pasó todo a máquina y lo dejó bien preparado para el trabajo de los impresores.

Ante el fracaso, con lo que ya era una maqueta del libro me fui a ver a Jordi Pujol, que para entonces había ya dejado su oficina de Banca Catalana, y se había trasladado al lado, a un piso del paseo de Gracia. La historia fue parecida. Tampoco lo pudo editar, pero me lo fotocopió cien veces, con lo que pasamos a tener a nuestra disposición cien carpetas con los documentos de la UMD, ejemplares fotocopiados que repartimos a los líderes políticos y a los jefes de grupo de nuestra organización.

Una vez en posesión de las carpetas comenzó la tarea de distribuirlas, y darlas persona a persona. En Barcelona no hubo dificultad, pero en Madrid en aquel momento la organización volvía a estar en baja, así es que me tocó distribuirlas personalmente, lo cual por otra parte me permitía contactar con los líderes políticos. Me ayudaron Carlos Sanjuán, que aportaba mucho, por sus conocimientos y sentido político y Fernando Reinlein, que acababa de salir de la cárcel y que me acompañó a muchas visitas pese al riesgo que entrañaba hacerlas.

Poco después de salir de prisión y estando en casa de su cuñado Quique Pañeda, Fernando Reinlein me hizo salir al balcón. Y allí, donde se tenía total seguridad ya que no había posibles micrófonos ni escucha alguna, me dijo:

—Fermín Ibarra me encarga que te diga que lo saques de la prisión.

Me emocioné por la confianza que ambos me otorgaban. Habían estado juntos Ibarra y Reinlein en el castillo de San Julián en Cartagena. Fernando ya había salido pero a Fermín aún le quedaban tres años de prisión. Como es lógico no dije nada a nadie, pero comencé a preparar el plan. Era algo factible yendo en lancha desde Orán, y yo había trabajado como sociólogo para el gobierno de Argelia en 1969, y aún tenía algún contacto, se podía organizar. Afortunadamente la amnistía llegó enseguida y no hizo falta ni iniciar la preparación del plan.

Finalmente, a través de Carlos Sanjuán le dimos el original a Alfonso Guerra, que entonces era secretario de organización del PSOE. Y lo editó en una imprenta clandestina, o quizá ya semiclandestina, que tenía su hermano Juan en Sevilla. Durante todo este proceso habían pasado varios meses y estábamos ya en 1977. Yo ya había regresado a Barcelona y tenía contactos periódicos con los partidos políticos que ya estaban tolerados. Un día que fui con Pepe Julve a ver a Triginer, primer secretario de la federación catalana del PSOE, a un local que habían abierto en la Ronda Universidad me dio, al fin, un ejemplar del libro que —me dijo— se lo había dado Felipe en Madrid en la reunión de la Ejecutiva del PSOE.

Pero había que mandar los ejemplares impresos de Sevilla a Barcelona. Se los mandaron por correo ferroviario a la hija de Paco Ramos,[10] Natacha, que trabajaba de secretaria en una oficina de planificación que compartían Miquel Roca y Narcís Serra. Recuerdo que cuando íbamos juntos a la RENFE a recoger los paquetes de libros, ella me contó con quiénes trabajaba y me dijo «son muy amigos tuyos». Y yo casi no los recordaba, a Miquel sí porque era el hermano de Carme Roca, la mujer de Francesc Casares, que eran vecinos míos, pero a Serra no conseguía recordarlo. Unos meses después lo reconocí. En el primer mitin que hice y en el que también participaron Ramos y él, en el Colegio de Abogados, y recuerdo que Serra tuvo un día muy brillante. Me deslumbró.

La VI Asamblea: El Escorial, Navidades de 1976

Poco después de celebrarse la anterior asamblea, casi coincidente, como he dicho, con el inicio del gobierno de Suárez, éste comenzó a tomar medidas democratizadoras que evidenciaron la seriedad de su proceso y esta impresión se corroboró con firmeza

10. De Francisco Ramos, que luego fue diputado por el PSC, se habla en la tercera parte de estas memorias en el epígrafe dedicado a la unidad de los socialistas.

cuando el 18 de noviembre de 1976, un año después de la muerte de Franco, las Cortes orgánicas, que él había creado, se hicieron el «harakiri» votando la Ley de Reforma Política, que como es sabido recibió un amplio apoyo de aquellas cortes franquistas (cuatrocientos veinticinco votos afirmativos, cincuenta y nueve negativos, trece abstenciones y treinta y cuatro ausencias) si bien entre los votos negativos y las ausencias políticas estaban los de tenientes generales muy conocidos: Barroso, Castañón, Galera, Iniesta, Lacalle, Pérez Viñeta, Díaz-Benjumea y Fernández Cuesta, que no la aprobaron. Y salieron del hemiciclo para no votarla García Rebull, Nieto Antúnez, etc.

En agosto salieron de la prisión los seis compañeros que aún permanecían en ella, pues Fernando Reinlein y Pepe Fortes habían salido un mes antes, al cumplir el año de prisión (al que quedó reducida su condena de cuatro años, al restárseles tres por una «miniamnistía»). Y poco después regresó del exilio el capitán Juan Ignacio Domínguez.

Durante el año 1976 y la primera mitad de 1977, los de la UMD celebramos algunas asambleas regionales: dos en Andalucía, una en Torremolinos, otra en Sevilla, y varias en Madrid. En Cataluña se celebraba una asamblea cada tres o cuatro meses: Las celebramos unas veces en casa del catedrático Jesús de Miguel en el Turó de la Peira y otras en La Floresta, en un chalet de los profesores de instituto Antoni Roig y Marita Rodríguez, hija del teniente coronel Pedro Rodríguez, líder de la UMD de Ceuta, o en la casa que los suegros de Pascual Alonso tenían en el Maresme.

Durante los días 18 y 19 de diciembre de 1976, un fin de semana, celebramos en El Escorial, la VI Asamblea General de la UMD. Para prepararla los de la Comisión Ejecutiva[11] nos habíamos reunido en Barcelona el día de Todos los Santos (1 de noviembre) y habíamos planificado una asamblea de cincuenta y cinco delegados, de los que

11. Celebramos la reunión en casa de Matilde de Sora con asistencia de la Ejecutiva completa: Restituto Valero, Bernardo Vidal, Pepe Julve, Antonio Miralles, Guillermo Reinlein, Javier Perote y yo. Preparamos el orden del día y realizamos la distribución de delegados por guarniciones, que fue la siguiente: Madrid y Barcelona, quince para cada una; tres para Canarias, pues había tres islas con «úmedos»: Tenerife, Gran Canaria y Fuerteventura; en Galicia, Ceuta, Mallorca y Gerona dos para cada núcleo y un representante para Tolosa, Cartagena, Melilla, Cádiz, Alicante, Granada, Oviedo, Lérida, Salamanca y Toledo. Por último dos representantes de Marina y otros dos de Aviación.

quince eran de Madrid y quince de Barcelona. Los veinticinco restantes se repartieron entre las guarniciones en las que ya teníamos presencia. Sin embargo, sólo acabaron asistiendo treinta y cuatro (siete comandantes, veinticinco capitanes, un teniente y un sargento). Algunos de los que debían asistir, por ejemplo los de la politécnica del ministerio, objetaron que habida cuenta de que la transición avanzaba carecía de sentido seguir arriesgando la carrera para lograr algo que de todas formas se iba a producir. Otros no objetaron políticamente, pero dieron excusas, etc. Y unos terceros ciertamente no pudieron hacerlo por razonables dificultades relacionadas con la lejanía de sus destinos militares, la vigilancia a que estaban sometidos, etc. Por el contrario, los que sí asistieron fueron los compañeros que habían pasado un año en prisiones militares, excepto dos que habían decidido dejar la organización.[12]

Presidí la reunión en calidad de secretario general, elegido en la asamblea anterior, y nombré secretarios de actas de la reunión a Carlos Sanjuán y a Enrique López Amor. En esta asamblea, después de hacer un análisis de la situación general y militar, se planteó la conveniencia de la autodisolución, habida cuenta de que el gobierno por aquellos días había ya prometido hacer unas elecciones libres y se auspiciaba el proceso de transición. Se había planteado tal posibilidad a varios dirigentes políticos (Ruiz Giménez, Satrústegui, Enrique Tierno, Felipe González, Joan Reventós, Sartorius y Simón Sánchez Montero) y en general opinaron que la UMD debería disolverse después de que se hiciesen las elecciones. Pero era

12. Asistimos: Seis separados del servicio (Otero, Ibarra, Consuegra, Restituto Valero, Fernando Reinlein y Pepe Fortes), uno aún procesado (José I. Domínguez), cuatro disponibles, de los que tres eran ex procesados (García Márquez, López Amor, Juan Diego y Ramírez Feliu). Destinados en Barcelona: cuatro del Regimiento de Ingenieros (Pepe Julve, Antonio Miralles, Pascual Alonso y quizá José Delás), tres del de Artillería (Guillermo Reinlein, Julio Vázquez y otro capitán); otro de la IMEC; un capitán de Gerona (Huelín), otro de Mallorca (Julián Delgado). De Madrid: un capitán de la Policía Armada, un comandante de la División Acorazada (Monge o Córdoba), un capitán de la Escuela de EM (quizá Gimbernat), un capitán del Parque de Transmisiones (Bernardo Vidal), un capitán de la Academia de Ingenieros (Manzanedo), y yo que estaba en el ministerio. De Canarias vinieron dos: Gurriarán y Javier Perote o Paco Casanovas. De Cartagena, un teniente de la Escuela Auxiliar: Morales. Y por último Carlos Sanjuán de Marina y dos de Aviación: Paco Vaquero y el sargento Ángel. Las dudas son debidas a que en el acta, que conservo, por razones de seguridad no escribíamos los nombres de los asistentes, sino el grado y el destino. Otro cuya presencia recuerdo es Santiago Perinat.

prudente esperar, pues el futuro aún era incierto. Esta opinión fue también la mayoritaria en la asamblea y se decidió nombrar una comisión para que estudiase el tema y lo propusiese en la próxima asamblea general.

En aquella asamblea, que duró dos días, y realizamos en una casa de ejercicios espirituales, por la noche Pepe Fortes me comentó que unos grupos gallegos le habían propuesto incluirlo en las listas electorales, lo que me produjo gran alegría. Resultaba evidente que a partir de entonces el lugar desde el que se podría trabajar políticamente para todo, para recuperar la carrera de los compañeros aún sancionados o para reformar el ejército sería el parlamento, por lo que le animé a que siguiera por esa vía. Un par de días después se lo comenté a uno de los miembros de la nueva dirección y le sentó fatal, con lo que me quedé muy desconcertado. No obstante en aquel momento y oída ya la opinión de los dirigentes políticos, la UMD era ya una organización con la muerte anunciada, pues no tenía ningún sentido mantenerla al alcanzarse la democracia, por lo que cuando un par de meses después Carlos Sanjuán me comentó que iba a encabezar la lista socialista de Málaga, me volví a alegrar mucho.

Me despido del general Ortín y regreso a Barcelona

En enero de 1977, un mes después de que realizásemos la asamblea, el teniente general Félix Álvarez Arenas, al que conocía desde que a finales de los cincuenta fue profesor mío de táctica en la Escuela de Estado Mayor, y ahora era jefe del Ejército de Tierra, me llamó y después de una conversación decidió autorizar mi regreso a Barcelona en situación de supernumerario y de acuerdo con el espíritu de la amnistía. Yo había escrito una carta al Rey pidiéndoselo. Creía, y creo, era de justicia, habida cuenta de que había sido desterrado de mi ciudad por una represalia política, y al parecer el Rey así lo aprobó, pero sorprendentemente, en la carta que llegó al ministerio apoyando mi petición, el general Armada, al que no conocía, que estaba entonces en la Casa Real, se permitió de su puño y letra añadir una frase en contra mía, que *de facto* daba la vuelta al deseo real. Como es lógico, los compañeros del Estado Mayor me lo explicaron, lo que me dejó más que sorprendido, extrañado. Después del 23-F algo entendí.

Me despedí de mis jefes tal como impone el reglamento. Mi director general era nuevo, era el general Ortín. Después de decirle las frases de ritual en estos casos, se levantó y se fue a la puerta del despacho, y la cerró con llave, lo que me dejó totalmente desconcertado. Se fue hacia el tresillo, se sentó en una butaca, y me dijo, en tono amable, pero con autoridad:

— Siéntate.

Y a continuación me preguntó por qué me iba, y si me iba cabreado. Y me dijo, intentando convencerme:

—No te vayas. Aguanta.

Y me recordó lo que le había pasado a él, que había estado inicialmente en zona republicana y me comentó que había sufrido mucho (lo cual y dado el ambiente de los años cuarenta, con toda certeza tuvo que ser cierto) y me insistía:

—Yo he aguantado y ahora estoy aquí, de general de división y director general de enseñanza.

La verdad es que me conmovió y me hizo vacilar, pero finalmente consideré que la democracia no iba a flaquear por contar con un comandante más o menos, y yo en mi interior, ya había decidido regresar a mi ciudad y a mi universidad a dar clase.

Jesús Martín Consuegra y José Julve asumen la dirección de la UMD

En la asamblea de El Escorial se eligió un CEN (Comité Ejecutivo Nacional)[13] que no resultó operativo: Carlos Sanjuán, Julve, Miralles y yo solíamos tener un punto de vista, y los otros cuatro: Valero, Fortes, Vaquero y Perote, otro, con lo que se producía una situación de empate paralizante. En lo que sí hubo unanimidad fue en la elección de dos compañeros,[14] Jesús Martín Consuegra (que vivía en Madrid) y José Julve (en Barcelona), que codirigieron la UMD, compartiendo el puesto de secretario general, que has-

13. Formado por dos de Madrid (Restituto Valero y yo), dos de Barcelona (Pepe Julve y Miralles, pues aunque López-Amor tuvo más votos le cedió el lugar), uno de Galicia (Fortes), uno de Andalucía (Sanjuán), uno de Canarias (Javier Perote) y uno de Aviación (Paco Vaquero).

14. La reunión se celebró el día 30 de diciembre, jueves, a las 18.00 horas en casa de Paco Vaquero. En la asamblea se había decidido que el secretariado lo formarían tres personas, pero sólo las dos citadas, Consuegra y Julve, recibieron el consenso unánime de los ocho miembros del CEN.

ta entonces yo ocupaba. Estos dos compañeros, que en mi opinión eran de lo mejor que había en la organización, fueron los líderes de la UMD en este último período, desde enero de 1977 hasta la disolución en junio del mismo año y con acierto, independencia política y decisión hicieron que la UMD, fiel a sus objetivos fundacionales se disolviera al llegar la democracia.

Me fui a despedir de los líderes políticos, explicándoles que el nuevo secretario en Madrid era Jesús Martín Consuegra (aunque compartía el cargo con Pepe Julve, que vivía en Barcelona). Felipe estaba reunido con la Ejecutiva, y me invitó a desayunar en su casa en el barrio de la Estrella. Y allí me encomendó que hiciera gestiones para lograr la unidad socialista, lo que hice nada más llegar con ayuda de José Julve que dirigía la UMD en Barcelona.[15]

Pero la despedida que más me agradó fue la cena que unos buenos amigos de la UMD me dieron para despedirme: Consuegra, Toño Herreros, el comandante Córdoba, de mi promoción, José Ramón Monge y unos pocos más.

Durante la primera mitad de 1977, estuve supernumerario en Barcelona, reincorporado a mis clases de la Universidad Autónoma. En aquella época, los de la UMD que no pertenecíamos a ningún regimiento nos reuníamos en un despacho de Catalana de Gas, que presidía Duran Farell, y en la que trabajaba el capitán Alejandro Zanui, que era ingeniero industrial. Y allí acudieron a darnos algunas charlas varios políticos, entre los que recuerdo a José Antonio González Casanovas. Por otra parte, acompañando a José Julve, que entonces era el secretario, tuvimos contactos con los dirigentes de los distintos partidos que habían ya entrado en una línea claramente electoral, pero de eso hablaré más en el capítulo siguiente.

Finalmente, el 26 de junio de 1977, sólo once días después de celebrarse las primeras elecciones democráticas, la UMD celebró su séptima y última asamblea nacional en una antigua casa de Esplugues, propiedad del baron de Delás, padre de José Delás, uno de los capitanes de la UMD. Asistieron a la asamblea unos treinta miembros y se aprobó la autodisolución en votación secreta, prácticamente por unanimidad (sólo hubo un voto negativo y otro nulo) lo cual fue especialmente meritorio dado que entonces aún estaba pendiente —y lo siguió estando durante diez años— la recuperación de la carrera de nueve miembros de la organización. Personal-

15. Léase en la Tercera parte el epígrafe dedicado a la unidad de los socialistas.

mente no asistí a la reunión, pues veinte días antes de las elecciones había tenido que abandonar el ejército y consecuentemente la UMD para poder participar en las elecciones.

La autodisolución era cosa acordada y escrita en varios documentos. Concretamente en el prólogo del libro oficial de la UMD, que personalmente redacté. Textualmente se dice: «Queremos pues insistir en que la UMD es fruto de una coyuntura histórica determinada, y que nace y existe sólo para resolver un problema coyuntural: el de posibilitar la implantación de la democracia en España. **En cuanto la Democracia esté realmente asentada la UMD se disolverá**» (la negrita es del original)[16] y en el Estatuto Militar asimismo se dice: «... en circunstancias muy excepcionales (por ejemplo ante la existencia de una dictadura de 40 años, cuyo fin no se acaba de ver), los militares tienen el deber de asociarse para propiciar el retorno a la legalidad constitucional, pero este deber es circunstancial y excepcional, y con el restablecimiento de la Libertad y del Estado de Derecho, las asociaciones militares dejan de tener razón de ser y **deben disolverse** a fin de no menoscabar la autenticidad de la democracia.»[17]

Los consejos de guerra de Domínguez y de Herreros

Tras la disolución, la UMD aún tuvo que padecer dos consejos de guerra. El primero se celebró contra el capitán Domínguez a finales de 1977, después de las elecciones, y fue condenado a siete años de prisión y pérdida de carrera. Para encontrar un militar que lo defendiese visitamos juntos Domínguez y yo a varios militares de prestigio y demócratas: En primer lugar al general Sintes Obrador. No pudo ser. Estaba realmente enfermo. En un momento dado de la conversación se subió la pernera del pantalón y nos enseñó su pierna: estaba totalmente ennegrecida. Lo volví a visitar poco después y le habían cortado ambas piernas y un dedo y poco después murió. Era un gran militar y uno de los primeros que en la profe-

16. Libro Oficial de la UMD. Prólogo. Pág. IV.

17. Libro Oficial de la UMD. Punto 6. Pág. 105. No se copia el punto entero por razones de extensión, pero en él se repudia el modelo «militar deliberante» porque entraña gran peligrosidad para la estabilidad política... tal como lamentablemente —se dice— ocurrió en Portugal con la asamblea de las FAS.

sión y habiendo hecho la guerra con Franco se decidió por la democracia y en alguna medida se identificó con la UMD desde que Toño Herreros y yo le leímos el ideario.

También visitamos al teniente general Enrique Jiménez Benamú, viejo amigo que me había defendido cuando me procesaron por publicar mi tesis doctoral. Y a Miguel Ruiz Nicolau, que creo que era entonces comandante de Aviación, pero no pensaba igual que su hermano Pepe, el de la UMD, por lo que declinó la petición. Finalmente asumió su defensa el teniente coronel Juan Barja, abogado y miembro de la UMD.

El 27 de enero de 1978, ya en plena democracia, se celebró el tercer y último consejo de guerra contra la UMD en la persona del capitán Antonio Herreros, que con gran dignidad, y pese a estar enfermo, se afirmó en sus convicciones siendo condenado a cinco años de prisión y pérdida de carrera. Recuerdo que en estos dos últimos consejos de guerra volvimos a estar juntos casi todos los compañeros de la UMD de Madrid.

Una valoración de la UMD: Su licitud e importancia

Sobre la UMD se ha escrito ya en varios libros.[18] Uno de los que la han tratado más amablemente ha sido Pedro Silva, ex presidente de la Comunidad Autónoma de Asturias. En su libro *Las fuerzas del cambio*[19] le dedica un capítulo, que acaba con las siguientes palabras:

> A lo largo de la transición no es fácil identificar un grupo o sector que intervenga en la misma más puro en sus objetivos, coherente en sus métodos, generoso y valiente en su actitud, que la UMD. El movimiento y sus vicisitudes, puede incluso considerarse como un con-

18. El Libro Oficial de la UMD impreso clandestinamente en Sevilla por Juan Guerra, ya ha sido reiteradamente citado. Asimismo el Ministerio del Ejército publicó un Libro Blanco: *La UMD y la causa 250/75* que aun cuando se escribió con la intención de desprestigiarnos, en este momento sirve para todo lo contrario y evidencia que todas las fuerzas políticas democráticas estaban con nosotros. También han sido citados los libros gemelos (ambos salieron en 1983 publicados por la Editorial Argos-Vergara) de Otero y Fortes: *Proceso a nueve militares demócratas* y del periodista Francisco Caparrós: *UMD Militares rebeldes*. Por último el libro de José Ignacio Domínguez: *Cuando yo era un exiliado*, publicado en 1977, por Cambio 16.

19. Pedro de Silva: *Las Fuerzas del cambio*. Prensa Ibérica. Barcelona, 1996, pág. 172.

> traste utópico de lo que la transición pudo haber sido y no fue, un líquido transparente que permite identificar los restantes depósitos y acarreos. Aunque es muy cierto que un cambio político que no hubiera integrado en su seno las propias contradicciones y remanentes de la sociedad española, tal vez se hubiera ahogado en su misma pureza.

En el fondo de las líneas de Pedro Silva late el tema de la licitud y legitimidad de la UMD. Algo difícil de comprender en la actualidad. Porque hoy, crear una asociación secreta de militares que soñasen con cambiar la estructura política sería, más que ilegalidad, pura demencialidad. Pero en aquella época lo demencial era el propio sistema político, que además de ser rechazado por la inmensa mayoría de los ciudadanos, carecía de una mínima racionalidad y respondía a los presupuestos ideológicos ilegítimos y anticuados de los perdedores de la Segunda Guerra Mundial.

En cuanto a la importancia de la UMD hemos de volver a repetir lo ya dicho: difícilmente puede ser comprendida en la actualidad: Pertenecimos a la organización entre ciento cincuenta y doscientos militares en activo (obra en mi poder un listado meticuloso y forzosamente incompleto, en el que constan 140 nombres). Una cifra que hoy parecerá la de un grupúsculo. Pero entonces, y dentro del cuerpo de oficiales del ejército, no era así. Porque era muy difícil dar un paso que implicaba, entre otros riesgos, la pérdida de la libertad y lo que para el militar es aún más grave, la pérdida de la profesión. Y consecuentemente los que se arriesgaban eran muy pocos.

Incluso en las organizaciones civiles, en las que las posibilidades de captación eran mucho mayores que las de la UMD, que se limitaba a actuar en un universo de militares profesionales, el número de afiliados era bajo. Los socialdemócratas de Fernández Ordóñez han explicado que eran cinco.[20] Luis Yáñez hizo unas declaraciones a TVE poco después de la victoria socialista del año

20. En *El País* del martes 23 de junio de 1992, Sol Alameda, Ignacio Cembrero y Javier Ayuso publican una biografía política de Fernández Ordóñez que titulan «El bien amado», en la que incluyen párrafos de una entrevista a González Seara en la que éste cuenta lo siguiente: «Por este tiempo se había constituido el Partido Socialdemócrata de Sa Carneiro, que vino a hablar con nosotros. Debía pensar que éramos un grupo numeroso porque tímidamente nos dijo: "Bueno, a decir verdad, nosotros somos tres." "Nosotros, cinco", contestamos Paco y yo.»

1982 en las que hablaba de la recuperación del PSOE en la posguerra y explicaba que cuando estaba haciendo el servicio militar, creo que dijo en Aviación, Alfonso Guerra le habló de las Juventudes Socialistas y continuó: «pero lo que en aquel momento no me dijo fue que aquellas juventudes de las que me hablaba era sólo yo», o sea que había que volver a organizarlas. Si se repasan las actas y se miran los mandatos que traen los delegados que acuden, ya en 1975 al Congreso de Suresnes del PSOE, se podrá observar lo bajas que eran las cifras de afiliados, a pesar de que los partidos trabajaban sobre un universo de varios millones de habitantes, mientras que los de la UMD sólo podíamos captar oficiales y excepcionalmente suboficiales del ejército.

Si se comparan las cifras de la UMD con las de los miembros de la AMR (Asociación Militar Republicana) que se creó en 1929 contra la dictadura de Primo de Rivera, o de la UMRA (Unión Militar Republicana Antifascista), que nació para contener el previsible 18 de julio de 1936, se observará que los efectivos de estas dos organizaciones fueron posiblemente menores que los de la UMD y el desarrollo de su estructura e ideología claramente inferiores.[21] Incluso la UME (Unión Militar Española) que protagonizó el 18 de julio tuvo una importancia numérica relativa[22] pese a su importancia real, reconocida *de facto* cuando dos de sus miembros pasan a integrarse en la Junta de Burgos, órgano colegiado militar que proclamó a Franco. Félix Maíz escribe que los militares sublevados el 18 de julio fueron doscientos sesenta[23] y sobre la implantación de la UME en Navarra, donde fue especialmente fuerte, cuenta que el 13 de marzo de 1936 y por tanto sólo cuatro meses antes de la sublevación, contaba con catorce capitanes si sumamos los de las guarniciones de Pamplona, Logroño, Estella y Burgos, que un mes después, el 15 de abril, eran diecinueve.

En Cataluña la implantación de la UME y de la UMRA era parecida, y sus cifras semejantes también a las de la UMD cuarenta años después si bien hay que reconocer que la presencia de la UMD en Cataluña no se corresponde con la que tuvo en el resto de Espa-

21. Julio Busquets: «La AMR y la UMRA y su relación con la Masonería». En Ferrer Benimeli: *La masonería en la España del siglo XX*. Cometa. Zaragoza, 1996.

22. Julio Busquets: *Historia 16. La guerra civil*. Número 3: «La Unión Militar Española», 1986.

23. *Mola, aquel hombre (Diario de la conspiración)*. Planeta. Barcelona, 1976, págs. 32 y 36.

ña. Y por favor que nadie establezca comparaciones de método porque a nosotros sublevarnos nunca se nos pasó por la cabeza. Y lo mismo que el proceso de madurez de la humanidad presiona para que en las guerras ya no haya bajas del bando propio e incluso se procura no causarlas a la población contraria, los «úmedos», hombres de nuestro tiempo, teníamos claro que a las armas las carga el diablo. Y las de quienes se pronuncian también. Y al hacerlo pueden desencadenar —y hacerse responsables— de una gran tragedia nacional. Algo que de hecho les pasó a los del 18 de julio.

Lo que nosotros sí queríamos era impulsar la llegada de la democracia, y aunque ciertamente nunca acabamos de tener claro cómo lo íbamos a hacer, lo que hicimos fue crear conciencia democrática dentro de los cuarteles. En Barcelona algunos de nosotros ya habíamos hecho un manifiesto aperturista en diciembre de 1970 e hicimos otro —ya con el respaldo de la guarnición de Barcelona— en febrero de 1975. Enviamos circulares, cartas y notas a la prensa. Escribimos un libro recopilando nuestros escritos y pensamiento. Nos entrevistamos con todos los líderes políticos animándolos a avanzar hacia la democracia. Y llegamos hasta don Juan de Borbón. Y el Rey, el mismo día que nombró ministro a Areilza, valoró a la UMD cuando le dijo: «Hay más UMD de lo que te supones.»[24] Santa palabra. Palabra de Rey.

24. José María de Areilza: *Diario de un ministro de la monarquía.* Planeta. Barcelona, 1977, pág. 20. Conversación entre el Rey y Areilza el 13 de diciembre de 1975.

TERCERA PARTE

DIPUTADO DE LA TRANSICIÓN

I

EL INICIO DE LA TRANSICIÓN

La difícil unificación del socialismo en Cataluña

Uno de los mayores éxitos del socialismo en Cataluña ha sido su unidad. Sin embargo lograrla no fue fácil. Todo lo contrario: sólo se logró tras muchos esfuerzos y renuncias de unos y de otros. Recuerdo que a Joan Reventós, que fue el primer socialista que conocí, y que se arriesgó diciéndomelo en los oscuros y peligrosos años sesenta, le gustaba comparar a los comunistas (en aquella época unidos, disciplinados y dogmáticos) con los católicos, y a los socialistas (entonces divididos en varios partidos y también en varias ideologías) con los protestantes. Y la analogía era útil porque parecía que la unidad era algo imposible de lograr y servía para explicar (y toda explicación es una parcial justificación) el caótico espectáculo de un montón de partidos socialistas, pues había dos de ámbito estatal, el PSOE y el PSP y además uno, o dos, en cada nacionalidad y región.

Paco Ramos, mi querido amigo Paco Ramos, desde otra familia socialista decía: «La diversidad responde a dos comunidades distintas, el PSC son los catalanes viejos y el PSOE los emigrantes, unos hablan catalán y otros castellano, unos son trabajadores del campo o de la cultura y otros son obreros manuales, unos viven en el centro de Barcelona y en las comarcas rurales, y los otros en el cinturón rojo, y en consecuencia será muy difícil lograr la unidad.»

No era el único que opinaba así. El propio Felipe González abundaba en ello. Recuerdo una reunión entre las direcciones del PSOE y de la UMD celebrada en el despacho de un abogado de Madrid (creo que De la Rocha) a finales de 1975, en la que tratamos el tema y tuvimos una pequeña discusión. Él iba con Luis Yáñez y con Guillermo Galeote. A mí me acompañaban los capitanes Julián Delgado y Antonio Herreros. Nosotros tres éramos socialistas, no de partido, pero sí de ideología y en consecuencia insistí en que acabase la división. También nos acompañaba Juan Carlos Torres, que no creo que fuera socialista, y al que sentó mal la discusión.

Felipe quitó importancia al tema, pues consideraba que el único partido que tenía una implantación real era el PSOE, y que los demás eran puros montajes, aunque matizaba que «en Cataluña con el partido de Reventós es distinto». En parte tenía razon: excepto el PSOE y el PSC, los demás partidos socialistas carecían de implantación real, pero eso no impidió que en las primeras elecciones el PSP de Enrique Tierno sacase unos ochocientos mil votos, que si se hubiesen sumado a los del PSOE y los del PSC habrían dado muchos diputados.

Yo le llevé la contraria y le insistí en que se unieran porque de poco iba a servir traer la democracia si luego un pluripartidismo exagerado hacía el país ingobernable (téngase en cuenta que estábamos en 1975 y yo le hablaba en nombre de la UMD). Al acabar la reunión mis compañeros, que habían estado callados durante el encuentro, me indicaron que me había puesto demasiado pesado con lo de la unidad.

El pacto de abril y las elecciones de 1977

Pasaron unos dos años y en enero de 1977 las autoridades militares me levantaron el destierro que *de facto* me habían impuesto al salir de la prisión militar de El Hacho (en Ceuta) y me permitieron regresar a Barcelona. Me despedí de los dirigentes políticos de Madrid (Ruiz Giménez, Enrique Tierno, Joaquín Satrústegui, etc.). Para despedirme de Felipe González me fui a la calle García Morato (hoy Santa Engracia) en donde el PSOE ya tenía una oficina semilegal. La Ejecutiva estaba reunida, pero Miriam Solimán le pasó una nota diciendo que yo estaba. Él me mandó un papel en el que me citaba para el día siguiente, que era festivo, a las diez de la mañana en una casa en la calle Pez Volador del barrio de la Estrella.

Cuando al día siguiente llegué allí no sabía que era su casa. Estuvo muy cordial. Me invitó a desayunar, me dijo que era el primer político que recibía allí y me encomendó una gestión: «Tú —recuerdo que me dijo— que eres muy amigo de Reventós debes aprovechar tu ascendiente para trabajar por la unidad de los socialistas en Cataluña.» Los que le conocen mucho dicen que tiene una memoria de elefante y que nunca olvida nada. Supongo que recordaba la entrevista de hacía casi dos años, y en aquel momento, con las elecciones próximas, era consciente de que en Cataluña el PSOE era débil. Quizá por ello algún diario había aventurado la posibilidad de que el propio Felipe González encabezase la candidatura del

PSOE por Barcelona, lo que a mí lógicamente me producía una gran preocupación.

En Barcelona, Reventós aún trabajaba en la Editorial Ariel, en Esplugues. Triginer tenía una oficina en un piso de la calle Balmes, que era propiedad de Jaráiz Franco, la sobrina socialista de Franco. Yo me dediqué a ir como una lanzadera del despacho de uno al del otro, hablándoles en favor de la unidad, lo que ciertamente fue fácil porque ambos dirigentes eran partidarios de ella, aun cuando en sus partidos había sectores contrarios.

Un par de meses después, estando en una reunión en casa de Paco Caparrós y Danae, la hija de Barral, con Agustín Goytisolo, el sociólogo Pancho Marsal y el capitán José Julve, Mercedes Aroz llamó a Triginer a Madrid. Por aquellas fechas la unidad ya estaba casi decidida y los dirigentes del PSC y del PSOE estaban negociando las listas. Cuando colgó el teléfono Mercedes me dijo: «Ya hay acuerdo, tenemos unidad y lista y tú vas con el número seis.» Obviamente me quedé muy agradablemente sorprendido, aunque en mi interior dudé de salir con este número.

Mi adiós a las armas: La unidad socialista me llevó al Congreso

Unos días después, Paco Ramos me explicó lo que había pasado: Durante la negociación se produjo un bloqueo porque los dirigentes del PSC no aceptaban la paridad habida cuenta de que su partido tenía mayor implantación en Cataluña, a lo que los del PSOE contestaban que tenían más expectativas de voto porque contaban con la memoria histórica de la clase trabajadora, por lo que no aceptaban tener menos diputados que ellos. Y como ninguno de los dos partidos quiso ceder se rompió la negociación y los dirigentes del PSC decidieron regresar a Barcelona.

Cuando los del PSOE se quedaron solos, Alfonso Guerra les sugirió que cedieran algún lugar destacado a algún socialista independiente grato a ambas formaciones. Pero el problema era encontrar un socialista independiente y grato a ambos partidos. Entonces Alfonso Guerra sugirió mi nombre. Al Trigi y a Ramos les pareció bien, y el propio Ramos con gran generosidad sugirió que yo ocupase su lugar en la lista, el número seis. Cogieron el coche y se fueron a Barajas. Reventós aún estaba allí. Le propusieron mi nombre. Hecho —les dijo—, y se desbloqueó la negociación. Y se hizo una lista de Socialistes de Catalunya en la que había candidatos de tres procedencias: PSC, PSOE e independientes. Y detrás de cada nombre de la lista se hacía constar la procedencia.

Los otros tres independientes fueron: Rodolf Guerra, que encabezaba un sector del PSC (Reagrupament) que decidió integrarse en nuestras listas con el número diez, Jordi Vallverdú, que era un líder de las asociaciones de vecinos, con el numero dieciséis y Martí Jusmet, que había escrito un libro-denuncia sobre el ayuntamiento, con el veintitrés. Salimos diputados los dos situados en primer lugar y los otros dos ocuparon en 1979 un destacado lugar en las listas municipales que les permitió el acceso a la corporación.

A mí, aunque sorprenda, me costó bastante dar el paso. Era comandante de Estado Mayor y para poder presentarme tuve que abandonar la carrera, pero Reventós insistió y me hizo ver que iba a ser más útil en el Congreso que siguiendo como militar.

Una conspiración abortada

Mientras el pueblo, desbordante de entusiasmo, caminaba hacia las elecciones que propiciaban la oposición democrática y los sectores aperturistas del franquismo encabezados por el Rey, ciertos sectores ultras enquistados en las instituciones, iniciaban sus conspiraciones contra algo que era ya inevitable. Uno de los lugares era la Capitanía General de Cataluña, mandada por el general Coloma Gallegos. Y por varios amigos destinados o próximos a la misma, creo recordar a López de Sepúlveda y a Díez Gimbernat, supe que se preparaba una intervención militar, enmascarada en un plan de emergencia, pero que si los autores lo deseaban podía ser usada para iniciar una intervención militar. El 25 de mayo, recuerdo exactamente el día porque fue el del mitin de Hospitalet del que hablaré más adelante, llamé al coronel Miguel Iñíguez, que mandaba el gabinete de Gutiérrez Mellado, y le conté lo que sucedía. Teníamos amistad desde que ambos éramos alumnos de la Escuela de Estado Mayor, pero lo cierto es que no me hizo mucho caso.

Quizá Iñíguez consultó con Gutiérrez Mellado. Al día siguiente por la mañana, sorpresivamente apareció en mi casa el capitán

Juan Calero Torrens del Servicio de Información[1] para averiguar exactamente qué ocurría. Le pasé toda la información que tenía y se fue a Capitanía y al final de la mañana hizo algo inusual en el Servicio, pero que yo le agradecí mucho por el significado humano que tuvo, y es que me llamó por teléfono y me dijo de forma entendible para mí, aunque no para terceras personas:

—Todo lo que me has contado es cierto y aún hay más.

Y el posible golpe fue abortado. Dos prestigiosos militares demócratas, Luis del Pozo y López de Sepúlveda, fueron agregados a la Capitanía neutralizando su presencia cualquier veleidad involucionista.

Una campaña electoral pletórica de entusiasmo

El primer mitin de la candidatura lo realizamos en Hospitalet el 25 de mayo. Tras presentar a los tres candidatos del Senado por *L'Entesa dels catalans*, Josep Benet, el escritor Paco Candel y Cirici Pellicer, comenzaron a hablar un trabajador inmigrado, Juan Alamillo y Marta Mata. Después fuimos presentados los candidatos. El comentarista del *Diario de Barcelona* del 26 de mayo de 1977 escribió:

> El ex comandante Busquets, número seis de la coalición, recibió los aplausos más calurosos de la tarde. Mientras Busquets saludaba con el puño en alto, el público se puso en pie, arreciando sus aplausos.

El mitin central fue en la plaza de toros de Barcelona. Allí la ovación al socialista unitario, que las circunstancias me hacían personificar, se volvió a repetir. Antes los calentó Jordi Vallverdú, que era —como yo— independiente, o sea no adscrito ni al PSC ni al PSOE, y con el que aquellos días estaba muy unido, lo mismo que con Rodolf Guerra y Martí Jusmet por nuestra común condición. Y *La Vanguardia* al día siguiente tituló: «Busquets, ovación de gala.»

1. El 19 de mayo de 1988 cinco diputados de la Comisión de Defensa (Juan Muñoz, Íñigo Cavero, León Buil, del CDS, otro de CiU y yo) comimos con la plana mayor del CESID (Manglano, Florentino Ruiz Platero, Santiago Bastos, Juan Calero y otros ocho o diez). Fue una comida cordial, amistosa, en la que conté el hecho arriba citado y con sorpresa Juan Calero Torrens, que era uno de los comensales, corroboró lo expuesto explicando que aquel capitán fue él.

A partir de entonces y prácticamente hasta que acabó la transición, o sea durante un período de casi cinco años, desarrollé una actividad desbordante, especialmente durante estos primeros meses de la democracia.

Poco después de las elecciones, el 10 de julio, los parlamentarios catalanes fuimos a reunirnos con los vascos bajo el árbol de Guernica para reclamar la autonomía de nuestros pueblos. Y en la misma línea en el mes de agosto nos reunimos en la catedral vieja de Lérida para analizar la forma de recuperar la autonomía de Cataluña. Hice el viaje con Rodolf Guerra, el otro diputado independiente de la candidatura Socialistes de Catalunya. Los dirigentes de la coalición habían decidido que nos integrásemos en los dos partidos respectivos y habida cuenta de que yo me dedicaba fundamentalmente a temas de defensa, de política internacional y de seguridad (que entonces era una competencia estatal) y él a temas jurídicos, decidimos de mutuo acuerdo que resultaría más positivo que él se integrase en el PSC y yo en el PSOE.

El 29 de agosto fui a Valencia a ver al capitán Pitarch, antiguo miembro de la UMD, arrestado por haber incitado a varios militares de Valencia a mandarme telegramas de felicitación a raíz de haber salido elegido diputado. Me acompañó en la visita al cuartel el diputado Albiñana, cabeza de lista del PSOE valenciano, que poco después sería presidente de la Generalitat provisional. Nuestra visita a un capitán arrestado sentó muy mal en el Ministerio del Ejército.

Las tareas durante estos meses eran de lo más variado y creíamos que con la democracia todo iba a cambiar. Incluso temas sociales de muy difícil solución. En diciembre se produjo un conflicto entre la empresa Patrilar, que alcanzó cierta publicidad porque Pablo Porta, el del fútbol, era uno de los promotores. Nos tocó hacer de mediadores a Heribert Barrera y a mí, que tuvimos que entrevistarnos varias veces con el gobernador civil y el alcalde hasta que al final logramos una solución aceptable para ambas partes.

El regreso de Tarradellas

El 20 de octubre llegó Tarradellas. Primero fue a Madrid y allí nos desplazamos los parlamentarios catalanes para recibirlo. Nos reunimos en el Congreso y en el Salón de los Pasos Perdidos tuve oportunidad de mantener una conversación con él. Me resultó agradable.

Me trató con amabilidad. Nada más comenzar a hablar me preguntó si el día anterior me habían silbado los oídos y cuando desconcertado le pregunté por qué, me contestó que había estado hablando de mí con Gutiérrez Mellado. Como es lógico me quedé muy sorprendido, pero me contestó que a Gutiérrez Mellado le preocupaban mucho mis artículos y especialmente una serie que estaba publicando a toda plana, simultáneamente en *Diario 16* y en el *Diario de Barcelona.*[2] Me pidió que frenase, o al menos ralentizase, mi actividad.

—*Per Catalunya* —recuerdo que me dijo.

Sinceramente, el argumento no me convenció mucho. No pude evitar que me sonara a la vieja retórica, al «por España», tan oído durante tantos años. Pero por respeto a ambos personajes paré momentáneamente mis colaboraciones con la prensa.

Tensión en la Escuela de Estado Mayor: Díez Gimbernat y José Ramón Monge

Lo que Tarradellas supongo que nunca supo fue el problema militar que su regreso ocasionó. Los militares contrarios a su retorno decidieron reunirse en el Casino Militar de Madrid, pero como el hecho se realizó por sorpresa y se conoció con poca anticipación y no tenían a su gente preparada, decidieron llevar militares de la Escuela de Estado Mayor, lugar donde probablemente en aquel momento debían estar estudiando unos doscientos capitanes. Uno de los líderes de la «ultrada» organizadora del acto era el capitán Cabanas. Al acabar una clase, intentó dar una charla para explicarlo a sus compañeros del segundo curso. Pero se encontró con que el jefe de clase era el capitán Díez Gimbernat, uno de los líderes más activos de la UMD. Se le enfrentó y desde su autoridad de jefe de clase impidió el acto si no se hacía con la autorización del director

2. Los artículos publicados fueron: «Los militares en las Cortes». Suplemento de *Informaciones Políticas*, número 105 en Madrid, y *Diario de Barcelona*, domingo 29 de mayo de 1977. «Los militares en los gobiernos de Franco» en *Diario de Barcelona* y *Diario 16*, martes 5 de julio de 1977. «La amnistía militar» en *Diario de Barcelona* y *Diario 16*, sábado 23 de julio de 1977. «El sistema penitenciario militar», *Diario de Barcelona* y *Diario 16,* jueves 4 de agosto de 1977. «La justicia militar ante la unidad de jurisdicciones», *Diario de Barcelona,* jueves 11 de agosto de 1977, *Diario 16,* viernes 12 de agosto de 1977. «Los derechos humanos en las Fuerzas Armadas», *Diario de Barcelona*, martes 23 de agosto de 1977, y *Diario 16,* miércoles 24 de agosto de 1977.

del centro como estaba estipulado. Y lo apoyaron algunos capitanes más: Yagüe, Domingo Varela (años después y ya en el CESID sería uno de los descubridores de la trama del 27-O), etc. Sin embargo un profesor, el teniente coronel Fajardo, que era el padrino de la promoción, autorizó la intervención del capitán Cabanas, que habló durante unos minutos, después de que el jefe de clase y la mayoría de los alumnos abandonaran el aula.

El hecho trascendió y un mes después la autoridad militar impuso un arresto al teniente coronel Fajardo y otro mayor al capitán Cabanas. Pero la mayoría de los profesores estaban en la línea de los arrestados porque la Escuela de Estado Mayor fue durante mucho tiempo un reducto de la «ultrada».

Pasados un par de años, uno de sus profesores, el comandante José Ramón Monge, harto de tanto sectarismo, mandó una carta al *ABC* haciendo público que él también había pertenecido a la UMD. La carta provocó una conmoción en aquel profesorado. Celebraron una reunión: pretendían que se le hiciera un vacío total. Algunos profesores —como Argimiro Calama, que actualmente es general— lo defendieron y la reunión fue tensa, pero obviamente triunfó la tesis de la «ultrada». Cuando el general Cano Hevia, que entonces era el director, se enteró, se personó en el comedor y se sentó en la mesa en la que el comandante Monge comía solo, para que les quedase claro a todos, profesores y alumnos, cuál era su posición.

Lamentablemente ni Díez Gimbernat, ni José Ramón Monge[3] llegaron a ser generales. La democracia aún no les ha hecho justicia.

3. Con fecha 8 de marzo de 1990 entregué en mano a Narcís Serra, entonces ministro de Defensa, un escrito confidencial en el que ponía en su conocimiento que el coronel José Ramón Monge Ugarte era el número dos de su promoción y que había tenido una buena carrera militar, y había combinado los destinos de tipo intelectual (profesor de la Escuela de Estado Mayor, jefe de estudios de la Academia de Caballería, cursos en Estados Unidos, destino en el cuartel general de Tierra), etc., con mando de unidades siendo destinado voluntario al Sáhara en tres ocasiones, que desde hacía dos años mandaba un regimiento de Caballería en Ceuta, y que durante los crispados años de la transición (1977-1982) se distinguió por defender el sistema democrático, lo que le valió gran número de enemistades y le perjudicó gravemente.

Quiero añadir que nunca me mezclé en los espinosos temas de ascensos, pero en tres ocasiones lo hice por considerarlo un deber de justicia hacia coroneles valiosos, que muy posiblemente iban a ser discriminados por sus convicciones e historial democrático y que eran Ángel Díez Quijada, Alberto Piris y José Ramón Monge. En los dos primeros casos los ministros atendieron mis razones (o quizá simplemente mis razones coincidieron con las suyas), en el tercero lamentablemente no fue así.

En la mesa del congreso en que dimitió Felipe

En mayo de 1979 se celebró el vigésimo octavo congreso del PSOE, el de la crisis del marxismo. Y fui elegido miembro de la mesa del congreso. En el ambiente se mezclaban el entusiasmo y la tensión. De entrada, durante la crítica al informe de gestión se produjeron muchas intervenciones en contra. En aquella época las intervenciones sobre el informe de gestión sólo podían ser negativas y si un delegado apoyaba a la Ejecutiva, la mesa —en la que yo estaba— le cortaba con la frase ritual:

—Compañero, la Ejecutiva se defiende sola.

La norma era buena y había sido establecida hacía tiempo para evitar a los pelotas, pero en un congreso, ya tremendamente numeroso, el hecho de oír reiteradas intervenciones sólo negativas iba dejando una impresión contraria a la Ejecutiva entre los delegados. La mesa la formábamos cinco delegados, José Federico de Carvajal, como presidente, Antonio García Duarte, senador de Málaga, como vicepresidente y los secretarios, uno de los cuales era yo. Detrás de nosotros se sentaba la Ejecutiva: Felipe, Alfonso, Gómez Llorente, Múgica, Carmen García Bloise, Javier Solana, etc. El ambiente estaba muy caldeado porque se debatía incluir o no el carácter marxista del PSOE. Estaban a favor de la inclusión: Enrique Tierno, Francisco Bustelo, Gómez Llorente, Pablo Castellano, Fernando Morán, y algún destacado líder más. Otros, bastantes, como Javier Solana, Raimon Obiols y yo mismo, lo pasamos realmente mal. Ligados racional y afectivamente a Felipe, estábamos también enfermos del sarampión gauchista. Raimon creo que entonces debía ser marxista. Le pregunté qué opinaba. Recuerdo que me contestó:

—Mira, Juli: tú y yo estamos aquí y somos diputados gracias a Felipe.

Fue un congreso de corazón partido. Felipe era nuestro líder, pero no estaba dispuesto a dirigir un partido marxista y lo dijo muy claro en el pleno: «por razones de conciencia», y como la mayoría impuso esta afirmación, dimitió. Lo cierto es que en aquel momento la mayoría de nosotros estábamos a su izquierda. Luego ya no. Y el 23-F vimos bastante claro que tenía mucha razón. El país no se podía permitir lujos dogmáticos. Y el pragmatismo permitió una cosecha de diez millones de votos.

Otra de las anécdotas que recuerdo de aquel congreso fue la discusión (en privado, pero que pude seguir por ser de la mesa) entre

Reventós y Felipe respecto al derecho de autodeterminación de los pueblos, que entonces el PSC defendía y al que el PSOE se oponía.

En aquel congreso se asumieron dos ponencias que había redactado personalmente: la de política de defensa y la de seguridad ciudadana. La primera yo mismo la defendí en el pleno. La segunda se la cedí a un buen amigo de la agrupación de Hospitalet, no recuerdo si a Pepe Castellanos o Justo Torralba.

La negación de Felipe de asumir la dirección y la indecisión del sector marxista, que no se decidió a hacerlo, crearon un vacío de poder y fue necesario nombrar una gestora. Se propuso que la formásemos los de la mesa del congreso, pero yo personalmente no quise ni escuchar una propuesta que en mi caso habría sido demencial, dado que mi conocimiento del partido era muy escaso. Así es que sólo el presidente y el vicepresidente de la mesa (Federico de Carvajal y García Duarte) pasaron a serlo de la gestora que fue reforzada por un par de compañeros de la Ejecutiva, como Carmen García Bloise, que entonces era la responsable de la gestión económica. Y la gestora dirigió el partido durante seis meses hasta que en septiembre se repitió el congreso. En ese momento se eliminó definitivamente la adhesión al marxismo y se reeligió a Felipe González.

Ayudo a superar otra ruptura del socialismo en Cataluña

Ya he comentado que la unidad del PSC y del PSOE fue laboriosa. La difícil y laboriosa negociación se plasmó en el llamado Pacto de Abril de 1977, pacto basado en la ambigüedad, que hizo posible que poco a poco la realidad de las cosas, la fuerza de los hechos, acabase soldando los dos colectivos socialistas que existían en Cataluña: los catalanes viejos, catalanoparlantes del PSC y los obreros emigrantes, castellanoparlantes del PSOE.

En efecto, un año después, en julio de 1978 ya celebramos el congreso de la unidad entre el PSC-Congrés, el PSC-Reagrupament y la Federación Catalana del PSOE y fundamos un nuevo partido el Partit del Socialistes de Catalunya (PSC-PSOE). La mesa de aquel congreso estuvo presidida por Pep Jai, histórico líder de la Unió de Pagesos y Valentín Antón, líder de la UGT de Cataluña. Pep Jai era un payés del Vendrell, militante del PSC, que prácticamente no sabía hablar castellano, Valentín Antón un obrero emigrado, procedente del Rincón de Ademuz, en la parte de Valencia de habla castellana, que casi no sabía hablar catalán y había sido uno de los líderes de la Federación Catalana del PSOE. Pero en aquel congreso Pep Jai no utilizó el catalán y todo lo dijo en castellano y Valentín Antón no usó el castellano. Evidentemente, de lo que nos decían a veces no nos acabábamos de enterar, pero su mensaje de concordia y hermandad sí lo entendimos todos perfectamente.

Pero pronto vinieron los problemas. Después de los dos congresos del PSOE (el de mayo de 1979, en el que dimitió Felipe y el de septiembre en el que se le reeligió), en julio de 1980, celebramos en el Palau de Congressos de Montjuïc, el segundo congreso del PSC. Y la unidad que con tanto esfuerzo habíamos conseguido estuvo a punto de romperse cuando los compañeros del ex PSOE, liderados por Carlos Cigarrán y Pepe González, abandonaron la sala del pleno al grito de «¡UGT, UGT!» y se reunieron en otra sala —la sala 6— para celebrar un congreso paralelo. Cabreado, desconcertado, desmoralizado y sin saber qué hacer pasé unas horas bastante amargas en los pasillos, sin querer entrar en ninguno de los dos lugares, charlando con un escasísimo número de compañeros, entre los que recuerdo a Salvador Clotas, que hicieron lo mismo.

Cuando conseguí serenarme, y tras reflexionar y valorar la gravedad de la situación decidí llamar a Felipe a Madrid, a su casa. Yo tenía su teléfono particular por razones de seguridad, de involución. Descolgó el teléfono y no dijo nada. Silencio. Entonces me di a conocer:

—Soy Julio Busquets; debo hablar urgentemente con Felipe González.

Y oí su voz:

—Habla, Julio, habla, soy yo.

Le conté lo que pasaba y el riesgo en que había entrado el proceso de unidad. Y en el primer avión llegó Alfonso Guerra. Se reunió con los compañeros del ex PSOE, con los que se identificó dado su origen andaluz, etc. Ni entrar en política, sólo sentimental. Creó un clima cordial, cálido. Y al cabo de un largo rato les dijo:

—Compañeros, la unidad se debe hacer. Es un gran sacrificio para muchos, pero es una decisión de la dirección. Y vosotros que sois unos buenos socialistas la debéis acatar.

Y se acabó el problema. Aunque en aquel congreso se eligió una Ejecutiva monocolor: los ex PSOE se negaron a entrar en la misma.

II

LA LARGA MARCHA HACIA LA AMNISTÍA MILITAR

El Senado por unanimidad pidió la amnistía para la UMD

Las primeras elecciones democráticas se celebraron el 15 de junio de 1977. Casi un mes después, el 13 de julio, miércoles, nos reunimos por primera vez los electos y constituimos el Congreso de los Diputados. Pero las reuniones fueron escasas. No se había confeccionado un reglamento para nuestro trabajo y con esta excusa formal nos mandaron a casa hasta la vuelta del verano.

Pero ya antes de irnos se planteó el tema de la amnistía. El 27 de julio se adelantaron los senadores. En aquellos días el edificio del Senado estaba ocupado por otro organismo y celebraban sus sesiones en una sala del segundo piso del Congreso de los Diputados. En consecuencia, cuando me dijeron que iban a debatir una moción para obligar al gobierno a presentar un proyecto de Ley de Amnistía para la UMD me fue fácil asistir al debate.

El secretario de la cámara leyó una proposición de los senadores progresistas y socialistas independientes en la que se pedía la amnistía para mis antiguos compañeros de la UMD (Unión Militar Democrática) ya que esta organización, tras haber luchado incruentamente para el restablecimiento de la democracia, se había autodisuelto.

Acabada la lectura de la proposición pidió la palabra para defenderla Joaquín Satrústegui, uno de los parlamentarios más sensibles ante este tema y que era el que con su amigo Jaime Miralles había organizado las dos reuniones de la cúpula de la UMD con don Juan de Borbón. Habló en nombre del grupo de senadores progresistas y socialistas independientes, que era el grupo que lo proponía y tras él lo hicieron todos los demás grupos parlamentarios. Azcárate habló en nombre de los senadores reales, Calvo Ortega por la UCD, Ramos Fernández Torrecillas por el PSOE, Xirinacs por los catalanes y Unzueta por los vascos. Todos apoyaron con entusiasmo la petición. No hizo falta votación. La moción se aprobó por aclamación y por unanimidad. Muy emocionado, bajé al Salón de los Pasos Perdidos y comencé a llamar por teléfono a mis compañeros de la UMD porque, vista la unanimidad, me resultaba inconcebible que la amnistía no llegase de inmediato. La emoción me había ofuscado hasta el extremo de hacerme olvidar que además de los poderes que los pueblos eligen y las constituciones señalan, hay otros «poderes fácticos» que lamentablemente los limitan «de hecho».

Ponente de la ley

Como el gobierno de UCD no parecía tener prisa, al volvernos a reunir al acabar el verano, el 1 de octubre, los partidos de la oposición (PSOE, PSP, PCE y minorías) volvimos a plantear el tema, esta vez presentando nuestro propio proyecto de ley. Ante ello, se decidió que una comisión, en la que estuviesen representados el gobierno y los partidos de la oposición, redactase el texto de la ley.

Y fui designado para representar a los socialistas catalanes, que teníamos grupo parlamentario propio. Por el PSOE estaban Pablo Castellano, que poco después fue relevado por Alfonso Guerra, y el senador Plácido Fernández Viagas (que sería el primer presidente de Andalucía). Por el PSP, Donato Fuejo como diputado, y Joaquín Navarro como senador. Por UCD, Rafael Arias Salgado y Ortega Díaz Ambrona. Por el PCE Ignacio Gallego, después líder de la fracción prosoviética, y por las minorías nacionalistas, Arzallus y Miquel Roca. AP era la única ausencia: no quisieron participar.

Para trabajar nos reuníamos en el salón de ministros del Congreso. Aunque formalmente representaba a Socialistes de Catalunya era algo sobreentendido que mi aportación debía estar en el tema de la amnistía militar, lo mismo que la de los vascos debía referirse a los condenados por cuestiones de su país y los compañeros del PSOE y del PCE debían elaborar lo referente a la amnistía laboral. Así pues, preparé el catálogo de los colectivos afectados: Los antiguos militares del ejército de la República, los que habiendo combatido con Franco (como el general Aranda) fueron separados del servicio mediante las famosas depuraciones ideológicas de los años cuarenta, el escaso puñado de militares de posguerra que perdieron la carrera por oponerse a la dictadura, los cadetes-alféreces expulsados de la Academia de Infantería en 1973, mis compañeros de la UMD, los guardias civiles expulsados del cuerpo por participar en una manifestación hacía unos meses, los que perdieron la carrera por distintas acciones individuales (como Manuel Jiménez de Parga, Antonio Menchaca, etc.).

Todos los miembros de la comisión estaban predispuestos a estos temas. Algunos, como Alfonso Guerra, Pablo Castellano y Donato Fuejo incluso habían participado en reuniones con la UMD varias veces. Arias Salgado fue el redactor de un documento difundido por la UMD en defensa de los cuatro cadetes de la academia de Toledo ya antes citados; Ignacio Gallego había sido oficial del ejército de la República, etc. Sin embargo, cada vez que se intentaba concretar algún punto que tratase del tema militar, la discusión se agarrotaba y Arias Salgado tenía que salir a consultar a La Moncloa a pesar de que él personalmente era partidario de incluir a los militares en la ley.

Los agarrotamientos, el hecho de no avanzar y la tesonería socialista en seguir manteniendo la amnistía militar produjeron una momentánea crispación tras una intervención mía pidiendo la rehabilitación del coronel Francisco Delgado Piñar, entrañable amigo y caballero ejemplar, ya fallecido, que había perdido la carrera porque en una revista católica que él dirigía se publicó una recensión favorable a la novela de Gironella *Un millón de muertos*. Como quiera que yo les dijese que Delgado Piñar era votante de Alianza Popular (para hacerles comprender que la represión había alcanzado también a la derecha), Ignacio Gallego, sin captar el alcance político de mis palabras, comentó que tenía la sensación de que se estaba pidiendo «una amnistía para elites». Me quedé helado. Pablo Castellano, a mi lado, le contestó: «Quienes por defender la democracia, que beneficia a los trabajadores, han perdido su carrera y su profesión tienen tanto derecho al apoyo de los partidos obreros como los propios obreros.»

El veto de los generales

Al día siguiente, como el tema seguía agarrotado, la dirección del PSOE decidió intervenir y Pablo Castellano cedió su lugar a Alfonso Guerra. Y Rafael Arias seguía yendo a ver a Suárez cada vez que se rozaba el tema militar. Cuando regresó de su «enésima» salida, y a fin de que la ley pudiese ser aprobada excluyendo a los militares, nos explicó que el presidente Suárez le había mandado al despacho de Gutiérrez Mellado, lugar donde residían las dificultades. Lo encontró rodeado de un numeroso grupo de generales, profundamente serios y que no abrieron la boca, y ante los cuales Gutiérrez Mellado le dijo más o menos lo siguiente:

Primero, que el ejército había aguantado mucho pero que no podía tolerar que se inmiscuyesen en sus asuntos internos; segundo, que si se concedía la amnistía militar se producirían discusiones entre los oficiales y división en el interior de las Fuerzas Armadas; tercero, que en consecuencia, él no podría garantizar la disciplina y se vería obligado a dimitir, y cuarto, que el Consejo Supremo de Justicia Militar invalidaría la ley (supongo que sería mediante la no aplicación a los peticionarios).[1]

Ante estas palabras —o estos amenazantes riesgos— se suspendió la reunión para que los representantes de los partidos pudiéramos consultar a nuestros líderes políticos la posición a mantener, pero yo ya intuí que el tema militar estaba perdido, pues excepto el PSOE, que había apoyado con dureza la necesidad de amnistía militar, los demás iban a transigir porque el tema que allí preocupaba era la pacificación de Euzkadi y secundariamente, la amnistía laboral.

Los socialistas nos fuimos al despacho de Gómez Llorente, que entonces era vicepresidente del Congreso y desde allí llamamos a Felipe González. Hablamos con él de uno en uno, con bastante detalle, dándole cada uno su opinión. Plácido Fernández Viagas y Gregorio Peces-Barba consideraron que había que aceptar por las razones políticas antes citadas. Mi opinión no necesita ser descrita. El último en coger el teléfono fue Alfonso Guerra que era partidario de «no tragar». En un momento determinado (estaba callado escuchando la decisión de Felipe González), recuerdo perfectamente que hizo un gesto de contrariedad y se mordió el labio inferior: había que votar que sí. Él lo recordó públicamente bastantes años después, el día que presentó mi libro *El militar de carrera en España,* e indicó que fue un momento profundamente triste también para él: «Julio me abrazó llorando», dijo. Abandoné la comisión y no firmé el protocolo.

1. Manuel Velasco en el suplemento de *Interviú* número 74 del 13-19 de octubre de 1977 lo comenta y añade: «*Fue patético*, contó uno de los miembros de la comisión cercano a las posiciones del Gobierno. Entre otras cosas, fue patético cómo el ex comandante Julio Busquets, socialista que pidió su baja en el Ejército para presentarse a las elecciones de junio, defendió la necesidad humana de que los militares separados pudieran volver al servicio activo.»

Y al día siguiente, 14 de octubre de 1977 anuncié a mis compañeros socialistas que no acataría la disciplina de partido y votaría contra la ley. En mí pesaba más mi responsabilidad y fidelidad a mis compañeros de la UMD que cualquier otra consideración. Carlos Sanjuán, por el contrario, con una más antigua vinculación al PSOE, votó sí, contrariando sus sentimientos, por disciplina de partido. Como mi actitud rotundamente contraria a la ley era conocida, Felipe González subió a hablar conmigo a la parte alta del hemiciclo, donde yo tenía mi escaño, para convencerme (esto, dicho sea entre paréntesis, fue algo realmente inusual, pues en los dieciséis años que fui diputado fue la única vez que lo vi subir).

La preocupación de Felipe, obviamente fundada, residía en la necesidad de mantener compacto el voto socialista. Recuerdo que le contesté:

—Si me pones una pistola en el pecho y me dices que si voto «no» me dispararás, yo a pesar de todo, tendré que votar «no» porque no puedo hacer otra cosa.

Se quedó muy sorprendido y me contestó:

—Eres un fanático. Haz lo que quieras.

Un rato después viví el momento más amargo de mi vida parlamentaria cuando todos los diputados puestos de pie, aplaudían la aprobación de la Ley de Amnistía, mientras Carlos Sanjuán y yo, juntos, de pie sólo por respeto, pero con las manos ostensiblemente apoyadas en el respaldo del asiento anterior, contemplábamos la escena con profunda tristeza. El tablero electrónico señalaba doscientos noventa y seis votos favorables frente a sólo dos contrarios y unas pocas abstenciones, procedentes de AP, que desde la derecha repudiaba la ley.

Al señalar el tablero electrónico dos votos negativos, algunos creyeron que el otro voto era de Carlos Sanjuán. No fue así. El otro diputado que votó «no» fue José Antonio Bordes Vila, del PSOE de Cartagena. Era hijo de marino y funcionario civil al servicio de la Marina y en consecuencia estaba muy sensibilizado respecto a estos temas y no admitía que los militares demócratas quedasen discriminados. Antes de entrar en el hemiciclo le expliqué lo que pasaba y decidió solidarizarse. En aquel momento no se pudo decir su nombre, pero hoy, pasados ya muchos años, se debe decir y darle las gracias.

El mismo día por la tarde la ley se discutió y aprobó en el Senado. El discurso más valiente fue el que pronunció Joaquín Satrústegui al unir el tema de la no readmisión de los «úmedos» con el de la exclusión de los militares republicanos:

—En el momento en que se dice que la soberanía viene del pueblo —dijo— se excluye de la amnistía, a efectos de la readmisión a quienes sostuvieron que la soberanía viene del pueblo. Y en el momento en que se afirma que debe acatarse el poder constituido se excluye de la amnistía, a estos mismos efectos, a quienes acataron el poder constituido.

El discurso de Satrústegui, que terminó con palabras de esperanza para los oficiales de la UMD y para los militares republicanos, recibió en el Senado una ovación prácticamente unánime. El senador republicano de designación real, Azcárate, se levantó para darle un abrazo.[2]

De nuevo planteamos el tema: yo en 1978 y Satrústegui en 1980

Un año después, exactamente el 15 de noviembre de 1978, el *Boletín Oficial de las Cortes* publicó el proyecto de ley de reforma del Código de Justicia Militar. Y los socialistas redactamos noventa y cuatro enmiendas, una de las cuales, que personalmente redacté, incluía una disposición adicional por la que se anulaban las penas accesorias (como la separación del servicio) dictadas por los tribunales militares por razones políticas. Ciertamente, y como diría un castizo, era «aprovechar que el Pisuerga pasa por Valladolid», por lo que le llevé la enmienda a Gregorio Peces-Barba, que era entonces el presidente del grupo parlamentario, sin mucha fe de que la dejase pasar, pero —quizá porque recordaba el trauma que supuso la exclusión de los militares de la Ley de Amnistía— me dijo: «Esto es imposible que se apruebe, pero vamos a dejarlo.»

El debate del proyecto de ley se retrasó mucho por razones que explicaré más adelante[3] y no llegó al pleno hasta 1980. Cuando al fin llegó, comí con Javier Calderón, que entonces era el hombre fuerte del CESID, con el que tengo gran amistad desde que éramos cadetes, y con el ministro de Defensa, Rodríguez Sahagún, para intentar consensuar algún punto. No fue posible el acuerdo. Rodríguez

2. Luis Carandell: *Cuadernos para el Diálogo*, 22 de octubre de 1977.
3. Léase en esta misma obra el epígrafe dedicado a la reforma del CJM.

Sahagún quería fundamentalmente que retirásemos la enmienda que incluía la amnistía de la UMD, algo a lo que obviamente yo no estaba dispuesto.

Defendí la enmienda en el pleno[4] y se me opuso Joaquín Satrústegui, que había pactado con Rodríguez Sahagún que él y su pequeño grupo de liberales votarían contra la enmienda a cambio de que tras la aprobación del Código de Justicia Militar le dejasen presentar una proposición de ley para la amnistía militar, y así lo expuso en su intervención en el pleno, aunque como es lógico, no tan claramente.

En la votación, varios prohombres de UCD, unos catorce o quince, rompieron la disciplina de voto y lo hicieron a favor de la amnistía de la UMD: recuerdo a Rafael Arias Salgado, que era ministro; a Ramón Álvarez Miranda, que dirigía las Juventudes Centristas, y a Fernando Abril Martorell, que pese a ser vicepresidente del Gobierno me telefoneó a casa para solidarizarse con nosotros.

Joaquín Satrústegui actuó con indiscutible buena fe, pero se equivocó, y su equivocación hizo que la amnistía de la UMD tardase varios años más. Inicialmente su proyecto se retrasó porque intentó infructuosamente que los diputados de Alianza Popular (que entonces incluía a Areilza y Senillosa) también lo apoyaran, a lo que finalmente no se avino Fraga. Al fin, el 26 de junio de 1980,[5] día en que nos íbamos de vacaciones, supongo que para que pasase más desapercibido, se presentó con la firma de los portavoces de todos los demás grupos parlamentarios, incluida UCD. Y habría salido adelante, pues iba avalado por la casi totalidad del parlamento (ya que Fraga en aquella legislatura sólo contaba con nueve diputados) si no hubiera sido por la involución que se produjo unos meses después como consecuencia del 23-F. El proyecto de ley quedó congelado y cuando en verano de 1982 se disolvieron las Cortes, cayó. Y la amnistía militar se convirtió en la asignatura pendiente de la democracia.[6]

4. *Diario de Sesiones*, número 101 del 19 de junio de 1980.

5. *BOCG* número 100-I, serie B.

6. Por otra parte, existía el problema de encontrarles un acomodo ocupacional. No se puede dejar que personas de treinta a cuarenta y cinco años queden en el paro por haber defendido la democracia. En algunos casos, la sociedad civil resolvió el tema. La incorporación de García Márquez a *Cuadernos para el Diálogo* o la de Fernando Reinlein a *Diario 16* (donde con los años llegaría a subdirector) podrían contemplarse así. En algunos casos, hubo que esperar la llegada de los ayuntamientos

Alfonso Guerra anunció la amnistía de la UMD

Antes he citado el problema que la cúpula militar produjo con motivo de la amnistía militar. Añadamos ahora que el tuétano del problema de la amnistía no era su concesión a los militares excombatientes de la guerra civil, que por razón de edad ya no podían recuperar la situación de actividad y regresar a los cuarteles, sino el pequeño grupo de militares de posguerra que en uno u otro momento se habían enfrentado a la dictadura y habían perdido la carrera, ya que éstos, notablemente más jóvenes, iban a volver a tener mando de una forma efectiva y ahí era donde se producía una crispación.[7] Otro problema arrancaba de la consideración de que si quienes actuaron contra la dictadura obraron bien por auspiciar la democracia, podría deducirse, *in senso contrario* que quienes la apoyaron de forma activa y decidida, obraban mal. Y éste era el nudo gordiano de la cuestión. La amnistía de la UMD era necesaria, no sólo por razones de justicia, de devolver a sus miembros la carrera y el rango, sino por razones de ejemplaridad porque la sociedad debía decidir quién obró bien y quién no lo hizo para que quedara claro para las generaciones futuras qué es lo que un militar debe hacer cuando en su país gobierna una dictadura.

---

democráticos para que otros como Fermín Ibarra consiguieran un lugar. En donde el pulso fue más duro fue en Iberia, donde el senador Solé Sabarís y el diputado Enrique Sopena lograron que esta empresa reconociera la pericia de Domínguez como piloto. Para mí el caso más duro fue el de Fernández Lago. Moví todos los recursos, presioné en todos los lugares que pude. Hablé con Suárez Pertierra, con Carmen Mestre, pero fracasé. Y ciertamente me dolió.

7. Joaquín Prieto, José Luis Barbería: *El enigma del «Elefante»*. El País/Aguilar. Madrid, 1991. En este libro (pág. 325 y ss) los autores copian un planfleto titulado *Informe sobre la situación política en España*, del que eran autores los partidarios del 23-F y en el que decían: «El ambiente cada vez más tenso se caldeó aún más a raíz de la presentación inesperada por un diputado de UCD de una proposición de ley de amnistía militar (se refieren a la proposición de Joaquín Satrústegui que antes he citado), que patrocinaba el reintegro en las Fuerzas Armadas de un grupo de oficiales marxistas de la organización clandestina UMD, condenados en Consejo de Guerra celebrado después de la muerte de Franco, y de los militares del Ejército Rojo que se formó durante la guerra en zona republicana, la mayoría de los cuales no eran de carrera sino que procedían de las milicias del Frente Popular, tristemente célebres por sus muchos miles de asesinatos. La proposición de ley fue suscrita por numerosos diputados de UCD, los socialistas, los comunistas y las minorías separatistas. La reacción en las Fuerzas Armadas fue muy viva.»

Sin embargo, después del 23-F el tema de la UMD se consideraba prácticamente irresoluble y definitivamente aparcado. Así las cosas, el 16 de enero de 1985, un hecho que no tenía una relación directa con el tema y que pertenecía a mi biografía personal fue la excusa que utilizó Alfonso Guerra para replantearlo con firmeza. Las cosas sucedieron así: En 1984 reelaboré mi libro de sociología militar, secuestrado en 1970 por la dictadura, *El militar de carrera en España* y le pedí a Alfonso Guerra que me lo presentara. Alfonso, que entonces era vicepresidente del Gobierno, aceptó y presentó el libro, de forma harto elogiosa, en el Congreso de los Diputados. Presidió la mesa el presidente del Congreso, que era Gregorio Peces-Barba, al que acompañaron el vicepresidente primero, Leopoldo Torres y el presidente de la Comisión de Defensa, Guillermo Galeote. Ante una audiencia importante formada por políticos, militares y periodistas, Alfonso aprovechó la ocasión para anunciar que mis compañeros de la UMD serían plenamente rehabilitados y además, para que no quedase duda, señaló el plazo: «durante el transcurso de la presente legislatura (1982-1986)». Y argumentó que «su delito consistió en adelantarse a los demás militares en la asunción de la democracia». Para mí fue algo muy importante. Cuando Alfonso Guerra sacó el tema de la UMD de la nevera y lo volvió a poner de actualidad con rotundidad y comprometiendo al gobierno, me hizo vivir el mejor día de mis dieciséis años de vida parlamentaria.

«Ni media hora de sueño»

Por el contrario, un día especialmente triste fue el 12 o 13 de enero de 1986. Serra había convocado una cena con varios periodistas. Se trataba de un contacto normal, casi rutinario, como suelen hacer los ministros para informar de su política a la prensa con el propósito de evitar malentendidos y buscar interpretaciones más bien favorables. En las preguntas de los postres un periodista de *Diario 16* le preguntó a Serra (según me dijeron otros periodistas con un tono inquisitivo, impertinente) cuántas horas de sueño había perdido para resolver el tema de la UMD. Quizá Serra estaba molesto por alguna cosa anterior, y probablemente en el tono en que fue hecha la pregunta captó cierta agresividad. El caso es que frente a lo que es su talante normal, porque él es más bien simpático, cordial y pacífico, se descompuso. Reverter lo notó y quiso evitar una respuesta inoportuna saliendo al quite, pero Serra visiblemente irritado no le dejó:

—Déjame contestar a mí porque «esta pregunta viene con encargo» (supongo que debía pensar en Fernando Reinlein) y según me contó uno de los asistentes, con el cuerpo curvado sobre la mesa, dio una respuesta en la que lo más relevante, lo que la prensa convirtió en titular, fue: «Ni media hora de sueño.»

No hace falta comentar el disgusto que tuve cuando al día siguiente salió la noticia. Y encima varios compañeros, tan justamente dolidos como yo, me llamaron para echarme una bronca por algo que a mí me dolía tanto como a ellos. O más. Aún recuerdo entre otras la bronca de mi buen amigo Gabriel Cardona. Me reuní con alguno de ellos, pero la verdad es que de puro desmoralizados no sabíamos qué hacer. En los días siguientes estuve hablando con intelectuales y periodistas pidiéndoles ayuda para que movilizaran la opinión pública a fin de que ésta presionase al gobierno. Uno con el que hablé y que me hizo caso fue el historiador Jackson, que publicó una carta en *El País*.

Serra rectificó sus declaraciones en otras más largas y bien matizadas hechas posteriormente en *ABC*. Sin embargo, con estas segundas declaraciones, matizadas, serenas, ocurrió lo que suele ocurrir en estos casos, que ni fueron destacadas ni aún menos reproducidas y lo que quedó en el ambiente fue la desafortunada frase que era sólo fruto de un momento de irritación, porque Serra siempre fue un demócrata que en los años de la dictadura perteneció al FOC y batalló duro contra el franquismo.

Un par de días después de las declaraciones de Serra, el 14 de enero de 1986, me telefoneó un periodista desde Madrid. Nos pusimos a hablar del tema dando por descontado que me llamaba por eso y al cabo de un rato de conversación me dijo que había una propuesta para nombrarme embajador en Panamá. Creí estar en un país de locos. Lo de Panamá hacía tiempo que lo había hablado con la dirección del partido y tenía cierto sentido en la medida en que allí gobernaban los militares progresistas de Torrijos, y yo tenía una buena relación con ellos nacida en las reuniones de militares progres de Latinoamérica[8] e incluso uno de ellos había asistido a

8. Léase en el apéndice de estas memorias los epígrafes: «Asisto a una reunión de militares progresistas iberoamericanos» y «El Congreso Iberoamericano de Sociología Militar».

un congreso que yo había organizado en Madrid. Y por tanto, la noticia un mes antes me habría hecho saltar de contento. Pero entonces no. Sería «lo que faltaba para el duro», que diría un castizo, irme por ahí de embajador y dejar a mis compañeros empantanados; así es que no. Que ni aceptaba nada, ni me iba a ningún lado. Y *El País* que en la primera edición ya había publicado mi nombramiento, aunque había fechado la noticia de F. B. en San José de Costa Rica, en la siguiente edición, del mismo día, levantaron la noticia y la sustituyeron por otra. Al día siguiente *Avui* insistió. Así es que guardo dos recortes de diario como recuerdo de las dos horas durante las cuales fui embajador *in pectore*. Años después conocí a F. B., Félix Bayón, en Paraguay y me dijo que la noticia venía de los círculos militares progresistas de Torrijos. Podría ser. Pero qué rara casualidad que la propuesta llegase en fecha tan inoportuna.

La amnistía de la UMD no fue posible en el plazo anunciado por Alfonso Guerra porque el Congreso se disolvió antes de lo previsto, pero sí se hizo después de las elecciones de 1986. Se aprovechó un momento de «vacío del poder militar». El viernes 30 de noviembre de 1986, el gobierno relevó la JUJEM (Junta de Jefes de Estado Mayor) y en aquella misma reunión aprobó el proyecto de Ley de Amnistía Militar, lo que permitió a ambas juntas, la saliente y la entrante, evitarse crispaciones. Parece ser que la elección del momento fue una feliz idea del general Sáez de Santamaría y el texto del proyecto de ley fue elaborado por el equipo de Gustavo Suárez, uno de cuyos ayudantes de cátedra era yerno de un destacado miembro de la UMD: Antonio Herreros. En cuanto el gobierno aprobó el proyecto, Alfonso Guerra me telefoneó para decírmelo personalmente.

La prensa tuvo una actitud más o menos favorable, pero el periódico que destacó —inicialmente— en su contra fue el *ABC*. Ante ello decidí llamar a Luis María Anson, que era el director. Yo había tenido cierta amistad con él cuando éramos jóvenes y había hecho que con él incluso participase en una reunión con varios capitanes amigos míos alumnos de la Escuela de Estado Mayor, y yo diese una charla sobre la función social del ejército a sus correligionarios. Obviamente pensábamos de modo distinto, pero nos respetábamos y entre ambos siempre hubo un trato leal y cordial, pero ahora hacía más de veinte años que no habíamos tenido oportunidad de hablar.

Le llamé por teléfono al *ABC* y se puso inmediatamente. Y la conversación, que obviamente yo había preparado antes, fue más o menos así, después de las lógicas frases de saludo inicial:

—Luis María, te acuerdas que cuando éramos jóvenes, y tú habías publicado tu libro *La monarquía hoy* me decías a mí, que entonces era republicano, que la monarquía tenía una indudable utilidad en las épocas de crisis porque conservaba la legitimidad histórica y apoyándose en ella se podía acabar con la dictadura...

Luis María, más o menos asintió.

—Pues bien, nosotros, los de la UMD, de acuerdo con lo que tú, cuando éramos jóvenes me decías, fuimos a buscar la legitimidad histórica en la persona de don Juan, que era quien la tenía, puesto que aún no había abdicado, y él nos recibió por dos veces. Consecuentemente, ahora resulta muy duro y muy doloroso que sea precisamente el *ABC* el que nos ataque. Y de las entrevistas hay testigos, Joaquín Satrústegui y Jaime Miralles. Ellos te lo corroborarán.

Y la campaña del *ABC* contra la amnistía de la UMD se cortó.

Aún hubo alguna tensión. El capitán general de Cataluña, Rodríguez Ventosa, para manifestar su disconformidad pidió el cese. Sinceramente, lo sentí mucho. Entre su familia y la mía había una vieja amistad de varias generaciones. Su padre y su tío habían sido íntimos amigos de mi abuelo (los tres pertenecían al viejo cuerpo de carabineros) y de mi padre. Pese a esta reacción, el proyecto fue prácticamente aprobado por unanimidad. Y dio lugar a una ley[9] que afectó a pocas personas, pero cuyo valor moral fue muy importante y para todos los que habíamos pertenecido a la UMD algo definitivo, pues significó el reconocimiento público de que nuestra actitud oponiéndonos a la dictadura había sido correcta, había sido la que debía ser.

9. Ley 24/86 del 24 de diciembre.

En la Mesa del 28.º Congreso del PSOE (mayo de 1979).

Visita a Bonn de una delegación de diputados socialistas. De izquierda a derecha, Alonso Puerta (actualmente en el PASOC), Enrique Múgica, Busquets, Bordes Vila (también votó NO *a la amnistía), Luis Solana y Verónica Isemberg, que por dos veces entregó dinero del SPD a la UMD.*

Con los compañeros de la Academia de Ingenieros a los 25 años de acabar la carrera (1979).

En la Academia de Ingenieros, formando con mis compañeros y saludando al teniente general Pascual Galmes (1979).

Busquets interpela al Gobierno sobre la prensa ultra

«Hace mucho daño a la disciplina militar»

Barcelona. — **«Estos rotativos se leen masivamente en los cuarteles y hacen mucho daño a la disciplina militar, ya que atacan a la autoridad constantemente»**, ha manifestado Juli Busquets, diputado de Socialistes de Catalunya, ex comandante y ex dirigente de la autodisuelta Unión Militar Democrática, respondiendo a una pregunta sobre la incidencia que tienen en los medios castrenses diarios ultraderechistas como *El Alcázar*, que ha motivado una interpelación del diputado al Gobierno.

Busquets interpela sobre un escrito publicado en el órgano de la Confederación Nacional de Combatientes y del que —según el diputado— puede deducirse que se intenta que los generales obvien el contacto con el Gobierno, actitud que considera contraria a la Constitución y posiblemente constitutiva de delito de incitación a la rebelión, por lo que solicita que se den a conocer las medidas adoptadas para hacer frente a la **«intoxicación sistemática de la opinión militar por parte de rotativos de extrema derecha»**.

El ex comandante y diputado socialista ha presentado una interpelación sobre un artículo de *El Alcázar*

Otros casos en estudio

Paralelamente, Juli Busquets ha manifestado a EL PERIODICO que su grupo parlamentario está estudiando la posibilidad de presentar sendas interpelaciones relacionadas con *El Imparcial* y la revista *Fuerza Nueva*. Del rotativo se interpelaría una información aparecida en la habitual columna firmada con el seudónimo *Merlín*, y de la revista una portada en la que arriba aparecían estrellas de cuatro puntas y abajo unas gallinas, portada que —según Busquets— podría constituir un delito de injurias al Ejército.

Al respecto, el diputado señala que **«si para salvar el 95 por ciento de la libertad de expresión se ha de sacrificar la libertad de un 5 por ciento de órganos de expresión que quieren destruir la democracia, el que sea demócrata ha de ser partidario de hacerlo»**.

Tras señalar que **«la clase política tiene la obligación de defender la democracia y asumir el riesgo que ello implica»**, Busquets comenta la paradoja que implica el hecho de que mientras *El Socialista* o *Mundo Obrero* no pueden entrar en los cuarteles por ser órganos de partidos políticos, en cambio a *El Imparcial* y *El Alcázar* **«que son mucho más políticos, parciales y contrarios a la Constitución, se les deja entrar»**. — *R. Jorba*

"Los generales pueden y deben"

El artículo objeto de interpelación por parte de Juli Busquets fue publicado por el diario madrileño *El Alcázar* el 31 de mayo. Se titulaba: **«Los generales»**, y lo firmaba el escritor ultraderechista Angel Palomino, colaborador habitual del diario de los *Combatientes*.

«Los ojos de los españoles se vuelven hacia los generales —decía Palomino—, **en todas las mentes surge, inevitablemente, el pensamiento de que algo va a ocurrir, de que las cosas han llegado demasiado lejos y que los generales han comprendido que esta situación no pueden tratarla ya con el Gobierno de la UCD ni con los partidos políticos»**.

El articulista proseguía que **«ni el indescriptible ministro de Defensa, ni el general Gutiérrez Mellado, ni el presidente Suárez son ya interlocutores aceptables, en realidad son totalmente inaceptables»**. Y añadía que **«en conciencia es lícito pensar en que»** los generales **«pueden y deben exponer la situación, plantear el problema y proponer soluciones al capitán general de los Ejércitos: Su Majestad el Rey»**.

Estalla un kilo de «goma 2» en sede del MC

Madrid. — Dos ascensores destruidos, varias puertas de vecinos dañadas y el local provincial del Movimiento Comunista (MC-OIC) prácticamente destrozado han sido las consecuencias de la explosión de un kilo de *goma 2* durante la madrugada de ayer. Hace unos días, dicho partido inició una campaña en favor de que Fuerza Nueva y demás organizaciones fascistas fueran declaradas fuera de la ley.

Roca i Junyent pregunta sobre contaminación nuclear

Barcelona. — El diputado Miquel Roca i Junyent, de la Minoría Catalana, ha presentado en el Congreso una pregunta al Gobierno en la que solicita información sobre las medidas tomadas por la Administración contra la contaminación nuclear o petrolífera en las costas de Tarragona. Recuerda que hace un año su grupo ya interpeló en el mismo sentido, ante la preocupación de los pescadores tarraconenses.

Cubillo, de nuevo en estado grave

Las Palmas. — Antonio Cubillo, líder del movimiento independentista canario MPAIAC, se halla internado en un centro sanitario de Argel en estado de suma gravedad. Cubillo padece parálisis en todo el lado derecho de su cuerpo a consecuencia de las puñaladas que recibió hace más de un año. Según ha declarado su esposa, es posible que sea intervenido quirúrgicamente fuera de Argelia.

Declaraciones del autor a El Periódico *(19/6/79).*

Confusión de los diputados ante la irrupción de Tejero y sus hombres en el hemiciclo.

Una de las imágenes más conocidas del teniente coronel Antonio Tejero Molina.

El presidente del Congreso, Landelino Lavilla, y el vicepresidente, Modesto Fraile, inmovilizados al lado de Tejero.

Adolfo Suárez acude a ayudar al teniente general Gutiérrez Mellado (bajo estas líneas) en su forcejeo con los guardias.

Mensaje televisado de S.M. el Rey en la madrugada del 24 de febrero de 1981.

Había la posibilidad de que el pronunciamiento de Milans del Bosch en Valencia desencadenase un efecto dominó en las demás capitanías.

Aplausos para la Constitución

Los diputados, en el hemiciclo, y la Junta de Jefes de Estado Mayor, en la tribuna de invitados, aplauden, puestos en pie, la intervención del presidente del Congreso, Landelino Lavilla, en la apertura de la sesión solemne conjunta de las Cortes Generales, celebrada ayer para conmemorar el tercer aniversario de la Constitución

Portada de La Vanguardia *(10/12/81) en la conmemoración del tercer aniversario de la Constitución. Pueden verse los diputados del PSC y detrás los de CiU y del PNV.*

Portada del número monográfico del El Coleccionable *de* El Correo Catalán, *dedicado al nacimiento de la UMD en Barcelona (septiembre de 1985).*

Durante la legislatura 1982-1985, con el entonces ministro de Defensa, Agustín Rodríguez Sahagún.

El teniente coronel Pedro Rodríguez, antiguo alférez provisional y líder de la UMD de Ceuta, habla en la Asamblea de Excombatientes del ejército republicano (22/5/88).

Sobre la cubierta de un submarino en la base naval de Cartagena, con el senador del PNV Joseba Elósegui (primero a la izquierda), el diputado Pérez Siquier y Juan Barranco, que fue alcalde de Madrid.

En la mesa de la Comisión de Defensa, conversando con el ministro Narcís Serra y el veterano socialista Máximo Rodríguez, que mandó una brigada republicana en la guerra civil.

Hablando a los profesores y alumnos de la Escuela de Estado Mayor, en el bar (exclusivo para diputados) de detrás del hemiciclo. Posteriormente el director de la Escuela, general Ruiz de Conejos, me invitó a dar una conferencia en la Escuela, en la que había estudiado durante cuatro años.

Alfonso Guerra presenta la tercera edición de El Militar de carrera en España *en el Congreso de los Diputados. Preside el acto Gregorio Peces Barba, presidente del Congreso, con el vicepresidente Leopoldo Torres.*

Los diputados del PSC, en el Salón de los Pasos Perdidos del Congreso (mayo de 1989).

Grupo de diputados catalanes desayunando con el presidente del Congreso Félix Pons (cuarto por la izquierda). Entre ellos puede verse a José Borrell (febrero de 1991).

Almuerzo en honor de 25 diputados que habíamos pertenecido ininterrumpidamente a las cinco legislaturas. Sobre el menú recogí sus firmas: Felipe González, Alfonso Guerra, Javier Solana, etc... Casi todos éramos socialistas, excepto Miquel Roca y Herrero de Miñón (17/6/92).

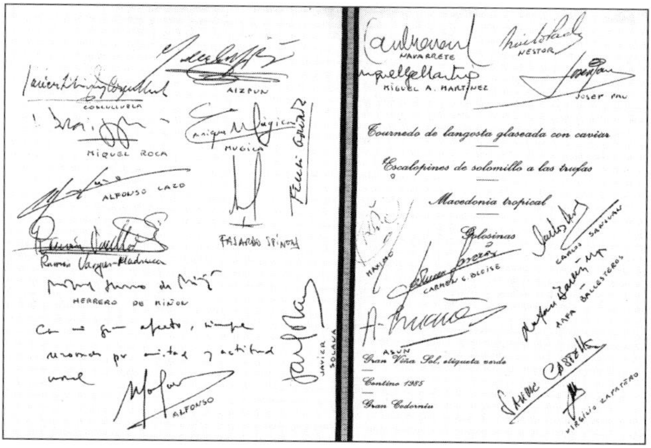

Fotografía de los 25 diputados antes citados (17/6/92).

Visita a la Academia Militar de Zaragoza. Los diputados de la Comisión de Defensa, colocados en línea para el desfile de los alumnos. Nos acompañaban el general Javier Calderón, director de Enseñanza del ejército (con guerrera abierta) y el general Mariano Alonso, director de la AGM, con uniforme de trabajo (cuello cerrado). A mi izquierda, Gabriel Elorriaga, vicepresidente segundo de la comisión.

Visita de los alumnos de la Academia de Villaverde al Congreso, con su director el general Boneli Otero (febrero de 1988).

Tras la entrega de diplomas por el Rey a los que hicimos un curso en el CESEDEN (diputados López Valdivielso y Busquets, senadores Pérez Llorca y Cámara, varios directores generales, siete generales, un almirante y cinco coroneles). A la izquierda del Rey, el director del centro, general López de Sepúlveda y a la derecha el subdirector almirante Serrano Punyed (1991).

Después de la reunificación alemana, los diputados de su Comisión de Defensa visitaron los parlamentos de varios países. Entre nosotros fueron muy bien recibidos, pues a la mayoría de ciudadanos españoles nos alegró la reunificación.

Visita al Congreso de los alumnos del curso de ascenso a general, acompañados por el director de la Escuela Superior del Ejército, general López Perea (noviembre de 1992).

Comida homenaje a Jesús del Olmo por los diputados socialistas de la Comisión de Defensa. De pie Tejeiro y Silva, que era jefe del gabinete de Suárez Pertierra. Del Olmo es el cuarto por la izquierda; a su lado, Pedro Moya, portavoz del grupo (marzo de 1993).

Comida de excombatientes del ejército republicano. De izquierda a derecha, Busquets, el coronel Emilio Pardo Fernández Corredor, del ejército de la República, Joaquín Ruiz Giménez, el coronel López Pérez y, de pie, Joaquín Satrústegui. Cortado, el senador de la UCD Bosque Hita (14/11/84).

Los asistentes a la comida de excombatientes del ejército republicano, con motivo de la aprobación de la Ley de Amnistía Militar (14/11/84).

Visita de varios excombatientes del ejército de la República al Congreso. Con el fajín de Estado Mayor, el presidente de ASPRONO, coronel Emilio Pardo Fernández Corredor. A su lado el coronel Feliciano Romero, quien le sucedió en la dirección de esta hermandad.

En el Pueblo Español, hablando a una concentración de la Lliga de Catalunya de Mutilats i Vídues de la Guerra d'Espanya. *De pie el presidente de la Lliga, Josep Palau. Sentados el alcalde de Barcelona, Pasqual Maragall y el diputado Lluís Armet.*

La primera vez que los excombatientes del ejército republicano asistieron a un acto oficial, Joaquín Satrústegui, otros diputados y yo mismo, saludamos al Rey.

Con Pasqual Maragall y Rosa Martí en la inauguración de un edificio municipal de Parets del Vallès (marzo de 1987).

Entre Ramón Rubial, que fue presidente del PSOE, y Tomás y Valiente, que lo fue del Tribunal Constitucional y que poco después sería asesinado en su despacho de la universidad (1993).

Una visión del pleno del Congreso del PC de Bulgaria.

Acto de entrada de la delegación de las Fuerzas Armadas en el Congreso del Partido Comunista de la RDA.

Delegación española en la reunión internacional de parlamentarios de Defensa: Pedro Moya, portavoz socialista en la comisión, Lluís Maria de Puig, después presidente de la UEO, y Busquets (noviembre de 1998).

Conferencia sobre las relaciones entre Fuerzas Armadas y la sociedad en Santiago de Chile (julio de 1988).

Con Elías Díaz ante la tumba de los militares decembristas *que en diciembre de 1826, imitando al comandante español Rafael Riego, se pronunciaron contra el absolutismo ruso y que, como él, fueron ejecutados.*

Con Alejandro Muñoz Alonso, presidente de la Comisión de Defensa con el PP, y Jaime Pérez Llorca, durante una visita a Bonn de diputados de la Comisión de Defensa.

Visita al vicepresidente de la República Popular China, con el embajador de España y el general José A. Blanco Romero, del gabinete de Felipe González.

En Berlín, con uno de los más destacados líderes del derrocamiento de Ceausescu, el presidente de la Comisión de Defensa, Petre Roman (mayo de 1993).

Con militares españoles de ONUSAL y dirigentes de la Comisión de Derechos Humanos. El tercero por la derecha es el coronel y escritor Prudencio García (3/5/93).

Con el general Ortega, jefe de las FAR de Nicaragua durante la etapa sandinista.

Los diputados nicaragüenses de la Comisión de Defensa y el general Ortega asisten al seminario sobre relaciones civiles-militares.

III

TRES PRESIONES MILITARES SOBRE LOS CONSTITUYENTES

Las Cortes, elegidas el 15 de junio de 1977, fueron simultáneamente constituyentes y legislativas, por lo que aquí me referiré a algún aspecto militar de la Constitución y en los capítulos siguientes a la actividad legislativa que el Congreso realizó sobre cuestiones de política de defensa.

En la Constitución se cita varias veces a las Fuerzas Armadas, a las que se dedica además un artículo, el 8-1, que dice: «Tienen como misión garantizar la soberanía e independencia de España, defender su integridad territorial y el ordenamiento constitucional.» Lo de la «integridad territorial» fue un innecesario empeño de Fraga. En general, podríamos decir que el tratamiento dado a los temas militares fue acertado.

Uno de los temas más discutidos durante la transición fue el de la presión de los generales sobre el poder político, y en este sentido ya se ha explicado antes lo ocurrido durante la gestación de la ley 46/77, de Amnistía Militar.[1]

No fue el único caso: Durante la elaboración de la Constitución recuerdo otras tres presiones más, relativas a los Tribunales de Honor, la objeción de conciencia y la pena de muerte. En el primer caso se cedió ante la presión militar; en el segundo, se llegó a una transacción, y, en el tercero, prevaleció la voluntad de los legisladores.

Los Tribunales de Honor

En el tema de los Tribunales de Honor, la posición de los legisladores (con la excepción de Alianza Popular) era clara: se debían suprimir. Su existencia chocaba frontalmente con varios artículos de la Constitución, ya que no había garantía de publicidad; no se juzgaba con arreglo a la ley, sino a los criterios morales del Tribu-

1. Léase en el capítulo anterior: «El veto de los generales.»

nal; el juez no era perito en derecho y no había abogado defensor; no se podía ni graduar la pena, ni recurrir su sentencia; la sanción era medieval, deshonrosa, vejatoria, etc.

El día 8 de junio de 1978 el tema se debatió en la Comisión Constitucional. Defendieron la abolición Martín Toval, por los socialistas, Roca Junyent por CDC y Solé Tura, por los comunistas. Se opusieron Fraga y José Pedro Pérez-Llorca (que a nivel personal era un decidido partidario de la abolición). Este último, en nombre del gobierno, argumentó que la supresión se realizaría al reformar el Código de Justicia Militar y así se llegó a redactar uno de los artículos más incongruentes de la Constitución, el artículo 26, cuyo peregrino redactado dice: «Se prohíben los Tribunales de Honor en el ámbito de la Administración Civil y de las organizaciones profesionales», con lo cual se evitaba afirmar que los Tribunales de Honor militares podían continuar,[2] pues al prohibirlos en todos los ámbitos, excepto en el militar, se estaba diciendo *in senso contrario*, que allí quedaban autorizados.

Como es lógico, los partidarios de abolir estos tribunales no nos dimos por vencidos y en 1978, al llegar al Congreso el proyecto de reforma del Código de Justicia Militar propusimos su abolición, por vía de enmienda, por ser contrarios a los artículos 9-3, 14, 24, 25-1 y 120 de la Constitución. La enmienda se debatió en el pleno el 19 de junio de 1980. La defendió Joaquín Navarro, pero se fracasó otra vez en el intento por la oposición de UCD, que seguía condicionada por presiones estamentales.

Ya he explicado antes que comí con Rodríguez Sahagún y con Javier Calderón en un vano intento de consensuar algunos temas de la ley.[3] En la comida saqué el tema de la abolición de los Tribunales de Honor y el ministro me contó que tras la aprobación de la Constitución «sólo» se había expulsado del ejército, por medio de estos tribunales, a tres oficiales. El último, dijo, era un capitán de Artillería destinado en la provincia de Cádiz, que fue expulsado del ejército a causa de la conducta de su mujer. «Era consentidor», sentenció el ministro, repitiendo, a buen seguro, lo que le habían dicho algunos militares (los cuales, sea dicho entre paréntesis, aún consideraban que el honor profesional estaba relacionado con la represión sexual, aunque no con la propia, claro, sino con la de su mujer.)

2. *Diario de Sesiones* número 8 del 8 de junio de 1978.
3. Léase en el capítulo anterior: «De nuevo planteamos el tema.»

Hubo, pues, que esperar a que llegaran los socialistas al gobierno y que se hiciese una reforma en profundidad de la justicia militar para que estos anticuados tribunales fueran finalmente abolidos. Pero antes volvieron a hacer daño y a ser usados políticamente contra una destacada personalidad, la de un militar compositor: el coronel Ortega Monasterio.

El *affaire* Ortega Monasterio

Mientras en el Congreso los diputados debatíamos la reforma de las Ordenanzas, ultimábamos la redacción de la Constitución e intentábamos abolir los Tribunales de Honor, en Jaca se producía una de sus últimas utilizaciones políticas contra un militar demócrata, el coronel Ortega Monasterio.

Como ya he explicado,[4] este militar había sido detenido en marzo de 1976 por motivos políticos y aunque ciertamente nunca perteneció a la UMD, divulgó en Jaca un manifiesto que había redactado con el capitán Carlos García, que confundió a las autoridades militares, las cuales creyeron que pertenecía a esta organización y le condenaron a seis meses de prisión que cumplió en el castillo de Santa Catalina (Cádiz).

A partir de entonces, Ortega Monasterio estuvo permanentemente marginado y fue perseguido, de la forma soterrada en que lo eran los militares demócratas. No se le volvió a dar ningún mando ni destino medianamente importante, se le bajaron las calificaciones anuales de la hoja de servicios, se le hicieron desprecios y feos notorios desde un punto de vista social, etc., en resumen, se le dio el usual mal trato que el ejército daba en aquellos años a los militares demócratas.

En este contexto de hostilidad y persecución soterrada, tan fácil por otra parte en una sociedad rígida y jerárquica como es la militar, el espíritu mujeriego que la generalidad de los militares tenemos, y que Ortega Monasterio había tenido toda la vida (y conviene no olvidar que entonces tenía ya más de sesenta años) y su personal forma de ser, que hasta entonces había sido alabada en una sociedad machista como es la militar, pasó a ser considerada

4. Léase en la Segunda parte de esta obra el epígrafe titulado «La detención de Ortega Monasterio y los de Jaca».

como gravemente desviada a pesar de que su conducta siempre había sido la misma: atípica, liberal, bohemia, cachonda, etc.

La persecución se agudizó en noviembre de 1978, cuando tres días antes del 20-N de ese mismo año se produjeron la Operación Galaxia y los sucesos de Cartagena (Atares). El 20-N varios cientos de militares de toda España, en su mayoría de alta graduación, acudieron de uniforme al Valle de los Caídos a celebrar una apoteosis fascista, de la que la prensa informó de manera vergonzante y el Ministerio de Defensa ignoró y dejó en total impunidad pese a tratarse de una apología de la involución y un conciliábulo conspirativo.

Envalentonados por el acto del Valle de los Caídos e irritados por las tres ridículas detenciones con las que el gobierno pretendía frenar la involución, o quizá como consecuencia de una consigna o acuerdo allí establecido, los días siguientes se produjo una durísima represión de los militares demócratas y dos antiguos miembros de la UMD, el comandante Francisco Bravo, en Salamanca, y el capitán Rafael Tejero, en la División Acorazada, tuvieron serios incidentes que saltaron a la prensa y muy pocos días después fue arrestado el comandante Santiago Perinat en Madrid. Pero estos hechos, que fueron conocidos por aparecer en la prensa, no fueron los únicos. En las Juntas Económicas que a primeros de diciembre se celebraron para renovar los destinos burocráticos para el año 1979 se asignaron los destinos de este tipo a muchos capitanes de conocidas ideas democráticas, como García Márquez, que siendo el capitán más antiguo de su cuartel recibió, en vez de mando, un destino burocrático, etc. Análogamente, otros, desde Barcelona a Ceuta y Galicia, sufrieron estrepitosas broncas que no venían a cuento y que sólo respondían a un afán de hacer la vida imposible a los que tuvieran ideales democráticos.

En este contexto, el 9 de diciembre (tres días después del referéndum de la Constitución) en Jaca se reunió precipitadamente un Tribunal de Honor contra el coronel Ortega Monasterio. Si se tiene en cuenta que este tribunal exige como requisito obligado la reunión previa de otro anterior, se notará la total coincidencia de fechas con el recrudecimiento ultra que sigue al 20-N. Y este tribunal decidió la expulsión del coronel Ortega Monasterio por unos hechos que eran públicos desde hacía tiempo y en el fondo por un estilo de vida lógico en una persona de talante abierto y liberal y que le llevaba a hablar en catalán o en vasco a los soldados, a participar en certámenes musicales, etc., lo que es difícil de comprender para la colectividad militar, pero que es valorado de forma positiva por la mayoría de los ciudadanos.

El *affaire* Ortega Monasterio saltó a la prensa por una filtración de los ultras, que resultaba parcial, por incompleta, por aislar el hecho de su contexto. Cuando la familia y los amigos del interesado matizamos la información situándola en su contexto jurídico y político, la Capitanía General de Zaragoza difundió otra nota, claramente injuriosa, que en el mejor de los casos significaba detracción y en el peor calumnia, pero que siempre era delictiva por quebrar el principio de secreto que establecía el artículo 1.025 del Código de Justicia Militar, y que además atentaba gravemente contra el artículo 18-1 de la Constitución: «se garantiza el derecho al honor... y a la propia imagen».

En resumen, en el caso Ortega Monasterio hubo persecución (el capitán general Cabezas Calahorra, que con el tiempo defendería a los del 23-F, firmó la sentencia el mismo día que dejaba el mando, lo que es totalmente inusual, salvo «que se tengan ganas»), y en mi opinión si el citado coronel no hubiese tenido un talante humano liberal y sobre todo una ideología antifranquista, no le habría pasado nada grave. Casos de conducta privada liberal son frecuentes en el ejército como en toda colectividad humana. Claro que en aquellos años si se trataba de un demócrata todo era distinto porque en el ejército durante la transición y la dictadura, los mandos seguían siendo en su mayoría antidemócratas y para juzgar la conducta existían «dos sistemas de pesos y medidas» según se tratase de franquistas o de demócratas.

A finales de diciembre me vino a ver a casa su mujer. Estaba deshecha. Me comunicó lo que le había ocurrido a su marido. Les puse en contacto con Juan Barja, el antiguo miembro de la UMD, del que antes ya he hablado. Barja, abogado brillante y eficiente, consiguió ganar, posiblemente por primera vez en la historia, el recurso contra el fallo del Tribunal de Honor. Y ocurrió lo que hasta entonces nunca había ocurrido: el coronel Ortega Monasterio fue finalmente readmitido dentro del ejército que le había querido expulsar. Cuando algunos años después ocurrió esto, sus amigos le hicimos un homenaje y en nombre de los «úmedos» de Barcelona, el coronel López Amor le regaló un bastón de mando.

La objeción de conciencia y la abolición de la pena de muerte

El segundo tema era la objeción de conciencia. En los primeros borradores de la Constitución[5] se consideraba como un derecho fundamental y consecuentemente figuraba en el título primero. Y además, por sí solo daba contenido a un artículo entero, cuyo texto decía: «Se reconoce el derecho a la objeción de conciencia. La ley lo regulará con las debidas garantías, imponiendo una prestación social sustitutoria.»

No gustó a los militares. Se trataba de un tema envenenado, que producía gran irritación y que ya en 1970 llegó a producir un hecho insólito en las Cortes franquistas: la devolución de las Cortes al gobierno[6] de un proyecto de ley. En efecto, en la Comisión de Defensa los procuradores de Cortes decidieron por veintiún votos contra nueve, devolver un proyecto de ley por el que se regulaba la situación de los objetores de conciencia, alguno de los cuales en aquel momento llevaban ya trece años de trabajos forzados.[7]

Pero regresemos a 1978 y a la redacción de nuestra Constitución. Gutiérrez Mellado pidió una redacción más discreta de este derecho y se decidió colocarlo dentro del artículo 30, que trata del servicio militar, al que se añadió un párrafo segundo que dice: «La ley fijará las obligaciones militares de los españoles y regulará con las debidas garantías la objeción de conciencia, así como las demás causas de exención del servicio militar obligatorio, pudiendo imponer, en su caso, una prestación social sustitutoria.»

El epílogo paradójico del caso ha sido que al fin este derecho que los militares quisieron diluir como excepcionalidad a la prestación del servicio militar ha sido tan ampliamente utilizado que ha acabado por hacer desaparecer el servicio obligatorio.

5. Publicados en la prensa del 25 de noviembre y del 24 de diciembre de 1977, y en el *Boletín Oficial de las Cortes* del 17 de abril de 1978.

6. *BOCE (Boletín Oficial de las Cortes Españolas)* número 91. Apéndice: Diario de Sesiones de la Comisión de Defensa del 9 de julio de 1970. Léase en el capítulo VIII de la Primera parte de esta obra el epígrafe referido a Díez Alegría y en el capítulo VI de la Tercera parte el epígrafe titulado «Los objetores de conciencia».

7. En el *BOCE* antes citado, se nota cierto enfrentamiento dentro del propio franquismo. A dos procuradores, Merino García y Pérez Salomero, se les maltrató, se les quitó la palabra y se nota que a otros procuradores les irritaban sus palabras comprensivas para los objetores.

El tercer tema fue la abolición de la pena de muerte. Los militares eran decididos partidarios de su mantenimiento y en una ocasión recuerdo que como portavoz del PSC en la Comisión de Defensa tuve que rebatir a Gutiérrez Mellado los argumentos que él esgrimía a favor de su mantenimiento. La tensión entre la posición militar y el abolicionismo civil produjo una transacción que consistía en mantenerla en el Código marcial y abolirla en la legislación civil. No satisfizo.

En la sala de comisiones del segundo piso (que ya no existe) nos reunimos los diputados socialistas y varios compañeros se manifestaron por la abolición total. Recuerdo una emocionada intervención del veterano Máximo Rodríguez, jefe de una brigada en la guerra civil, que habló de muchos compañeros socialistas que habían sido fusilados al acabar la guerra. Desde la mesa los dirigentes del partido contestaron el *non posumus* debido a la presión militar. Así es que en el Congreso se aprobó la Constitución con pena de muerte incluida «para delitos militares».

Sorprendentemente, en el Senado se prescindió de las presiones y se aprobó la redacción actual que sólo permite la pena de muerte en caso de guerra. Y en contra de lo que nos decía el gobierno de UCD, la abolición de la pena de muerte no provocó ninguna crispación entre los militares y no pasó absolutamente nada.

El voto de los militares constituyentes

Cuando llegó la hora de la verdad, la hora solemne de votar una Constitución democrática que ponía fin a cuarenta años de dictadura derogando las llamadas Leyes Fundamentales, de los nueve parlamentarios militares, seis dimos nuestro voto favorable (Alfonso Osorio, Ramón Sainz de Varanda, Hipólito Gómez de las Roces, Carlos Sanjuán, César Llorens y yo), dos (los tenientes generales Luis Díez Alegría y Ángel Salas Larrazábal) se abstuvieron y uno (el almirante Gamboa) votó en contra. Pero lo lamentable fue que los tres que no aprobaron la Constitución fueron precisamente los tres tenientes generales que habían sido nombrados para, de alguna manera, representar a las Fuerzas Armadas.

IV

COMIENZAN LOS INTENTOS INVOLUCIONISTAS

La Operación Galaxia

El día 16 de noviembre de 1978, después de cenar, vinieron a verme a casa dos comandantes de la Policía Nacional. Uno, Paco Casanovas, era un viejo amigo de la UMD (había participado en la rueda de prensa que se hizo en Canarias como réplica a las condenas del consejo de guerra de Hoyo de Manzanares). Al otro comandante, Paulino García, no le conocía personalmente, pero tenía de él excelentes referencias.

Llegaron muy tarde y me contaron que se acababa de detener a cinco jefes y oficiales de la Guardia Civil y de la Policía Nacional que preparaban un golpe de Estado. Estuvieron en casa un par de horas, durante las cuales evaluamos conjuntamente la situación. En cuanto se fueron, salí escopeteado a casa de Felipe González, que entonces vivía en el barrio de la Estrella. Hablé con Carmen Romero, a la que conocía porque ambos militábamos en FETE, el sindicato de enseñantes de UGT, y me dijo que su marido estaba en un restaurante en el que había cenado con Alfonso Guerra y algunos compañeros. Le pedí que le telefonease para que no se moviese y me fui allí.

Cuando llegué ya pasaba de las dos de la madrugada, solicité hablarle a solas. Le repetí el análisis que en mi casa habíamos hecho de la situación. Varios años después, uno de los compañeros que asistió a la cena (no recuerdo si Galeote o Yáñez) me comentó: «Cuando te vimos llegar a las dos de la madrugada, con la cara sombría y preocupada, y te oímos decir: "Tengo que hablar con Felipe a solas y ahora mismo", pensamos: ¡La que se ha debido armar!»

Mientras tanto, el presidente Suárez estaba reunido con varios tenientes generales en su despacho de La Moncloa para seguir los acontecimientos y las posibles reacciones que podrían desencadenar las detenciones, ya que en estos casos es difícil saber exactamente el alcance de la conspiración. Se habían apostado observadores en las carreteras de acceso a Madrid y existía la lógica preocupación. Entonces sonó el teléfono y con gran sorpresa el presidente Suárez oyó la voz de Felipe González que le hablaba de una operación que —en aquel momento— aún no conocían ni los propios ministros de su gobierno. ¡Y ya se había enterado el jefe del Partido Socialista! Así es que muy sorprendido, se limitó a contestarle que todo estaba controlado.

Después de la llamada de Felipe a Suárez me fui a casa —compartía un apartamento con el capitán Toño Herreros, otro antiguo miembro de la UMD— y me acosté. Hacia las cuatro de la madrugada me despertó una insistente llamada de teléfono. Y cuál sería mi sorpresa cuando al descolgar oí la voz de Felipe González. Me contó que el presidente Suárez le acababa de llamar y le había explicado que anteriormente no se había podido explayar libremente con él porque estaba rodeado de generales, pero que éstos se acababan de marchar, por lo que le llamaba para explicarle pormenorizadamente lo ocurrido, insistiéndole en que la situación estaba controlada. Cuando Felipe González acabó de conversar con Suárez me llamó, lo que me produjo la lógica satisfacción.

Al día siguiente leí los periódicos esperando encontrar un gran titular. No salió nada. Ni por la mañana ni en los de la tarde (entonces aún había diarios de tarde). Fue preciso esperar al segundo día para leer en los periódicos las detenciones de Tejero e Ynestrillas, noticia que los socialistas conocíamos desde hacía más de veinticuatro horas. Cuando la noticia al fin salió el sábado día 18, la prensa informó que el general Atares, otro ultra perteneciente a la Guardia Civil, y que además había sido jefe de Tejero hacía un par de años, se enfrentó a Gutiérrez Mellado en Cartagena ante un numeroso grupo de militares.

A raíz de esta operación, Felipe González, en una conversación que tuvimos en el Congreso y a fin de evitar sorpresas como aquélla, me dijo que montara algún servicio de seguridad para prevenir sucesos de aquella índole. Instalé un contestador automático en un piso vacío (en Aribau, 174, que habíamos usado para reuniones de la UMD) que pertenecía a mi cuñado Ramón Roig y di el número de teléfono a varios antiguos compañeros de la UMD, de diferentes guarniciones cubriendo, en la medida de lo posible, el territorio estatal y de esta forma con inmediatez y fidelidad tenía noticias desde cualquier punto de España. Estuvimos en ello hasta la victoria socialista, pero lo cierto es que ninguna de las noticias recibidas fue lo suficientemente importante como para ser reseñada. Por otra parte, en algunas zonas no contaba con nadie.

Para valorar lo sucedido, Enrique Múgica, que entonces era presidente de la Comisión de Defensa, organizó una reunión en el grupo parlamentario socialista, a la que asistieron algunos políticos como Luis Solana y algunos antiguos miembros de la UMD proclives al partido socialista. Recuerdo que asistieron el teniente coronel Díez Quijada, de la Guardia Civil y los capitanes Julián Delgado, Díez Gimbernat y Antonio Herreros, entre otros, y al final de la mañana vino Felipe González, al que Díez Quijada expuso las conclusiones.

Me telefonea Ruiz Mateos

El 1 de diciembre se reunió la Comisión de Defensa a puerta cerrada para que el ministro de Defensa, Gutiérrez Mellado, informara sobre lo ocurrido. En el turno de preguntas, interrogué al ministro sobre la posible conexión entre la insubordinación del general Atares y la Operación Galaxia. Mi opinión personal era que no se trataba de hechos aislados, sino de algún modo conectados y que también se debían investigar las posibles conexiones que ambos hechos podían tener con algunos grupos económicos, y concretamente con Rumasa. Esta posible conexión había sido denunciada en la prensa, en una crónica publicada por el periodista Julián Lago. Me limité a interrogar al ministro sobre la veracidad de la noticia. Pero de eso hablé muy de pasada y como es lógico, mi participación versó en el análisis de las causas de la intervención militar y de la actitud de Atares.

Varios días después, a la hora de comer, me llamaron por teléfono a casa. Acostumbro a coger el teléfono yo mismo, y así lo hice también en esa ocasión. Oí una voz de señorita muy nerviosa que me decía:

—Por favor, no cuelgue, es conferencia, enseguida le van a hablar.

Pero tardaban y me empecé a cansar:

—Me van a hablar, pero, ¿quién?, ¿de dónde?, ¿quién es?, ¿con quién hablo?

Y al final, desde el otro extremo del hilo, la contestación:

—Nada menos que Ruiz Mateos al habla.

Solté una carcajada, fruto de mi ignorancia, obviamente, pero el caso es que yo entonces aún no sabía quién era Ruiz Mateos. Curiosamente, ahora, que no tiene ni mucho menos el poder que tenía, es mucho más popular, pero entonces, sinceramente, no tenía ni idea de quién era. Y como me llamaban muchos socialistas de las agrupaciones, en general personas sencillas, creí que sería algún compañero del partido.

—Hombre, Ruiz Mateos, qué bueno oírte (creyendo que se trataba de un compañero), dime, dime...

Ruiz Mateos se enfureció.

—¡Cómo que dime, dime! Usted es el que ha de decir...

Me quedé profundamente desconcertado. Evidentemente, aquel compañero estaba muy enfadado pero yo no conseguía recordar por qué debía ser...

—Bueno, pues verás, el caso es que ahora no te recuerdo...

—Hombre, ¡no me recuerdas! ¡Pues debías recordar!

Mi cerebro funcionaba a toda pastilla, pero nada, no conseguí recordar al compañero, y como en general la gente me llamaba para problemas del servicio militar o de pensiones de militares republicanos, en tono conciliador le dije:

—Bueno, vamos a ver, compañero, ¿por qué no me ayudas un poco? ¿Se trata de algo de tu pensión?

Ruiz Mateos se debía creer que me choteaba de él y se iba enfureciendo cada vez más:

—Ni soy compañero ni necesito una pensión para nada.

Y yo cada vez estaba más desconcertado...

—Perdona, perdona... debe ser algo relacionado con el servicio militar de algún hijo tuyo...

Más cabreo.

—Perdona, Ruiz Mateos, pero no consigo recordarte y al fin y al cabo tú eres el que llamas, así que si no me concretas vamos a tener que dejar de hablar...

Entonces él me preguntó qué fue lo que dije en la Comisión de Defensa. Y mi desconcierto aumentó.

—Lo hablado en la Comisión es secreto —le contesté.

La conversación fue larga. Me es imposible reproducirla en su totalidad. Intentaba saber qué dije sobre Rumasa, y le expliqué que hablé de ello de pasada y apoyándome en una noticia de prensa. En un momento determinado intentó averiguar si estaba contra el Opus y si ése era el motivo por el que le atacaba.

—No, compañero. El Opus es una organización religiosa y la mayoría de sus miembros a nivel personal son personas íntegras.

Él buscaba algún punto de resentimiento mío contra él. Pero no lo había. Yo no sabía ni quién era y entonces él se empezó a desconcertar, se fue dando cuenta de que hablaba con una persona moderada que no estaba contra nadie, que actuó de buena fe y que no tenía nada contra él.

La última pregunta que me hizo recuerdo que fue:

—Pero, ¿usted sabe de quién es Rumasa?

—No sé, pero supongo que una cosa tan grande será una sociedad por acciones.

—No, es de una sola persona —me dijo.

—¡Pues qué suerte! —recuerdo que le contesté—. Pero eso, Ruiz Mateos, ¿qué nos importa a ti y a mí? Además se me está enfriando la sopa, llevo mucho rato hablando y ya he tenido mucha paciencia contigo, así es que lo vas a dejar.

—Ya veo que usted no tiene ni idea de quién soy yo. He hecho el ridículo montando esto.

Yo colgué. Y desde mi desorientación le dije a Montserrat Barenys, mi mujer:

—¿Por qué será que me llaman a mí todos los locos?

Porque acabé la conversación sin enterarme de con quién estaba hablando. Imagino que debía haber montado un equipo de grabación, notario, etc., para «pillar» al diputado malvado que lo perseguía... por eso supongo que al final dijo eso de «He hecho el ridículo montando esto».

No tardé en entenderlo todo. Pocos días después me llamó el comandante Tomás Ximénez de Embún, al que yo no conocía, que me dijo ser el jefe de seguridad de Rumasa y nos citamos al lado del Congreso en la cafetería del hotel Palace. Yo, en aquel momento, aún no había establecido relación con la conversación telefónica de unos días antes, pero pedí a Carlos Sanjuán, mi viejo amigo de la UMD, que me acompañara para tener un testigo de la conversación.

Fuimos al Palace y el comandante Ximénez de Embún me habló del holding de Rumasa, de lo que era, lo que hacía. Y me habló de Ruiz Mateos con grandes elogios. Después, durante una temporada, me estuvieron mandando publicaciones de las comarcas de Cataluña y otras, que sinceramente estaban bien. La conversación con su jefe de seguridad me hizo recordar y entender la que había tenido con el propio Ruiz Mateos.

La reforma de las Ordenanzas

Un mes después de la Operación Galaxia, el 20 de diciembre de 1978, se debatieron en el pleno del Congreso las nuevas Ordenanzas Militares y me tocó defender una enmienda socialista que yo mismo había redactado, por la que se introducía una reforma al artículo 34, en virtud de la cual se eximía del deber de obedecer las órdenes constitutivas de delito en especial contra la Constitución, quedando claro que el que obedeciese órdenes delictivas lo haría bajo su responsabilidad y no podría ampararse con la eximente de «obediencia debida».

En mi discurso[1] me apoyé en la tradición militar española, que arranca de la Ley Constitutiva del Ejército del 9 de junio de 1821, así como en la legislación internacional comparada: en las normas que rigen en los ejércitos alemán, francés, inglés, italiano, norteamericano, etc., y como la Operación Galaxia estaba tan reciente, UCD no tuvo fuerza moral para oponerse y votar contra la posibilidad de que se repitiese algo que acababa de ocurrir. Para preparar mi intervención hablé con dos compañeros dotados de gran competencia profesional: Antonio Martínez Teixidó y Francisco López de Sepúlveda. Habían estado destinados en el extranjero y tenían amplios conocimientos de la organización de otros ejércitos occidentales (digamos entre paréntesis que Teixidó acabó su carrera militar mandando la Capitanía de Cataluña y Aragón y López de Sepúlveda el CESEDEN).

Para el asentamiento de la democracia fue una feliz coincidencia el que la discusión del artículo 34 de las Ordenanzas se hiciese cuando el recuerdo de la Operacion Galaxia aún estaba fresco porque el texto del artículo fue incorporado —de nuevo gracias a una enmienda socialista— al Código de Justicia Militar cuando fue reformado en 1980. Y la nueva redacción permitió condenar a los culpables del 23-F con cierta contundencia. Si no hubiesen sido modificadas estas dos leyes, las Ordenanzas y el Código marcial, el atenuante de «obediencia debida» habría reducido sensiblemente las condenas, con la consiguiente desmoralización de la opinión pública y envalentonamiento del sector golpista.

Las nuevas Ordenanzas Militares habían sido redactadas por una comisión militar presidida por el general Galinsoga y formada

1. *Diario de Sesiones*, número 146.

por varios distinguidos jefes y oficiales, entre los que recuerdo a Ramón Salas Larrazábal, que llegaría a ser de la Real Academia, y a varios amigos y compañeros de la vida militar como Alonso Baquer, Laguna Sanquirico, Miguel Ruiz Nicolau, Miguel Silva, Daniel Serradilla, etc. Un reducido grupo de ellos vino al Congreso para exponérnoslas y como habían hecho un gran esfuerzo y elaborado una obra seria y meritoria, le aconsejé a Múgica, que actuaba como portavoz de los socialistas, que los felicitase públicamente y solicitase para ellos una cruz blanca, lo que hizo con satisfacción, aunque algunos del partido —desconocedores de temas militares— se lo criticaron.

Para redactar las enmiendas socialistas al proyecto,[2] en septiembre nos habíamos reunido algunos antiguos miembros de la UMD (Julián Delgado, Gabriel Cardona, Díez Gimbernat y yo) con Enrique Múgica y Luis Solana. Cardona y yo habríamos deseado una mejora a fondo del proyecto, pues el que fuese bueno no contradice que se pudiese mejorar y habíamos redactado unas ochenta enmiendas. Sin embargo, Múgica, que era miembro de la dirección del PSOE, impuso un criterio moderado. En consecuencia, los socialistas presentamos cuarenta y nueve enmiendas que en su mayor parte fueron asumidas (digamos entre paréntesis que todos los demás partidos juntos sólo presentaron dos).

Las mejoras introducidas en el Congreso gracias a nuestras enmiendas corrigieron aquello que era incompatible con el nuevo orden constitucional. Por ejemplo: se suprimió algún artículo poco feliz, como el 4, así como alguna alusión al confesionalismo religioso (artículo 15). Se matizó el sentido de la obediencia al modificarse los artículos 28, 34, 95...; se introdujo la conveniencia de la formación intelectual (artículo 44), el respeto por el trabajo manual (artículo 58) y el acatamiento y cita explícita de la Constitución en siete artículos, etc.

El entierro del general Ortín

Poco después de aprobarse la Constitución, la tenaza desestabilizadora que *de facto* formaban aquellos años, ETA y la «ultrada» militar, realizó uno de sus más dañinos intentos contra la joven democracia: ETA asesinó al general Ortín, y la extrema derecha instrumentalizó el luctuoso suceso para producir una asonada militar.

2. El proyecto fue publicado en el *BOCG* número 138 del 1 de agosto de 1978.

Hecho este, siempre grave. Dañino para la disciplina y vergonzoso para el honor militar. Pero en este caso, particularmente cínico porque el general Constantino Ortín era un demócrata a carta cabal desde sus años mozos, desde la época de la guerra civil, y él mismo personalmente me lo manifestó cuando a principios de 1977 me fui a despedir de él, porque era mi jefe, en mi último destino militar, en la Dirección de Enseñanza del Ministerio del Ejército.[3]

Pocos días antes de su muerte, nos habíamos encontrado en el aeropuerto de Barajas. Él era gobernador militar de Madrid y yo ya era diputado. Me saludó con gran cordialidad. Me presentó a su esposa y yo a un capitán de Artillería que me acompañaba, creo que era Vecino, y quedamos que la semana siguiente le iría a ver al Gobierno militar.

No lo pude hacer. Dos días después, el 3 de enero de 1979, lo asesinó ETA y la «ultrada» tras agredir por la espalda a Gutiérrez Mellado, raptó el ataúd y lo paseó por Madrid desde el ministerio al cementerio y en el camino aprovechó para apedrear un local del PSOE. *El Imparcial* y *El Alcázar* comentaron lo ocurrido con euforia y pidieron la dimisión del gobierno. Indignado di un comunicado que publicó toda la prensa,[4] en el que explicaba que era un hombre moderado que nunca habría aprobado estos hechos.

La intentona de Torres Rojas

El 20 de enero de 1980, después de cenar, me vino a ver a casa un antiguo compañero de la UMD, el capitán Rafa Tejero. En enero de 1980, la UMD hacía casi tres años que se había disuelto, pero yo mantenía mi amistad con Tejero que entonces estaba destinado en la División Acorazada.

Le acompañaba un prestigioso teniente coronel: José Crespo Villalón, carrista, paraca, guerrillero, partícipe en la campaña del Sáhara, y además con varios premios de pintura y de poesía en su haber (¡que ya es decir!). Y este hombre, militar disciplinado, a la par que intelectual y artista sensible, vivía angustiado por un conflicto

3. Léase en el capítulo IX de la Segunda parte, el epígrafe titulado «Me despido del general Ortín».

4. Día 6 de enero de 1979. En algún caso el comunicado se publicó a varias columnas.

de lealtades: se debatía entre la lealtad a un jefe militar, a su general de división, y la lealtad a su patria, amenazada por este general que preparaba un golpe de Estado. Y como resultaba evidente que la lealtad a la patria está por encima de la que se debe a una persona concreta, me confió —para que hiciese uso correcto— la información que poseía sobre el golpe en ciernes.

Deliberamos durante varias horas y convinimos en que el primer aviso se debía dar al CESID, ya que se trataba del máximo servicio de seguridad del Estado. Para ello el mismo Pepe Crespo, que era compañero de promoción de Javier Calderón, le iría a ver y le contaría directamente y con todo lujo de detalles lo ocurrido. Pero como yo sabía que el CESID no tomaría medidas si no contrastaba la noticia, a través de UGT logré contactar con unos soldados cuyo destino cerca del mando les permitía oír sus conversaciones, y ellos, de forma un tanto confusa, me confirmaron parcialmente los datos. Y fui a casa de Florentino Ruiz Platero, viejo amigo de la Academia, que estaba destinado en el CESID, y le pasé la información enfatizando mi segunda fuente... con lo que al tener el CESID la información contrastada podría actuar.

Por si el CESID no lo hacía, decidí informar personalmente al ministro de Defensa. Afortunadamente el entonces titular, Agustín Rodríguez Sahagún, era una persona receptiva y consciente de los riesgos de involución. Personalmente recuerdo que paseando por el pasillo curvo que hay detrás del hemiciclo, tuvimos varias conversaciones sobre este tema, al que siempre prestó gran atención. Por eso, porque conocía su preocupación, le ayudé siempre que pude y así lo hice en aquella ocasión. Llamé a sus ayudantes y les di un teléfono «blanco» en el que estaría al mediodía. Cuando descolgué el teléfono, con sorpresa oí la voz del ministro en persona, al que le conté lo que ocurría.

Por algunos amigos militares del equipo del ministro sabía que Rodríguez Sahagún solía acoger favorablemente decisiones enérgicas (como la que era imprescindible tomar en este caso al destituir al jefe de la Acorazada) pero que luego, al ser contrastadas sus propuestas en otros centros del poder, se diluían, lo que daba lugar a una política de debilidad para con los involucionistas.[5] En conse-

5. En la última etapa en que Adolfo Suárez fue diputado, cuando estaba prácticamente solo con su siempre leal amigo Rodríguez Sahagún, tuve la oportunidad y el honor de poder conversar con él, algunas veces en el bar de las Cortes, que había

cuencia, decidí presionar al máximo mediante la filtración de la noticia en la prensa, concretamente a mi buen amigo Miguel Ángel Aguilar que era el director de *Diario 16*.

Cuando acabé todas las gestiones fui al partido, a la sede central que entonces estaba en la calle Santa Engracia, a dar cuenta a Felipe González de todo. Estaba reunido con los de internacional en la última planta del edificio. Miriam Solimán, que siempre me dio muchas facilidades cuando se trataba de esta clase de temas, le hizo salir de la reunión. Recuerdo que además le informé de la actitud del capitán general de Sevilla, Merry Gordon, contraria al referéndum en favor de la autonomía de Andalucía. Tomó buena nota de ambas cosas y me dijo que hablaría con Suárez para impulsarle a actuar.

El día 24, mientras Torres Rojas estaba de vacaciones en Canarias, el *BOE* publicó su cese y traslado al Gobierno militar de La Coruña. La excusa oficial fueron unas palabras altisonantes pronunciadas en el acto de entrega de una boina de carrista al Rey. Y también unas extrañas maniobras celebradas el último 18 de julio sobre Madrid. Simultáneamente, el teniente coronel Vicario, de paracas, muy unido a Torres Rojas, fue apercibido por actos o palabras de decidida intención golpista y en Melilla se arrestó al capitán Tormo que acababa de regresar de Madrid y se decía que intentó reclutar a algún oficial para participar en un próximo golpe.

Por aquellos días, *Diario 16* publicó un plan según el cual los paracas debían tomar La Moncloa mientras la Acorazada ocupaba los centros vitales de Madrid. La noticia produjo gran irritación en el gobierno y más en los golpistas que se vieron descubiertos y enmascarándose corporativamente acusaron a Miguel Ángel Aguilar, al que se procesó por haber dicho algo que, con todas las matizaciones que se quiera, era verdad, y en el 23-F así se demostró.

El cese de Torres Rojas fue uno de los mayores aciertos de Suárez y Rodríguez Sahagún. En efecto, el ex general era jefe de la Acorazada y líder de los paracas, a los que había mandado siendo gene-

detrás del hemiciclo, y era exclusivo para diputados. Y en una de estas conversaciones surgió el tema de la actitud ante los involucionistas, y él personalmente me explicó que respecto a esta cuestión tenían opiniones distintas él y Gutiérrez Mellado. Y para explicármelo claramente me dijo: «Yo era partidario de actuar como en el juego de damas, que se comen varias fichas en una sola tirada y en cambio Gutiérrez Mellado prefería actuar como en el ajedrez, que en cada jugada sólo se come una ficha, un peón...»

ral de brigada, por lo que es probable que los hubiese arrastrado en su rebelión, que lógicamente habría triunfado. Pero incluso en el supuesto de que no fuera así, de que la conspiración no existiese, lo que es indiscutible es que de seguir la Acorazada bajo su mando, el 23-F habría caído como un rodillo sobre Madrid y quizá habría acabado con la democracia. Para salvarla, muchos hicimos lo que en conciencia creíamos que era nuestro deber. Pero deseo destacar dos nombres, de dos personas que han sido gravemente perjudicadas por hacerlo (aunque no de forma clara y directa, sino utilizando, como es costumbre, vías paralelas, mecanismos soterrados). Por una parte el teniente coronel Crespo, excluido del curso de general por las calificaciones negativas que aquel año y los siguientes se le pusieron precisamente por eso, por su actividad democrática. Por otra Miguel Ángel Aguilar, que poco después del *affaire* (y quizá como consecuencia del mismo, pues hubo presiones) fue cesado como director de *Diario 16* y estuvo parado durante varios meses.

V

LEYES INICIALES PARA CONSOLIDAR LA DEMOCRACIA

En toda transición el principal objetivo es consolidar la democracia. Hacerla irreversible. Para ello, aquí se tomaron distintas medidas y en este capítulo trataré de algunas de ellas que están relacionadas con los aspectos simbólicos, éticos y jurídicos de la vida de las FAS. Y uno los aspectos simbólicos, a los éticos y jurídicos porque para los militares los signos externos (banderas, uniformes, divisas, honores...) tienen una especial fuerza legitimadora.

Y en esta línea se hicieron cuatro leyes que afectaron a la jura de bandera, al escudo, a las Ordenanzas Militares (ley de la que ya se ha hablado en el capítulo anterior) y al Código de Justicia Militar. Pero antes voy a explicar lo ocurrido con los retratos de Franco de las dependencias militares.

Los retratos del jefe del Estado

En los últimos meses que pasé destinado en Salamanca, cuando ya había muerto Franco, fui al cuartel del teniente coronel Julio Andrade. Era algo más antiguo que yo, licenciado en derecho y demócrata. Habíamos estado destinados juntos en la IPS de Barcelona, y al llegar a Salamanca fue de los que me abrieron su casa y mantuvieron su amistad. Y como decía, una mañana lo fui a ver a su cuartel y lo encontré muy soliviantado. Me contó que unos suboficiales siguiendo órdenes del mando del acuartelamiento habían descolgado los retratos de Rey y vuelto a colocar los de Franco, salvo, claro está, en aquellos despachos como el suyo, en los que el titular se negó.

Lo ocurrido no era excepcional sino indicativo, podríamos decir «barométrico». Al dar el militar gran importancia a los símbolos externos, se interpretaba que en función del cuadro que presidía el despacho se hacía profesión pública de la ideología, y como en 1976 y 1977 la mayoría eran franquistas, su retrato era el que tenían.

Pocos meses después, cuando ya estaba destinado en Madrid, Carlos Sanjuán me explicó algo muy parecido que le ocurrió a él en el Ministerio de Marina: Estaba en su despacho de comandante jurídico de la Armada cuando llegó un sargento, que comenzó a hablarle muy humildemente, con muchos circunloquios previos:

—Si a usted le parece bien, y por supuesto si usted no tiene inconveniente pues quizá, como el mando lo ha ordenado, pues podríamos...

—Acabe usted, buen hombre, que no me entero de lo que quiere.

—Pues eso... —(y más circunloquios) para acabar tímidamente confesando que se trataba de sustituir el retrato de Franco por el del Rey.

A Carlos le brillaron los ojos.

—Pues claro que sí, hombre, claro que sí. No solamente quiero y usted puede. ¡Es que debe! Y lo que no comprendo es por qué anda con tanto circunloquio.

—¡Ah, don Carlos, si usted supiera qué mañana llevo! Me echan de las oficinas, me insultan y mire, contando el de usted en toda la mañana sólo he podido colgar tres.

Y Carlos al explicármelo, añadió:

—Y el cuadro viejo de Franco se lo ha llevado llorando mi secretaria a su casa para ponerlo en el comedor.

Los cuadros de Franco, las banderas con el águila franquista, etc., tardaron años en quitarse. Los franquistas entendían que su presencia era signo de su poder y consecuentemente se resistieron al cambio todo lo que pudieron. Consciente de ello, de que la democracia no estaría firmemente asentada hasta que los retratos de Franco, emblemáticos de actitud antidemocrática, no desaparecieran, conseguí que mi grupo parlamentario, Socialistes de Catalunya, me permitiese presentar un mandato al gobierno, en la jerga del Congreso les llamábamos Proposiciones no de Ley,[1] con un único artículo bastante enfático en el que simplemente se establecía que el gobierno ordenase que en todos los centros militares de cualquier índole, «presidiese un retrato de S.M. el Rey, en forma destacada y exclusiva». Se lo presenté a Martín Toval, que era el portavoz de mi grupo parlamentario, al mismo tiempo que la proposición relativa a incluir el juramento a la Constitución en la jura de la bandera y dos proposiciones más relativas al servicio militar y a los militares de la República. Presenté cuatro iniciativas ya que calculaba que Martín Toval sólo me dejaría pasar un par, pero contra lo que yo esperaba gruñó pero presentó las cuatro el 3 de mayo de 1979.

1. Se publicó en el *BOCG* del 12 de junio de 1979, serie D, número 75-I.

Cuando unos meses después se debatió esta proposición en la Comisión de Defensa conté con la ayuda de mi amigo Satrústegui, monárquico-demócrata a carta cabal (hasta que don Juan abdicó, era su Rey), que rompiendo la disciplina de voto, lo hizo a favor de la proposición, pues no podía entender que no se quisiera aceptar. De todas formas, la votación se perdió por la correlación de fuerzas de aquel momento. Y además no se imprimió la sesión. Cuando se trataba de temas que en las alturas se consideraba que era mejor no menear, solían faltar taquígrafos. Por el contrario, la prensa no se abstenía: El 4 de octubre de 1979 *El Periódico* lo publicó a tres columnas.

Yo seguí insistiendo. Año y medio después, el 9 de febrero de 1981 (un poco antes del 23-F), formulé una pregunta al ministro del Interior, rogándole una respuesta escrita sobre este tema en lo que concernía a los cuarteles de la Guardia Civil. Y la respuesta del ministro dejaba entrever entre líneas que a él tampoco le gustaba la situación: «Con motivo de determinadas visitas a acuartelamientos del cuerpo, se observó que el lugar donde estaba situada la fotografía de S.M. el Rey y el tamaño de la misma, podían dar lugar a confusión en cuanto a la preferencia y al tamaño que le corresponden como Jefe del Estado.»[2]

Joseba Elósegui «no tragaba»

Retirar los retratos de Franco costó bastante. A mediados de los ochenta, y por lo que me contaban los alféreces de milicias, muchos cuarteles aún eran auténticas pinacotecas franquistas.

Recuerdo que en una visita que hicimos a la Bazán de El Ferrol fuimos a cumplimentar al capitán general del departamento marítimo. Nos metió en su despacho, que era una auténtica pinacoteca de pinturas y fotografías dedicadas del llamado Caudillo, y el almirante sin venir para que nos regodeásemos con el molesto espectáculo. Al parecer, los nostálgicos del antiguo régimen aprovecharon la visita para humillarnos. Algo así como ¡El parlamentario que trague!

Unos años después, y creo que mientras gobernaban los socialistas, ocurrió algo parecido en otra visita a la base de Rota. Me re-

2. La respuesta del ministro, en el *BOCG* número 1545-II, serie F, del 26 de mayo de 1981.

fiero obviamente a la base aeronaval española no a la instalación norteamericana. Ocurrió que, como en el caso anterior, nos metieron en una sala que era una pinacoteca franquista, pero en este caso con el grupo venía un viejo gudari, senador del PNV, Joseba Elósegui, que hacía ya muchos años se había intentado suicidar a lo bonzo tirándose encima de Franco envuelto en llamas. Y en otra ocasión se había llevado una ikurriña del museo militar.

El caso es que al ver Joseba las fotos, ni corto ni perezoso comenzó a darles la vuelta poniendo a Franco cara a la pared. El marino que estaba allí con nosotros, supongo que para regodearse viendo cómo tragábamos, al ver que Joseba giraba las fotos las volvió a poner bien, pero Joseba las volvió a girar por segunda vez. Entonces el marino se cabreó, le atacó y no llegaron a las manos de puro milagro.

La jura de bandera y el escudo de España

La ley de modificación de la fórmula de la jura de bandera,[3] incluyendo la fidelidad a la Constitución, fue consecuencia de una propuesta que hice a mi grupo parlamentario. Las palabras rituales pronunciadas en la jura habían sido modificadas durante el franquismo en un sentido involutivo. Los Socialistes de Catalunya presentamos una proposición de ley para modificar la fórmula incluyendo en la misma el acatamiento a la Constitución. Además se evitaba cualquier discriminación por confesionalidad religiosa en el tema del juramento y se aprovechaba la renovación de la jura de las promociones de antiguos militares para realizar la jura de la Constitución.

Al gobierno no le agradaba que este tema fuese resuelto de acuerdo con una fórmula redactada por un grupo socialista y además catalán, pero estaba dispuesto a asumir la esencia de nuestra propuesta que era utilizar la fórmula de la jura para que las sucesivas promociones militares jurasen acatar la Constitución. En consecuencia, nos pidieron que retiráramos nuestra proposición de ley y a cambio ellos se comprometían a presentar otra en un breve plazo. Nos lo prometieron en el Salón del Reloj a Eduardo Martín, que era el portavoz de Socialistes de Catalunya y a mí, que le acom-

3. Ley 79/80 del 24 de diciembre de 1980.

pañé en la negociación, por lo que accedimos a retirar la proposición. En el pleno del 21 de junio de 1979, Eduardo retiró formalmente la proposición de ley ante la promesa del ministro —y así lo dijo desde la tribuna— de mandar en breve una ley para renovar la fórmula. Pero el ministro no respetó el plazo prometido: «tendrá entrada antes del 31 de julio», nos había dicho. Y la prometida proposición tuvo que esperar un año[4] para ser defendida en el pleno del Congreso el 29 de junio de 1980.

El texto acordado fue aprobado el 14 de octubre de 1980.[5] Finalmente, el domingo 22 de febrero de 1981 fue el primer día que en toda España los soldados juraron bandera con la nueva fórmula. Varios diputados asistimos a la ceremonia en los distintos campamentos militares. Me tocó ir a Sant Climent Sescebes con Paco Ramos, que había sido jefe del Estado Mayor del ejército republicano que combatió en el Ebro, Ernest Lluch, que después fue ministro con el PSOE y el senador Andreu Abelló, que había sido presidente del Tribunal de Cassació (léase Tribunal Supremo) de Catalunya antes de la guerra civil. Recuerdo la fecha muy bien porque al día siguiente ocurrieron los hechos del 23-F.

La ley de modificación del escudo de España[6] fue realizada por iniciativa y empeño personal de Luis Solana, al que muchos diputados socialistas criticamos en aquel momento, demostrando poca visión política (mea culpa). Aquella ley, a la larga, y ya con Serra, implicó el cambio de las banderas de todas las unidades militares, hecho este de gran importancia, porque el cambio de bandera de las unidades sirvió para que algunos mandos militares pudieran constatar que se había producido un cambio medular y que había que asumirlo.

Los Pactos de la Moncloa forzaron la reforma

Cuando a finales de 1977 supe que se iban a hacer los que serían los Pactos de la Moncloa, la UMD ya no existía, pero algunos anti-

4. Inicialmente había sido presentada el 3 de mayo de 1979 y publicada en el *BOCG* número 30-I del 30 del mismo mes.

5. *Diario de Sesiones* número 118 del 14 de octubre de 1980. Joaquín Satrústegui, liberal aunque miembro de UCD, intentó mejorar la fórmula y desde la oposición lógicamente le apoyamos, aunque sin éxito.

6. Ley 33/81 del 5 de octubre.

guos miembros manteníamos en Barcelona constantes contactos motivados en parte por la amistad natural de quienes habíamos estado muy unidos durante tres años y en parte por la lógica preocupación que nos producía el posible fracaso de la transición. En consecuencia, nos reunimos y decidimos proponer a los líderes de los partidos (con los que habíamos mantenido habituales contactos hasta entonces) algunas medidas que considerábamos importante tomar en las Fuerzas Armadas para asentar la democracia: La reforma del Código de Justicia Militar, la del servicio militar, a fin de que se hiciese en la región de origen y la de los Servicios de Información. Sin embargo, en los Pactos los líderes de la oposición sólo consiguieron incluir un punto: la reforma del CJM que pasó a configurar el capítulo VII de los Pactos.[7]

Es preciso aclarar que la extralimitación del Código marcial que arrastrábamos desde la época de la dictadura creaba constantes problemas. Albert Boadella fue detenido en Barcelona por orden del capitán general, que entonces tenía cierta autoridad jurídica, y antes de que se aprobase la reforma que se pactó en La Moncloa también fue procesada Pilar Miró. La acusación cuando se trataba de periodistas o artistas era siempre la misma: «injurias al ejército», el delito/comodín que valía para acallar cualquier voz crítica. La misma que me habían aplicado a mí por publicar mi tesis doctoral.

7. Se establecieron cinco acuerdos:

1) En los casos en que un delito (por ejemplo, homicidios, injurias, etc.) estuviera tipificado en los dos códigos, el militar y el penal común, quedaría sólo en el común, restringiéndose el Código de Justicia Militar al ámbito de los delitos militares. En consecuencia, en el futuro dejarían de producirse procesamientos de periodistas o escritores.

2) Se suprimiría la jurisdicción militar sobre playas, ríos, barcos, aeropuertos y aeronaves, lo que significaba otra limitación, ya que, hasta entonces, por razón de lugar podían comparecer ante consejos de guerra desde los polizones de los buques mercantes hasta los que pescaban en los ríos usando explosivos.

3) Se revisarían los casos en que pasaba a jurisdicción militar un delito porque en él concurrían militares y civiles (podían ser, por ejemplo, accidentes de circulación con un vehículo militar) que pasarían a la jurisdicción civil en la mayoría de los casos.

4) Se someterían a los tribunales ordinarios las Fuerzas de Orden Público cuando actuasen en el mantenimiento del mismo, lo que significó otro importante paso adelante, ya que hasta entonces, cualquier enfrentamiento con un policía armado, aunque fuese en el campo de fútbol o en la calle, podía dar lugar a un consejo de guerra.

5) Se fortalecerían las garantías de defensa del individuo ante la jurisdicción militar.

Albert Boadella me había telefoneado al comenzar su calvario y cuando lo detuvieron su compañera me vino a ver a casa. No nos conocíamos personalmente pero en aquella época mis antecedentes me convertían en punto de referencia para muchos ciudadanos cuando de problemas militares se trataba. En marzo de 1978 asistí al consejo de guerra que se celebró contra él en el cuartel de Pedralbes, junto con mi amigo y compañero socialista Pedro Oriol Costa e Ibáñez Escofet, jefe de redacción de *El Correo Catalán*, en el que Costa y yo habíamos trabajado.[8]

Pilar Miró también me llamó cuando fue procesada por *El crimen de Cuenca* y a partir de entonces conversamos varias veces. Era hija de militar y su único hermano también lo era, lo que unido a mi antigua profesión y al haber sido ambos procesados por el mismo delito creaba un clima propicio al diálogo. Yo la iba informando de los distintos pasos que daba el proyecto de ley en su lento avanzar y desarrollamos cierta amistad. Me contó que le había pasado la película a Felipe González y le pregunté:

—Y, ¿qué te dijo?

—Pues me contestó: «Es cosa de tricornios...»

Me contó cosas muy curiosas, casi divertidas, de la política. Por ejemplo, que tuvo buena amistad con Adolfo Suárez mucho antes de que fuera, no ya presidente de Gobierno, sino incluso ministro, «cuando éramos unos mierdas los dos», me dijo con su típico gracejo, y que hablando con ella «de lo que harían cuando fueran mayores» ella le contestaba:

—Cine, yo quiero hacer cine. Aunque (me añadía para mí) entonces aún no había hecho ninguna película.

Y Pilar siguió:

—¿Y sabes lo que me dijo cuando yo se lo pregunté a él?

—...

—Pues que pensaba ser jefe de Gobierno.

»Y —siguió Pilar— yo le dije: "pero tú estás loco" y le añadí: "Además aquí esto (Pilar se refería a ser jefe de gobierno) no existe" porque entonces estaba Franco, pero él ya tenía claro lo que tenía que hacer.

Así me lo contó Pilar Miró, y oyéndola mi admiración por Suárez aumentó.

8. Manuel Ibáñez Escofet: *La memòria és un gran cementiri.* Ed. 62. Barcelona, 1990, pág. 319.

No querían reformar el Código de Justicia Militar

Esta ley que el paso del tiempo ha demostrado que fue providencial, estuvo a punto de ser abortada varias veces a lo largo de los tres largos años que mediaron desde que en octubre de 1977 se decidió hacerla en los Pactos de la Moncloa hasta noviembre de 1980, en que se publicó en el *BOE*. Pocas leyes tuvieron tan lenta tramitación y sufrieron tal cúmulo de presiones y maniobras entorpecedoras. Maniobras que conocí y padecí porque fui uno de los ponentes de la ley.

La decisión de la cúpula política de reformar una cuestión militar recortando el poder del estamento no debió agradar a sus dirigentes y el proyecto de ley se demoró al máximo. Y cuando al fin fue aprobado en consejo de ministros, tardó cuatro meses en recorrer el corto trayecto que separa La Moncloa de la Carrera de San Jerónimo. Y cuando llegó al Congreso resultó que una «mano negra» había arrancado una hoja, con lo que la publicación en el *Boletín Oficial de las Cortes* se retrasó incomprensiblemente varios meses más, de tal manera que no apareció hasta el 15 de noviembre de 1978.

Para redactar las enmiendas socialistas nos reunimos en el despacho de Gregorio Peces-Barba y bajo su presidencia dos antiguos miembros del cuerpo jurídico: Ramón Sainz de Baranda (después fue alcalde de Zaragoza) y Carlos Sanjuán; unos militares de carrera que además eran licenciados en derecho: José L. Pitarch y José M. Altozano; dos jóvenes profesores ayudantes de Peces Barba: Alfonso Viada y Verdugo y yo, y redactamos un total de noventa y cuatro enmiendas (cifra importante si se considera que todos los demás partidos juntos presentaron sólo cincuenta y tres) que fueron presentadas el 9 de diciembre de 1978.

Antes de acabar el año, y con motivo de haberse aprobado la Constitución, las Cortes se disolvieron y fueron convocadas elecciones. Cuando se reunieron las nuevas Cortes, el gobierno de UCD agotó el plazo para decidir si mantenía el proyecto de ley y cuando al fin lo hizo éste pasó a dormir el sueño de los justos... en la Comisión de Justicia. Recuerdo que hice innumerables viajes a la oficina de la Comisión sin conseguir que se reuniese la ponencia que debía informar del proyecto. No había forma. En cierta ocasión, cuando el proyecto llevaba casi un año atascado, fui a denunciar la anomalía a Pío Cabanillas, que entonces era el presidente de la Comisión de

Justicia. Recuerdo perfectamente que al día siguiente subió a mi escaño y cogiéndome por el brazo me dijo muy indignado:

—Tenía usted razón. Ha habido una mano negra.

Gracias a Pío Cabanillas la ponencia se comenzó a reunir, pero el trabajo en ella fue un calvario. Nunca supe si algunos compañeros entorpecían el trabajo por pura vagancia o como consecuencia de directrices políticas. No lo sé. Lo que sé es que la primera maniobra retardadora consistió en argumentar que no era procedente reformar el CJM estando pendiente la reforma del Código Penal y que de haber prosperado esta tesis juridicista y políticamente miope, el 23-F nos habría pillado con el Código marcial de 1945. Recuerdo que pedí ayuda a Marcos Vizcaya y así finalmente se pudo superar el escollo.

Me quieren quitar de en medio

Asumida la decisión de cumplir, también respecto al Código marcial, lo pactado en La Moncloa, inmediatamente surgió otro problema: la UCD, y en su nombre García Romanillos, quería retirar la mayor parte del proyecto y hacer sólo una minirreforma útil para resolver el problema de los escritores y artistas procesados por los militares (Pilar Miró, Miguel Ángel Aguilar...) pero que daba al traste con lo pactado en La Moncloa y olvidaba que la reforma buscaba fundamentalmente apuntalar la democracia. Y como, ya harto de manipulaciones, tuve una intervención dura, desde los sectores del gobierno o de UCD se presionó a la dirección de mi propio grupo parlamentario, Socialistes de Catalunya, y se intentó sustituirme en la ponencia por Rodolf Guerra, excelente jurista y gran amigo, pero desconocedor de los problemas militares y al que habría sido más fácil manejar dado su talante bondadoso. Tuve que ponerme violento y amenazador:

—Diré que me sacáis por ser un ex PSOE.

Obviamente era mentira, me querían sacar por presiones de los centristas, que a su vez estaban presionados por los militares, pero al ver el lío que les iba a montar urgando en las distintas procedencias del PSC, decidieron dejarme continuar.

Las reuniones de la ponencia se hicieron interminables y García Romanillos no dejaba pasar una enmienda. Afortunadamente acabó siendo desplazado por Vega Escandón, jurista fino y político flexible, con el que trabajamos fundamentalmente Joaquín Navarro, Leopoldo Torres y yo. Recuerdo que había un ponente comunista, cuyo nombre callaré pues ya ha muerto, que me tenía alucinado. ¡Nunca vi un comunista tan vago! No venía. Cuando lo hacía llegaba tarde. No traía nada preparado. En la reunión leía el periódico y su primera pregunta infaliblemente era la siguiente: «¿a qué hora pensáis terminar?» Recuerdo un día que no nos dejó reunirnos a trabajar porque era su santo. ¡Y él era comunista!

La oratoria de Pablo Castellano rompió la disciplina de la UCD

Durante el debate en el pleno, el momento de máxima tensión lo provocó Pablo Castellano (que entonces era del PSOE) que hizo una apasionada defensa de la abolición de los rituales degradantes que acompañaban a la aplicación de la pena de muerte. Mientras hablaba, varios diputados de UCD (creo que uno fue Martín Villa) se levantaron y se acercaron a Jiménez Blanco, que era su portavoz, para comunicarle que votarían a favor de la enmienda socialista. Hubo que suspender el pleno y finalmente UCD votó a favor de la supresión del absurdo ritual.[9] Fue una de las escasas veces en que el discurso de un diputado movió voluntades, previamente atadas por la decisión de su partido.

Como la ley era orgánica requería ciento setenta y seis votos afirmativos, sólo posibles con el consenso de los grandes partidos. Alfonso Guerra me llamó y me pidió el listado de los temas polémicos y políticamente relevantes que quedaban sin resolver y con gran sentido realista pactó con el gobierno. Algunos puntos, como el de los Tribunales de Honor, quedaron a gusto de UCD. Otros, como la supresión del juicio sumarísimo en tiempo de paz o la posibilidad de apelar al Tribunal Supremo, de acuerdo con los socialistas.

Al llegar la votación final de la ley, Joaquín Navarro, ponente del PSOE, la consideró insuficiente y votó «no». Personalmente voté «sí» con satisfacción porque la reforma acabó con la famosa Ley de Jurisdicciones de 1906[10] y redujo la jurisdicción militar a sus es-

9. *Diario de Sesiones* número 100 del 10 de junio de 1980.

10. Hecha después de los sucesos de *La Veu* y *El Cucut* para que los militares pudiesen juzgar a los periodistas que los criticasen.

trictos límites de acuerdo con la lógica, el derecho internacional comparado y sobre todo con lo que establecía la Constitución. Como consecuencia de ésta se puso fin a la participación de los militares en tareas judiciales que les eran ajenas. Además estableció la profesionalidad jurídica de los jueces, creó garantías procesales, abolió el juicio sumarísimo en tiempo de paz y el ritual degradante en la ejecución de la pena de muerte en guerra, etc.

Si tres meses antes del 23-F, el 22 de noviembre de 1980, el *BOE* número 280 no hubiese publicado la ley 9/80 reformando el Código de Justicia Militar, las condenas a los golpistas habrían sido realmente ridículas, ya que el viejo Código marcial (aprobado en 1945 en una época de militarismo fuerte) admitía la eximente de «obediencia debida» en todos los casos incluso cuando las órdenes fuesen delictivas. En consecuencia, de haber seguido vigente el viejo código, habrían quedado absueltos muchos de los rebeldes con la excusa o atenuante de que siguieron a su jefe natural (por ejemplo, el ayudante y el coronel de Estado Mayor de Milans, los tenientes de la Guardia Civil, etc.).

Pero además, recordemos que el primer consejo de guerra que juzgó a los golpistas los condenó a unas penas pequeñas que produjeron la irritación general e incluso la disconformidad del gobierno de UCD, como manifestó a través de TVE el propio presidente Leopoldo Calvo Sotelo. Afortunadamente para la democracia, el nuevo código permitió al fiscal apelar al Tribunal Supremo y en la nueva sentencia las condenas se elevaron a un total de ciento ochenta y siete años de cárcel y doce de los golpistas perdieron la carrera. Esta sentencia impidió el desmoronamiento de la moral ciudadana y el envalentonamiento de los golpistas.

Digamos, por último, que la modificación en profundidad del Código marcial fue finalmente realizada por Serra, que contó para hacerlo con la ayuda de su jefe de gabinete, Jesús del Olmo, a través de seis importantes leyes: Régimen Disciplinario,[11] Código Penal,[12] Organización de los Tribunales, Procesal, de Planta y de uni-

11. Con fecha 18 de julio de 1983 escribí una carta a Serra, adjuntándole catorce enmiendas al anteproyecto de Ley de Régimen Disciplinario, que concluí de la siguiente forma: «...se trata de una ley bien elaborada en la que todos los artículos tienen su razón de ser. Contrariamente extraña que los autores eviten citar la Constitución, ignoren totalmente la reforma hecha por las Cortes democráticas (Ley 9/80 del 6 de noviembre) y en algunos casos retrotraigan la redacción al CJM de 1945».

12. Con fecha 15 de noviembre de 1983 escribí a Serra una carta, adjuntándole

ficación de los Cuerpos Jurídicos. En varias de ellas fui también ponente, pero de eso no hablaré porque el interés del debate aquí fue mínimo. Por una parte, la actitud de la cúpula militar ya había cambiado y asumía la democracia, por otra, en aquella época los parlamentarios dejamos de tener peso político (por decirlo de una forma correcta y amable) y los que decidían cómo debían quedar las leyes eran los que formaban parte del Ministerio de Defensa.

---

cincuenta y dos enmiendas al anteproyecto de Ley de Reforma del Código de Justicia Militar, en la que le decía: «... La Ley es *técnicamente buena* pero superconservadora. Sus autores carecen de sensibilidad democrática y de ser aprobada en su *actual redacción, las consecuencias serían desestabilizadoras* por varias razones: 1.ª Probablemente se reduciría a la mitad (15 años) la condena de Tejero, Milans y Armada (arts. 13 y 70). 2.ª A los principales firmantes del «Manifiesto de los Cien» se les devolverían 4 meses de antigüedad (arts. 19 y 23-3.º). 3.ª Tres guardias civiles condenados por lo de Almería no irían a la cárcel civil (art. 32). Estos tres hechos producirían una impresión muy desfavorable en la población civil, pero lo más grave no es esto. Lo más grave es que esta reforma del C.J.M. *debilita al Gobierno, y más en concreto al Ministro de Defensa* (al suprimir la falta grave, y por tanto su potestad de arrestar hasta 6 meses de castillo) (arts. 190 a 197) y *debilita a la democracia*, al reducir las sanciones por rebelión (arts. 13 y 70), despenaliza el Auxilio a la Rebelión (art. 70 bis) y otros delitos involucionistas (art. 96 bis). Además, en sentido contrario, crea excesivas cautelas frente a la prensa (art. 111), vuelve a poner bajo fuero militar a la Guardia Civil cuando actúa como policía, anulando las disposiciones más liberales hechas por la UCD en 1978 (art. 8-3) y se admite soterradamente la eximente de "obediencia debida" en los casos de golpismo (art. 10) *dando pie para una revisión del juicio del 23-F*. Sinceramente, no sé si los autores son ingenuos o no, pero la Ley está *llena de trampas antidemocráticas*. Por el contrario, obviamente, no se recoge ninguno de los postulados del PSOE en este tema, ni se limita la jurisdicción militar, como ordena la Constitución, ni se suprimen los Tribunales de Honor, ni se da la Amnistía a la UMD, puntos estos que defendimos en la Reforma al C.J.M. que se hizo en 1980 (L.O. 9/80 del 6-11-80). Dicho en otras palabras: no parece correcto reducir a la mitad la condena de Tejero y Milans, ni olvidarse de conceder la Amnistía a los de la UMD. Y no parece lógico suprimir las faltas graves y mantener los Tribunales de Honor...»

VI

MIS DIECISÉIS AÑOS EN LA COMISIÓN DE DEFENSA

Era algo contado. Al organizarse las comisiones, yo debía ir a la de Defensa. De hecho en la legislatura constituyente (1977 y 1978) sólo había tres militares profesionales en el Congreso: Carlos Sanjuán, yo y César Llorens, un diputado de UCD por Canarias, que había sido oficial de Infantería de Marina. Y por conexión con estos temas estuve también en las comisiones de Interior y de Relaciones Internacionales. En ésta se trataba de los temas de la UEO, OTAN, Pacto de Mutua Defensa con EE.UU., de sus bases, etc.

La legislación militar de los cinco años de transición intentó, fundamentalmente, resolver los problemas heredados de la dictadura: la reprofesionalización o reconducción de las Fuerzas Armadas a sus cometidos tradicionales, liberándolas de tareas políticas, judiciales y policiales que les eran ajenas y que les habían sido impuestas por el anterior régimen político; la modernización de la Administración militar, que implicaba el desarrollo de un Ministerio de Defensa único, integrado en la organización del Estado, y con una estructura análoga a los demás ministerios, la rehabilitación de los militares que habían perdido la carrera por demócratas, etc.

Como durante aquellos años estábamos en la oposición y la única institución en que se podía concretar la voluntad política de los partidos democráticos era el parlamento, nuestro grupo parlamentario realizó aquí una gran actividad utilizando fundamentalmente tres técnicas parlamentarias: Primero, presentando proposiciones no de ley, que obligaban al gobierno a realizar ciertas acciones; segundo, por vía de enmiendas a las leyes que el propio gobierno presentaba (por ejemplo ya antes se ha explicado que en la Ley de las Ordenanzas presentamos cuarenta y nueve enmiendas) y tercero, mediante acciones de control sobre el gobierno. Y obviamente esto nos proporcionaba a los diputados un amplio margen de responsabilidad, de acción e iniciativa. En aquellos años, ser diputado de la oposición democrática era importante y se gozaba de gran prestigio. Pero además los Socialistes de Catalunya durante las dos legislaturas iniciales (1977-1979 y 1979-1982) teníamos un grupo parlamentario propio, del que yo era portavoz en varias de las comisiones citadas (Defensa e Interior, principalmente) y esto me permitía tomar la palabra en todos los debates de comisión y realizar así una gran actividad política.

La Comisión de Defensa durante la transición

Hasta 1982, los temas de Defensa del Partido Socialista los llevábamos fundamentalmente tres diputados: Enrique Múgica, que era miembro de la mesa de la comisión, y Luis Solana y yo como portavoces de los dos grupos parlamentarios: socialista y Socialistes de Catalunya.

Durante la legislatura constituyente (1977-1979), al no existir ningún partido con mayoría absoluta, los partidos se repartieron las presidencias de las comisiones y a Enrique Múgica, que entonces era el número tres del PSOE, le correspondió presidir la Comisión de Defensa. Para evitar el recelo de los militares, Múgica comió con el general Vega, que era uno de los tenientes generales más liberales, y facilitó su aceptación por parte de sus compañeros, los tenientes generales del consejo superior del ejército.

En la siguiente legislatura (1979-1982) el presidente de la comisión fue Alberto Oliart, de UCD, que tras el 23-F fue nombrado ministro de Defensa (supongo porque se consideró que su experiencia en la presidencia de la comisión lo hacía idóneo).

Durante la transición, la labor del Legislativo en la política de Defensa fue modesta y la comisión actuó poco. Después de casi cuarenta años de dictadura, había gran cantidad de problemas que resolver y había que hacerlo de forma eficaz y rápida, pero en una transición en la que los militares van asumiendo lentamente la democracia no conviene inquietarlos con debates que se pueden evitar y que al ser divulgados por la prensa puedan dar lugar a crispaciones en los cuarteles dado que los militares son excesivamente suspicaces ante la crítica y la letra impresa. Por ello, y a fin de evitar las citadas crispaciones, se tomaron tres medidas:

Primera, se utilizó el decreto del gobierno siempre que fue posible, para evitar el coste político que llevaba consigo la elaboración de una ley militar en el Congreso.

Segunda, la mesa del Congreso desvió hacia otras comisiones muchos temas de Defensa para que pasasen desapercibidos y no se produjeran crispaciones en el estamento militar, lo que a mí personalmente me obligó, por sentido de responsabilidad sobre el tema, a trabajar simultáneamente en cinco comisiones: Defensa, Presupuestos, Interior, Justicia y Relaciones Internacionales. En la Comisión de Presupuestos formé parte de las ponencias que informaron sobre varias leyes de contenido militar: las de las víctimas de la guerra,[1] de dotaciones de armamento y material,[2] de celadores de prisiones militares[3] y obviamente cada año la del presupuesto de Defensa;[4] en la Comisión de Justicia, en la reforma del Código marcial;[5] en la de Interior, en la reorganización y consiguiente desmilitarización de la Policía Nacional;[6] en la de Hacienda, en los temas de la Junta de Acuartelamientos,[7] etc. Ciertamente, en una democracia consolidada estos temas no tienen relación estricta con las Fuerzas Armadas, pero en España, entonces sí la tenían porque se estaba saliendo de una dictadura que había militarizado todos estos ámbitos.

Y tercera, muchas preguntas sobre temas militares eran publicadas en el *Boletín Oficial del Congreso* con títulos intencionadamente crípticos, por ejemplo: «Infórmese sobre la aplicación del R. D. 6/78», de lo que no se deduce nada si no se sabe que el R. D. 6/78 es el que concede ciertos derechos a los militares fieles a la República, etc.

En resumen, se redujo la actividad de la Comisión de Defensa al mínimo, o sea, a la actividad estrictamente militar y en la comisión se debatieron muy pocas leyes: dos en la legislatura constituyente (1977-1978) y pocas más en la primera legislatura ordinaria (1979-1982). En la constituyente, las dos leyes fueron la de Ordenanzas,[8]

1. *D. de S.* números 20 y 26 del 21 de junio de 1979 y 27 de julio de 1979, número 76 del 26 de marzo de 1980 y número 205 del 9 de diciembre de 1981.
2. *D. de S.* número 243 del 22 de mayo de 1982.
3. *D. de S.* número 24 del 11 de mayo de 1982.
4. *D. de S.* números 131 y 134 del 28 de noviembre y del 2 de diciembre de 1980; número 203 del 27 de noviembre de 1981 y número 78 del 12 de mayo de 1982.
5. *D. de S.* números 97, 99, 100 y 101 del 11, 17, 18 y 19 de junio de 1980.
6. Lo mismo, el Proyecto de Ley de la Policía (*BOCG* número 74 del 30 de marzo de 1978) que el Proyecto de Ley de Seguridad Ciudadana (*BOCG* número 73-I del 21 de septiembre de 1979) se vieron en su integridad en la Comisión de Interior, aunque entonces la Policía Nacional era militar, y también lo era la Guardia Civil, de hecho, la inmensa mayoría del colectivo estaba militarizado.
7. *D. de S.* número 20 del 21 de junio de 1979.
8. Ley 85/78 del 28 de diciembre de las Reales Ordenanzas.

de la que ya he hablado, y la de los Órganos Superiores de la Defensa Nacional.[9] La ponencia, que fue la misma para ambas leyes, la formábamos por AP, el ex ministro López Bravo; por UCD, Emilio Martín Villa, César Llorens, que había sido oficial de Infantería de Marina, y García Romanillos; por los socialistas, Bordes Vila, que era funcionario civil de la Marina, Luis Solana y yo. Y por el PCE, Simón Sánchez Montero. Teóricamente también pertenecían Jordi Pujol y Bujanda (del PNV), que no vinieron. Pero no se eligió hasta el 6 de octubre de 1978,[10] dos meses antes de finalizar la legislatura, y el debate en el pleno no se hizo hasta el 20 de diciembre, que fue el último día que éste se reunió. Después, durante la primera legislatura ordinaria (1979-1982) se aprobaron la ley de criterios básicos de la Defensa Nacional[11] y la de dotaciones presupuestarias para las Fuerzas Armadas.[12]

En resumen, con esta forma de actuar, ciertamente se evitaron crispaciones, pero simultáneamente se devaluó la Comisión de Defensa al vaciarla en gran medida de contenido, y al producirse la sensación de que el Congreso casi no trataba temas militares, se alimentó el llamado «desencanto» que se produjo en los sectores democráticos en aquellos años.

El control parlamentario

El control sobre el gobierno, y por tanto también sobre la política militar, se realiza mediante preguntas al ministro de Defensa en el pleno, en la comisión o de respuesta escrita, mediante comparecencias del propio ministro o de los mandos dependientes de él, y por último, mediante visitas de los parlamentarios a los centros militares.

Actualmente se tiende a dedicar una sesión semanal del pleno (o sea en el hemiciclo, ante los trescientos cincuenta diputados) al

9. Ley 83/78 del 28 de diciembre de los Órganos Superiores de la Defensa Nacional.

10. Léase en este mismo libro, el epígrafe titulado «La reforma de las Ordenanzas» del capítulo IV de esta parte.

11. Ley Orgánica 1/80 del 1 de julio, por la que se regulan los criterios básicos de la Defensa Nacional.

12. Ley 44/82 del 7 de julio sobre dotaciones presupuestarias para inversiones de las Fuerzas Armadas.

control parlamentario, de tal manera que los diputados formulan preguntas e interpelaciones a los miembros del gobierno. El diputado interpelante y el ministro, ambos, tienen tasado su tiempo. Las preguntas se presentan por escrito un día antes y se permite una segunda intervención a ambos: al diputado contestar los argumentos del ministro y a éste duplicar la respuesta al diputado. Sin embargo, en el período que estamos tratando (1977-1982), esta práctica parlamentaria aún no estaba regulada y las preguntas eran muy esporádicas, especialmente al ministro de Defensa.

Cuando los temas son más específicos, y se les quiere dedicar más tiempo, se tratan en las comisiones, de unos treinta o treinta y cinco diputados, que se dedican a seguir la política de un ministerio. Y era costumbre que después de tomar posesión del cargo, los ministros compareciesen ante la comisión respectiva para explicar el proyecto político que deseaban realizar y así lo hacían también los de Defensa.

Gutiérrez Mellado compareció ante la Comisión de Defensa el 10 de enero de 1978. Se sentó entre Enrique Múgica (presidente de la comisión) y Jordi Pujol (vicepresidente) e hizo una exposición de la política de su ministerio de duración normal y después los portavoces de los distintos grupos parlamentarios le fuimos preguntando durante tres horas. Como consecuencia de su comparecencia, la comisión volvió a reunirse el 30 de marzo, en una sesión muy breve, para aprobar una resolución ritual, previamente consensuada por todos los grupos.

Volvió a comparecer dos veces, el 4 de mayo de 1978 y el 30 de noviembre del mismo año. Estas dos comparecencias fueron a puerta cerrada. La última fue para explicar la Operación Galaxia. Los partidos de la oposición estábamos en contra de que se hiciese una sesión a puerta cerrada (digamos entre paréntesis que demostrando inmadurez e ignorancia política porque en todos los países serios estas cosas se tratan así) pero la juventud de la democracia española hacía que al pueblo y a los dirigentes políticos les costase comprender que hay temas que deben ser tratados con cierta discreción.

De la Operación Galaxia ya se ha tratado. Tras el 23-F, la comparecencia, también a puerta cerrada, no se hizo ante la comisión sino ante el pleno, lo que era comprensible habida cuenta de lo que había ocurrido. Pero la consecuencia fue que lo tratado se filtró a la prensa en su totalidad y sin el más mínimo error, lo que hace suponer que el autor de la filtración tenía el texto, quizá porque estaba en el mismo organismo en que éste se elaboró. Y mi opinión personal es que en el ministerio se prefirió que se conociera la versión correcta dada por el propio ministro, que su explicación distorsionada.

Las comparecencias de los ministros Rodríguez Sahagún y Oliart fueron escasas. Y cuando se produjeron fueron generalmente penosas, no por falta de calidad, sino por la dificultad de diálogo. Los ministros pronunciaron discursos larguísimos, narcotizantes, apalizantes (a mí me recordaban la técnica de los dirigentes autoritarios del este de Europa) y luego en los últimos minutos permitían unas pocas preguntas a una comisión de diputados fatigados, atontados tras horas y horas de aburrida disertación. Durante los años 1979 y 1980, fue presidente de la comisión Alberto Oliart, que actuó como maestro en este arte, ayudando así al ministro Rodríguez Sahagún, cuya primera comparecencia, que realizamos en la sala de detrás del hemiciclo, habilitada para ello un día que las demás salas estaban ocupadas, se prolongó durante dos sesiones sin dar luego apenas tiempo a preguntar a la oposición. El 25 de junio de 1980 realizó otra comparecencia para tratar de la posible integración de España en la OTAN y el 1 de abril de 1981 hubo una sesión conjunta con la Comisión de Interior, para tratar de la lucha antiterrorista.

En otra ocasión, el 30 de octubre de 1979, y lo recuerdo porque la comparecencia fue a petición mía para tratar de los artículos involutivos que publicaba *El Alcázar*, después de citarnos a las 17.30 horas se excusó y compareció dos horas y media más tarde, exactamente a las 20.00 horas (el retraso consta en el *Diario de Sesiones*). Después, cuando Oliart fue ministro, sólo compareció, que recuerde, en una ocasión que también se prolongó dos días: el 28 y 29 de abril de 1982.[13]

Distinto estilo tenían las comparecencias de las autoridades civiles y militares del ministerio ante la Comisión de Presupuestos, desde la que en aquellos años de transición difícil y delicada intentábamos los diputados de la oposición controlar a las autoridades intermedias del ministerio, utilizando como pretexto el gasto que forzosamente genera toda actividad de gestión política. A petición del grupo socialista, y aprovechando el trámite de la aprobación de

13. *D. de S.* números 42 y 43. Sobre la pregunta relacionada con *El Alcázar* léase en el capítulo X el epígrafe «La intoxicación de la prensa civil».

los presupuestos de 1982, comparecieron ante la Comisión de Presupuestos distintas autoridades políticas y militares.[14]

Las visitas a las unidades

El control se realiza también mediante visitas a establecimientos militares, especialmente a centros de enseñanza militar, bases aéreas o navales, etc., en las que el contacto directo permite al diputado un conocimiento de primera mano de la realidad militar. En las dos legislaturas que duró la transición la comisión realizó unas pocas visitas, en general interesantes, pero en más de una ocasión realmente difíciles.[15]

Otras veces, el ambiente afortunadamente era distinto. Recuerdo, por ejemplo, una agradable comida de la mesa y portavoces con el teniente general García Conde, jefe del Ejército del Aire (JEMA). Y después de la victoria socialista, recuerdo otra comida también de la mesa y los portavoces con Manglano y los dirigentes del CESID.

Como es lógico, y a diferencia de lo que se hace en democracias más consolidadas como Alemania o Estados Unidos, nunca se efectuaron visitas de diputados que no hubieran sido previamente programadas por el Ministerio de Defensa.

En septiembre de 1984, efectué una visita al cuartel de Pedralbes de Barcelona con motivo de la entrega de una nueva bandera que la ciudad de Jaén regaló al regimiento de este nombre. La esposa del alcalde de Jaén, Emilio Arroyo López, que actuó de madrina pronunció un vibrante discurso que me emocionó extraordinariamente.[16] Aquella mujer lanzó una arenga con la que me identifiqué. Pocas veces en un discurso pronunciado ante una tropa se ha de-

14. *D. de S.* número 48 del 26 de octubre de 1981, págs. 2.195 a 2.212. Contiene el desglose de preguntas y respuestas al general Vara del Rey, director general de Personal y Acción Social. En otras sesiones comparecieron: el general Álvaro de Lacalle y después Jesús Palacios, que fueron los sucesivos secretarios generales para Asuntos Económicos de la Defensa, el general García Ventura de la Dirección General de Armamento, etc.

15. Léase el epígrafe «Joseba Elósegui "no tragaba"» del capítulo anterior.

16. Voy a reproducir algunos de sus más brillantes párrafos: «Con frecuencia nos han hecho contemplar la historia de España en blanco y negro, pero un estudio más profundo nos muestra algo distinto: un país donde la tolerancia es espontánea y fácil y la intransigencia tiene siempre la forma de un decreto impuesto desde arriba que a veces ciertamente envenena hasta abajo. Si existe un claroscuro en nues-

mostrado tan claramente que existe un patriotismo que emana de los sentimientos del pueblo, y que puede entrar en los cuarteles y hacer vibrar, a quienes siendo militares, también laten con el pueblo.

Obviamente lo que a mí me agradó y me emocionó, irritó profundamente a los militares de la «ultrada». Unos días después, en el Congreso tuve oportunidad de hablar con Felipe González y en la conversación salió el acto del cuartel de Pedralbes y con sorpresa y tristeza observé que le habían intoxicado, que le habían dado una versión del acto que nada tenía que ver con la realidad, calificando como negativo algo que por su contenido ético y estético resultaba difícil de superar.

La teoría de la autonomía militar y la reorganización de la cúpula castrense

El contrapunto ideológico a todo cuanto hasta ahora he escrito, o sea, a la intervención del Legislativo en temas de Defensa, incluyendo el control parlamentario de la actividad militar, fue la teoría de la autonomía militar que pretendía hacer de las Fuerzas Armadas una autonomía más, acentuando su independencia respecto al gobierno. Según esta peregrina teoría, el Estado debía organizarse bajo la dirección suprema del Rey, del que dependían directamente, y en el mismo nivel, el jefe del Gobierno para todos los asuntos civiles y el jefe de las Fuerzas Armadas para los militares. Era algo

---

tra historia es la contradicción entre la fácil convivencia de lo múltiple y el histérico empeño de hacernos a todos homogéneos.

Cada vez que esa histeria ha tenido fuerza para imponerse, este país ha visto despoblarse de árboles sus campos y sembrarlos de muertos, se ha desangrado en los exilios, se ha empobrecido económica y culturalmente y, en espera de que amaine el viento de locura que lo asola, ha guardado en la oscuridad la semilla de la libertad y de la vida.

Esta semilla siempre brota en España, como brotan, aunque nadie las cuide, las flores en sus campos. Nuestro país es un inmenso potencial de vida y claridad que siempre triunfa de las noches más largas y del más duro invierno, por eso es más blasfemia aquí que en cualquier otra parte el grito que un loco cargado de metralla y cubierto de honores se atrevió a lanzar de "Viva la muerte".

Jamás. "Viva la vida y el heroísmo continuo y firme que su palpitar exige."

De ese heroísmo sabemos mucho los campesinos y las mujeres. Conocemos muy bien la cantidad de esfuerzo que hay en una cosecha, en un árbol o en el hijo que crece y la nada que cuesta destruirlos...»

que deseaban algunos sectores que no acababan de digerir la democracia.

En consecuencia, y para reconducir el tema a una situación de normalidad democrática en la que la organización de la Defensa fuese análoga a la del resto de países europeos, hubo que actuar con paciencia y prudencia, modificando lentamente la estructura de la cúpula militar mediante un excesivo número de decretos y leyes sucesivas.

A principios de 1977, cuando ya era evidente la llegada de la democracia, y previsible el nombramiento de un ministro de Defensa civil, existía en algunos sectores del estamento militar preocupación frente a unos partidos políticos de los que se tenía una imagen totalmente distorsionada como consecuencia de la labor intoxicadora que durante cuarenta años había realizado la propaganda política franquista. En consecuencia, un poco antes de las elecciones, se promulgó un Real Decreto-ley[17] regresivo desde la perspectiva que analizamos y que creó una cúpula militar, llamada JUJEM, que tenía un elevado grado de autonomía frente al jefe de Gobierno y al ministro de Defensa, los cuales, además tenían sus competencias reducidas y confusamente delimitadas, con lo que la inconcreción orgánica favorecía la autonomía militar.

Durante la legislatura constituyente, a mediados de 1978, el gobierno de UCD presentó el proyecto de ley de los órganos superiores de la Defensa Nacional, en la que se establecía que los jefes de Estado Mayor de cada ejército constituían las primeras autoridades de la cadena de mando militar de sus respectivos ejércitos (...) que eran responsables de que su ejército mantuviera la máxima capacidad operativa (...) de definir la política militar de su ejército, de velar por la moral y disciplina del personal, etc., de lo que parece deducirse, que aún se mantiene un notable nivel de autonomía corporativa.[18]

Durante la primera legislatura ordinaria (1979-1982) hubo que dar cumplimiento a lo preceptuado en el artículo 8.º de la Constitución en el que se establecía que una Ley Orgánica regularía las bases de la organización militar. Para hacerlo, el gobierno remitió al

17. Real Decreto-ley 11/1977 del 8 de febrero.

18. Este proyecto dio lugar a la Ley 83/78 del 28 de diciembre de 1978 (*BOE* número 11 del 12 de enero), que ya se ha comentado fue aprobada junto con la Ley de las Ordenanzas, el último día de la legislatura constituyente. La ponencia que la informó, y a la que pertenecí, está citada en el epígrafe «La Comisión de Defensa durante la transición» de este mismo capítulo.

Congreso un proyecto de ley,[19] que era prácticamente igual a otro muy anterior que había sido presentado a las Cortes de Franco[20] y aun cuando allí no se había aprobado, no dejaba de ser chocante presentar el mismo proyecto de ley a las Cortes franquistas y a las democráticas. Como conocía la anterior ley, las expuse ambas en paralelo a los dirigentes socialistas para que pudieran ver el desatino, desenmascarando algo, que más que mala intención, creo que era hijo de la pereza, la torpeza o la falta de sensibilidad de los del ministerio, aunque no se puede descartar que fuese intencionado, ya que la teoría de la autonomía militar tenía entonces múltiples seguidores. Obviamente hubo que hacer muchas modificaciones, y aun así quedó una ley muy floja.

Por vía de enmienda introdujimos un artículo 6.º en el que se definen las atribuciones del Legislativo en la Defensa Nacional, que el proyecto del gobierno no contemplaba, precisamente por ser un antiguo proyecto de ley franquista. También se introdujo el artículo 12.3, por el que se remarcaba la subordinación de los JEMES al ministro y los artículos 26.2, 27, 32 y 36 en los que se enunciaban varios temas que tendrían que ser forzosamente regulados por la ley (enseñanza militar, ascensos, ingresos, retiros, organización territorial, servicio militar de la mujer, etc.).[21]

Cuando los socialistas llegamos al gobierno, ésta fue una de las primeras leyes que modificamos a fin de poder dirigir adecuadamente el Ministerio de Defensa. Y como la situación ya había cambiado, y la cúpula militar ya no tenía aquella fuerte desconfianza hacia la clase política que tenía en 1979 fue posible modificar la ley anterior y hacer una nueva Ley Orgánica más operativa, lógica y funcional[22] con dos objetivos: Primero, establecer la debida subordinación de los mandos militares al gobierno acabando con el fantasma involucionista del poder militar autónomo y segundo, crear un organigrama coherente que permitiera una eficaz gestión en el Ministerio de Defensa.

Para lograr el primer objetivo, la nueva ley modificó cinco artículos de la anterior y concretó las competencias del presidente del Go-

19. Se publicó en el *BOCG* número 72-1 del 21 de septiembre de 1979.

20. Publicado en el *BOE* número 1.340 del 23 de abril de 1974.

21. Aprobado el texto, constituyó la Ley Orgánica 6/80 del 1 de julio de 1980 de Criterios Básicos de la Defensa Nacional.

22. La Ley Orgánica 1/84 del 5 de enero de 1984, de Reforma de la Ley Orgánica 6/80 del 1 de julio de 1980 de Criterios Básicos de la Defensa.

bierno (artículo 8.º) y del ministro de Defensa (artículo 10.º), potenciándolas claramente, y puso fin a la confusión y, con ello, a la ya citada «autonomia militar.

Por otra parte, en la anterior organización militar heredada de la dictadura, en la práctica no había un ministerio, sino cinco: los tres antiguos ministerios de los tres ejércitos, que seguían existiendo (con el nombre de Cuarteles Generales) y en los que los jefes de éstos seguían teniendo la mayoría de sus antiguas competencias (personal, armamento, material, enseñanza militar, etc.) que heredaran del antiguo ministro militar, mientras que por el contrario, el ministro de Defensa carecía de ellas. Y a estos tres centros de mando había que añadir el antiguo Alto Estado Mayor, sede ahora del jefe de la JUJEM, con su personal, y el nuevo Ministerio de Defensa que nació sin casi competencias.

Resultaba evidente que esta organización era disfuncional y había que convertir en realidad la existencia de un ministerio único. Y así se hizo cuando era ya ministro Narcís Serra. Se instaló en el edificio de la Castellana, que aún ocupa, y que hasta entonces había sido el Ministerio de Cultura.[23] Y sobre la base de esta estructura física se organizó el Ministerio de Defensa en el que el jefe de la JUJEM (como señala la nueva ley que se acaba de comentar) pasó a ser simplemente jefe de Estado Mayor del ministro y los jefes de los tres ejércitos pasaron a depender de él (artículo 11 y 11 bis).

En resumen, con la reforma de la Ley Orgánica de la Defensa se puso fin en lo jurídico-formal a la transición, al subordinar claramente el poder militar al poder político y acabar con la confusión generada por la anterior existencia de dos líneas de mando del Ministerio de Defensa, la militar (de la JUJEM) y la político-administrativa (dependiente del ministro).

23. Rodríguez Sahagún, en su época, se instaló en el palacio de Buenavista, en la sede del antiguo Ministerio del Ejército, en la Cibeles. Oliart que fue elegido ministro después del 23-F de 1981, inicialmente siguió en la misma sede, pero su estancia allí fue amarga. Se decía que los militares ultras le metían fotos de Tejero por debajo de la puerta de su despacho, etc., no sé si lo que se contaba era cierto, pero poco después se trasladó al edificio de La Moncloa, que había sido el Ministerio del Ejército del Aire, medida esta, que incluso Rodríguez Sahagún, en conversación privada, me calificó de errónea pues implicaba dejar de estar en el centro del poder militar. Oliart, sin embargo, preparó la creación de un edificio propio en el que asentar el ministerio. No lo pudo llegar a ocupar pero lo dejó adelantado para que lo hiciera Serra, que se instaló en el edificio que antes ocupaba el Ministerio de Cultura.

Unos presupuestos crípticos

La autonomía militar, o si se quiere, y en este caso de forma más pedestre, el descontrol militar, venía además favorecido por un presupuesto que de puro caótico era críptico y hacía que a los legisladores nos costase mucho entender los gastos de Defensa (Sección 14). De entrada, en los primeros años de existencia del Ministerio de Defensa, su presupuesto era la mera yuxtaposición acolada de los presupuestos de los tres antiguos ministerios militares y hasta 1980 no se comenzó a confeccionar el presupuesto del Ministerio de Defensa por programas. Pero antes y después de esta modificación, el presupuesto de Defensa, además de críptico se consideraba políticamente intocable, por lo que, en la práctica, en el Congreso no se podía hacer nada al respecto. Además en la ley presupuestaria de 1980, se incluyó un artículo, en mi opinión escandaloso, por el que se permitía a los ministros de Defensa y del Interior modificar libremente sus partidas con la única condición de mantener el montante,[24] con lo cual, todo el presupuesto perdía su sentido ya que las partidas se convertían en móviles.

El presupuesto críptico, la falta de debate, etc., fueron uso permanente en los debates del presupuesto militar español desde 1977 hasta bien entrada la democracia. En la sesión del pleno celebrada para aprobar el presupuesto de 1981 insistí en que la partida estelar del debate presupuestario en muchos países occidentales como Estados Unidos, Inglaterra, Alemania, etc., es precisamente la de Defensa y que el análisis de esta partida era muchas veces la que consumía mayores debates parlamentarios, mientras que aquí, por el contrario, pasábamos de puntillas sobre este tema.[25] En la siguiente legislatura los hábitos no cambiaron y Pérez Royo del PCE insistió en los mismos argumentos.[26] Éstos, en la cuarta legislatura también fueron reiterados por López Valdivielso, del PP, citando en términos elogiosos frases mías relativas a la Ley de Dotaciones de las FAS, algo que casi nunca se decía allí en una intervención de un diputado de otro partido.[27]

24. Léase el debate del *D. de S.* número 131 del 28 de noviembre de 1980, págs. 8.296 a 8.301.

25. *D. de S.* de 1980, pág. 8.299. Léase también la nota 27.

26. *D. de S.* número 35 del 4 de noviembre de 1983.

27. *D. de S.* número 32 del 26 de abril de 1990, pág. 1.265. López Valdivielso: «En defensa de mi enmienda voy a leer y repetir un discurso ya pronunciado en esta Cá-

Para superar estas dificultades lo que hacíamos era ordenar comparecencias de las autoridades relacionadas con los presupuestos ante la comisión de este nombre. Luis Solana en noviembre de 1980 solicitó la comparecencia del SEGENECO (Secretario General para Asuntos Económicos) que era el general Lacalle, que asistió acompañado de varios miembros de su equipo, entre ellos el almirante Garau, que había sido compañero mío en la Escuela de Estado Mayor, y tuvo con ellos un largo debate que permitió conocer muchos aspectos del tema.

Personalmente intervine aquel año.[28] Al año siguiente y para informar de temas relacionados con los presupuestos de 1982, me

---

mara. Dice así: Una *ley de dotaciones para las Fuerzas Armadas* presentada en cualquier país democrático, consistiría en un listado de medios a adquirir, con unos precios unitarios, unos totales y, luego, si ustedes quieren, una planificación a lo largo de los años. Ocurre que todo este presupuesto no se sabe en qué se va a gastar y que en él, en el cálculo, se incluye no sólo lo que se va a invertir en comprar material (que es el objeto de una ley de dotaciones) sino absolutamente todos los gastos de defensa, hasta las facturas de agua, luz, gas y hasta teléfono. Ocurre asimismo que, de hecho, lo que hace el Parlamento al aprobar esta ley es dar un cheque en blanco al Ministro de Defensa para que disponga todos los gastos prescindiendo del Parlamento. Lo que es evidente es que las compras de material pesado son inversiones —y sigo leyendo un discurso ya pronunciado— y lo que no tiene sentido es que en esta ley incluyan hasta las facturas de la luz, del agua y del teléfono de los cuarteles, y ustedes lo incluyen; como incluyen el gasto de calzado, de correaje, de vestuario o las viviendas para oficiales. ¿Por qué hay que incluirlo todo en esta ley? Éste es un programa de dotaciones para las Fuerzas Armadas. ¿Qué tiene esto que ver con el mantenimiento de los acorazados y las fragatas? Esta ley está completamente desmadrada (seguía diciendo este discurso). No tiene sentido el planteamiento que ustedes hacen. Ustedes razonan sin razones. Está muy clara la diferencia entre la inversión y el mantenimiento; lo que no se puede hacer es crear confusión.

Señor Presidente, asumo la totalidad de este discurso en defensa de mi enmienda, pronunciado para defender la enmienda de totalidad a una ley idéntica a ésta en mayo de 1978 por el señor Busquets.»

Y en la dúplica remachó: «Voy a terminar con otra parte del discurso del señor Busquets, que, la verdad, es un magnífico discurso: Como todos los ministerios cogieran esta costumbre y nos presentaran leyes de dotaciones que son una especie de conciertos económicos al revés, habríamos perdido nuestra capacidad de decisión sobre la política presupuestaria del gasto. Podríamos incluso poner un letrero en la Comisión de Presupuestos que dijese: Cerrado, liquidado por conciertos económicos. En el *Diario de Sesiones*, a continuación, en cursiva, se lee *¡Muy bien!*, se supone que desde los bancos de la izquierda.»

28. *D. de S.* número 20, sección 14, págs. 1.010 y 1.013 y *D. de S.* número 131, págs. 8.297 y 8.300.

permitieron hacer comparecer al nuevo SEGENECO que era civil, Palacios,[29] y al director general de Personal y Acción Social, el general Vara del Rey.[30]

La Ley de Dotaciones para las Fuerzas Armadas

Así las cosas, a finales de la primera legislatura ordinaria, el gobierno de Calvo Sotelo presentó al Congreso la Ley de Dotaciones de las FAS,[31] a fin de regular para un plazo largo la inversión del presupuesto de Defensa. La ventaja de esta ley era doble: por una parte se podían hacer planes de inversiones militares de varios años de duración (preveía una vigencia hasta 1990) y por otra se evitarían las presiones de las Fuerzas Armadas para incrementar su presupuesto. Históricamente se habían hecho leyes parecidas para dotar a la Marina,[32] pero nunca se había hecho una ley tan general, tan amplia y sobre todo tan imprecisa, pues en las leyes de dotaciones que se hicieron antes de la guerra civil para la Marina, si bien se contemplaba una inversión de varios años de duración, se conocía exactamente las clases de barcos que se adquirían, el número de ellos, etc., mientras que en la presente ley, de hecho se renunciaba a la obligación del Legislativo de estudiar las inversiones y valorar su necesidad y conveniencia en función de la política internacional y de la situación económica del país.

Como es lógico, el principal problema era señalar la cantidad, que fue excesiva desde mi personal perspectiva, toda vez que no era previsible que España tuviese que entrar en ninguna guerra, en un plazo medio de tiempo. Pero además en la proposición de ley se es-

29. *D. de S.* número 48, págs. 2.200 a 2.207.

30. *D. de S.* número 48, págs. 2.195 a 2.199, así como en el pleno *D. de S.* número 203, págs. 12.140 a 12.143.

31. Ley 44/82 del 7 de julio de 1982.

32. Leyes de Sánchez-Toca de 1908 y 1914. Sobre los gastos de la Marina, Joaquín Bardavio en *Historia de la Transición*, publicada por *Diario 16*, pág. 418, desglosa la factura que pasó el almirante Pery Junquera, por aceptar el ministerio tras la dimisión de Pita da Veiga, último ministro de Franco en abandonar el gobierno: el portaaviones *Príncipe de Asturias*, fragatas FFG y submarinos Super-Daphné tipo S-70. Evidentemente, hizo un servicio a la democracia pero la hipoteca económica que dejó perjudicó el presupuesto durante muchos años. En 1989 José Borrell en una conferencia dada en la Universidad Autónoma de Barcelona así lo reconoció públicamente.

tablecía que las inversiones militares tuvieran un incremento anual mínimo de un 4,432 por ciento (en términos reales) y encima —albarda sobre albarda— había que tener en cuenta la inflación a fin de que la cantidad no se devaluase. Los gastos de personal quedaron fuera del ámbito de la ley, computándose separadamente.

Dentro del grupo parlamentario socialista nos opusimos a la Ley de Dotaciones: Néstor Padrón, un diputado canario muy honesto, próximo a la corriente Izquierda Socialista y que era uno de los responsables de los presupuestos desde el PSOE y yo, pero los argumentos favorables de Solchaga, Luis Solana y Pedro Silva tuvieron más fuerza. Y así la ley fue aprobada el 26 de mayo de 1982, aunque ciertamente en el pleno pude presentar y defender algunas enmiendas[33] junto a Ramón Tamames y Félix Pons. Lamentablemente, años después, cuando los socialistas ya estábamos en el gobierno, ampliamos la ley varias veces y además por la Ley 6/87 del 14 de mayo de 1987 quedaban exentas del IVA las adquisiciones de armamento y material extranjero. Y de nuevo en junio de 1990. Huelgan comentarios.

El servicio militar

Aunque en la primera legislatura socialista se aprobaron varias leyes que trataban de cuestiones militares, ésta fue la única ley en la que los diputados de la Comisión de Defensa tuvimos una participación real. En ella había dos cuestiones políticas fundamentales que hacían referencia al lugar donde se haría el servicio militar (art. 14.3) y al tiempo de duración del mismo (art. 28.2).

Mi preocupación sobre el lugar en que se hacía el servicio comenzó en septiembre de 1975,[34] cuando el ministro del Ejército dio una Orden en la que se disponía que los mozos debían hacer el servicio militar precisamente fuera de la región militar en que residían y habían sido reclutados. Esta Orden estaba originada en un franquismo agonizante (el dictador murió un mes después) temeroso de su propio pueblo y de que en caso de revuelta no se pudiese utilizar a unos soldados de recluta local contra sus paisanos. Sin em-

33. *D. de S.* número 78, págs. 3.580 a 3.615, correspondiente al debate en comisión y en el pleno *D. de S.* número 243, págs. 14.050 a 14.055. Léase la nota 27 de este capítulo.

34. *OC* del 12 de septiembre de 1975 (*DO* 210).

bargo rompía con una tradición secular, que había sido respetada incluso durante los cuarenta años de la etapa franquista, pues hasta entonces los soldados hacían el servicio militar en la región militar en que vivían y sólo cuando en una región militar existía excedente demográfico, como por ejemplo en la IV Región, correspondiente a Cataluña, se mandaban soldados a las regiones limítrofes: la III RM (Valencia) y la V RM (Aragón).

Ante esta orden, la Unión Militar Democrática expuso en sus documentos la conveniencia de restablecer el antiguo sistema de recluta y que el servicio militar se hiciera, siempre que fuera posible, en la región militar en la que era reclutado el mozo. Consecuente con ello, siendo diputado insistí varias veces al respecto y en 1979 conseguí que mi grupo parlamentario, Socialistes de Catalunya,[35] presentase una proposición no de ley, aunque sin resultado favorable.

Poco después y para dar más fuerza a este principio presenté (a través de mi agrupación) una ponencia en el 28.° Congreso del PSOE, celebrado en mayo de 1979, en la que se insistía en la conveniencia de hacer el servicio militar en la región militar de origen y lo mismo hice poco después, en julio de 1980, en el 2.° Congreso del PSC, asumiéndose en ambos congresos esta idea.

El tema pudo ser finalmente resuelto cuando en 1982 los socialistas llegamos al gobierno. Inicialmente Narcís Serra presentó una proposición de ley, que le redactaron en el Ministerio de Defensa,[36] en la que se seguía insistiendo en la existencia de un servicio estatalizado en el que todos los soldados, fuesen de donde fuesen, se trasladaban y mezclaban por todas las regiones de España despilfarrando recursos económicos y alejando a los reclutas de sus familias.

Afortunadamente, las ponencias que había logrado aprobar en

35. *BOCG* número 224-I del 11 de diciembre de 1979. La presentación fue realizada el 22 de noviembre de 1979.

36. Con fecha 4 de julio de 1983 escribí una carta a Serra para comentarle el proyecto de ley que le habían redactado en el ministerio en la que le señalaba: 1.° Que había cinco artículos referidos al voluntariado especial, la escala de complemento y el servicio militar de la mujer, que lo único que hacían era deslegalizar estos temas. 2.° De forma parecida, en algunos artículos se pasaban a los JEMES competencias del ministro de Defensa. 3.° Se suprimían artículos de la Ley del Servicio Militar de 1968, que contenían garantías para los derechos de los ciudadanos y no se comprendía que fueran suprimidos por un gobierno democrático. 4.° Que deberían introducirse en la ley algunos derechos como el de los estudiantes a examinarse, el de hacer el servicio militar preferentemente en la región de origen, el de poder abandonar la escala de complemento o el voluntariado especial, etc.

los congresos del PSC y sobre todo del PSOE, tenían fuerza vinculante y además, la mayoría de los socialistas eran partidarios de la regionalización del servicio militar, así es que redactamos una enmienda a la proposición del ministerio y sustituimos el sistema de reclutamiento de base estatal por otro en el que el servicio militar se haría en la región militar de origen. A Serra la enmienda no le hizo ninguna gracia, pero se impuso Eduardo Martín, que era el portavoz del grupo parlamentario y en la nueva Ley del Servicio Militar, que fue aprobada por el Congreso de Diputados,[37] el tema quedó definitivamente resuelto.

El otro tema importante relacionado con el servicio militar era su duración. En las ponencias antes citadas y aprobadas en los congresos del PSC y del PSOE se incluían dos acuerdos: reducir su duración, que era excesiva e innecesaria, y además igualarla en los tres ejércitos porque entonces el servicio militar duraba año y medio en el Ejército y la Aviación, pero dos años en la Marina, a la que además iban destinados los jóvenes con profesiones próximas como pescador, marinero, etc., con el consiguiente perjuicio. Ambas cuestiones quedaron resueltas al establecer el art. 28.2 que el servicio militar durara un año para todos.

Varios años después, en 1991, los socialistas realizamos una segunda reforma de acuerdo con una promesa electoral bastante generalizada de acortar el servicio militar. Para redactar esta segunda ley se creó una ponencia pluripartidaria en la Comisión de Defensa ante la cual comparecieron varios expertos, en su mayoría militares (Alonso Baquer, López de Sepúlveda, el almirante Martín Granizo, etc.) y también algún civil. Carlos Sanjuán, como presidente de la comisión presidió también la ponencia, pero como preveía que no podría asistir con la regularidad que él mismo deseaba lo acompañaba yo. Mientras en el Congreso realizábamos las audiencias, el equipo del ministerio iba redactando la ley que después tendríamos que apoyar, sin embargo, las razones de varios de los comparecientes nos hicieron ver que el sistema del servicio militar obligatorio debía de ser ya liquidado. No a todos los ponentes, claro, sino a algunos, entre los que recuerdo a Federico Sanz (socialista), a López Valdivielso (popular, luego director de la Guardia Civil) y a mí mismo, pero ninguno de los dos grandes partidos en aquel momento quería oír hablar de ello.

37. 25 de mayo de 1984 (Ley 19/84 del 8 de junio).

Y así se llegó a la Ley Orgánica 13/91 del 20 de diciembre, que redujo la duración del servicio militar a nueve meses, y además incluyó una pormenorizada carta de derechos del soldado, entre los que figuraba el de vestir de paisano, recurrir directamente al Defensor del Pueblo, etc. Y varios temas más, como la posibilidad de integración de la mujer en los mandos de las Fuerzas Armadas.

Poco después celebramos un congreso de sociología en Madrid y le pedí a Federico Sanz que presentase una ponencia sobre este tema. La tituló «Factores de deslegitimación del servicio militar» y en ella recogió lo que varios diputados pensábamos sobre un tema en el que no se nos dejaba opinar libremente dentro de nuestro propio partido. Y la historia siguió. Porque en 1993, poco después de que dejase el Congreso, la fundación Pablo Iglesias de Madrid convocó un seminario reducido para tratar del tema. Y apareció el director general del Servicio Militar, Laureano García, defendiendo «lo de siempre», causándonos su discurso la lógica molestia a Federico Sanz, a mí y a algunos más.

Los malos tratos a la tropa

Con la llegada de la democracia comenzaron a recibirse algunas denuncias de familiares de reclutas que se quejaban de que sus hijos recibían malos tratos, en algunos casos muy graves (violaciones, inyecciones de heroína, palizas, etc.) por parte de los soldados veteranos de su cuartel. Evidentemente, podía ocurrir que el hecho no fuera nuevo y que ahora la libertad de expresión permitiese denunciar unos abusos que antes el temor hacía guardar en silencio. Sin embargo, sin negar la posibilidad anterior, sinceramente creo que el endémico problema de las novatadas y los malos tratos a los reclutas empeoró.

Las causas de ello, en mi opinión, posiblemente fueron las siguientes: Primera, la llegada de la droga a los cuarteles. Los drogadictos veteranos extorsionaban y maltrataban a los reclutas para arrancarles su dinero y comprar droga. Segunda, el cambio de valoración social de la homosexualidad, que al romper un tabú posibilitaba unas violaciones años atrás inconcebibles. Tercera, la realización del servicio militar fuera de la región de origen, lejos de la familia, dejaba a los soldados más desamparados ante malos tratos y abusos, ya que era más difícil contarlo a sus amigos o mayores.

Cuarta, la abolición del Servicio de Información interior en los cuarteles que existía durante la dictadura y que hacía que los coroneles se enterasen de cualquier abuso, que normalmente se realizan de noche cuando los dormitorios estaban en manos de los veteranos. Quinto, en las compañías de guerrilleros, COEs, etc., a veces se añadían malos tratos realizados por mandos jóvenes e inmaduros que habían sido instruidos en las escuelas de Rangers de EE.UU., en las que se entrena al personal en una gran crueldad, incluso para resistir tortura y se llega a desdibujar el límite de la dureza militar llegando a confundir el adiestramiento con la resistencia a una degradación impuesta. Sexto, la desaparición de aquellos viejos sargentos veteranos, injustamente llamados «del chusco», que conocían todos los recovecos de la vida cuartelera y que nada más entrar en la compañía y ver las caras sabían que algo había ocurrido.

En general los reclutas no se atrevían a denunciar los malos tratos. Los que habían sido violados se avergonzaban de ello. Los extorsionados por veteranos drogadictos sentían gran temor a las represalias. Vivir lejos de su casa dificultaba la comunicación y apoyo de sus familias. Sin embargo, a veces ocurría algún hecho especialmente grave con consecuencias para la salud o la vida del recluta y no se podía tapar. Recuerdo dos.

Me vino a ver, tremendamente preocupado, el padre de un muchacho de un pueblo de Cataluña que estaba haciendo el servicio militar en Galicia, diría que en Lugo y creo que en una compañía especial (de guerrilleros, escaladores, quizá COE). Y me traía una serie de fotos de su hijo, hechas con una Kodak-instant, en la que los morados, azulados y amarillos cubrían su cuerpo. Se le veía hinchado y a mí me resultaba evidente que le habían propinado una paliza. Y había que cortar. Pero como ya me habían ocurrido casos anteriores (aunque no tan graves) y no se había resuelto nada y además los que denunciaron los hechos fueron aún peor tratados, decidí actuar de una forma más directa y le dije que su mujer, la madre del recluta, escribiese una carta personal a la Reina, en la que de madre a madre le contase la angustia en que vivía al ver lo que le hacían a su hijo, y por supuesto que le enviase las fotografías. Fue mano de santo. Pocos días después un militar de la Casa Real cayó como un halcón sobre el cuartel en que se habían cometido aquellos abusos, rodaron cabezas y el problema se cortó por lo sano.

En otra ocasión, y después de haber hablado con mi mujer Montserrat Barenys, que había sido alumna de las Damas Negras, me llamó la madre superiora del colegio y me contó que una mujer que trabajaba en la limpieza del centro tenía un hijo que había muerto haciendo el servicio militar como consecuencia de los malos tratos del cabo primero de la compañía. Obvio los detalles para no alargar el relato. Utilicé un sistema parecido al anterior, pero como aquí había un muerto por en medio y era más difícil de tapar, le dije a la Madre superiora, que desde su cargo religioso, y como responsable del cuidado de quienes trabajaban en su convento, escribiese una carta al general Sáez de Tejada, que entonces era el JEME, apelando a su condición de buen cristiano (yo lo conocía y sabía que lo era) para que tales hechos no quedasen impunes. También en este caso se actuó con diligencia. Incluso para calmar a la opinión pública que estuvo muy sensibilizada con este caso, la madre del muchacho muerto y el coronel de Estado Mayor, Díaz Capmany, tuvieron una larga conversación por TV3, en la que el coronel Capmany demostró sensibilidad y un tacto exquisito.

Para acabar con estos y otros hechos análogos, o aún peores (Ruiz Giménez siendo Defensor del Pueblo me contó que en un cuartel de Ceuta habían inyectado droga a algunos reclutas, no sé si como novatada o para hacerlos drogadictos y clientes del veterano-camello), los gobiernos de la democracia realizaron una constante lucha para mejorar las condiciones de vida del soldado, eliminar los malos tratos o novatadas (que en algún caso incluso provocaron suicidios), apartar a los drogadictos, etc., medidas que culminaron con la creación de una Dirección General del Servicio Militar y la Ley del Servicio Militar en el año 1991 que, como ya se ha dicho, incluyó una pormenorizada relación de derechos del soldado.

Los objetores de conciencia[38]

La primera vez que vi defender la objeción de conciencia fue en la revista *El Ciervo.* Allí conocí a Alfonso Carlos Comín que fue quien me introdujo en las ideas pacifistas. Luego, a lo largo de mi vida militar tuve demasiadas ocasiones para ver la dureza, a veces incluso iniquidad, con que eran tratados los testigos de Jehová que

38. Léase en esta obra el epígrafe dedicado a Díez Alegría en el capítulo VIII de la Primera parte y el epígrafe dedicado a la objeción de conciencia en el capítulo III de la Tercera parte.

durante muchos años fueron los únicos objetores. Más tarde conocí a Pepe Beúnza, que me vino a ver varias veces a casa cuando se estaba preparando para ser el primer objetor católico de España. Pero fue en 1975 durante mi medio año en prisión cuando tuve oportunidad de convivir y conocer a fondo a varios objetores presos.

Como es sabido, este tema fue asumido por todos los sectores democráticos e incluido en el artículo 30 de la Constitución. Pero como «del dicho al hecho va largo trecho», y la situación del grupo (no creo que en 1977 llegasen al millar) de objetores que eran condenados por negarse a hacer el servicio militar me preocupaba, en 1979 redacté dos proyectos para hacer realidad el posible servicio civil sustitutorio, uno trabajando como cooperantes en países del Tercer Mundo[39] y otro para crear con ellos un servicio civil para combatir los incendios forestales.[40] Obviamente sin resultado favorable, habida cuenta que UCD tenía la mayoría. En este último caso, en el debate en el pleno para la toma en consideración del proyecto de ley, se me opuso Guillermo Medina, diciendo por una parte que el gobierno estaba de acuerdo, y por otra, que por razones formales pedía el voto contrario a la toma en consideración de mi proposición. Lo de las razones formales era una marrullería sin sentido que entonces se usaba mucho, ya que la toma en consideración de un proyecto permite corregirlo y mejorarlo a lo largo de todo el trámite parlamentario.

39. *BOCG* número 188, del 21 de agosto de 1979 y 22 de octubre de 1979.

40. Proposición de ley para crear un servicio para defensa del patrimonio forestal. *BOCG*, serie B, número 51-I. Debate en el *Diario de Sesiones* del 24 de octubre de 1979.

VII

EN LA COMISIÓN DE INTERIOR

La desmilitarización de la policía

En las dos legislaturas de la transición pertenecí también a la Comisión de Interior, en la que se trataban los temas policiales, que entonces tenían gran relación con lo militar, toda vez que la mayor parte de los efectivos policiales (la Guardia Civil y la Policía Nacional) estaban militarizados. En consecuencia, uno de los principales objetivos de la Comisión de Interior fue un esfuerzo de desmilitarización y de reorganización de la policía uniformada.

Para introducirme en el tema me ayudaron varios amigos de la UMD, principalmente Julián Delgado, así como otros nuevos amigos del Cuerpo Superior de Policía, que con el tiempo se aglutinaron en la USP (Unión Sindical de Policía). Después de informarme ampliamente del tema hice varias declaraciones a los medios, entre las que fueron especialmente destacadas unas a la revista *Mundo* y escribí algunos artículos[1] hablando de la necesidad de crear una policía judicial y una policía de barrio, siguiendo el modelo inglés, lo que resumí en el eslogan de «cambiar la porra por el megáfono». En realidad se trataba simplemente de aplicar la lógica, el derecho internacional comparado y lo que establecía la Constitución.

Poco después el gobierno envió al Congreso un proyecto de ley de la Policía y los socialistas, con mucha ilusión y aún más ingenuidad, presentamos cincuenta y tres enmiendas. La ponencia se reunió durante dos meses todos los martes. Fue la primera ley en cuya redacción participé. Durante muchos años había luchado para que llegara la democracia, que conocía a través de los libros y en una forma, por tanto, totalmente idealizada. Y creía que las leyes las hacían hombres justos y rectos, atentos a la verdad, la justicia,

1. *Diario de Barcelona* del 31 de agosto de 1977: «Autonomía y Fuerzas de Orden Público.» *Diario 16* del 28 de diciembre de 1977: «El orden público como problema.» *TeleExpres* del 14 de julio de 1978: «Fuerzas de Orden y País Vasco.» *Diario de Barcelona* del 10 de septiembre de 1977 y *Diario 16* del 12 de septiembre de 1977: «Democracia y Fuerzas de Orden Público.» *El Ciervo* de junio-julio de 1978: «Una policía para la democracia: Seis criterios», que mereció un editorial del *Avui* del 27 de julio de 1978.

el bien común, etc. ¡Menudo chasco! Pronto descubrí que la ley suele ser resultado de pactos o transacciones realizados por las cúpulas de los partidos políticos, que luego reciben su sanción formal en las cámaras legislativas, pero que de hecho han sido previamente acordados en función de las correlaciones de poder. Y estos pactos, estas conversaciones, este «hacer pasillo», incluso a veces un *do vus dat*, obviamente no quedan reflejados en documento alguno. Se me había olvidado la frase de Churchill: «La democracia es un mal sistema político, aunque los otros son aún peores.»

Así es que preparé los argumentos de defensa de las enmiendas que habíamos redactado, creyendo que los diputados de los otros partidos las aceptarían o no en función de su propio criterio y de que considerasen que el contenido de las mismas mejoraba el texto de la ley. ¡Qué ingenuidad! Los tres diputados ponentes por UCD traían un papelito en el que estaba escrito qué enmiendas debían aceptar y cuáles no. Y de hecho no iban a aceptar prácticamente ninguna. Fue una desilusión y el inicio de lo que después algunos políticos más avezados llamaban cínicamente el «proceso de desvirgación política» o sea, de ver la marrullería y la mediocridad que está detrás de la política. Los pobres tres diputados de UCD, que al fin eran personas honestas, lo pasaron aún más mal que yo. Ellos del tema no sabían nada, y mis argumentos les convencían pero por disciplina tenían que oponerse formulando razonadas sinrazones y a continuación soportar mis pullas, sarcasmos y menosprecios.

Como la situación les era poco soportable, unos días después cambiaron la ponencia y acudió Sancho Rof, que era el subsecretario del ministerio, el número dos de Martín Villa y conocía a fondo el tema; además tenía, por su cargo, poder para aceptar o rechazar las enmiendas. Y con él, el trabajo de la comisión se comenzó a racionalizar y muchas de las enmiendas fueron aceptadas. En estos debates de la ponencia participamos fundamentalmente Carlos Sanjuán y yo, por el Partido Socialista y Sancho Rof y Manuel Núñez por la UCD. También asistieron asiduamente Fraga, por Alianza Popular, y Arana (diputado de Lérida del PSC-Reagrupament, que había sido elegido en las listas del Pacte de Jordi Pujol) y finalmente entre todos[2] logramos

2. Durante la legislatura constituyente aún no existía la subordinación del Senado al Congreso en lo que concierne a sus enmiendas, que actualmente deben ser ratificadas por éste, y una comisión paritaria de cuatro diputados y cuatro senadores resolvía cuáles de las enmiendas aprobadas por el Senado eran aceptadas y cuá-

que quedara una buena ley,[3] claramente renovadora, en la que como antes dije, se establecían la policía judicial, la policía de barrio, se autorizaba la sindicación de la policía, etc. Sin embargo no era realizable, supongo que por la situación de crispación de aquellos días, la desmilitarización de la Policía Nacional (digamos entre paréntesis que de aquellas cincuenta y tres enmiendas socialistas, finalmente todas, menos cinco, fueron aceptadas). Sin embargo, el gobierno no dio a la ley el necesario desarrollo reglamentario, con lo que todo nuestro esfuerzo resultó baldío.

La desmilitarización de la Policía Nacional fue asumida poco después por UCD en el proyecto de ley de Seguridad Ciudadana enviado al Congreso por el ministro Ibáñez Freire.[4] En el artículo 69 se establecía claramente el carácter civil de la Policía Nacional, pero la suerte de esta ley fue aún peor que la de la anterior, pues si en la Ley 55/78 de la Policía no se hizo el reglamento, en ésta, lo que no se hizo fue la parte relativa a los cuerpos policiales de la propia ley, que quedó atascada en el Congreso, supongo que por presiones de la «ultrada» y hubo que esperar a la Ley Orgánica 2/86 del 13 de marzo de 1986 de Cuerpos y Fuerzas de Seguridad del Estado, aprobada ya bajo el gobierno socialista, para realizar la desmilitarización. En esta ley además se fusionaron los dos cuerpos policiales (el superior, que era civil y la Policía Nacional que era militar) en uno solo, manteniéndose, no obstante, el carácter militar de la Guardia Civil.

Al tratar de este tema creo que debo agregar que según opinión del general de la Guardia Civil, Díez Quijada, que además es doctor en derecho y ha sido profesor en la universidad muchos años, «la Guardia Civil tiene carácter militar pero naturaleza civil y no se puede homologar, por ejemplo, con la Infantería, que es civil por naturaleza, pues la Guardia Civil, entre otras cosas, lo mismo en la paz que en la guerra, realiza funciones policiales, y sus funciones militares son simplemente excepcionales».

---

les no. Para la Ley de la Policía fuimos elegidos por el Congreso, en representación de nuestra cámara: Sancho Rof y Manuel Núñez, de UCD y Carlos Sanjuán y yo, por los socialistas porque fuimos los que más participamos en el trabajo de ponencia y comisión. (*BOCG* número 164 del 18 de octubre de 1978).

3. Ley 55/78 del 4 de diciembre de 1978.
4. *BOCG* del 21 de septiembre de 1979. Serie A. Número 73-I

Ganamos una votación al gobierno de la UCD

En los años de la transición aumentó la inseguridad como consecuencia de la mayor delincuencia, debido a muchas causas que aquí no es lugar para reseñar, entre las cuales una era la descoordinación entre los distintos cuerpos policiales, especialmente entre la Guardia Civil y la policía. Ésta se quejaba de que la Guardia Civil no les pasaba la información que tenía y a veces la cosa era aún peor. En una comparecencia del ministro Rosón en la Comisión de Interior nos contó un hecho que es antológico como manifestación de la citada descoordinación.

En una pequeña sucursal bancaria de la carretera de Extremadura, hacia el número 135, unos agentes que estaban de servicio en las cercanías observaron que se estaba produciendo un atraco y detuvieron a sus autores. Al intentar dar el comunicado les ocurrió que no les funcionaba el teléfono y uno de los dos policías se quedó vigilando a los detenidos, mientras el otro se iba a una cabina para llamar a jefatura. Le costó encontrarla, tardó un poco y cuando regresó no encontró ni a los detenidos ni al otro policía. Y ahí viene lo bueno: ¿saben qué había pasado? Que una patrulla de la Guardia Civil que pasó por allí se hizo cargo de ellos y se los llevó. El jefe de la policía, Pastor, llamó a la Guardia Civil para que les devolvieran los presos, pero no le hicieron caso y tuvo que llamar el propio Rosón.

Al parecer, detrás de lo ocurrido había un problema de límites territoriales de la competencia pero más atrás había una auténtica falta de colaboración, por lo que pensé que quizá el problema se podría solucionar utilizando la misma medida que se usó en el ejército para acabar con las rivalidades de los infantes y los artilleros: Crear un centro de educación conjunto en el que se impartiese una formación común y se creasen además unos vínculos de amistad entre los componentes de los distintos cuerpos policiales que facilitase una futura colaboración profesional.

Se trataría de que los futuros mandos de las tres policías estatales existentes entonces en el país estudiasen juntos, en vez de seguir estudiando los de la Guardia Civil y los de la Policía Nacional dos años en la Academia Militar de Zaragoza, lo que para un futuro policía es, al menos, poco útil y disfuncional. Con fecha del 19 de septiembre de 1979 conseguí que mi grupo parlamentario —Socialistes de Catalunya— presentase una proposición de ley para la creación de una academia general policial para los tres cuerpos citados. Y sorprendentemente ocurrieron dos cosas, la primera, que frente al usual retraso y boicoteo que se hacía a nuestras propuestas, sólo un mes después ésta llegó al pleno, concretamente la pude defender allí el 14 de noviembre, y lo que es aún más sorprendente, que le ganamos la votación a UCD aunque ciertamente por la exigua diferencia de un voto: ciento treinta y ocho a favor de la toma en consideración de la ley que defendí y ciento treinta y siete en contra, con tres abstenciones.[5] Aunque para el caso, como si hubiéramos perdido, porque se ignoró el resultado de la votación y la ley no se hizo.

Velando en defensa de la democracia

En la Comisión de Interior también tratamos de los altercados de orden público, lamentablemente demasiados, y alguno protagonizado ya por Tejero, como los sucesos de Málaga en los que sacó a la Guardia Civil a la calle, y otros que por las mismas fechas, diciembre de 1977, se produjeron en Tenerife.

A raíz de los sucesos de Tenerife y estando hablando en el Salón de los Pasos Perdidos con Martín Villa, que era ministro de Interior, y con su subsecretario, Sancho Rof, el ministro le preguntó a éste la realidad de lo que había ocurrido en Tenerife (donde la Guardia Civil había salido a la calle sin que las órdenes estuvieran demasiado claras). Recuerdo que Sancho Rof le contestó que resultaba muy difícil poder saber con exactitud lo ocurrido, habida cuenta de la necesidad de usar el conducto reglamentario y la deformación que produce el corporativismo.

Entonces me ofrecí a averiguarlo haciendo una única llamada telefónica. Me fui a las cabinas y llamé a un capitán de la Guardia Civil, que era amigo, que estaba destinado en Tenerife, y que me contó lo que había ocurrido. Regresé y le pasé la información al ministro y al subsecretario, que se quedaron muy sorprendidos, y a partir de entonces me trataban con mucho respeto convencidos de que teníamos un importante servicio de información. Pero no teníamos nada de nada. Simplemente, como cualquier antiguo militar, tenía muchos amigos y compañeros esparcidos por todo el territorio y a veces daba la casualidad que se producía algún hecho en los lugares donde tenía a algún amigo.

5. *Diario de Sesiones* número 43 del 14 de noviembre de 1979, pág. 2.728 y ss.

El odio que me tenía la «ultrada», y que se manifestaba a menudo en los temas de Defensa, alcanzó también a mi actividad en la Comisión de Interior. En la revista *Fuerza Nueva* del 23 de septiembre de 1978 hay un recuadro llamativo de color rojo que destaca especialmente porque la revista es en blanco y negro y que se titula BUSQUETS. Y en el recuadro se me acusa de ser el asesor de una «depuración» malvada que se han puesto de acuerdo en hacer Martín Villa y Múgica, entre los mandos de las FOP. Nada más lejos de la realidad. Yo entonces no había pisado el ministerio y además cualquiera que conozca a Martín Villa sabrá que no toleraría que ni yo ni nadie le dictara su política de personal. Pero el caso era intoxicar, intoxicar, sembrar odio y rencor.

La etapa socialista

En esta etapa las comisiones de Justicia e Interior se fusionaron, lo que es lógico, pues lo policial, lo judicial y lo penitenciario son fases sucesivas del proceso de control social, y al fusionarse anticiparon lo que posteriormente incluso se hizo en el Ejecutivo al crear un ministerio único del que fue titular Juan Alberto Belloch.

Sin embargo, la realidad del Congreso de Diputados era que estando lleno de juristas, prácticamente carecía de expertos, incluso de simples interesados, en temas de seguridad (lo mismo que de temas militares) y al realizarse la fusión me encontré sumergido en una comisión en la que era el único, o casi único, no licenciado en derecho, y en la que además la inmensa mayoría de los temas que se trataban, de las leyes que se elaboraban, y que eran bastantes porque era una comisión en la que se trabajaba mucho, versaban sobre temas jurídicos (de civil, penal, procesal, mercantil o de la rama que fuera). Para tratar estos temas había compañeros más preparados, y por supuesto más interesados que yo, que estaba allí por mi interés en unos temas de seguridad que raramente se tocaban. Y eso, lógicamente, me produjo cierto malestar pese a que cuando era joven había sido profesor ayudante en la Facultad de Derecho, en la Cátedra de Jiménez de Parga, y que al haber tenido que redactar algunos recursos por mis antiguos problemas militares conocía parcialmente el tema y esa jerga que los juristas petulantemente llaman «lenguaje ajustado a derecho», así es que como los grandes temas de seguridad política estatal, parecían superados, opté por dejar la comisión.

Antes, no obstante, hice algunas gestiones. En primer lugar, y nada más ser elegido el gobierno socialista, le pedí audiencia a Barrionuevo con la esperanza de que nuestra llegada al gobierno acabase con las repugnantes escuchas telefónicas que atentaban contra el espíritu de la democracia y de la Constitución: Era un tema que desde hacía años, a mí, personalmente, me había molestado mucho y ante el cual existía una gran sensibilidad ciudadana.[6] Fue realmente muy amable, siempre he tenido una fácil relación con él, pero no me aclaró absolutamente nada del tema. Y ya que hablo de ello, deseo explicar que años después, cuando Martín Villa ya había abandonado la política, coincidí con él en un vuelo del puente aéreo y le pregunté por simple curiosidad intrascendente si cuando él era gobernador de Barcelona mi teléfono estaba intervenido, y él, que siempre fue un caballero, recuerdo que me contestó: «En tu caso sí era cierto» (aludiendo a que muchos creen tenerlo intervenido, y éstos son pocos en la realidad). Y cuando le pregunté la causa me dijo que suponía que debía ser por lo de la UMD.

El sindicato de la Guardia Civil

Otro de los temas que me preocupaban era el de los sindicatos policiales. Desde 1977 estaba en contacto con varios policías: Modesto García, el comisario Merino, Mariano Baniandrés, que con los socialistas tuvo responsabilidades antigolpe, y otros líderes, algunos de Barcelona, entre los que recuerdo a Fernández Sastre, Leandro Gil y Luis García Esquivada, que ya había tenido problemas por su ideología democrática durante la dictadura. Un día, con motivo de una crisis interior que tenían, invité a cenar a mi casa a los líderes del sindicato. Entonces vivía en la calle Embajadores de Madrid. Le dije a Felipe si quería venir y no le pareció oportuno hacerlo, pero el que sí vino fue Carlos Sanjuán.

Conscientes de la importancia de que la policía tuviese algún tipo de derecho de sindicación, lo introdujimos en la ley 55/78, de la que antes he hablado. Y cuando el gobierno comenzó a actuar ignorando este derecho, le formulé una pregunta parlamentaria, a fin

6. Esporádica e intermitentemente saltaba a la prensa. Por ejemplo: *Cambio 16* número 606 del 11 de julio de 1983, págs. 15 a 33.

de acabar con el abuso, el 29 de diciembre de 1980.[7] La pregunta fue publicada el 10 de febrero de 1981, y el golpe de Estado del día 23 de aquel mes, supongo fue la causa de que se quedase sin contestar.

Gobernando ya los socialistas me vinieron a ver al grupo parlamentario las esposas de algunos líderes del sindicato de la Guardia Civil, que cuando eran director general Roldán y Corcuera ministro, fueron duramente perseguidos. A mí la persecución de estos guardias civiles me resultaba especialmente dolorosa porque en alguna medida me recordaba lo de la UMD. Entonces aún no sabíamos quién era Roldán.

En junio de 1978 había visitado con Múgica, Luis Solana, Bordes Vila y Alonso Puerta (que sustituía a Carlos Sanjuán) el ejército de la República Federal de Alemania y comprobado que la eficacia de un ejército no merma porque exista un sindicato que interviene en todas las cuestiones no operativas, o sea las que afectan a la vida diaria.[8] Por tanto, yo no comprendía por qué se perseguía a estos guardias civiles, ya que además, la Guardia Civil, en su trabajo diario, realiza unas actividades más propias o próximas a lo policial que a lo militar. En consecuencia, tuve una conversación con Corcuera para explicarle mi punto de vista. Nada más escucharme se enfureció. Y con un espíritu represor impropio de un socialista, empezó a interrogarme sobre quién me había pasado la información.

7. *BOCG* número 537-I del 10 de febrero de 1981.

8. El 8 y 9 de junio de 1978 fuimos a Bonn para tratar de temas de Defensa y una de las reuniones trató de la sindicación de la tropa, que allí estaba ya organizada. Después, en agosto de 1978, aproveché un viaje a Upsala, donde se celebraba un congreso mundial de sociología, para conocer el funcionamiento del ejército sueco. Antonio Segura, embajador en funciones, organizó una reunión en el Ministerio de Defensa el 14 de agosto para tratar entre otros temas de la sindicación de la tropa, y algo inusual, que habla en favor de su dedicación profesional: me acompañó a las entrevistas e hizo de intérprete y ambos observamos con sorpresa que allí este tema estaba aún más desarrollado que en Alemania: Había soldados liberados para dedicarse a su actividad sindical, existía una especie de Parlamento de Soldados, etc. Lo que nos contaron, nos resultaba a ambos tan sorprendente, tan distinto a lo que ocurría en nuestro país que Segura, cuando le explicaron lo del Parlamento de Soldados ante el que cada año comparecía el ministro para dar cuenta de lo relativo al bienestar de la tropa (alojamientos, comida, etc.) antes de traducírmelo a mí, exclamó: «¡Asombroso, democraticísimo!» Añadamos que según información aparecida en *El País* del 20 de agosto de 1998, el director general, Santiago López Valdivielso, creará una Comisión Profesional formada por veintitrés agentes elegidos por votación y sorteo que representarán a los setenta mil guardias civiles. Con ello acabará un problema pendiente que se debía haber resuelto hace muchos años.

Y la conversación y las palabras fueron subiendo decibelios hasta que ya harto de oírle, y pese a que siempre fui respetuoso con los ministros, fuesen de mi partido o de otro, le dije:

—Te estás equivocando gravemente, y lo estás haciendo mal, pero que muy mal.

Y le di la espalda y me marché sin darle la mano, mientras él me seguía chillando. Luego conocí como cualquier ciudadano los errores de aquel ministerio en el que se habían usado los fondos reservados para pagar gratificaciones de peligrosidad a los cargos ignorando (porque estoy convencido de que era por ignorancia) que eso era malversación de fondos. Y claro, cuando se actúa así, mejor el poder omnímodo que permitir cualquier grieta de poder descontrolado. Y así cuando años después los líderes del sindicato descubrieron ante la opinión pública a través de *Diario 16* quién era Roldán, entonces comprendí la dureza con que éste actuaba contra ellos. Porque lo cierto es que el caso Roldán fue descubierto gracias a la insistencia del sindicato y el apoyo de *Diario 16*.

El daño político del paso de Roldán por la Guardia Civil va aún más allá. En el vigésimo octavo congreso del partido del año 1978 (aquel en el que dimitió Felipe) se aprobaron dos ponencias que personalmente redacté, una sobre política de Defensa y otra sobre política policial. Y en ambas se recomendaba, entre otras cosas, sacar a los militares y a los funcionarios de las viviendas corporativas, que contribuyen a aislarlos de la población civil, cuando lo que se debe hacer es integrarlos. Pues bien, en cuanto Roldán llegó a la dirección general, se inició una política de viviendas diametralmente opuesta a la que nosotros habíamos aprobado en el Congreso. Cuando se supo lo de las comisiones que cobraba a las constructoras comprendí la razón. Evidentemente su «peculiar actividad» resultaba más simple y lucrativa al relacionarse con media docena de grandes constructoras que con cientos o miles de pequeños propietarios poseedores de pisitos, que además habrían de ser comprados o alquilados de forma descentralizada inaccesible a él.

Visito a Montserrat Tarragó en la cárcel de mujeres políticas

La Comisión de Justicia e Interior también actuaba en el ámbito penitenciario. Sin embargo, ahí mi actividad fue escasa. Se legisló poco (recuerdo que fui ponente de una ley de celadores de las prisiones militares) y el control lo realizaban algunos diputados que eran penalistas y llevaban años trabajando en este tema.

Mi conocimiento derivaba de mi propia experiencia personal cuando estuve en las prisiones militares de San Fernando de Figueras y de El Hacho de Ceuta y de las visitas que había hecho durante la dictadura a mis alumnos de la universidad que estaban presos por motivos políticos. Mi costumbre era aprovechar el examen para visitarlos. Algo que siempre he hecho, no sólo con los presos, sino también con los enfermos que así lo desean. Cuando hacía la petición, que obviamente sería denegada, sacaba a relucir mi pertenencia al cuerpo de Estado Mayor, lo que me solía abrir las puertas.

A principios del curso de 1986-1987 recibí una carta de Montserrat Tarragó, independentista catalana, que me escribía desde la cárcel política de mujeres de Carabanchel para decirme que se había matriculado en mi asignatura «historia del poder militar» y pedirme que le enviase el programa y la bibliografía y le indicase el trabajo que debía hacer para aprobar la asignatura. Me conocía porque unos años antes ya había sido alumna mía de sociología en la Universidad Autónoma de Barcelona.

Cuando llegó el mes de junio, la fui a examinar a la cárcel de Carabanchel y la visita constituyó para mí una serie de sorpresas. En primer lugar las presas políticas, que así se llamaban, estaban totalmente separadas del resto en otra cárcel que pese a estar en Carabanchel tenía dirección, funcionarios y entrada independiente y parecía no tener nada que ver con el resto, con la otra gran prisión. Era un centro muy moderno en el que la estructura y los controles (los arcos electrónicos, las cámaras del circuito interior de televisión) permitían que todo estuviese controlado sin necesidad de recurrir a incómodos cacheos o registros y las presas gozaban de una cierta posibilidad de movimientos interiores para ir a la biblioteca, leer, ver la televisión, cocinar, etc. Por ejemplo, se habían organizado en dos cocinas: la de las del GRAPO y la de las de ETA, cada una de las cuales tenía unas veinte personas. Además había una presa de las Brigadas Rojas italianas que cocinaba con las del GRAPO y Montserrat Tarragó que lo hacía con las de ETA. La conversación la tuvimos en una habitación sin presencia de ninguna funcionaria ni separación de cristales o mesas, eso sí, bajo la mirada del ojo de la televisión interior. Y cuando acabamos de hablar de la asignatura, Tarragó me dijo:

—¿Quieres que te enseñe la cárcel?

Cuando me fui estaba tan gratamente satisfecho del trato digno que recibían nuestros presos, que llamé al director general de Instituciones Penitenciarias y lo felicité.

—Te he llamado otras veces para protestar por lo que ocurre en tal o cual lugar, pero hoy me siento en la obligación de felicitarte por el trato digno que dais a los presos de la cárcel, etc.

Porque además, precisamente en aquella época, en Inglaterra se maltrataba a los presos del IRA (algunos han sido considerados inocentes recientemente por la justicia británica) y Gerry Adams y los suyos se veían obligados a hacer una brutal «huelga sucia» y varios de ellos, como Bobby Sanders, que además era diputado, morían tras largas huelgas de hambre porque no los reconocían como presos políticos. Y Margaret Thatcher ignoraba sus sufrimientos y era incapaz de resolver un problema que finalmente el gobierno laborista ha resuelto. Y cuando regresaba de la visita, en mi interior comparaba la prisión que acababa de visitar y lo que la prensa explicaba que pasaba en las cárceles inglesas y me sentía satisfecho y orgulloso del grado de civilización que estábamos alcanzando en España.

VIII

LEYES PARA LOS MILITARES REPUBLICANOS, SUS MUTILADOS Y VIUDAS

Como ya se ha explicado, los generales impidieron que se incluyese a los militares en la Ley de Amnistía de 1977, por lo que éstos quedaron excluidos. Sin embargo, quienes nunca renunciamos a lo que era un imperativo ético, fuimos presentando proposiciones de leyes puntuales que permitieran ir avanzando lentamente en el logro de aquel objetivo. Fue una larga marcha de trece años de duración, pues la última ley, de indemnización a los que habían estado presos por defender la República, no se aprobó hasta 1990.

Se reconoce una pensión a los militares de carrera

Durante los primeros cinco años, y bajo gobiernos de UCD, sólo se consiguió, aunque quizá no fue poco, que se reconocieran pensiones a los militares republicanos y a las víctimas de la guerra civil. Como la democracia aún no estaba consolidada y era delicado tratar estos temas en la Comisión de Defensa, las leyes citadas fueron aprobadas en la Comisión de Presupuestos, enfatizándose así su carácter económico. A pesar de todo fueron útiles para mejorar la situación económica de los afectados, aunque la reivindicación moral y profesional (que para los militares es la más importante) no se resolvió hasta la llegada del gobierno socialista. Y mi grupo parlamentario me nombró portavoz en esta comisión, no por mis conocimientos en el tema presupuestario, que eran realmente escasos, sino para colaborar en la solución de este tema.

La primera norma que se aprobó fue el Real Decreto 6/78 del 6 de marzo de 1978, consecuencia de la mala conciencia del gobierno de UCD al haber excluido a los militares leales a la República de la amnistía. La redacción inicial de este Real Decreto la realizaron el teniente general Luis Gómez Ortigüela, que años más tarde fue asesinado por ETA y entonces era un estrecho colaborador de Gutiérrez Mellado, y mis buenos amigos los coroneles Emilio Pardo Fernández-Corredor y Enrique López Pérez, que eran líderes de los militares republicanos agrupados en APROSEM (Asociación de Profesionales Separados del Servicio Militar).

Por este Real Decreto se reconoció a los oficiales y suboficiales profesionales su jubilación o retiro, pero —y ésta es su parte positiva, su originalidad y su generosidad— como si hubiesen permanecido en activo desde que fueron separados del servicio hasta que alcanzaron la edad de jubilación. Hubo algún caso, como por ejemplo el de Feliciano Romero, que había ingresado en la Academia un par de meses antes de comenzar la guerra y que pasó del grado de oficial, que alcanzó en la guerra, a coronel, aunque entonces sólo a efectos económicos, pasivos.

La ley de los llamados «cabos» de la República

Resuelto económicamente el tema de los militares profesionales, o sea de aquellos que tenían el grado de sargento o superior cuando se inició la guerra civil, quedaba el tema de los cabos reenganchados, muchos de los cuales en 1936 ya llevaban más de seis años de servicio y llegaron a oficiales durante la guerra y al acabar sufrieron prisión, con lo que su «aventura militar» entre unas cosas y otras se prolongó unos quince años y, sin embargo, se les negaba la pensión que se pagaba a los militares republicanos arguyendo su no-profesionalidad. Y el problema era análogo para los antiguos guardias civiles, carabineros, etc., que eran también profesionales y que en muchos casos llegaron a ser suboficiales o tenientes de campaña durante la guerra civil.

La iniciativa para la aprobación de esta ley fue resultado de varias reuniones que tuve con los afectados reunidos en APROSEM. El colectivo en Barcelona era muy activo y tuvo dos líderes, Pablo Espinel y Juan Sánchez Acedo, que me ayudaron mucho. El primero murió antes de ver la ley aprobada. El segundo vistió su uniforme de comandante cuando ya estaba a punto de morir. Pocos días después, su uniforme recién estrenado fue su mortaja.

Mi grupo parlamentario (Socialistes de Catalunya) me permitió presentar una proposición de ley[1] que personalmente redacté y defendí en el pleno del 21 de junio de 1979. Alberto Oliart, como re-

1. *BOCG* número 29-I del 30 de mayo de 1979. *D. de S.* número 20 del 21 de junio de 1979, pág. 1.002 y ss.

presentante de UCD en la Comisión de Presupuestos, y Landelino Lavilla, como presidente del Congreso, hicieron posible la aprobación de una ley[2] que no era deseada por importantes sectores militares y que permitió extender las ventajas económicas del Real Decreto 6/78 a los militares profesionales que antes de comenzar la guerra pertenecían a las clases de tropa: cabos reenganchados, carabineros, guardias civiles, etc. Era un amplio colectivo de combatientes, con un origen social modesto, que defendieron la legalidad en la guerra civil.

La amnistía militar no llegó hasta 1984

Ya se ha indicado que el PSOE fue el partido que más tenazmente se opuso a la exclusión de los militares demócratas de la amnistía. Y que de nuevo volvimos a insistir con motivo de la reforma del CJM. Por ello, cuando llegamos al gobierno y tras muchos esfuerzos y tensiones logramos la aprobación de una ley emblemática, la Ley 37/84 (conocida como la ley de los militares de la República). Por esta ley fueron rehabilitados los militares profesionales que ingresaron en el ejército antes de la guerra.[3] Javier Sáenz de Cosculluela, que presidía el Grupo Parlamentario Socialista, la llevó personalmente.

Con esta ley desapareció la discriminación que en la Ley de Amnistía del año 1977 se hizo a los militares de la República respecto a los funcionarios civiles, y fueron plenamente rehabilitados los militares que ingresaron en el ejército antes la guerra, que ya devengaban pensiones de acuerdo con el grado que les correspondía[4] pero que carecían de la reivindicación moral. Se les devolvió su carrera y su uniforme con todas las connotaciones que para la moral del militar ello implica, reconociéndoseles el grado que habrían obtenido de haber continuado en actividad sin interrupción.

Durante el proceso de tramitación, los líderes de algunas asociaciones de militares de campaña, especialmente Antonio Beltrán, Miguel Sanmartín y el de los aviadores de ADAR, Jaume Mata,

2. Ley 10/80 del 14 de marzo de 1980. *BOE* número 76 del 31 de marzo de 1980.

3. Ley 37/1984 del 22 de octubre, de reconocimiento de derechos y servicios prestados a quienes durante la guerra civil formaron parte de las FF AA, FOP y Cuerpo de Carabineros.

4. Como consecuencia del Real Decreto 6/78 y de la Ley 10/80.

trabajando en estrecha colaboración con Javier Sáenz de Cosculluela, y gracias al apoyo de varios antiguos líderes del PSOE como Ramón Rubial, José Prat, etc., lograron añadir al proyecto de ley un título II en el que se reconocieron derechos y una pensión a los excombatientes del ejército republicano, que hubiesen adquirido algún tipo de profesionalidad durante la guerra civil. Esta pensión fue mejorada en disposiciones posteriores. Se entendió por profesional al que hubiese alcanzado durante la guerra al menos el empleo de suboficial en las Fuerzas Armadas o hubiese pertenecido a las Fuerzas de Orden Público o al Cuerpo de Carabineros.

La pensión ciertamente era modesta, pero permitió conocer la dimensión exacta del colectivo que ciertos sectores de la Administración presentaban como mucho mayor, y con este dato asignarles una pensión equivalente al 70 por ciento del sueldo del grado alcanzado durante la guerra. Añadamos que los miembros de las fuerzas de seguridad y los carabineros fueron equiparados a sargentos. Se reconoció su grado a unos veinticinco mil antiguos militares (oficiales y suboficiales) o a sus viudas.

Leyes para los mutilados y viudas de guerra

Para las víctimas de la guerra, y también como consecuencia de proposiciones de los partidos de la oposición, se aprobaron tres leyes por las que se reconocían varios derechos, pero fundamentalmente pensiones, a tres colectivos: las viudas de guerra,[5] los mutilados del ejército republicano[6] y los mutilados civiles de guerra (víctimas de bombardeos, etc.).[7]

El colectivo de los mutilados de guerra fue impulsado inicialmente por Piulachs. Tuvo como motor a Joan Domènech, que fue presidente de la Lliga de Mutilats de Catalunya durante unos diez años (de 1978 a 1988) y cuya tarea ha sido después continuada por

5. Ley 5/79 del 18 de septiembre de 1979. Aprobación en el pleno. *D. de S.* número 26 del 27 de julio de 1979.

6. Ley 35/80 del 26 de junio de 1980. Aprobación en el pleno. *D. de S.* número 76 del 26 de marzo de 1980.

7. Ley 6/82 del 29 de marzo de 1982. Toma en consideración. *D. de S.* número 164 del 29 de abril de 1981. Debate en la Comisión de Presupuestos el 14 de octubre de 1981. *D. de S.* número 45. Aprobación en el pleno el 9 de diciembre de 1981. *D. de S.* número 205.

Josep Palau. El de viudas fue impulsado por María Alas Pumariño, líder de las viudas de Asturias, Comunidad Autónoma donde las viudas de guerra eran especialmente numerosas como consecuencia de la dureza de la represión y la mayor duración del conflicto, que se inició con la revolución de 1934 y se prolongó hasta después de la guerra civil con las guerrillas.[8]

Estos colectivos estuvieron en contacto con la ponencia que elaboró estas leyes en la que de hecho trabajamos fundamentalmente José Miguel Bravo de Laguna, que era diputado de UCD, José Luis Núñez que en la cuarta legislatura (1989-1993) llegaría a diputado y que siempre fue quien en el PCE llevó estas tareas y yo, que las llevaba representando a los socialistas. Fueron largas las negociaciones. Al principio sus peticiones se estrellaban contra las rigideces de la burocracia. Los afectados me venían a ver y me contaban sus amarguras.

El calvario de los militares republicanos

Las leyes a favor de los militares republicanos se aplicaron venciendo grandes resistencias de la Administración y con evidente mezquindad. Hubo casos en los que al militar solicitante se le contestaba rebajándole un grado del que ya tenía antes de empezar la guerra. Supongo que la base jurídica para hacerlo era el castigo, la degradación que impuso Franco a quienes se negaron a sublevarse con él, pero también supongo que quienes desde el Ministerio de Defensa y con un gobierno democrático así actuaban tenían mala intención: deseo de humillarlos por ser rojos.

Otra de las discriminaciones que padecían era que no se les pagaba el 90 por ciento del sueldo como a los excombatientes franquistas retirados, sino sólo el 30 por ciento, ante lo cual ellos recurrieron al Tribunal Supremo y su Sala 5.ª les dio la razón imponiendo al Ministerio de Defensa que se les reconociese el 90 por ciento. Desde el ministerio, con prepotencia, se siguió ignorando la jurisprudencia que habían sentado las reiteradas sentencias del Supremo, y los po-

8. En el libro *Fosa común del cementerio de Oviedo* editado por la Asociación de Viudas de Guerra en Gijón en 1984, figura la relación nominal de los mil trescientos treinta y un fusilados en Oviedo, a los que hay que añadir ciento veintiún cadáveres no identificados y doscientos cincuenta y un fallecidos en prisión, lo que totaliza mil setecientas tres víctimas de la represión sólo en la capital de Asturias.

bres viejos tuvieron que ir de uno en uno, recurriendo ante el citado tribunal para reconocer sus derechos, lo que fueron obteniendo lentamente desde 1980, fecha en la que salieron las primeras sentencias,[9] hasta bien entrado el año 1983.

Las peticiones se eternizaban y utilizaban toda clase de obstáculos burocráticos para negarles la pensión. Para evitar estos y otros parecidos desafueros, exigí la comparecencia del director general de Personal y Acción Social, general Vara del Rey, y el presidente de la comisión permitió el desglose de preguntas.[10] Además formulé veintitrés preguntas,[11] unas de respuesta escrita y otras oral, y redacté varias proposiciones no de ley, que asumió mi grupo parlamentario,

9. Villar Delgado, 13 de mayo de 1980, García Margallo, 28 de mayo de 1980 y Manuel Conde López, 25 de septiembre de 1980.

10. *D. de S.* número 48 del 26 de octubre de 1981, págs. 2.195 a 2.212.

11. Preguntas que formulé sobre la aplicación de la amnistía militar y los derechos de los mutilados y viudas de guerra en la primera legislatura (1979-1982):

PREGUNTAS DE RESPUESTA ESCRITA:

N.º	*Fecha pregunta*	*Fecha contestación*	
383	19-12-79	15-3-80	«Situación de retirados como consecuencia de la aplicación del Real Decreto 6/1978» (Ley Varela, los degradaban).
384	19-12-79	15-3-80	«Beneficios del Real Decreto 6/1978, como consecuencia de la aplicación de las leyes de depuración de 12 de julio de 1940 y 13 de diciembre de 1943» (conceden nuevas pensiones, más bajas que las anteriores).
385	19-12-79	15-3-80	«Aplicación de los beneficios de la Amnistía a dos militares» (se trata de dos antiguos miembros de Fuerzas de Orden Público, a los que se niega la pensión, por no llevar veinte años de servicio).
427	31-12-79	14-6-80	«Relativa al cumplimiento de la proposición no de ley sobre mutilados del ejército republicano aprobada el 21-6-79.»
447	16-1-80	21-2-80	«Real Decreto 2.635/1979 de desarrollo de la Ley 5/79 de viudas de guerra.»
448	16-1-80	15-3-80	«Aplicación del Real Decreto 6/1978» (a los suboficiales, a los que tarda mucho en llegar la pensión).
597	8-3-80	17-6-80	«Modificación del artículo 3.º de la Orden Ministerial 9.685, de 13 de abril de 1978, en cumplimiento de la proposición no de ley sobre mutilados, aprobada el 21-6-79» (se producen tremendos retrasos).
705	24-4-80	7-10-80	«Aplicación del Real Decreto-ley 6/1978» (a cabos, que incluso tenían el cuso de aptitud aprobado, y que siguen sin cobrar la pensión).

ordenando al gobierno la ejecución imperativa de lo aprobado en el Congreso[12] con seis puntos concretos para lograr el cumplimiento del reconocimiento de los derechos de los militares republicanos. Del entorpecimiento, hostilidad y posterior retraso con que se trataban estas proposiciones es prueba que la publicación en el *Boletín Oficial*

N.º	*Fecha pregunta*	*Fecha contestación*	
750	9-5-80	23-10-80	«Maestres de Aeronáutica Naval» (caso particular de la aplicación del Real Decreto 6/1978).
816	14-5-80	8-10-80	«Aplicación de la amnistía a los militares» (casos que están en paradero desconocido).
1.172	3-11-80	10-12-80	«Incumplimiento de lo dispuesto sobre viudas y mutilados de la guerra civil».
1.173	3-11-80	4-2-81	«Incumplimiento de la ley 10/1980 de Amnistía Militar» (tremendos retrasos).
1.519	26-1-81	18-5-81	«Aplicación de amnistía a los militares» (paradero desconocido).
1.520	26-1-81	18-5-81	«Aplicación de amnistía a los militares» (no les pagan el 90 por ciento que cobran los demás).
1.618	11-3-81	4-7-81	«Aplicación de amnistía a los militares del Ejército de la República» (incumplimiento de la Ley 10/1980, en los carabineros, con ingreso aprobado).
1.662	13-3-81	19-10-81	«Incumplimiento de la Ley 10/1980, de Amnistía Militar» (excesivos retrasos en la publicación de las pensiones).
1.663	13-3-81	20-10-81	«Retiro del 90 por ciento a militares que pertenecieron al ejército de la República» (en vez del porcentaje que se les viene pagando).
2.899	12-3-82		«Viudas con pensiones muy pequeñas, a las que se descuentan 20.000 pesetas.»
3.213	15-4-82		«Mutilados: constitución de Tribunal Médico Central.»
3.342	8-6-82		«Seguridad Social de Militares profesionales amnistiados por el RD 6/78.»
PREGUNTAS DE RESPUESTA ORAL:			
575	12-3-81		«Aplicación de amnistía a los cabos de la República.» (Se contestó en la Comisión de Defensa 11-6-81.)
798	5-2-82		«Beneficios para mutilados excombatientes del ejército republicano.» (Se contestó en la Comisión de Presupuestos.)
799	5-2-82		«Aplicación de amnistía a militares dados de baja por paradero desconocido.» (Se contestó por escrito.)

12. *D. de S.* número 206 del 10 de diciembre de 1981.

del Congreso se hiciera el 6 de marzo de 1980 y la aprobación no apareció en el *BOCG* hasta veintiún meses después, el 22 de diciembre de 1981.

Harto ya de tantas injusticias, el 12 de septiembre de 1980 elevé a la secretaria de sectoriales de la Comisión Ejecutiva del PSOE, creo era Carmen García Bloise, un escrito en el que exponía que los derechos y beneficios económicos y asistenciales que les concedían las leyes eran lamentablemente incumplidos por el gobierno de forma sistemática.[13] Otro día, ya cansado de oír quejas (cuando las elevaba a los ministros me eran sistemáticamente negadas) fingí ser hijo de una viuda de guerra y empecé a hacer todo el recorrido a una serie de organismos a los que había que ir. Empecé por la mañana y a la hora de comer, con los nervios a flor de piel y un «cabreo morrocotudo» por el trato que había recibido en media docena de organismos, llegué a unas oficinas del Ministerio de Hacienda donde no sé qué pega me pusieron, ante lo cual y ya harto, tuve una agria discusión con la responsable de la oficina, Carmela del Valle, a la que entonces no conocía y que con el paso del tiempo y cuando ya la conocí, llegamos a ser grandes amigos y colaboradores. A pesar de la impresión de aquel primer día, era una persona abnegada, que se esforzó

13. Concretamente —comentaba en el escrito— incumple cuatro leyes o decretos:

1. Real Decreto 6/78 del 6 de marzo de 1978 para *militares profesionales.*

—Entre la solicitud y el devengo suelen pasar casi dos años.

—A los procedentes de tropa se les suele asignar a veces hasta tres grados menos del que les correspondería.

—No les pagan como a los «nacionales» el 90 por ciento del sueldo sino sólo el 30 por ciento o el 50 por ciento (e ignoran recientes sentencias del Supremo contra este abuso).

—Excluyen de su aplicación a los que se exiliaron al acabar la guerra (o sea sólo la aplican a los que fueron condenados en consejos de guerra).

2. Ley 10/80 del 14 de marzo de 1980 para militares de tropa (los llamados *cabos de la República*).

—El Ministerio de Defensa ignora totalmente esta ley y pese al medio año transcurrido no se ha concedido ni una sola pensión.

3. Ley 5/79 del 18 de septiembre de 1979 para *viudas de guerra.*

—Viudas de *fallecidos en combate:* no cobra pensión ni la tercera parte del colectivo.

—Viudas de *condenados* después de la guerra: tienen grandes dificultades para obtener la documentación. El Ministerio de Hacienda no da como buenos los certificados que expide el Ministerio de Defensa. No cobra pensión ni el 10 por ciento del colectivo.

—Viudas de *desaparecidos* en combate. Algunos jueces se niegan a hacer la inscripción de la defunción fuera de plazo y no pueden cobrar la pensión. No cobra pensión ni el 10 por ciento del colectivo.

al máximo ayudando a los militares de la República. Después su tarea la siguió haciendo José M.ª Vidal. En nombre de los muchos afectados a los que ambos ayudaron, vayan estas líneas de testimonio de agradecimiento.[14]

Borrell acabó con el bloqueo de la burocracia

Cuando los socialistas llegamos al gobierno, seguían, lógicamente, las mismas estructuras y el mismo funcionariado de siempre y hubo que forzar las cosas. Para ello hablé varias veces con Miguel Boyer que era una especie de superministro de Economía, Hacienda y Comercio y me remitió a José Borrell, que entonces era el subsecretario del secretario de Estado de Hacienda. Borrell prácticamente acababa de llegar al Ministerio de Hacienda y no se sentía cómodo. En un ministerio, hasta entonces tremendamente corporativo, su presencia era inicialmente —cuando aún no lo conocían— considerada como una injerencia.

Por otra parte, al llegar los socialistas al gobierno, la dirección del partido (creo que Carmen García Bloise, que durante años fue el miembro de la Ejecutiva más preocupado por estos temas) dispuso que redactase un proyecto de ley sobre pensiones a las víctimas de la guerra civil, recogiendo las enmiendas que el PSOE defendió en la anterior legislatura y no fueron aceptadas. El ministro, al recibir el proyecto, tuvo que recabar su opinión al funcionario correspondiente, que era el subdirector general de Clases Pasivas. Se trataba de un funcionario que llevaba ya bastantes años en este

—Viudas de *militares profesionales.* El Ministerio de Defensa no concede la hoja de haberes del empleo. Las pensiones concedidas no llegan ni a media docena.

4. Ley 35/80 del 26 de junio de 1980 para *mutilados de guerra.*

—Se retrasó la publicación en el *BOE* hasta el 10 de julio para no pagarles el citado mes y la extraordinaria.

—Aún no se ha publicado el reglamento.

—El Ministerio de Sanidad tampoco ha desarrollado la parte correspondiente a asistencia médica, farmacéutica, protésica y residencial.

14. Años después, con fecha 15 de febrero de 1990, escribí una carta a doña Elena Salgado Gálvez, directora general de Costes de Personal y Pensiones, en la que ponía en su conocimiento el meritorio trabajo hecho por estas dos personas —Carmela del Valle y José M.ª Vidal— durante muchos años y «trabajando más allá de su estricta obligación y con gran abnegación y desinterés, por si estimara oportuno concederles alguna distinción o recompensa».

cargo y tenía una actitud política sistemáticamente contraria a mejorar la situación de las víctimas de la guerra civil, y más concretamente de los excombatientes del ejército republicano.

Al subdirector general citado, el proyecto de ley le sentó fatal y emitió un largo informe reventándolo.[15] Ante ello, entregué a José Borrell un informe detallado de la situación, dándole cuenta de las dificultades que creaba el subdirector general. Pepe Borrell actuó con decisión. Cambió al subdirector que dificultaba la solución del problema y nombró a Carmela del Valle.

Los ex presos políticos

Cuando a finales de 1986, la Ley 24/86 resolvió el problema de la UMD, hacer justicia a los ex presos políticos se convirtió en la última asignatura pendiente de la democracia y el tema era cada vez más evidente porque en otros países europeos, como Alemania, los que habían padecido penas de prisión por oponerse a la dictadura, estaban siendo indemnizados por los regímenes democráticos, mientras que en España se evitaba plantear el tema a pesar de que había ciudadanos que se habían pasado hasta más de veinte años en la cárcel.

Ciertamente, durante el período de gobierno socialista ya se habían tomado algunas medidas tendentes a reconocerles algunos derechos y así la Ley 18/84 del 8 de junio les reconocía los períodos de prisión para efectos de la Seguridad Social, y por tanto de la pen-

15. Mediante razones como éstas: pág. 1: «El Gobierno existente entonces (que era el de UCD), les reconoció derecho a pensión y por consiguiente, ahora se iría a una protección superior a la estimada como adecuada en el período anterior»; pág. 12: «Se produjo algún tipo de consenso entre los partidos políticos parlamentarios o no, y no se encuentra justificada la ruptura del acuerdo.» Además intentaba justificar la perpetuación de situaciones injustas, manteniendo pensiones excesivas o indebidas, del 200 por ciento en unos casos y del 40 por ciento en otros, así como cierta mezquindad para con los mutilados civiles de la posguerra (como consecuencia de la explosión de artefactos procedentes de la guerra civil) al negarles la pensión si existió imprudencia cuando quedaron mutilados. Además llegó a afirmar que conceder pensiones a las viudas de los «maquis» era semejante a pagar pensiones a las viudas de los terroristas (pág. 1) y que la concesión de pensiones a los militares separados por defender la democracia durante la dictadura serviría para concederlas a los condenados del 23-F, ignorando que éstos ya seguían cobrando, etc. Y por último, justificaba los retrasos en la concesión de las pensiones afirmando «que el 1 de enero de 1985 no se habrán podido pagar las pensiones concedidas por la Ley de Viudas de Guerra de 1979 y de Mutilados de 1980» (pág. 36), o sea, concedidas cinco o seis años antes. Etc.

sión de jubilación. Sin embargo, obviamente no era suficiente y los afectados, agrupados en la Asociación de Ex presos Políticos, que presidía Ángel Nombela, y a la que pertenecían algunos legisladores, venían trabajando tenaz e infructuosamente desde hacía años para alcanzar el logro de sus justas reivindicaciones.

Finalmente en 1989, y con la excusa del cincuentenario del final de la guerra civil, el lobby de los que desde hacía varios años veníamos defendiendo los derechos de los militares republicanos (Ramón Rubial, los senadores Prat y Paulino, Carmen García Bloise, Cosculluela, Carlos Dávila y yo mismo, sin excluir a otros que ahora no puedo recordar) conseguimos que el Grupo Parlamentario Socialista introdujera en los presupuestos una disposición adicional con objeto de realizar un gesto conmemorativo del valor histórico representado por las privaciones de libertad de los ex presos políticos supervivientes.

Concretamente se reconocía a quienes sufrieron privación de libertad durante tres o más años por actuaciones de intencionalidad política, el derecho a percibir, por una sola vez, una indemnización de un millón de pesetas y por cada tres años adicionales se incrementaba en doscientas mil pesetas más.[16] Y en 1991 se volvió a incluir en la ley de presupuestos otra disposición adicional que mejoraba la anterior.

Por último, en el debate de la ley de presupuestos de 1993, el grupo socialista aceptó una enmienda de Izquierda Unida que permitía que los militares de la República que no solicitaron los beneficios a su debido tiempo pudieran hacerlo, abriendo de nuevo y de forma indefinida el plazo para solicitarlos.[17]

16. Disposición Adicional Decimooctava de la Ley 4/90 del 29 de junio, de Presupuestos del Estado para 1990.

17. A pesar de todo, aún siguen quedando flecos. Con estas memorias ya prácticamente escritas, leo en *El País* del 1 de febrero de 1999, que la viuda de un militar de la República, teniente coronel Etelvino Vega Martínez, ha logrado su pensión después de un calvario administrativo de catorce años, y las palabras «calvario administrativo» están tomadas de la sentencia de la sala tercera del Tribunal Supremo.

IX

EL 23-F

Unos días después de la dimisión de Suárez, el capitán Agustín Delgado Ferreira, llamado por los amigos el Lobo, antiguo miembro de la UMD, destinado en el CESID, me llamó a casa, y de forma algo confusa me dijo que se estaba tramando algo. No le entendí bien, pero me percaté de que existía de nuevo peligro y por lo que pudiera pasar, saqué de mi casa los papeles más comprometedores y los llevé a casa de mi hermana Loli con la consigna de que «si pasaba algo, si me detenían, si se producía un golpe o algo, los quemase». Y cuando se produjo el asalto al Congreso, a mí me produjo gran tranquilidad saber que los papeles que podían perjudicar a los militares demócratas estaban en buenas manos. Mi hermana Loli y su marido Ramón Roig, en cuanto oyeron por la radio que se había producido un golpe, encendieron la chimenea y pusieron al lado, un abultado sobre lleno de papeles. Y según cómo hubiesen evolucionado las cosas lo habrían tirado al fuego. No fue preciso, puesto que a media tarde el golpe, gracias al Rey, quedó controlado.

No fue la única vez que a través de Delgado Ferreira recibí avisos de peligro. En otra ocasión un capitán,[1] que al parecer estaba ligado a los Servicios de Información, nos dijo que en la División Acorazada existía un ambiente rayano al complot y que tenía documentación, pero que sólo se la enseñaría directamente a Felipe. A mí me pareció la clásica persona que desea contactar directamente con el líder, por lo que no le hice caso, pero cuando se lo conté a Felipe me dijo que me había equivocado y que quería escucharlo, así es que un día de fiesta por la tarde, fui a su casa en la calle del Pez Volador con Delgado Ferreira y el citado capitán. Éste trajo los papeles. Eran una serie de oficios, firmados por distintos jefes de unidades de la citada división, claramente subversivos y en los que se hablaba de los partidos de izquierda con el tono y contenido de la etapa franquista. Estuvimos hablando varias horas y Fe-

1. Creo que era Martín Santillán, aunque sinceramente no estoy seguro. Los papeles de la Acorazada, que así acabaron llamándose una serie de oficios claramente involutivos cursados antes y después del golpe, finalmente fueron publicados el 20 de abril en *Diario 16*.

lipe se quedó muy preocupado Y tomó las medidas oportunas a través de sus contactos con Suárez.

Al reunirse el pleno, Felipe ocupó pronto su escaño, supongo que para preparar su intervención, y yo aproveché la ocasión para pasarle la información que un par de días antes me había dado Delgado Ferreira. Pero ciertamente ni éste, ni Felipe, ni yo, valorábamos en su justa magnitud el peligro que se cernía sobre la democracia, por lo que después de hablar con él me fui tranquilamente a mi escaño.[2]

El inicio del secuestro

El desarrollo de la ocupación del Congreso es de sobras conocido, puesto que fue captada por las cámaras de televisión. Pero el vídeo del asalto al Congreso está parcialmente cortado. A mí, antes de que llegase Tejero, la noticia de que se producía un golpe me la dio mi compañero de escaño, Valentín Antón. Habíamos ya oído ruido que nos parecía que eran tiros y también unas voces que gritaban:

—¡Al suelo, todos al suelo!

Y le comenté a Valentín Antón:

—Deben de ser terroristas de ETA. En estos casos se ordena tirarse al suelo por ser así más fácil evitar los daños de una explosión.

Él me cortó y me dijo:

—No, es un golpe de Estado. Mira hacia atrás.

Me volví y a dos metros de nuestro escaño, en la puerta trasera del hemiciclo, había un guardia civil con una metralleta en la mano y cara de pocos amigos.

El siguiente flash que recuerdo, ocurrido a los pocos segundos, es el de un bedel que mantenía cerrada la puerta principal del hemiciclo, puesto que se estaba realizando una votación. El buen bedel, fiel a la democracia pese a sus probables orígenes franquistas, porfiaba por impedir el paso a Tejero, que era más joven y fuerte, y le decía:

—Usted no puede entrar aquí.

2. En un vídeo de Antena 3 sobre el 23-F emitido en 1996 se capta la conversación que tuve con Felipe al iniciarse la secuencia, antes de empezar la sesión. Se ve el hemiciclo casi vacío, a Felipe preparando sus papeles en el escaño y cómo yo me acerco y charlo un rato con él antes de que llegaran los compañeros.

Pero Tejero, o quizá alguno de sus guardias, lo quitaron de en medio a empellones y entraron en el hemiciclo.

Las cintas grabadas no lo muestran, supongo que por algún corte, pero yo lo recuerdo, y no soy el único, porque Tamames en cierta ocasión lo recordó también en unas declaraciones y después Carrillo lo recogió también en sus memorias.

En cuanto Tejero entró, lo reconocí: Su uniforme y su grado, su tricornio y su bigote le hacían inconfundible y tras la Operación Galaxia había salido mucho su foto en los periódicos, por lo que espontáneamente exclamé:

—Hostia, el Tejero.

Anna Balletbó, que estaba sentada muy cerca de mí (al otro lado de Valentín Antón se sentaba Paco Parras y al lado de éste Anna Balletbó) me oyó y cuando poco después logró salir, llamó al Rey por teléfono y le dijo el nombre que me había oído:

—¿Se sabe quién los manda? —le preguntó el Rey.

—Busquets ha dicho algo así como Tejada, le contestó Anna.

—Entonces es Tejero —corrigió el Rey.

Cuando Tejero entró y se subió a la tribuna de oradores y nos ordenó tirarnos al suelo, sentí una enorme rabia y recuerdo que exclamé:

—Ni hablar. En pie compañeros, muramos con honor.

Era una frase espontánea, no pensada y producto de una educación militar. En el momento presente me hace sonreír y me resulta hasta un punto ridícula, pero ocurrió así. Algunos compañeros, en los comentarios que hicieron después del golpe, lo repitieron mucho. Lluch, en varias entrevistas, contó que yo dije:

—En España se muere de pie.

Creo que no fue ésta la frase, pero sí el sentido. Pero da igual. En el banco anterior al mío se sentaba un diputado de UCD por Huelva, que era maestro y creo que se llamaba Antonio Órpez, y en cierta ocasión hizo una interpelación bastante dura al ministro de Educación pese a ser de su propio partido, el centrista, pues bien, algún tiempo después, me comentó:

—Recuerdo que oí una voz que me pareció un cañonazo y me levanté. No lo podré olvidar nunca.

Tejero seguía gritando:

—¡Al suelo, todos al suelo!

Pero no le hacía caso nadie. Todos permanecían ocupando sus escaños.

Entonces Gutiérrez Mellado se levantó y se fue a por él. Y Tejero, al ver que la situación se le escapaba, comenzó a disparar su pistola al aire para intimidar. No lo consiguió, pero sí lo lograron dos sargentos armados de subfusiles que en cuanto oyeron los tiros entraron y comenzaron a disparar ráfagas de metralleta sobre nuestras cabezas, de tal manera que dejaron treinta y dos impactos en las paredes y el techo del hemiciclo. Obviamente, en cuanto comenzaron las ráfagas de metralleta los diputados nos agachamos parapetados tras los altos respaldos de los asientos de cada fila anterior, mientras Carrillo, Suárez y alguno más seguían sentados.

Inicialmente seguí de pie mientras casi todos mis compañeros se agachaban o se tiraban al suelo. Miraba atentamente a los subfusiles y veía que no corría riesgo puesto que tiraban en otra dirección. Evidentemente, pude saber esto por tener una formación militar que los otros no tenían. Después de un par de descargas comencé a sentir miedo. Curiosamente no sentí miedo de morir sino de quedarme en una silla de ruedas toda la vida y sentí ganas de agacharme, pero después de la bravuconada que acababa de soltar me avergonzaba de hacerlo. Me maldije por haberlo dicho. Todo era muy rápido. Necesité un apoyo psicológico para agacharme. En la fila de detrás, estaba mi amigo Lluís Maria de Puig. Recuerdo que le dije:

—Crees que debemos agacharnos, o algo así.

—*És clar que sí, imbècil, ajup-te immediatament.* (Claro que sí, imbécil, ¡agáchate inmediatamente!)

Y me agaché, que no me tiré, tras el respaldo del escaño anterior. Antonio de Senillosa, hombre independiente, desde las filas de coalición democrática, algo más atrás y a mi izquierda, me miraba y se lo decía a sus compañeros:

—Julio Busquets no se ha agachado, lo van a matar, ya lo van a matar.

Eso me lo contó él. Pero también lo declaró a la agencia EFE al salir. Dijo:

—El último en agacharse fue el comandante Busquets de la UMD.[3]

3. *Diario 16* del 23 de febrero de 1982 (fecha del aniversario) publica una entrevista de Manuel Soriano a Antonio de Senillosa (CD) en cuya entradilla se cita a seis diputados que —dice— con una actitud gallarda no hicimos concesiones: Suárez, Gutiérrez Mellado, Carrillo, Busquets, Fraga y Satrústegui. Análogamente *El golpe* (2.ª ed.) recoge estas declaraciones de Antonio de Senillosa (CD): «Yo destacaría en

Quizá fui el último en agacharme, pero finalmente me agaché. En cambio hubo otros que en ningún momento lo hicieron: Suárez, Gutiérrez Mellado y Carrillo.

Cuando los disparos acabaron, desde los palcos de los invitados alguien llamó a un médico. En efecto, hubo dos heridos ciertamente leves, que lo fueron como consecuencia de los cristales que cayeron del techo. Uno era cuñado de Calvo Sotelo y otro creo que fue el diputado canario Sagaseta. Sin embargo la noticia se tapó púdicamente para poder encajar el «pacto del capó» en el Código de Justicia Militar entonces vigente, que concede el perdón total a quienes participan en un golpe y se rinden con la condición de que en el mismo no se haya vertido sangre. De todas formas ambos heridos lo fueron muy levemente.

El 8 de mayo de 1981 le escribí una carta al general García Escudero, que era el juez especial, explicándole que se habían producido dos heridos (ciertamente leves), Sagaseta y un cuñado de Calvo Sotelo. Me contestó una carta muy amable el día 23 del mismo mes pidiéndome un testimonio formal pero la dirección del Congreso no me lo permitió. Me explicaron que la tensión política era excesiva y que lo que debíamos hacer era rebajarla, lo que me pareció razonable.

Cuando los disparos acabaron Gutiérrez Mellado seguía de pie e intentaron reducirlo. Dos tenientes de la Guardia Civil, Vicente Ramos y Manuel Boza, pusieron la mano encima de su limpia guerrera de teniente general e intentaron derribarlo, algo que no consiguieron porque se revolvió y Suárez salió de su escaño a ayudarle. Entonces el teniente Vicente Ramos pronunció aquella famosa frase dirigida al presidente del gobierno de España:

—¡Que se siente, señor Suárez, coño!

Anna Balletbó, que estaba embarazada de siete u ocho meses, decidió irse. El embarazo resultaba muy visible, espectacular. Supongo que los guardias civiles no contaban con esto. Decidida como es ella siempre, se levantó y dijo al que estaba más próximo:

—Tengo que irme porque me encuentro muy mal.

Y Paco Parras, sentado a su lado, apostilló:

---

primer lugar la actitud civilizada de los parlamentarios, pese a las condiciones humillantes a las que nos hemos visto sometidos. Condiciones humillantes no sólo para nosotros cuando nos ordenaron que nos echásemos al suelo. Creo que el último que se agachó fue el diputado socialista y ex comandante Julio Busquets» (pág.155).

—La pobrecita está de ocho meses.

Y enseguida la dejaron marchar.

Al día siguiente, cuando ya todo había acabado, nos contó con mucha gracia que nada más salir al primero que vio tumbado en el suelo con los brazos extendidos y su pipa un metro más allá fue al comisario de policía jefe de la seguridad del Congreso.

Poco después llegaron dos parlamentarios que se enteraron por la radio de lo que pasaba e inmediatamente decidieron acudir al Congreso. Siento mucho no recordar sus nombres, pues demostraron compañerismo y sobre todo valentía, toda vez que no se sabía lo que iba a pasar, y el gesto, según como hubieran ido las cosas, les podría haber costado muy caro. Uno era andaluz de la FETE-UGT, creo que de Córdoba o Sevilla. Además vinieron dos senadores, el socialista cordobés Fernández Cruz y el centrista catalán Manuel Ferrer, a los que Tejero no dejó entrar.

Los militares-secuestradores

En el hemiciclo tomó el mando el capitán Muñecas. De cuando en cuando nos leía algún comunicado. El más conocido fue el que anunció la llegada de la autoridad, por supuesto militar, que iba a salvar al país.

Más tarde nos leyó el bando de Milans del Bosch en el que se decía que asumía la autoridad civil en su región militar. Al acabar de leerlo gritó: «¡Viva España!», pero los guardias civiles que le escuchaban no contestaron «¡Viva!» como siempre hace un militar, sino «¡Arriba!», como hacían los falangistas, para asombro de la Cámara, que quedó perpleja ante el grado de politización de unos guardias civiles, que fundamentalmente, de corazón, y antes que guardias civiles, eran falangistas.

Cuando ya llevábamos varias horas esperando la llegada de la autoridad, por supuesto militar, el capitán Muñecas nos leyó un télex en el que decía que cuatro capitanes generales se habían adherido al golpe y uno de los cuatro que citaba era el de la 4.ª Región Militar. Pero éste era Pascual Galmes, al que yo conocía, pues le había ido a ver a Capitanía alguna vez y sabía que era disciplinado y demócrata y por supuesto no se iba a sublevar, por lo que para mí quedó claro que las cosas no les iban bien y que algo les había fallado y se veían obligados a decir mentiras.

Al que entonces aún no conocía era a Muñecas, del que después supe la gran dureza rayana con la crueldad con que actuó en el País Vasco, en el que estuvo destinado durante dos períodos de estado de excepción, de teniente en Zarauz y de capitán en Tolosa, en donde me dijeron que instauró la costumbre de interrogatorios más o menos torturantes, tener a los detenidos esposados a una escalera durante varios días, sumergirlos en una bañera de aguas fecales, etc.

Dicen que cuando ocurrían asesinatos de ETA se exaltaba y ordenaba a sus hombres que, en represalia, hiciesen detenciones sin pararse a considerar que ETA era una mínima minoría y como es lógico, la mayoría de los detenidos no tenían nada que ver. En cierta ocasión un sacerdote escolapio, Luis Asaoga, estaba en el cuartel de Tolosa cuando se produjeron unos asesinatos, se le apalizó y tuvo que ser evacuado a la clínica de San Cosme.

Los malos hábitos y las malas costumbres que desarrolló hicieron posible lo que le ocurrió a Amparo Arangoa, pocos meses después de haberse ya marchado de allí pero cuando aún seguían vigentes las pautas de conducta que él había introducido de acuerdo con su jefe de comandancia Tejero. Amnistía Internacional de San Sebastián tenía ya aquellos años un detallado dossier de lo ocurrido entonces. Supongo que lo conservará.

El 23-F, este hombre reunió a su escuadrón (el único a caballo de la Guardia Civil) y con sus tres tenientes y sus hombres fue al Congreso. Allí César Álvarez, uno de sus tenientes, joven y de carrera, desempeñó un importante papel: controló el hemiciclo.

César Álvarez nos sometió a una dolorosa experiencia de retención de orina. Como las horas pasaban y los cuerpos de los legisladores no son celestiales, las lógicas necesidades corporales comenzaron a aparecer. Había que ir al servicio de uno en uno y se tardaba horas en poder hacerlo. Y puesto que llevábamos rato sin poder orinar se produjo algo de desorden. Entonces él, alardeando de autoridad, de cuando en cuando ordenaba:

—A partir de ahora no sale nadie.

En un momento determinado Nicolás Redondo, secretario general de la UGT, que creo que era un diputado de sobra conocido y especialmente respetado, le pidió:

—Por favor, déjeme salir que me estoy orinando.

El teniente Álvarez despóticamente le contestó:

—Siéntese en su sitio.

Y Nicolás Redondo, uno de los dos grandes líderes sindicales de España, tuvo que someterse a una larga y dolorosa retención de orina por el capricho de un teniente que actuaba con torpeza o intentaba degradarnos para destruir nuestra moral de resistencia.

Al comenzar el día siguiente tuve un desagradable encontronazo con él. Más tarde lo relataré.

Una larga noche en el hemiciclo

El tiempo pasaba y la espera se hacía larga. Lluís Maria de Puig comenzó a escribir, supongo que para dar salida a su tensión interior. Le avisé que no lo hiciera, pero no me hizo caso. Al poco rato pasó lo que era previsible que ocurriese, que un guardia lo vio y le quitó el cuaderno. Por suerte, él, previendo esta posibilidad había escrito con prudencia. Pero el hecho trascendió, fue observado por todo el hemiciclo y al día siguiente Senillosa comentó por TVE: «¡Además nuestros secuestradores eran personas a las que molestaba que se escribiese!»

Uno de los recuerdos que tengo, entrañable, pues fue un bello ejemplo de lealtad militar, fue el de un ayudante militar de Suárez al que llamábamos el Gurri, y que era pariente lejano de Gutiérrez Mellado, que al producirse el secuestro entró en el hemiciclo —a él no se lo podían impedir puesto que iba con el uniforme puesto y era comandante o teniente coronel— y fue a sentarse en las escaleras, al lado de Suárez. No dijo nada. Pero su actitud, sentado al lado del jefe del Gobierno, momentáneamente derribado, durante un muy largo rato resultaba reconfortante, sobre todo si se tiene en cuenta que él no actuaba así por razones políticas ni ideológicas, pues era conservador, sino porque tenía un alto concepto de la disciplina militar y de la lealtad personal.

Hacia la media noche comenzaron a amontonar algunas sillas y butacas antiguas de los salones del Congreso en el espacio central del hemiciclo, en el espacio en el que solían sentarse los taquígrafos. Destriparon un par de ellas. Al parecer se les había avisado de que existía la posibilidad de que cortasen la luz y ante este riesgo no se les ocurrió mejor idea que preparar sillas para hacer dentro del hemiciclo una especie de fogata de verbena de San Juan. Por suerte la luz no se cortó porque el hemiciclo no tiene ventanas y la fogata habría causado un grave problema de intoxicación.

Pasadas unas horas, sacaron a nuestros líderes del hemiciclo, supongo que para preparar la llegada del «elefante blanco» y para poder más fácilmente lograr el voto positivo. Cuando Felipe salía del hemiciclo, Jiménez Blanco le lanzó la mano entre los barrotes de la barandilla. Se la estrecharon con fuerza. Fue un gesto muy emotivo. Sentimos que le decía adiós en nombre de todos. No sabíamos por qué lo sacaban, pero muchos creímos que ya no lo volveríamos a ver.

Los llevaron al Salón del Reloj, que es un salón de unos cinco por cinco metros y en el que hay un enorme reloj hecho por un coronel de ingenieros del ejército suizo. Y allí, otro de los tenientes del capitán Muñecas, Jesús Alonso, colocó a los cinco líderes (Felipe González, Alfonso Guerra, Carrillo, Gutiérrez Mellado y Rodríguez Sahagún) separados en las cuatro esquinas de la habitación y al quinto en el centro, vigilados cada uno por un guardia civil armado con una metralleta que los mantuvo incomunicados sin permitirles ni hablar entre sí durante aquella angustiosa noche. A Suárez lo separaron de ellos y lo mantuvieron solo en una habitación que ocupan normalmente los bedeles.

El tiempo pasaba despacio

Cuando al fin pude ir al lavabo, aproveché para hablar un poco con el guardia civil que vigilaba la puerta trasera del hemiciclo por la que teníamos acceso a los baños. Me di a conocer como comandante enseñándole mi tarjeta militar. Y le expliqué que había cometido una grave equivocación, que había incurrido en rebeldía y que le podían caer muchos años de cárcel. Que podía perder la carrera. Le aconsejé que se quitase de en medio lo antes posible. Que pensase en el pan de sus hijos, etc. No sé si lo que le dije sirvió para algo. Evidentemente lo dejé preocupado. Al día siguiente varias decenas de guardias civiles abandonaron el Congreso saliendo por una ventana porque en la puerta los más fanáticos no les dejaban salir. No sé si mis reflexiones y las de otros diputados ayudaron en algo a que tomaran esta decisión.

Cuando salíamos al servicio aprovechábamos la ocasión para, al regresar, sentarnos en algún escaño distinto del nuestro y así obtener alguna información. A mi izquierda se sentaba Ramón Álvarez de Miranda, líder de las juventudes centristas. Salió al baño y desapareció de mi lado un par de horas. Cuando regresó me dijo:

—Haz correr, para que llegue a la dirección de tu partido, que el gope ya ha fracasado.

Como es lógico me negué. Era insensatez por mi parte hacer correr una noticia que no tenía ni pies ni cabeza ya que venía de un compañero del hemiciclo tan secuestrado como yo. Entonces Ramón, al ver que me negaba en redondo, me explicó lo que pasaba:

Uno de los diputados había entrado en el hemiciclo con una radio-casete. No se atrevió a escucharla, pero se lo comentó a Fernando Abril y éste, que era una persona «muy echada palante» cogió la radio y la empezó a escuchar. Y como estaba en las últimas filas (había cesado como vicepresidente hacía muy poco) no fue visto por los guardias y pudo oír el discurso-proclama del Rey ordenando a las unidades militares que regresaran a los cuarteles. Simultáneamente, otro diputado que tuvo que ir a la enfermería vio al Rey en la pantalla. No hace falta decir el alivio y la satisfacción que nos produjo esta noticia. Personalmente, después del 23-F escribí dos libros. Y el segundo de ellos, *Pronunciamientos y golpes de Estado en España*[4] se lo dediqué al Rey pese a que nunca fui monárquico. Escribí: «A Juan Carlos I, Rey constitucional de España, que el 23 de febrero de 1981 salvó la democracia. Con mi agradecimiento y desde el recuerdo de unas horas de angustia.»

Ya al principio de la mañana nuestros secuestradores decidieron darnos algo de comer, algún bocadillo, supongo. Cuando lo dijeron, varios «del tendido 7» y entre ellos recuerdo a Pablo Castellano, comenzamos a gritar:

—No se come, no se come, no se come...

Como yo fui de los que más protesté, poco después se acercó a mi escaño Javier Solana para decirme que la dirección del partido había decidido que había que comer. Javier Solana es de lo mejor que hay en el socialismo y le tenía y le tengo afecto, pero entonces lo mandé al diablo porque mi opinión era que teníamos que hacer toda la resistencia pasiva que pudiéramos, desgastarlos, desmoralizarlos. Entonces vino Gregorio Peces Barba, que en ausencia de Felipe y Alfonso asumía la dirección del grupo parlamentario y me hizo una serie de reflexiones.

4. Julio Busquets, Miguel A. Aguilar e Ignacio Puche: *El golpe*. Ariel. Barcelona, 1981 y Julio Busquets: *Pronunciamientos y golpes de Estado en España*. Planeta. Barcelona, 1982.

—Julio, en estas situaciones de secuestro la alimentación es fundamental para mantener la serenidad.

No me convenció. Varios de nosotros considerábamos que se debía mantener una actitud de resistencia pasiva. No queríamos recibir nada de los secuestradores. Lo resolvieron en un par de horas, trayéndonos comida de la Cruz Roja. Y entonces comimos.

Por otra parte, la situación se les estaba pudriendo. Como ya sabíamos lo que el Rey había dicho comenzamos a presionar. Ya nos movíamos con cierta libertad en el hemiciclo. Mi mirada se cruzó con la de don Manuel Fraga, mi viejo maestro de la facultad de políticas y hombre especialmente apto para estas situaciones. Me acerqué a saludarle a él, al conde de Areilza y a mi buen amigo Antonio de Senillosa. Decíamos: «Esto es un secuestro y se ha de acabar» y mientras andábamos haciendo estas disquisiciones, don Manuel se levanta y dice en voz alta y fuerte:

—Esto es un secuestro y yo me voy.

Y detrás de él nos fuimos varios. Primero creo que Íñigo Cavero, que fue ministro con UCD, y entre otros yo. Con Fraga, los oficiales que había en el hemiciclo no se atrevieron a enfrentarse, pero llamaron a Tejero, que llegó a toda prisa y ambos tuvieron un duro encontronazo. A mí me paró el teniente Álvarez. Discutimos acremente, recuerdo que con dureza, le dije:

—Te van a caer años de cárcel como losas. —Y en otro momento, señalándole a la bandera de España, que había en el hemiciclo, le dije:

—Con tu rebeldía has manchado la bandera.

Sabía que era algo que le iba a doler.

—No me diga eso, mi comandante, que la bandera de España es lo que yo más quiero.

Sentí tristeza. Su acto era un disparate y un grave delito, pero la formación que había recibido era tan tremendamente errónea, que subjetivamente creía estar obrando bien. Algo que desgraciadamente ha ocurrido a menudo en nuestra historia.[5]

5. *ABC* del 25 de febrero de 1981. PM y OHB recogen declaraciones de Juan Barranco, que después fue alcalde de Madrid, en las que dice: «... Otro momento de gran tensión lo protagonizó el ex comandante Julio Busquets. El hoy diputado socialista hizo frente a varios guardias negándose a obedecer sus órdenes. Si quieren llevarme a mi sitio —les dijo— háganlo por la fuerza. Tras un confuso forcejeo el diputado fue devuelto a su escaño.» Y *El golpe (op.cit.)*, 2.ª edición (pág. 153), recoge un télex con otras declaraciones parecidas: «Manuel Núñez Encabo, el último en votar antes de

El fin del secuestro

Como la salida del Congreso se aproximaba, pues en el exterior estaban ya a punto de firmar el Pacto del Capó (algo que nosotros entonces ignorábamos y continuamos ignorando durante algún tiempo) se decidió que salieran las mujeres. Como es lógico, salieron casi todas, y bien que hicieron, porque fuera podían ser más útiles que dentro. Pero algunas, muy dignamente, se negaron a salir hasta que no saliéramos todos. Una fue Adela Pla, que pese a no querer salir, la cogió por el brazo un compañero fuertote y la sacó casi en volandas pese a sus protestas. El compañero se pasó. Otra fue Pilar Bravo, que entonces aún era del PCE, que se quedó.

Cuando finalmente acabó el secuestro y los diputados salíamos del hemiciclo, vimos con asombro una enorme cantidad de guardias civiles en el interior del Congreso (a pesar de que el director general Aramburu ya había conseguido sacar un autobús lleno y varias decenas habían salido por la ventana). Yo salí con mi buen amigo Joaquín Satrústegui. En la puerta estaba el general Armada. Yo había tenido con él un desagradable incidente,[6] pero al encontrarnos allí le di efusivamente las gracias por haber venido a ayudarnos.

Cuando ya nos habíamos alejado y cruzado la gran verja metálica que separaba el Congreso de la calle, Satrústegui se paró y me dijo:

—¿Sabes qué te digo?, que no me fío. No me fío de Armada.

—Pero hombre, Joaquín, ¿qué no ves que está aquí con nosotros?

—Pues no me fío.

¡Cuánta razón, y qué enorme intuición la de aquel gran político que fue Joaquín Satrústegui!

---

los incidentes, explicó también a EFE que uno de los momentos más graves de la acción en el Congreso, al menos para muchos diputados de la oposición, fue cuando uno de los asaltantes, el teniente Álvarez —que tenía mirada de iluminado, como Tejero, aunque luego le fallaban las fuerzas— se enfrentó abiertamente con el socialista catalán Julio Busquets (de la antigua UMD): ambos llegaron a echarse las manos a las solapas, y mi compañero llegó a mencionar su graduación de comandante al increpar al teniente: "usted, ¿qué hace aquí?, está traicionando su uniforme."»

6. Cuando estando destinado en el ministerio, había enviado una carta a don Juan Carlos pidiendo que me permitieran regresar a Barcelona en aplicación de la amnistía y él se permitió dar la vuelta a lo que disponía el Rey, añadiendo de puño y letra, a lo que el Rey había decretado, unas frases en contra mía con la mala suerte de que en el ministerio me lo contaron y además Álvarez Arenas no le hizo caso.

Valoración del hecho: Las causas del fracaso

Desde mi personal perspectiva, una primera razón del fracaso está en la propia génesis del golpe, que *de facto* era resultado de la simple yuxtaposición de varios grupos de conspiradores, cuyos fines no eran los mismos: En primer lugar el grupo de Armada, con Gómez Iglesias y la no demostrada participación de Cortina, que deseaban simplemente endurecer la democracia dando un golpe de timón, en una Operación De Gaulle (análoga a la que hizo este general cuando tras la rebelión de los paracas de Argelia se presentó en el parlamento francés y fue investido por los diputados, haciendo una reforma constitucional que implicó el paso de la IV República, parlamentarista, a la actual V, presidencialista y más autoritaria).

. Frente a este grupo estaban Tejero y los ejecutores del asalto al Congreso, que deseaban una involución pura y dura: El regreso al franquismo anterior.[7] Evidentemente ambas tesis (la de Armada y la de Tejero) eran muy difíciles de casar y la incompatibilidad estalló en la primera hora.

Según mis noticias, cuando Armada llegó, Tejero salió a recibir a quien traía la consigna «Duque de Ahumada» y le acompañó hacia el hemiciclo, y en el corto camino hacia el mismo le preguntó por el gobierno que pensaba nombrar. Armada dio varios nombres de nacionalistas, socialistas y comunistas, que desagradaron profundamente a Tejero. Entonces éste preguntó:

—¿Y Milans?

A lo que Armada contestó:

—Milans no va. No hay ningún militar en el gobierno.

Cuando Tejero, que soñaba con una junta militar y el retorno al franquismo, oyó esto se indignó y cerró a Armada el camino del hemiciclo. Se encerraron para hablar en un pequeño despacho y con-

7. Sin embargo, Milans del Bosch quizá estaba más cerca de la solución política de Armada que de la de Tejero y no sólo porque era un monárquico visceral y Satrústegui se lo dijo a voces a Tejero desde su escaño: «Están ustedes equivocados, conozco bien a Milans y nunca irá contra el Rey», sino porque así se lo dijo a Tejero, cuando tras la discusión/enfrentamiento con Armada le llamó a Valencia y le dijo claramente que hiciera lo que Armada le ordenase, sino, además porque el propio Tejero, en una de sus apariciones, nos dijo a los diputados: «El general Milans les manda un abrazo» (*La Vanguardia*, miércoles 25 de febrero de 1981). Evidentemente, esta frase sólo tiene lógica con la solución de Armada de pedir el voto y no casa con la de Tejero de la junta militar.

sultaron por teléfono a Milans que ordenó a Tejero obedecer a Armada, pero Tejero no había dado un golpe, con gran riesgo, para dar un simple «golpe de timón». Se cuenta que le dijo:

—Esto es una chapuza. El último de mis guardias tiene más patriotismo que usted.

Y el resultado de la discrepancia fue que Tejero hizo fracasar la Operación De Gaulle. Y machacó el golpe que él mismo inició.

Ciertamente, en aquel momento, aún cabían dos posibles formas de hacerlo triunfar: la primera era que el pronunciamiento de Milans en Valencia desencadenase un efecto dominó en las demás capitanías y el Rey lo tuviese que aceptar. La segunda, que la División Acorazada con sus tanques cayese como un rodillo sobre Madrid y tomase todos los resortes de la capital. Veamos por qué estas dos posibilidades fracasaron también.

El efecto dominó lo imposibilitó el Rey con su actitud decidida y enérgica. Llamó personalmente a los capitanes generales. Y obtuvo una respuesta leal y democrática de varios de ellos, fundamentalmente de Polanco (Burgos) y Delgado (Granada), así como la del jefe de EM de Sevilla, Gustavo Urrutia, que preservó la capitanía de Merry Gordon. Y del que en estos casos es más decisivo: el de Madrid, Quintana Lacaci, que se manifestó leal y no sólo paró las unidades de su región militar, sino también posibles veleidades progolpistas de algunos otros capitanes generales (Baleares).

La otra esperanza de los golpistas era la División Acorazada. Torres Rojas, vestido con traje de campaña, había llegado allí tres horas antes de iniciarse el golpe para ocupar Madrid. ¿Por qué no ocurrió así? En primer lugar porque obviamente ya no mandaba la DAC. Y no la mandaba porque un año antes fue destituido y trasladado al Gobierno militar de La Coruña para alejarlo de Madrid, precisamente porque descubrimos su actividad conspirativa.[8] Para que Torres Rojas asumiera de nuevo el mando de la Acorazada, el coronel San Martín, jefe del Estado Mayor, apartó a su auténtico jefe, el general Juste, viajando con él hacia Zaragoza. Y aprovechando la ausencia de Juste, Torres Rojas regresó a su antigua unidad y asumió ilegalmente el mando. Pero cuando Juste se enteró de lo que ocurría regresó a Madrid. Llamó a Sabino Fernández

8. Léase el epígrafe: «La intentona de Torres Rojas» en el capítulo IV de esta Tercera parte.

del Campo preguntándole si Armada estaba en La Zarzuela. Y Del Campo le contestó aquella famosa frase:

—Ni está ni se le espera.

La respuesta fue suficiente para el general Juste. Contactó con Quintana Lacaci que ordenó que la división no saliera. Y la división no salió. Y cuando la Acorazada decidió no salir, se hundió la última esperanza del golpe. Al Congreso sólo llegó la contumacia del comandante Pardo Zancada con una pequeña unidad.

Y el golpe quedó abortado.

X

EL FINAL DE LA TRANSICIÓN

El teniente coronel Victoriano Guillén contesta a Tejero

Dos meses después del 23-F, Tejero, todavía teniente coronel, publicó en *ABC* un artículo titulado «Un guardia civil»,[1] en el que argumentaba su posición. El artículo obviamente hizo daño y aumentó su popularidad. Ante ello recordé que los manuales de guerra psicológica que había estudiado en la Escuela de Estado Mayor dicen que la réplica a una idea determinada para que sea eficaz se debe hacer desde el interior del propio estamento, siendo mayor el impacto cuanto más parecido al autor sea el replicante. Había, pues, que buscar a otro teniente coronel de la Guardia Civil que fuera demócrata y que contestase. Y conocía a uno, Victoriano Guillén Vivancos, simpatizante socialista, destinado en Almería, que era de la misma promoción que Tejero y además abogado. Le llamé desde el Congreso y le pedí que escribiera un artículo contestando y lo hizo con gran satisfacción. Tituló su artículo «Otro guardia civil».[2]

Unos días después, con el artículo ya escrito, viajó a Barcelona (lugar al que venía frecuentemente porque tenía aquí a una hija) y varios antiguos «úmedos» nos reunimos en mi casa con él. Nos lo leyó y nos pareció estupendo. Los compañeros presentes lo enriquecieron con un par de pequeñas aportaciones y nuestro teniente coronel lo mandó a *ABC* que lo publicó con todos los honores. Y no sólo esto. El director de Radio Nacional (creo que era Sotillos) al leer el artículo ordenó que lo emitiesen poniendo de fondo música militar, el himno nacional y el de la Guardia Civil. Total, un verdadero impacto en la opinión pública. Un éxito.

Un ultra al mando de la Academia de Infantería

Curiosamente, el mismo día 23 de febrero de 1981, el *Boletín Oficial de las Cortes* publicaba una pregunta mía al ministro de

1. *ABC* del 11 de abril de 1981.
2. El artículo de Victoriano Guillén se publicó a finales de mayo o principios de junio en *ABC*.

Defensa[3] para saber qué medidas había tomado ante un discurso claramente involucionista pronunciado el 11 de diciembre por el coronel jefe de Estudios de la Academia de Infantería, José Gastón Molina, ante unos ciento veinte capitanes que hacían el curso para el ascenso a comandante y cuyo contenido había sido reproducido por el periódico francés *Libération* del 8 de enero.

El conocimiento del hecho me llegó a través de Gabriel Cardona, que era uno de los capitanes que tuvo que soportar la soflama. Luego conversé con otros dos capitanes asistentes. Más tarde supe que el capitán Domingo Varela del CESID también informó.[4]

Lo ocurrido en Toledo no era un hecho aislado, sino indicativo de una situación más generalizada: Por las mismas fechas, la Academia de Artillería de Segovia estaba mandada por uno de los tres coroneles que sería condenado por el intento de golpe del 27-O.

La comparecencia de Oliart para contestarme en la Comisión de Defensa no se produjo hasta el 11 de junio y el ministro se limitó a tirar balones fuera, defendiendo, como pudo, la versión de la dirección de la Academia de Infantería.

El tema habría quedado ahí si no fuese porque un año después

3. *BOCG* del 23 de febrero de 1981. Serie F. Pregunta número 547-I, fechada el 19 de enero de 1981. En mi pregunta recojo la información proporcionada por el rotativo francés *Libération* del 8 de enero de 1981 en la que se afirmaba que el discurso del coronel Gastón tenía como objeto demostrar que por culpa del gobierno se volvían a encontrar todos los elementos que dieron lugar al 18 de julio. Siempre según *Libération.* Entre otras cosas dijo: «España está sometida al ataque de los partidos marxistas dirigidos por la Internacional Socialista y por Rusia»; el régimen actual «está presidido por una partidocracia, donde cada partido busca su propia satisfacción, mientras que con Franco se buscaba el interés de la Patria»; «Falsos representantes del pueblo sirven a los partidos, mientras que se ha retirado a los militares de la política de la que antes se ocupaban dentro de las exigencias de su servicio.» Citó la carta de José Antonio a los militares incitándolos a sublevarse el 18 de julio y precisó que la misión del militar era «restablecer el orden y salvar lo permanente». Afirmó que las autonomías estaban destruyendo a España; elogió, en términos calurosos, los golpes de Estado de Bolivia y Turquía. Invitó a la reflexión frente a las responsabilidades que entraña una «decisión política para sacar a España del fango en la que la han enterrado los políticos profesionales». Pidió la salvaguardia del honor, la independencia nacional, el orden por medio de una acción militar que durase el tiempo necesario para que «España recupere el aliento». El poder sería entregado, después, a un gobierno militar constituido para servir los intereses del pueblo «que ha sido engañado hasta ahora».

4. Según me han contado, este capitán fue el del CESID que descubrió y fotocopió la maleta que había en un coche, y que sirvió de prueba para condenar a los tres coroneles implicados en el conato de golpe del 27-O de 1982.

el citado coronel fue ascendido a general y además el 30 de julio de 1982, con una torpeza provocativa, fue nombrado director de la Academia de Infantería, lugar en el que se había pronunciado su famoso discurso intoxicador e involucionista. Ante ello, la prensa protestó airadamente. Y *El País* dedicó amplio espacio al tema los días 5 y 23 de agosto. El día 5, Miguel Ángel Aguilar, recordando la conferencia y las frases antidemocráticas de la misma, y el día 23, Bonifacio de la Cuadra en un excelente reportaje periodístico reprodujo párrafos del diálogo parlamentario que Oliart y yo sostuvimos, tras conseguir las cintas magnetofónicas del debate de la Comisión de Defensa. Sin embargo, el ministro mantuvo el nombramiento, quizá por la situación crispada que se vivió desde febrero de 1981 a octubre de 1982.

El consejo de guerra del 23-F y el traslado de los golpistas

Un año después del golpe, entre el 19 de febrero y el 24 de marzo de 1982, se realizó el consejo de guerra contra los golpistas en un ambiente de gran tensión en el que incluso se expulsó de la sala a Pedro J. del *Diario 16*. Durante estos días, y por petición de Antonio Franco colaboré asiduamente con *El Periódico* de Barcelona publicando una serie de artículos que están incorporados en la 2.ª edición del libro *Pronunciamientos y golpes de estado en España*.

Durante el mes de julio, o sea poco después de ser condenados, los golpistas fueron trasladados desde la prisión de Alcalá a cuarteles de Madrid. Se trataba de una clara ruptura de lo dispuesto en el Código marcial que estipula que los arrestos de duración mayor a un mes deben ser cumplidos en castillos o prisiones militares, pero en ningún caso en los cuarteles, por lo que me consideré obligado a formular una pregunta a Oliart sobre esta cuestión, pues además uno de ellos fue trasladado a un centro de enseñanza, con lo que a la imagen negativa se unía una negativa ejemplaridad para militares jóvenes en proceso de formación.[5]

5. Pregunta número 3.456-I del 21 de julio de 1982.

La actividad intoxicadora de *Reconquista*

Durante la transición política, el comportamiento de los medios de comunicación fue —desde el punto de vista democrático— simplemente ejemplar. La sensatez, la serenidad y el alto sentido de responsabilidad de los medios, unido a la convicción democrática de la mayoría de los periodistas desde antes de que la transición se iniciase, fue una de las causas del éxito de esta transición. Desde las filas del franquismo les llamaban «enanos infiltrados».

Lamentablemente, esta conducta generalizada, tuvo excepciones y hubo un sector que se dedicó a intoxicar a la opinión pública con auténtico tesón, especialmente en aquellos momentos en que la tensión y la crispación era particularmente alta y además, con perversidad y alevosía, dirigió su actividad intoxicadora hacia los militares a fin de provocarlos y lanzarlos hacia una intentona golpista. Y esta actividad intoxicadora fue especialmente intensa durante aquel período de tiempo en el que fue mayor la distancia ideológica entre la sociedad civil (que ya había aceptado masivamente la democracia y aprobado la Constitución) y las Fuerzas Armadas, en las que el régimen anterior seguía teniendo una importante presencia, pues aún estaban mandadas por generales que participaron en la guerra civil. Además, y prácticamente hasta 1982, en los medios militares la antigua ideología gozaba de una cómoda mayoría que alardeaba y exteriorizaba su pensamiento en cuanto podía.

La tarea intoxicadora resurgió con fuerza durante el consejo de guerra que se hizo a los culpables del 23-F. Fue su canto del cisne. Con las condenas endurecidas tras la apelación al Tribunal Supremo disminuyó y dejó de ser relevante después de la victoria socialista del 20 de octubre de 1982.

La intoxicación sobre los militares profesionales se realizó fundamentalmente a través de revistas militares y de prensa civil. La intoxicación más peligrosa fue la realizada por la revista *Reconquista*. Paradójicamente fue esta revista (que en alguna medida dependía del arzobispo-general castrense y se editaba en un local de la Iglesia: en la calle Nuncio, 13, y afirmaba publicarse «con criterios católicos») la que hizo una importante tarea de intoxicación subversiva dentro de las FAS.[6] Y para mayor sarcasmo esta revista estaba

6. Un somero análisis de contenido evidencia la tarea intoxicadora. Por ejemplo, el editorial «Patriotismo en generosidad» del número 385, julio-agosto de 1982, coincide con el artículo publicado el 22 de enero por «Almendros» en *El Alcázar*.

subvencionada por el Ministerio de Defensa y sobrevivía gracias a la publicidad —totalmente no rentable— que le proporcionaban empresas del INI (Instituto Nacional de Industria) de Madrid.

El eje sobre el que descansaba la revista eran dos íntimos amigos: Ricardo Pardo Zancada, que fue el redactor jefe hasta el 23-F en el que participó y fue condenado a doce años de prisión, y Eduardo Fuentes Gómez de Salazar, cuyas ideas antidemocráticas eran públicas. Este último fue el subdirector y redactor del infausto Pacto del Capó gracias al cual muchos participantes en el 23-F siguieron en los cuarteles. En cuanto al director, el coronel Alcázar Sotoca, saltó a las planas de los periódicos por su empeño en rendir honores al ex general Armada cuando fue conducido detenido al cuartel de su mando por haber participado en el 23-F. Pocos meses después el director en funciones era Manuel Fuentes Gómez de Salazar, obviamente hermano de Eduardo.

Pues bien, en el editorial del número de febrero de 1981, que salió pocos días antes del 23-F, se ataca duramente a los que avisan de la proximidad de un golpe que preparaba algún miembro de la propia redacción. Con desfachatez escriben: «Parece como si la única inquietud se centrase en la posibilidad de que existan caballos de Pavía. No es hora de alimentar temores sobre hipotéticos golpes» y además dedican seis páginas al ejército de Chile de Pinochet. Análogamente en el número 375 de septiembre del mismo año, se publica un editorial en el que se anticipa en tres meses el contenido de un panfleto involucionista conocido como *Manifiesto de los Cien* (porque lo suscribieron cerca de cien, entre oficiales y suboficiales) en el que se atacaba la libertad de prensa para impedir que ésta pueda criticar y condenar a los golpistas del 23-F.[7]

Así las cosas, en varias ocasiones denuncié a la citada revista y desenmascaré, en la medida en que pude, su actividad intoxica-

7. No es la única vez: En el editorial del número 379 de enero de 1982, titulado «Nuestra carta de Reyes», se viene a decir lo mismo que en el *Manifiesto*. En el *Diario de Sesiones del Congreso,* Diputación Permanente, del 11 de octubre de 1982, pág. 47, el ministro Oliart explica que el capitán general de Madrid arrestó a todos los firmantes del *Manifiesto de los Cien* y se abrió un expediente judicial, como resultado del cual más de doce fueron sancionados con cuatro o cinco meses de arresto. En junio de 1999, *El País* ha tratado de nuevo del *Manifiesto* con motivo del ascenso a general de uno de los firmantes, que además calificó el hecho de «chiquillada» (a pesar de que ya era capitán y tenía treinta y ocho años) cuando lo lógico era que lo calificase de error que lamentaba y del que se arrepentía.

dora. Lo hice en dos libros que publiqué tras el 23-F (*El golpe*, en 1981 y *Pronunciamientos y golpes de Estado*, en 1982) y en septiembre de 1982, poco antes de las elecciones que nos dieron el gobierno a los socialistas, di varios comunicados que fueron ampliamente recogidos por la prensa.[8] Finalmente en el Congreso Iberoamericano de Sociología Militar, celebrado en Madrid en septiembre de 1985, presenté una ponencia analizando detalladamente este hecho.

La intoxicación en la prensa civil: *El Imparcial* y *El Alcázar*

La revista *Reconquista* era de aparición mensual. En cambio *El Alcázar* y *El Imparcial* aparecían cada día, lo que hacía posible realizar desde allí, de forma sistemática y constante, la tarea intoxicadora. En el consejo de administración de *El Alcázar* había sido presidente el ex general Milans del Bosch, y en él colaboraban varios militares retirados, como el general Cano Portal (alias Jerjes, que protagonizó duros ataques contra el teniente general Díez Alegría), los generales De Santiago e Iniesta, el teniente coronel Ángel Palomino, etc., todos claramente beligerantes contra la democracia, así como algunos ultras, que a veces habían sido destacados políticos del régimen anterior, etc.

En *El Alcázar* la actividad antidemocrática se inició pronto, en cuanto la transición se hizo perceptible. El 31 de mayo de 1979 un militar retirado, Ángel Palomino, publicó un artículo titulado «Los Generales» en el que el ataque a las autoridades («... una vez más la sangre ha encharcado, tantas, tan demasiadas veces, el despacho del vicepresidente del Gobierno de UCD...») y la incitación a la rebelión era tan evidente («... las cosas han llegado demasiado lejos, ni Gutiérrez Mellado, ni Suárez son interlocutores aceptables... los militares... deben proponer soluciones...») que formulé una pregunta al ministro Rodríguez Sahagún, que le obligó a comparecer ante la Comisión de Defensa.[9] El artículo objeto de mi pregunta parlamenta-

8. El *Diario de Barcelona* del 12 de septiembre de 1982 lo publicó entero. Resumido en *El Correo Catalán*, 11 de septiembre de 1982, *El Periódico*, 12 de septiembre de 1982, etc.

9. La pregunta se publicó en el *BOCG* del 27 de junio de 1979 (número 34-I) y la comparecencia de Rodríguez Sahagún ante la comisión se celebró el 30 de octubre.

ria, con ser grave, no lo era mucho más que los que se venían publicando en aquellos días en *El Alcázar* y un somero análisis de los titulares del mismo, incluso sólo de las portadas, es muy significativo.

A partir de aquel momento me convertí, pasé a ser, aún con más fuerza, la «bestia negra» de la «ultrada» y fui gravemente injuriado en más de un lugar. El capitán José Luis Pitarch, que es un jurista excelente, me redactó una querella, pero la dirección del grupo parlamentario (Eduardo Martín Toval) me prohibió ponerla.

—Tú tienes tu pregunta al ministro para defenderte —me dijeron.

Personalmente, creo que era un error y que una cosa no quitaba la otra, pero ésta era la opinión de la dirección política que argumentaba que si nos enfangábamos en querellas personales disminuiría nuestra capacidad de acción política, lo cual también es un punto de vista razonable.

Finalmente, el 30 de octubre de 1979, me contestó Rodríguez Sahagún y en esta ocasión Alberto Oliart, que actuó como presidente, me permitió durante más de media hora analizar a fondo el tema.

Además de *Reconquista* y *El Alcázar*, la intoxicación alcanzó especial tenacidad y virulencia en *El Imparcial,* en el que escribían varios destacados involucionistas hasta que el 29 de junio de 1979, Julio Merino, el director, fue cesado y sustituido por Pedro Varela. De allí, él y su sempiterno subdirector Fernando Latorre se desplazaron al *Diario de Barcelona* tras su compra por un conocido ultra en octubre de 1979, y continuaron su actividad intoxicadora hasta el cierre del diario al año siguiente. Más tarde, en mayo, se trasladaron a *El Heraldo Español* hasta que con el cierre de esta tercera publicación dejaron de insistir.

El principal artífice de la intoxicación sobre las Fuerzas Armadas era Fernando Latorre,[10] autor de una columna de redacción ágil, titulada «Las brujas» en la que éstas sistemáticamente daban noticias perniciosas, alarmistas o irritantes, en resumen, intoxicadoras. Latorre no firmaba la columna, usaba el seudónimo de Mer-

10. Fernando Latorre había estado ligado a la Falange y al inicio de la transición, trabajaba para la embajada de Libia en Madrid y era el editor de un boletín informativo, *Mundo Árabe*, en el que aparecía su nombre como director. Las extrañas relaciones de la «ultrada» militar con Libia quedaron al descubierto ya en la época del gobierno socialista, cuando el coronel Meer de Ribera, conocido miembro de Fuerza Nueva y gobernador civil de Mallorca en la época franquista, fue detenido tras visitar a Gadafi.

lín, pero su autoría era de público conocimiento. Y entre sus «brujas» *o meigas*, como él las llamaba, había una, la Prusiana (en su terminología) que le informaba sobre temas militares a los que dedicaba una cantidad de espacio realmente desmesurado.[11] A partir de aquel 29 de junio en que se cesó a Merino, las noticias militares desaparecen de *El Imparcial*, como el mismo Latorre indica, por superior prohibición.

En estas columnas, en «Las brujas de Merlín» de *El Imparcial* y después en «El Oráculo de Hamelín» de *El Diario de Barcelona*, me prestaba extraordinaria atención y con reiterada insistencia, sacándome un día sí, y otro también, y atribuyéndome la autoría de cosas con las que normalmente no tenía nada que ver, supongo que con el afán de destruir mi imagen cerca de las Fuerzas Armadas. Sus armas eran la calumnia, la ridiculización y la detracción. Y como escrito está: «calumnia que algo queda», lograron alejarme de muchos compañeros de armas que me tenían afecto. Fue un sacrificio y un dolor más que tuve que pagar por haber elegido el camino de la democracia.

Lo más grave del caso es que durante los años 1979 y 1980 estos diarios y otras revistas análogas como *Fuerza Nueva* eran más que leídas, devoradas en algunos cuarteles en los que por el contrario algunos jefes, abusando de su autoridad, se permitían el lujo de prohibir que entrasen otros medios como *El País* de Juan Luis Cebrián o *Diario 16* de Miguel Ángel Aguilar. Y llegaron a arrestar a algunos oficiales por leer estos periódicos.

El aniversario de la promoción

En el ambiente crispado, hostil contra mí, que crearon los rotativos antes citados, celebramos los ingenieros militares de mi promoción el vigésimo quinto aniversario de nuestra salida de la Academia de Burgos. Y cuando se estaba preparando la organización del acto, me telefoneó un compañero de armas y me comentó que iban a reunirse para decidir si me invitaban o no. Quiero aclarar que la costumbre es invitar a estos actos a absolutamente todos los de la promoción, incluso a los que han abandonado la carrera por motivos personales y a veces hasta a las viudas o huérfanos de los

11. Por ejemplo: entre el 12 y el 21 de junio de 1979, «Las brujas» dan cincuenta y dos noticias, de las que veintisiete son de cuestiones militares.

compañeros difuntos. E iban a hablar de si me invitaban a mí, no sé si por haber pertenecido a la UMD o por ser —pues entonces lo era— diputado socialista. Interesante.

—Oye, ¿y cuándo dices que se van a reunir?

—Mañana a las cinco.

—Y, ¿dónde dices?

—En casa de Esteban Iturrioz, calle tal, número cual, que invita a la promoción a tomar unos conejos que ha cazado.

Al día siguiente, a la hora acordada, me plantifiqué en casa de Esteban Iturrioz, que como era buen compañero y persona educada me hizo pasar a tomar los conejos.

Y allí se habló de toda la organización del acto y ninguno se atrevía a decir nada contra mí, con lo que quedaba implícito que yo iba a ir. Y yo me sentía muy feliz de haber reencontrado a mis compañeros. Pero cuando ya nos íbamos a marchar apareció Perico dé la Puente Xicre. Y al verme, lo diré suavemente, se sintió muy contrariado. Es un hombre capaz, enérgico, un líder. Abordó el tema de frente y con claridad:

—Habíamos quedado que Julio no venía.

Y se produjo una discusión. La hora que él había tardado en llegar me había servido para deshacer muchos malos entendidos. Y las opiniones estaban divididas. Andrés Aguilera me defendió. Le decía a Perico:

—Tú eres tan político como él, lo único que él ha hecho lo debido: para hacer política se ha ido.

Y otros dos compañeros, uno era Carlos Moscoso y el otro no recuerdo si Sicre, González Martín o quizá Ramón Cifuentes me defendían también.

Desde el lado contrario Esteban Iturrioz y otro cuyo nombre no recuerdo apoyaban moderadamente a Perico y opinaban que yo no debía asistir, pero además querían que mi ausencia fuese una decisión mía, pues ciertamente no tenían ningún motivo presentable para prohibirme ir. Pero yo les decía:

—No, no. Yo quiero ir. Me hace mucha ilusión, y por tanto iré a menos que vosotros me lo prohibáis. Y hacíamos una rueda de opiniones y salía el empate. Tres decían claramente que yo tenía que ir, tres que no debía hacerlo y el resto, entre los que recuerdo a Miguel Solano, Carlos San Gil y Juanito Peñaranda, se abstenían. Yo, por supuesto, no votaba. Cuando llevábamos un par de horas discutiendo y a la vista de que no podíamos salir del atasco les dije:

—Compañeros, os voy a dejar solos para que decidáis con libertad. Esta noche llamaré al más antiguo de los presentes y él me dirá lo que debo hacer.

Por la noche llamé a Miguel Solano, que era el más antiguo de la reunión y me dijo que hiciera lo que quisiera, que como ninguno de los compañeros cambiaba de opinión dejaron de hablar del tema. Entonces recordé algo que me había comentado Antonio Martínez Teixidó, el número uno de la promoción: que la nuestra era una promoción políticamente partida. Y era cierto, de los doce fundadores de la UMD, cuatro éramos de la novena promoción (Otero, López Amor, Reinlein y yo) a la que también pertenecieron demócratas destacados como Francisco Bravo, Córdoba Trujillano, Eduardo Fuentes Gómez (no confundir con Gómez «de Salazar»), Alberto Piris, Chamorro Romero, además de los que arriba acabo de citar y otros cuyos nombres no recuerdo.

Cuando llegó el día me fui a Burgos. Andrés Aguilera y Esteban Iturrioz se enfrentaron por mi causa y Teixidó tuvo que poner paz. Formé en el patio de armas y pasé por debajo de la bandera. Al día siguiente, ya en Madrid, leí en *Diario 16* que Perico Lapuente y Esteban Iturrioz, para no formar conmigo prefirieron no hacerlo. Lo sentí, pero era su opción y su error porque la ortodoxia (de haberla) no la representaban ellos, sino yo, que además había sido elegido por el pueblo diputado de la nación.

De todas formas de eso hace ya muchos años y el hecho está más que olvidado. A finales de los ochenta Perico, que ya era general, y yo hicimos juntos un curso en el CESEDEN que nos permitió rehacer una amistad que nunca debió haberse roto, y si cuento la anécdota es sólo porque es significativa de la crispación del año 1981.

La conspiración del 27-O y la victoria socialista

Después del fracaso del 23-F lo lógico habría sido que la «ultrada» tirase la toalla. No fue así. La contumacia de algunos preparó un nuevo golpe. Uno de los detenidos, Crespo Cuspinera, era compañero de mi promoción de la Escuela de Estado Mayor. Sinceramente lo sentí mucho.

El 2 de octubre de 1982 cometieron la imprudencia de ir a la prisión militar en que estaba Milans del Bosch a someterle el plan.

La reunión fue inusualmente larga y causó extrañeza, lo que alertó al CESID. Cuando salieron de la prisión los siguieron. Fueron a una cena y cometieron una segunda imprudencia: dejaron el portafolios con los planes dentro del maletero del coche. Y ocurrió lo obvio: En cuanto comenzaron a cenar, los del CESID les abrieron el maletero y el portafolios y les fotocopiaron la documentación. Y al analizarla se encontraron ante un golpe que recordaba la noche de San Luis, una noche de cuchillos largos. Manglano habló con Oliart y a altas horas de la madrugada se reunió con Calvo Sotelo y con Rosón, que era el ministro de Gobernación, y decidieron intervenir. Detenerlos inmediatamente y así abortar el golpe.[12]

Años después, por casualidad, conocí a uno de los miembros del CESID que al abrir el maletero del coche y fotocopiar los papeles hizo un gran servicio a España y a la democracia. Era Domingo Varela, con el que coincidí en Chile. Allí era segundo del responsable del CESID, Juan Martín Roy. Domingo Varela fue además uno de los capitanes que apoyó a Díez Gimbernat en la Escuela de Estado Mayor cuando éste, como jefe de clase, se negó a que los de su curso hiciesen una reunión para pronunciarse en contra del regreso de Tarradellas.[13]

Pocos días después de las detenciones, me vino a ver Martín Santillán, que creo que era el mismo que me había acompañado a casa de Felipe con los papeles de la Acorazada. Me dio una serie de nombres de personas involucradas, que se sabía que además habían reservado e incluso en algún caso adquirido, billetes de avión para estar en Madrid el día del golpe y que habían tenido contactos con uno de los Gómez de Salazar. Pasé la información, bastante minuciosa por cierto, a Alfonso Guerra, que ya era vicepresidente del Gobierno, y que unos días después, en el hemiciclo, me dijo que realmente era correcta, y que parecía bastante evidente que estaban conectados. Además, a los coroneles procesados se les incautaron unos seiscientos folios y es realmente muy difícil que tan compleja planificación hubiera sido realizada por sólo tres personas. También me informó de que algunos de los involucrados pertenecían a

12. Sobre este golpe, poco estudiado, léase la explicación del ministro de Defensa Oliart en el *Diario de Sesiones del Congreso de los Diputados*. Diputación Permanente, 1982, número 2, día 11 de octubre de 1982.

13. Léase en el capítulo I de esta parte el epígrafe titulado «Tensión en la Escuela de Estado Mayor.»

la IMEC uno de cuyos centros mandaba el teniente coronel Crespo Cuspinera. En junio se les había ya detectado cierta actividad conspirativa que fue puesta en conocimiento de un juez militar que lamentablemente no la consideró sancionable, algo que de hecho ya explicó Alberto Oliart en su comparecencia ante la Comisión Permanente de las Cortes para explicar las detenciones, aunque Oliart lógicamente no dio allí los nombres que yo pasé al vicepresidente del Gobierno.[14]

No obstante, las detenciones quedaron ahí, posiblemente porque en estos casos se tiende a separar y tratar de modo distinto a los cabecillas de los comprometidos. Uno de ellos además había sido director de la Academia de Artillería, lo cual es indicativo de la poco cuidada política que se hacía en las cuestiones de enseñanza militar. El caso es que las detenciones quedaron en los tres coroneles, que fueron condenados y pasaron bastantes años en la cárcel. Uno de ellos incluso murió en prisión. Fue el último golpe y el fin de la transición.

14. *Diario de Sesiones del Congreso de los Diputados*. Diputación Permanente, 1982, número 2, día 11 de octubre de 1982.

XI

DOS ETAPAS EN MI ACTIVIDAD COMO DIPUTADO

El 28 de octubre de 1982 se celebraron unas elecciones que fueron ganadas de forma arrolladora por el partido socialista. El país vibró de alegría y todos percibimos que se iniciaba una nueva etapa y así fue. Los diez millones de votos permitieron un gobierno fuerte y de mayoría absoluta con el que la democracia quedó consolidada. Las múltiples realizaciones logradas durante los trece años de gobierno socialista a la vista están. Sin embargo, para la tarea «personal» del parlamentario socialista la etapa que se inició en 1982 fue de parcial frustración.

En consecuencia, cuando miro hacia atrás intentando hacer un balance de los dieciséis años durante los cuales fui diputado, no puedo por menos que señalar dos períodos totalmente distintos: el de transición (1977-1982) y el de gobierno socialista (1982-1993).

En el primer período estaba todo por hacer. Había una enorme ilusión en el pueblo y una gran fe en la democracia. Nuestros líderes políticos aceptaban y estimulaban nuestra capacidad de iniciativa y de hecho el núcleo de los diputados del parlamento éramos los que llevábamos la política socialista. Por ejemplo, Ciriaco de Vicente era el que trataba los temas de Sanidad, colza incluida, Solchaga, Lluch, etc., la Economía y la Defensa, como ya se ha explicado, la llevábamos Múgica, Solana y yo.

Sinceramente ilusionados creíamos que el partido socialista iba a resolver los problemas del país, y llenos de entusiasmo dedicábamos todas nuestras horas a la actividad política, y en las horas que nos quedaban libres, tras los muchos mítines y charlas que teníamos que hacer, contestábamos con cartas de puño y letra a los ciudadanos que nos escribían. Yo lo hacía fundamentalmente a los excombatientes y víctimas de la guerra civil con los que —de forma epistolar— me pasaba todos los domingos. Pero no era el único. Otros muchos lo hacían también. Recuerdo que Juan de Dios Ramírez Heredia, el diputado gitano, se sentaba cada día en una de las mesas de detrás del hemiciclo e iba contestando a todos sus gitanos sin olvidar ninguno. Y yo viéndole tan trabajador, tan infatigable, pensaba ¡Y algunos dicen que a los gitanos no les gusta trabajar!, pues lo que es éste, no para...

Por otra parte, los socialistas catalanes teníamos un grupo parlamentario propio, Socialistes de Catalunya, y esto nos daba un gran protagonismo, ya que en las comisiones bastaba levantar la mano para intervenir pues casi siempre eras portavoz en la comisión de tu grupo.

Por último, en mi caso particular, en aquellos años de transición y democracia insegura, los temas militares tenían gran trascendencia, y el hecho de ser prácticamente el único militar de Arma del Congreso, me obligaba (moralmente) a realizar muchas actividades relacionadas con el asentamiento de la democracia.

Diputado de la mayoría

A partir de 1982 la situación cambió por tres razones.

En primer lugar, el intento del 27 de octubre de 1982 fue afortunadamente el último intento involucionista. A partir de entonces la democracia dejó de estar amenazada y el problema militar acabó. Y los temas militares, lógicamente, dejaron de tener un interés prioritario y pasaron a ocupar en los medios y en las preocupaciones de los dirigentes y los ciudadanos, el modesto lugar que les corresponde, en cualquier país moderno, en cualquier democracia asentada, lo cual obviamente es muy positivo.

En segundo lugar, desapareció el grupo parlamentario de los Socialistes de Catalunya. Con ello, los socialistas catalanes dejamos de poder realizar intervenciones no previamente decididas por el grupo y acordes con nuestros criterios en las comisiones y nos encontramos sumergidos en un inmenso grupo parlamentario de doscientos dos diputados (antes éramos sólo quince o dieciocho) en el que no teníamos casi nada que hacer porque las leyes e intervenciones parlamentarias lógicamente las realizaban los miembros del propio gobierno.

En tercer lugar, después de aquellas elecciones que dieron el gobierno al partido socialista, sus diputados dejamos de estar en la oposición y pasamos a dar soporte (y soportar) al gobierno, con lo que nuestra tarea pasó de ser fundamentalmente crítica, ética, ideológica y realizada libremente, a ser una tarea disciplinada, dura y a veces ingrata y marrullera, viéndonos incluso en algún caso en la obligación de defender puntos de vista con los que personalmente no estábamos muy de acuerdo o no entendíamos. Y el parlamento se fue deslizando poco a poco por una pendiente de votaciones mecánicas, de mayorías absolutas. Las leyes no las hacíamos los parlamentarios con el gobierno, sino que el gobierno las solía hacer con sus funcionarios ministeriales, que además a menudo eran muy conservadores. Y en las cuestiones de Defensa eso ocurría con más frecuencia.

La situación además, al menos a mí, me resultaba especialmente molesta por la actitud más que subordinada, entreguista, de algunos dirigentes del grupo parlamentario, que al no estar interesados en los temas militares ni sentirse implicados en los mismos ni llegaban a captar los problemas. En algún caso nos obligaron a votar cosas a las que siendo militar me había opuesto. Algo que nunca me había ocurrido durante los años de la transición.[1]

De todas formas no tiré la toalla. Cada vez que sabía que se estaba cociendo alguna ley de Defensa o de Interior me las ingeniaba para conseguir el anteproyecto, lo miraba con lupa y hacía llegar a Serra o a Pepe Barrionuevo, a través de alguno de su colaboradores (normalmente Lluís Ballbé) enmiendas y avisos sobre las trampas de la ley. Jesús del Olmo, el asesor jurídico, algunas veces me comentó que Serra tenía un excelente equipo jurídico que le asesoraba y hacía muy buenas enmiendas.[2] Por dentro, lógicamente sonreía. Habíamos discutido mucho los años anteriores en los que él defendía la política de UCD y yo la socialista. Yo le decía, en broma, claro: «Si ganamos los socialistas te veo de gobernador militar del islote de Alborán.» Pero lo cierto es que nada más llegar al gobierno, le di a Serra un par de nombres para el gabinete, uno de los cuales era el suyo, ya que es uno de los mejores juristas que conozco.

1. Francamente molesto con aquel estado de cosas elevé a la dirección del partido más de un escrito. Con fecha 24 de noviembre de 1983 envié a Alfonso Guerra, con el que siempre tuve una excelente relación de amistad, una larga carta, que acababa diciendo:

«En resumen, los diputados de la Comisión de Defensa nos sentimos frustrados, un tanto inútiles y un poco maltratados. Elegir a un diputado que no pertenece a la comisión para que defienda una ley en comisión, cuando ésta cuenta con veintiún socialistas, indica cierta falta de confianza. No es bueno dar este trato a los diputados del grupo. No se debe dejar de valorar la degradación de la tarea del parlamentario, y en consecuencia de la democracia, que estos hechos significan.»

2. Ver en el capítulo V: «Leyes iniciales para consolidar la democracia», las notas 11 y 12 relativas a las leyes de justicia militar de la etapa socialista y en el capítulo VI: «Mis dieciséis años en la Comisión de Defensa», la nota 36 relativa al servicio militar.

Me querían sacar de la Comisión de Defensa

Por todas estas causas, para mí la legislatura de 1982 a 1986 fue más bien frustrante. Y además desde la dirección del partido intentaron sacarme de la Comisión de Defensa, no sé si porque mi presencia no agradaba o porque la «ultrada» lo había pedido.

Fue Paco Ramos el que me avisó. Le ponían a él en la Comisión de Defensa con Rodolf Guerra y a mí me sacaban. Me enfadé mucho. Era una torpeza y una injusticia. También una desautorización moral, así es que le dije a Cosculluela, presidente del grupo parlamentario, que yo iría a la Comisión de Defensa como diputado socialista o desde el Grupo Mixto. La amenaza surtió efecto. Además, Carlos Sanjuán intercedió cerca de Alfonso Guerra y el tema se resolvió bien y pude seguir en la comisión. Pero durante los años 1982 y 1983 me tuvieron sentado en el banquillo, o sea, prácticamente no me dejaron intervenir. Y cuando llegó el proyecto de ley de reforma del Código de Justicia Militar intentaron quitarme de en medio, a pesar de que además de ser el único militar profesional, era el único diputado que simultaneaba la pertenencia a las comisiones de Justicia y Defensa y había sido uno de los tres ponentes socialistas (con Joaquín Navarro y Leopoldo Torres) de la anterior reforma, hecha en 1980. Con fecha 7 de noviembre de 1984 elevé un escrito a la dirección del grupo parlamentario en el que manifestaba que si la realización de mis funciones de diputado podía ser políticamente contraproducente se me devolviese a mi anterior actividad militar o se me encomendase alguna otra tarea. Finalmente se me designó ponente de la ley.

En la siguiente legislatura (1986-1989) mi lugar en la comisión no fue objetado y además fui elegido vicepresidente de la misma, y aunque ciertamente el presidente Juan Muñoz no pensaba como yo y no era nada aficionado a dejarme la comisión, el nombramiento fue una distinción que se repitió en la siguiente legislatura (1989-1993) en la que el presidente fue Carlos Sanjuán, mi viejo amigo de la UMD, que al contrario que Juan Muñoz, se sentía muy cómodo conmigo, confiaba en mí y me dejó la comisión en muchas ocasiones.

Mi adiós al Congreso

Cuando la Ley de los Presos Políticos, última de las ligadas al tema de la guerra civil, estuvo aprobada, consideré que los problemas que me habían llevado al parlamento ya estaban resueltos, y por tanto, mi actividad en el mismo debía cesar. Y al acabar la legislatura, el 19 de abril de 1993, escribí a Raimon Obiols, que era el primer secretario del PSC, una carta renunciando a mi continuidad como diputado.

No era la primera vez que lo indicaba. El 4 de agosto de 1991 ya había anticipado mi deseo de salir del Congreso en una carta a Felipe González en la que le pedía la dirección del CESEDEN que iba de inmediato a quedar vacante al retirarse el general López de Sepúlveda, que era quien la ocupaba. En la carta le explicaba detalladamente que en casi todos los países de Occidente los grandes centros de enseñanza militar superior, como por ejemplo, el SOWI alemán, el Instituto de Estudios Estratégicos inglés o el National War College americano, están dirigidos por políticos civiles, eso sí, conocedores del tema, algo que en aquel momento tras veintiséis años de vida militar y catorce de diputado en la Comisión de Defensa no se me podía discutir. Le mandó la carta a Serra, que era vicepresidente del Gobierno y un día me comentó que la tenía encima de la mesa, de lo que deduje que dudaba sobre la decisión a tomar. Finalmente con fecha 14 de octubre me contestó que el ministro de Defensa era «del criterio de encomendar la dirección del CESEDEN a un general de división en activo».

Y así fue. Se asignó la vacante a un general de Caballería, excelente persona y excelente profesional, pero al que supongo que le habría hecho más ilusión mandar una división de Caballería, y que obviamente no hizo nada de particular en el cargo. Julián García Vargas, que era el ministro, tuvo la delicadeza de decírmelo pero yo, muy seco, le dije que consideraba el nombramiento una injusticia (pues era obvio que para aquel cargo concreto mi perfil era mucho mas idóneo) y una torpeza, pues el nombrado no iba a innovar nada, como así ocurió. García Vargas me argumentó que se tenían que tener en cuenta más cosas y que una institución no se podía exponer a una crispación por un nombramiento, bien, al menos fue sincero... aunque obviamente este criterio yo lo habría considerado válido en los años setenta o a principios de los ochenta. Pero en 1991 y con la democracia totalmente asentada, no podía aceptar que se me discriminase por haber defendido la democracia durante el franquismo, porque éste, y sólo éste, era el problema y si yo, con mi perfil de catedrático, diputado y bastantes publicaciones sobre temas militares hubiera sido un conservador, incluso un centrista, no habría habido ningún problema para hacer el nombramiento. Sinceramente, me sentí tratado injustamente.

Dos años después, y cuando ya había abandonado el Congreso de Diputados, quedó vacante la Dirección General de Enseñanza Militar. Suárez Pertierra dejó el Ministerio de Defensa y pasó a ocupar el de Educación y se llevó con él a Emilio Octavio para nombrarlo director general de Universidades. Yo ya me había reincorporado a la universidad como catedrático. Y consideré que siendo militar de carrera, de Estado Mayor y simultáneamente catedrático de universidad y perteneciente también al equipo político del gobierno (ex vicepresidente de la Comisión de Defensa, etc.) tenía un perfil adecuado. Así es que el 31 de agosto de 1993 escribí una carta a Serra, que era vicepresidente, recordando que ya no era diputado y resultaba idóneo para la citada dirección general. No me contestó. Miguel Silva —al que al fin agradecí la sinceridad— me comentó que la «ultrada» se iba a oponer. Era la segunda vez que me pasaba. Igual que cuando quedó libre la dirección del CESEDEN. Al parecer, haber sido militar demócrata antes de tiempo era algo que nunca se acababa de perdonar.

Dejando ya este tema, y pasando a resumir mis años de vida parlamentaria quisiera concluir que por encima de las pequeñeces de la vida cotidiana y de las miserias debidas a nuestra naturaleza humana, la labor que hizo el núcleo político que participó en la transición fue realmente muy positiva y claramente encomiable. Pocos períodos de nuestra historia arrojarán un saldo tan favorable y para mí fue una suerte y un honor poder estar cerca de ellos y participar mínimamente en su tarea. También recuerdo con satisfacción el haber contado con la amistad, y creo que también el afecto de dos grandes líderes, distintos en su temperamento y en muchas cosas, pero durante muchos años muy compenetrados. Me refiero obviamente a Felipe González y Alfonso Guerra, que recogieron al socialismo de sus cenizas y lo hicieron resucitar, inyectando en nosotros, pero sobre todo en el pueblo, el entusiasmo y la ilusión de trabajar para lograr un mundo mejor, más libre, más justo, más solidario...

Apéndice

DE LA EUROPA DEL ESTE A LAS TRANSICIONES DE IBEROAMÉRICA

Represento al PSOE en dos congresos comunistas del este de Europa

Desde que fui elegido diputado comencé a colaborar con la secretaría de internacional, que dirigieron sucesivamente Luis Yáñez y Elena Flores, y formé parte de la Comisión de Países del Este.[1] Como miembro de esta comisión fui designado para asistir a los congresos de los partidos comunistas búlgaro y alemán de la RDA que se realizaron en Sofía y en Berlín en 1982.

El Congreso de Sofía, primer congreso comunista al que asistí, me impresionó. Nada más comenzar el congreso la dirección propuso una mesa, que fue aprobada por unanimidad. Normal, pensé, han pactado la mesa. Pero después cuando ya comenzó el desarrollo del congreso, fui viendo con sorpresa que todo seguía siendo aprobado por unanimidad.

Las intervenciones eran de dos tipos, unas eran realizadas por camaradas de los núcleos de base del partido y en ellas sistemáticamente se exaltaba la productividad (que la granja tal o cual había batido un récord de producción de leche, de reproducción de cerditos o de lo que fuese) y otras intervenciones eran las de los delegados extranjeros, de los partidos «hermanos», que mandaban los clásicos mensajes fraternos. Casi todas las delegaciones extranjeras eran comunistas, excepto cuatro partidos socialistas, uno de los cuales era el PSOE al que yo representaba.

Las intervenciones acababan con aplausos unánimes. Yo, evidentemente, no sé búlgaro pero hay una palabra, que suena algo así como *ñaka* y debe significar «ninguno», que nunca olvidaré, porque durante los tres días que duró aquel congreso la oí muchísimas veces. Como yo, además de ser extranjero no era de ningún partido «hermano», el lugar que ocupaba estaba en el fondo del sa-

1. La Comisión inicialmente la formábamos José Federico de Carvajal, Fernando Morán, Alfonso S. Palomares, Antonio García Duarte, Marisa Rodríguez, José Miguel Bueno y yo.

lón. Delante de mí estaban los sandinistas de Nicaragua, embutidos en sus uniformes y acostumbrados al debate ideológico y la polémica política. Estaban aún más sorprendidos que yo. Como eran varios y creían que hablando en castellano allí nadie les entendería, reían a mandíbula batiente y hacían comentarios tremendamente peyorativos de la unanimidad, del *ñaka* y de la forma hiperburocratizada en que se realizaba el congreso, sin darse cuenta que un par de filas detrás había alguien que escuchaba e internamente compartía sus pullas y sarcasmos.

El número se repitió de forma casi igual en el Congreso de Berlín. De entrada, el impacto visual fue algo distinto. En el congreso búlgaro impactaba la cantidad de personas con pelo blanco. En el de Berlín el impacto me lo produjeron los uniformados: muchos militares con una guerrera cerrada, sin corbata y con cuello alto, o sea, un uniforme fiel a la tradición militarista prusiana. Además, los miembros uniformados del partido comunista llevaban una camisa de color azul oscuro análogo al de los falangistas, con lo que al entrar en el salón, entre los uniformes de cuello alto y las camisas azules, creí sumergirme en el túnel del tiempo y regresar a la España franquista. Dios, ¡qué pesadilla!

Bromas aparte, lo cierto es que la RDA aceptó sin remilgos el viejo espíritu prusiano y lo incorporó a su bagaje cultural. En un momento determinado se detuvo el congreso, empezó a sonar una tonada marcial y patriótica, y por todas las puertas y pasillos del gran salón entraron soldados marciales con sus botas altas, guerreras cerradas, marcando el famoso «paso de la oca» y llevando sus águilas y sus banderas. Y los congresistas, de pie, aplaudían el desenfreno militarista. Les soltaron un discurso y se marcharon. No fue la única vez. El día que acabó el congreso, en la calle, delante del palacio en que éste se había desarrollado, se celebró un desfile de las juventudes. Asistí esperando ver una manifestación de las juventudes como las de aquí, en las que los muchachos pasan coreando eslóganes, cantando, saltando, etc. Pues no: Era un auténtico desfile militar. Pasaron marcando el paso y las banderas que llevaban, que aquí suelen ser el primer trapo rojo que pillan atado a un palo cualquiera, estaban cuidadas, adornadas con crines de caballo y colocadas en astas de madera de calidad. Y recuerdo que mientras, muy sorprendido, contemplaba el espectáculo del militarismo-prusiano-comunista, oí detrás de mí una voz que dijo:

—¿A que estás acojonado?

Era un periodista español, cuyo nombre siento no recordar, que me hablaba en broma, claro, pero realmente aquello era una exhibición de una forma cultural concreta, distinta de la nuestra, y que prefiero no valorar.

No fue ésta mi única sorpresa. En Sofía nos dieron una recepción en un bellísimo palacio del Estado. Hasta aquí normal. Pero en las puertas nos rindió honores una compañía de soldados con bandera, banda y música. Y aquellos pobres soldados iban disfrazados con uniformes del siglo pasado, como nunca fueron los míos. Yo entonces aún tenía fuerte la sensibilidad militar, pues al fin y al cabo uno de los factores de mi ruptura con el franquismo había sido la distinta concepción del mando y del trato a la tropa, y ahora en un país socialista me encontraba con que los excesos —el soldado como objeto decorativo— se daban aquí también. Lo comenté esperando que alguien compartiera mi preocupación. Me explicaron que en la tumba-mausoleo de Dimitrov (al que tenían disecado y expuesto para peregrinaciones populares como a Lenin y a Stalin en Moscú) para darle constante honor había varios soldados, también convenientemente disfrazados de soldado-objeto, que hacían guardia permanente y sin moverse y que en invierno pasaban tanto frío que —me lo dijeron con orgullo— cada vez que hacían guardia perdían cierta cantidad de peso. No hace falta que diga lo mal que me sentí.

El Congreso de Berlín tuvo un contenido igual que el de Sofía y se hizo una semana después. De hecho los congresos de los partidos comunistas de los países de la Europa del Este se celebraban seguidos, pues ciertamente ni siquiera se guardaban las formas, la apariencia de independencia respecto a la URSS. Y lo más sorprendente, la arquitectura de los palacios en que se celebraron era casi exactamente igual. En ambos casos era un enorme salón hexagonal del que dos sextas partes estaban ocupadas por una numerosa presidencia en la que estaban los miembros del gobierno, los comités centrales del partido y un representante extranjero de cada uno de los «partidos hermanos» que venían al congreso. Las otras cuatro sextas partes estaban ocupadas por los delegados.

A Fernando Soto no le gustaba aplaudir

En el Congreso de Berlín yo estaba en mi rincón y conmigo estaba un delegado del PSUC, que creo que era Miguel Núñez pero sinceramente no estoy seguro. Ciertamente, era el representante de un partido hermano, pero en la presidencia para representar al comunismo español ya estaba el delegado del PCE que era Fernando Soto, diputado por Sevilla. En este congreso, como en el anterior, nada se discutía y todo se aprobaba siempre por unanimidad. Pero además se aplaudía o no en función de lo que hacía el presidente del congreso y también en función de lo que él hacía, el entusiasmo movía a los delegados a ponerse de pie. También por unanimidad. Y entonces ocurrió algo imprevisto. El delegado del PCE, camarada Fernando Soto, empezó a aplaudir por su cuenta alguna intervención y a no hacerlo —cuando todos lo hacían— en algún otro caso. Creo que la cosa comenzó cuando no aplaudió a los del Partido Comunista de Checoslovaquia. Al poco rato, en el congreso ya nadie escuchaba nada y todos alucinados miraban al delegado español, que aplaudía cuando los demás no lo hacían, y cuando éstos lo hacían a veces él no aplaudía. Y lo mismo hacía respecto a levantarse o sentarse. Obviamente, la discrepancia laudatoria y gimnástica duró poco. Se le acercaron corteses un par de ejemplares híbridos entre el gorila y el «aparatiski» y le invitaron a salir. Y estuvo ausente largo rato.

Pasada como una hora los gorilas vinieron donde estábamos el compañero del PSUC y yo y requirieron a éste para que los acompañara. Yo estaba muy intrigado. Pasó otra vez un largo rato y Fernando Soto vino a sentarse a mi lado, en el fondo del salón y el compañero del PSUC apareció en la presidencia. Fernando Soto me contó que se habían cabreado y le habían dicho:

—Pero, camarada, ¿por qué tú aplaudes cuando los demás no aplauden, y en cambio cuando todos aplauden (supongo que era por lo de Checoslovaquia) tú no aplaudes?

El caso es que ante la actitud poco flexible de Fernando que les argumentaba que eso de aplaudir al unísono era una tontería, etc., a alguno se le ocurrió la idea de cambiarlo por el compañero del PSUC, que para no crear un mayor conflicto les dijo que sí, que aplaudiría cuando tocara.

Lo cierto es que a los eurocomunistas españoles no les podían ni ver. Y les hacían unas «putadas de caballo». Las delegaciones de los partidos «hermanos» eran aprovechadas para que diesen charlas en centros del partido o en empresas, y en aquel entonces uno de los partidos comunistas más importantes de la Europa occidental era el PCE (junto con el francés y el italiano). Pues bien, los mandaron con el delegado del partido comunista de las islas de Santo

Tomé y Príncipe, un Estado parecido a Andorra, a dar una charla a un lugar humillante. Quizá invitar al PSOE de una forma bastante excepcional lo que buscaba era importunarlos. Pero tuvieron mala suerte conmigo. Protesté enérgicamente por la forma en que trataban a mis compatriotas. Y los comunistas de la RDA se quedaron muy sorprendidos... y un tanto molestos.

El Congreso de Moscú

Varios años después, volví a hacer un viaje político al este de Europa, donde ya se había iniciado la perestroika. Estando en mi casa me llamó Alfonso Guerra. Me contó, diría que con cierta ilusión, que estaba organizando un curso en Moscú sobre la transición española y me invitó a tratar del papel de las FAS en la transición española. Obviamente, su llamada e invitación me produjo mucha satisfacción.

El curso se desarrolló en julio del 1991. Felipe González habló el día 8. Le acompañó Gorbachov. Pero con sorpresa, cuando Felipe y Gorbachov se fueron, los rusos se fueron con ellos también. Nos quedamos unas veinte personas. Nuestro curso fue boicoteado sin que entendiéramos por qué. Un mes después se produjo el golpe de Estado. Entonces lo entendimos todo.

Las conferencias fueron recogidas en un libro publicado por la Universidad Complutense de Madrid al año siguiente, en 1992. Participamos además de Felipe y Alfonso, Santiago Carrillo, Jordi Solé Tura, Manuel Castells, Raymon Carr, Tezanos, Goytisolo (Luis) y Castells, el sociólogo.

De comisarios políticos a curas castrenses

Poco después del golpe de Estado de agosto de 1992, regresé a Moscú, a un Congreso de Sociología Militar, en el que lo más interesante fue una visita que hicimos a la Escuela del antiguo Cuerpo de Comisarios Políticos, que con la llegada de la democracia se hacía necesario reformar, o quiza incluso disolver.

El cuerpo estaba en crisis total, puesto que el comunismo había dejado de ser la doctrina oficial y deseaba readaptarse a las ideas y pautas occidentales. Y ahora viene lo sorprendente: encontraba un equivalente a sus funciones en el cuerpo de capellanes castrenses, puesto que —ellos nos decían— éstos eran los que celaban por el mantenimiento de nuestra ideología religiosa y en consecuencia nos pidieron, con auténtico interés, que les explicáramos el plan de estudios que tenían los capellanes castrenses para readaptarse a él.

No hace falta decir lo desconcertados que nos dejó su peregrina idea, pero además cuando después de decirles que los curas y ellos no tenían nada que ver, y que sinceramente no sabíamos qué clase de raras asignaturas se deben estudiar en un Seminario, se enfadaron mucho, convencidos de que les estábamos escatimando información y de que lo que pasaba era que no les queríamos explicar el dichoso plan de estudios de los seminarios.

Asisto a una reunión de militares progresistas iberoamericanos

En la década de los ochenta la transición que aquí habíamos vivido, se repitió —obviamente con sus modalidades propias— en varios estados iberoamericanos.[2] Los azares de la vida me permitieron seguir de cerca y participar en varios de ellos, obviamente no desde el ángulo del poder, sino de la pedagogía, mediante conferencias y colaboraciones en los medios explicando la transición española.

Pude hacerlo porque al llegar los socialistas al gobierno acabó la transición española, los problemas militares dejaron de preocupar (el conato del 27-O de 1982 fue el último) y además yo dejé de tener responsabilidad en los mismos, pues para ello había un ministro de Defensa socialista: Narcís Serra.

Comencé a tener más tiempo libre, y pasé a ayudar en otros países que iniciaban su propia transición, aprovechando los conocimientos que la experiencia me había dado. Y Luis Yáñez, desde la dirección del ICI, Instituto de Cooperación Iberoamericano, me dio gran apoyo. El primer evento ocurrió en Buenos Aires, donde asistí a un congreso de militares demócratas latinoamericanos en septiembre de 1984. Fue para mí una gran distinción, ya que sólo fui-

2. Los ejemplos más claros fueron los del Cono Sur: Argentina tras la derrota de las Malvinas y Uruguay tras el sorprendente rechazo por un referéndum popular de una ley fundamental propuesta por la propia dictadura. Siguieron Brasil y Bolivia y culminaron el proceso Chile y Paraguay. Por otra parte, en Centroamérica se produjeron unas transiciones que podríamos llamar «internacionalmente tuteladas» por fuerzas de la ONU en Nicaragua, El Salvador y Guatemala.

mos invitados dos europeos: el mariscal Costa Gomes, ex presidente de la República portuguesa, y yo.

Asistieron destacados militares latinoamericanos: de Bolivia, el ministro de Defensa coronel Cárdenas, la viuda del general Juan Torres, que había sido presidente de la República y uno de sus ex ministros, Isaac Sandoval; del Perú, dos generales antiguos miembros del gobierno de Velasco Alvarado: Fernández Maldonado, que había sido su jefe de Gobierno y Flor Valle, que había sido el canciller; de Uruguay, el coronel Zufriategui, que había pasado doce años en prisión y varios oficiales seguidores del general Liber Seregni; tres militares chilenos condenados a muerte en 1973 por oponerse al golpe de Pinochet; militares seguidores del general Torrijos, de Panamá y del coronel Caamaño, de Santo Domingo; el capitán guerrillero Fiallos del FSLN, de El Salvador, y sobre todo una amplia representación de ex militares del ala izquierda del peronismo. En resumen, los representantes de la izquierda militar progresista y populista latinoamericana. Y también algunos militares que eran profesores en la universidad y habían escrito libros de sociología militar, como Bermúdez Rossi, de Colombia, o Gustavo Drueta, de Argentina.

El Congreso Iberoamericano de Sociología Militar

Seis meses después, en marzo del año 1985, Augusto Varas, de FLACSO, Chile, me invitó a un encuentro en Santiago con unos veinte especialistas iberoamericanos, de los que no era militar casi ninguno. Y también allí fui el único europeo. A lo largo de aquella reunión, a puerta cerrada y casi clandestina, pues en Chile aún gobernaba Pinochet, observé que los académicos asistentes pese a su talla intelectual, desconocían el discurso de los militares, lo mismo que, en sentido contrario había notado unos meses antes en Buenos Aires a los militares demócratas les ocurría lo mismo con respecto a los intelectuales, por lo que percibí la necesidad de celebrar una reunión conjunta para que los especialistas en sociología militar y los militares demócratas iberoamericanos dialogasen directamente, sin intermediarios, y así facilitar la transición.

Por aquel entonces presidía el CIFAS[3] un colectivo que reunía a

3. Fui presidente del CIFAS (Comité de Investigación Fuerzas Armadas y Sociedad) desde 1984 a 1995. Siendo presidente organicé ocho encuentros de sociología

los estudiosos de la sociología militar española y les expuse la idea de hacer un Congreso Iberoamericano de Sociología Militar para tratar de «El papel de las Fuerzas Armadas en los procesos de transición». Ellos la aceptaron y Luis Yáñez volvió a darnos soporte económico. El ministro de Defensa, Narcís Serra, ordenó gran cantidad de ayudas, desde alojamiento a militares extranjeros a presencia de militares españoles como alumnos o como ponentes. Incluso participó el subsecretario, que era Gustavo Suárez Pertierra, y varios generales. Lo apoyaron también el Consejo Superior de Investigaciones Científicas que nos proporcionó la infraestructura necesaria y la fundación alemana Friedrich Ebert, que dirigía Dieter Koniecki, que nos dio el dinero que nos faltaba.

En septiembre de 1985 celebramos el congreso, que fue considerado un éxito.[4] Especialmente interesantes fueron las mesas redondas de apertura y de cierre. En la primera, moderada por Julián Santamaría, participaron dos ex ministros de Defensa: Rodríguez

militar: En Santander, en septiembre de 1984, sobre «La enseñanza militar». Las actas de este congreso fueron recogidas en la obra *La Enseñanza Militar en España*, editada por el CSIC. En Madrid, en 1985, el Congreso Iberoamericano de Sociología Militar del que arriba se habla. Como resultado de este congreso apareció el número 36 de la REIS, monográfico sobre «El papel de las Fuerzas Armadas en la transición española». En marzo de 1987, en Segovia, con asistencia de los profesores Ralf Zoll de Marburg, Harries-Jenkings de Hull, Jean-Pierre Thomas de París, Diego López Garrido, después dirigente de Nueva Izquierda, y Aniceto Henrique Afonso de Lisboa, para tratar de «La enseñanza militar en la Europa de los 12». En Madrid, en junio de 1988, sobre «La mujer en las Fuerzas Armadas» y resultado de este congreso fue la obra del mismo título, publicada por el Ministerio de Defensa en 1991. En San Sebastián, en septiembre de 1989, sobre «Fuerzas Armadas y Sociedad en el siglo XXI». En Madrid, en julio de 1990, dentro del Mundial, dando el CIFAS soporte al grupo de trabajo «Armed Forces and Society» de la ISA. De nuevo en Madrid, en septiembre de 1992 y el tema fue «Servicio Militar versus Ejército Profesional» y por último en el año 1995, en Granada. A partir de aquí ya renuncié a seguir. Pertenecieron al CIFAS treinta y nueve sociólogos, treinta universitarios de otras carreras, treinta y seis militares, catorce políticos y treinta estudiosos de diversas profesiones.

4. Asistieron destacados militares, que ya he citado por haber asistido el año anterior a la reunión de Buenos Aires, y además el general Liber Seregni de Uruguay; el coronel Adolfo Majano de El Salvador; destacados miembros del MFA portugués como Vasco Lourenço; generales españoles como Cano Hevia o Casinello. También asistieron catedráticos de sociología como Alvira, Díez Nicolás, Muñoz Alonso o de ciencias políticas, como Julián Santamaría, López Garrido, Vanaclocha, Bañón, etc., y desde Barcelona vinieron los profesores Manuel Ballbé, Lleixà, Gabriel Cardona, Pere Vilanova, Ribera, etc.

Sahagún, de España, y Cárdenas, de Bolivia, además del presidente de la Comisión de Defensa del Congreso que era Guillermo Galeote. Y con ellos el carismático general Liber Seregni, el coronel Adolfo Majano, de El Salvador, que había sido presidente de su país, y Vasco Lourenço del MFA portugués. En la segunda mesa participaron los tenientes generales Cano Hevia, de España, y Fernández Maldonado, de Perú; el embajador Rafael Vargas, de Panamá (que era un militar de Torrijos), y los profesores de sociología: Enrique Miguens, de Buenos Aires, y María Carrilho, de Lisboa.[5]

Personalmente, la mesa que más satisfacción me produjo fue la de Chile: Conseguí sentar juntos a dialogar a Milan Malinovich, que era capitán de navío de la Armada chilena, a un alto cargo de la DINA y a dos socialistas, Augusto Varas y otro cuyo nombre ya no recuerdo, y aunque salieran chispas, dialogaron y me sentí útil porque a través de estos pequeños contactos es como se inician las transiciones.

El congreso recibió mucha atención por parte de la prensa. La de extrema derecha, los «amigos» de *El Alcázar*, cómo no, se preocuparon de nosotros. Durante el tiempo que duró el congreso nos dedicaron una plana entera. El 15 de septiembre titularon irónicamente a cinco columnas «Los Busquets de Iberoamérica se reúnen en Madrid». Por otra parte, algunas intervenciones resultaron polémicas. Posiblemente la más comentada fue la del general Andrés Casinello, que entonces era el jefe de Estado Mayor de la Guardia Civil, que defendió actuaciones duras al servicio de la democracia (estábamos en septiembre de 1985). Varios militares del Cono Sur, que habían sufrido represalias por ser demócratas, estaban entusiasmados con él: «Eso es lo que conviene, un gorila demócrata que defienda la libertad del país.» Pero a algunos civiles españoles lo que dijo les sentó mal y presionaron en el ministerio para que se le reprendiera. Cuando me enteré hablé con Serra, porque mal podría-

5. Escribieron cartas enfáticas disculpando su ausencia: Fernando Enrique Cardoso, de Brasil, actualmente presidente de su país, que tenía elecciones para ser gobernador de São Paulo; Enrique Tarigo, vicepresidente de Uruguay, que no se pudo ausentar de su país por estar supliendo al presidente de la República; Vicente Chiarino, ministro de Defensa de aquel país, que se puso enfermo (tenía más de ochenta años); Roque Carranza, ministro de Defensa de Argentina, que no pudo asistir por coincidir nuestro congreso con el juicio a los generales jefes de las Juntas de la Dictadura, y Charles Moskos, presidente de la Sección de Sociología Militar de la ISA, que se encontraba en Albania haciendo una investigación sobre la estructura social de aquel país.

mos avanzar en la búsqueda de soluciones si a los que decían lo que no agradaba se les tapaba la boca con sanciones. Y batallé duro hasta lograr que tal aberración no se produjera. El caso es que el general Casinello se enteró y me mandó una carta muy afectuosa.

Por la democracia en Uruguay

En octubre de 1984, después de asistir en Buenos Aires al congreso de militares demócratas de América Latina que antes he descrito, viajé a Uruguay donde aún había dictadura. Llevaba el encargo de los asistentes al Congreso de Buenos Aires de interceder en favor de sus compañeros uruguayos que aún estaban presos, así es que nada más llegar a Montevideo, y aprovechando que era diputado, fui a ver al embajador de España, que creo que era Fernández Shaw. Y éste tuvo una reacción que me sorprendió por lo excelente, pero también porque su decisión fue mucho más allá de lo que suele ser el uso diplomático. Nada más exponerle de qué se trataba, me dijo:

—Mira, si andamos con papeles y llamadas nos van a torear. Vamos a ver al coronel Silva Ledesma (era presidente del Tribunal Militar Supremo) y le exponemos la cuestión.

Y así lo hicimos. El coronel Silva Ledesma nos recibió inmediatamente y pocos días después algunos de los militares aún presos fueron liberados. Ciertamente la dictadura había ya iniciado su declive y se había hecho el Pacto del Club Naval que fue el encuentro entre los militares y la oposición democrática que inició la transición, pero nuestra gestión fue eficaz y decisiva, gracias evidentemente, al soporte que le dio el excelente embajador que allí tenía España, y al que poco después encontré en el mismo cargo en Santiago de Chile.

Regresé sólo un año después, y observé que la democracia ya había llegado a Uruguay y Reinaldo Gargano había pasado de ser un oficinista del PSC en Barcelona, a ser senador de su país, y primer secretario del PS de Uruguay. Y cuando llegué al aeropuerto me fue a recibir con su Ejecutiva.

En este viaje pude participar del momento especialmente emocionante que vivía el país. Estando allí se abrió la sede central del partido socialista, que llevaba muchos años cerrada (desde que llegó la dictadura) y Gargano me invitó a dar una conferencia en el primer acto que hicieron sobre «el papel de los militares en la transición española». Obviamente sólo hablé de los militares españoles, pero todos los asistentes extrapolaban lo que les explicaba a su propio país.

Al día siguiente, comí con seis militares del ejército uruguayo que habían perdido la carrera por defender la democracia: los coroneles Montañes y Aguerre (socialistas), el coronel Zufriategui y los capitanes de Aviación Villamil, Gerónimo Cardoso y Eros Carvajal. Eran como los «úmedos» de Uruguay y me identificaba totalmente con ellos. Y lo mismo que en España tardaron años en ser reivindicados.

Cuatro años después, en julio de 1989 volví por tercera vez. Gargano me acompañó a ver al ministro de Defensa, Juan Vicente Chiarino, líder de un pequeño partido democristiano que apoyaba al mayoritario. Estaba en un pequeño piso y con él no creo que trabajaran más de media docena de personas. Era un anciano encantador, con el que pasé la tarde hablando entre otras cosas porque evidentemente no tenía absolutamente nada que hacer. Las decisiones militares las tomaba el general jefe del ejército, que pertenecía al viejo aparato de la dictadura y despachaba directamente con el presidente de la República. Como en ciertas épocas en España, *de facto* estaban por la autonomía del poder militar.[6]

La última vez que estuve allí fue en 1991. Gestionó la visita Manuel Iglesia Caruncho, uno de los más eficaces miembros de la AECI, que además organizó una reunión con el ministro de Defensa, Mariano Brito, del que se decía que era del Opus Dei. Asistí acompañado del embajador de España. Ya no estaba en el cochambroso pisito en que visité a Vicente Chiarino, sino en un chalet, amplio, digno, con su guardia, etc. Y de nuevo nos dedicó mucho rato, y por el ambiente que pude captar, aunque evidentemente iba asumiendo competencias, aún estaba lejos de tener todas las que lógicamente un ministro de cualquier actividad y de cualquier país debe tener.

En la difícil transición de Chile

En abril de 1988, Judith Astelarra, que había vivido varios años en Chile durante la época de Allende y había tenido que abandonar

6. Léase en el capítulo VI de la Tercera parte el epígrafe titulado «La teoría de la autonomía militar».

el país después del golpe de Pinochet, organizó unas jornadas en Barcelona para tratar de la posible transición en aquel país. Y varios antiguos miembros de la UMD: José Julve, Julián Delgado y Juan Diego, participamos en las mismas. También nos reunimos con algunos de los dirigentes políticos que vinieron, como el socialista Ricardo Lagos, el democristiano Ignacio Balbontín y el general Horacio Toro, con el que mis compañeros se sintieron especialmente identificados.[7]

Al regresar a Chile, Ignacio Balbontín decidió hacer un intento, quizá más modesto, en la misma línea y organizó en el mes de julio del mismo año en el hotel Carreras, que está en la plaza de la Moneda al lado del palacio presidencial donde murió Allende, un seminario sobre «Fuerzas Armadas, Estado y Sociedad» en el que fuimos conferenciantes el coronel alemán Helmut Schmidt y yo. No sé si casual o calculadamente fue el primer acto público en el que coincidieron y se saludaron dos ex ministros de Allende y varios jefes de la Armada, que ostensiblemente asistieron de uniforme (creo que uno era el almirante Toledo de la Maza) y obviamente el hecho fue ampliamente comentado en los medios por prestigiosos periodistas como Raúl Sohr, etc.[8]

Volví en 1992. En 1990 se había celebrado en España el Congreso Mundial de Sociología y como presidente del CIFAS había tenido ciertas posibilidades en el manejo de las actividades, y así contribuí en la decisión de hacer la reunión intercongresual en Chile. Y lo hice precisamente porque la democracia allí aún era débil o incompleta y se tenía que apuntalar. Y con este motivo, dos años después, en agosto de 1992, celebramos un congreso en Valparaíso.

Pero antes de llegar a Valparaíso tuve varias reuniones con los dirigentes chilenos de la política de Defensa, reuniones que preparó Juan Martín, el responsable del CESID en Chile, y así el 25 de

7. Resultado de aquel encuentro fue la publicación de un monográfico de la revista *Debat* de la Fundación Rafael Campalans del PSC de Barcelona: «La transición democrática en Chile», que coordinó Judith Astelarra.

8. En esta línea, el 28 de julio fui el invitado del programa radiofónico *Improvisando,* de Radio Chilena (con la participación de Ricardo Lagos, líder del PS de Chile, y de Alejandro Hales, ex ministro de Allende, y otros). Este programa tenía en Chile, en aquella época, un impacto político parecido al de los debates de *La Clave* de José Luis Balbín en la transición española. En este viaje visité en su casa al general Mario Sepúlveda, que tras el asesinato de Prat estaba considerado como el líder de los militares demócratas.

agosto comí en el Ministerio de Defensa con el ministro Patricio Rojas y dos subsecretarios, el de Marina, Tomás Puig Casanova, hijo de catalanes y que hablaba catalán, y el de Aviación.[9]

Invitado por el gobierno de Paraguay

En agosto de 1988 realicé mi primer viaje a Paraguay. Allí aún gobernaba el general Stroessner, por lo que hice cuanto pude para ayudar a los compañeros demócratas. Gloria Jiménez, que había asistido al Congreso Iberoamericano de Sociología Militar, realizó una gestión cerca de Euclides Acevedo, que era el presidente del PRF (Partido Revolucionario Febrerista) para que me invitase, por lo que dediqué la visita a realizar una amplia actividad política de acuerdo con sus indicaciones. Quizá el acto más importante fue una conferencia que organizó en el IDIAL sobre la transición española. Me presentó a Fernández Estigarribia, cuyo abuelo era un héroe nacional y al llegar la democracia fue vicepresidente del Congreso.

En una forma ya más discreta, y gracias a la eficaz gestión del joven diplomático Miguel Ángel González, me reuní dos veces con los miembros del Acuerdo Nacional, plataforma unitaria de los partidos democráticos, asistiendo a la reunión, entre otros, el líder del partido liberal (PLRA), Laíno, que había sido candidato en las últimas presidenciales, Ramón Lovera (con la democracia fue presidente del Senado) y Guillermo Caballero Vargas, que durante la democracia fue candidato a la presidencia de la República.

Tras la caída de la dictadura, en febrero de 1990, organicé en Barcelona con el apoyo del PSC-PSOE y del CIDOB, unas jornadas sobre «La transición en Paraguay» a las que asistieron el conocido escritor paraguayo Augusto Roa Bastos, los jefes de las casas militar y civil del presidente de la República, general Regis Romero y el embajador González Casabianca, el ayudante del presidente de la República, coronel Fernando Ugarte, y los dirigentes de los partidos.[10]

9. Me acompañaron el embajador, creo que era Pedro Orbegón, y Juan Martín del CESID.

10. También asistieron el vicepresidente del Senado (PLRA), Juan Félix Bogado Gondra, el líder sindical Alan Flores (CUT), Euclides Acevedo, presidente del PRF, Guillermo Caballero Vargas, empresario filantrópico que de hecho era el gran patrón del partido febrerista (léase socialista) y las periodistas Gloria Godoy y Pepa Kostianovsky. Además, con el general Romero, el coronel Ugarte y el embajador González Casabianca, fuimos recibidos por Serra (que era ministro de Defensa),

Poco después, en agosto de 1990, fui oficialmente invitado a visitar el país por el gobierno del presidente de la República, el general Rodríguez. Los dirigentes del Acuerdo Nacional, a los que había conocido en la clandestinidad, habían pasado al gobierno o a dirigir el Legislativo, y me recibieron con gran afecto: José A. Moreno Ruffinelli, presidente del Congreso; Waldino Ramón Lovera, presidente del Senado; Fernández Estigarribia, vicepresidente del Congreso, y los jefes de las casas civil y militar del presidente de la República, el embajador González Casabianca y el general Regis Romero.[11]

Dando conferencias a políticos y militares en Nicaragua y El Salvador

Recién salido del Congreso de Diputados, tuve la oportunidad de colaborar mínimamente en los procesos de transición de América Central, en alguna medida tutelados por España que proporcionó efectivos militares para la pacificación.

En mayo de 1993 estuve en El Salvador. El embajador de España, Ricardo Peiró, que participaba muy activamente en el proceso, aconsejó a ONUSAL que me invitaran para dar unas charlas. En la embajada de España me reuní con representantes del FMLN, Fiallos, un militar profesional pasado a la guerrilla al que conocía de la reunión de Buenos Aires, y otros dos jefes guerrilleros. Tuve también varias reuniones con el general Humberto Corado, que poco después fue nombrado ministro, y en la Asamblea Legislativa estuve con los diputados de la Comisión de Defensa, que en su mayoría eran unos ultras de ARENA.

Un año después, en abril de 1994, me llamaron para ir a Nicaragua. Se había producido una grave crisis institucional como conse-

Luis Yáñez (que era presidente del ICI) y el capitán general de Cataluña y visitamos la Academia de Infantería. Resultado de estas jornadas fue el libro *La transición en Paraguay*, que fue editado por la Fundación Rafael Campalans de Barcelona en 1991.

11. Me reuní con las comisiones de Defensa y de Exteriores del Congreso y del Senado. Pronuncié charlas en varios centros militares, entre ellos el Colegio Militar (equivalente a nuestra Academia de Zaragoza) y el Colegio Nacional de Guerra (equivalente a nuestro CESEDEN), donde entre otros generales asistió Lino Oviedo, entonces jefe de la división de carros y varios ministros.

cuencia del enfrentamiento del jefe del ejército, el general Humberto Ortega, con la presidenta de la República, Violeta Chamorro. Ante ello, Humberto Guzmán, presidente de la Asamblea Nacional, decidió organizar con el apoyo del NDI un seminario para tratar de las relaciones civiles-militares. Asistimos varios expertos en estos temas, concretamente el doctor Horacio Jaunarena, que había sido ministro de Defensa de Argentina en la época de Alfonsín y había tenido que sufrir el problema de los «carapintadas» y el doctor Patricio Rojas, que había sido ministro de Defensa de Chile en el gobierno anterior, y al pertenecer a un gobierno democrático había tenido que soportar a Pinochet como jefe de las Fuerzas Armadas chilenas.

A las clases o reuniones asistían varios diputados de la Comisión de Defensa encabezados por su presidente, Andrés Robles Pérez, y un nutrido grupo de coroneles, jefes y oficiales del ejército, encabezados por el general Cuadra. En alguna ocasión asistieron el hombre fuerte del país y el ministro de Presidencia, Ingeniero Lacayo, el general Humberto Ortega y Humberto Guzmán, presidente de la Asamblea Nacional. Y también el famoso comandante Cero, el autor del asalto al parlamento en la etapa somocista, y al que yo ya había conocido en Barcelona en casa del socialista Javier Nart. Y ayudó mucho el embajador de España, Fidel López Álvarez, que como Peiró en El Salvador actuaba muy decididamente a favor del proceso de paz.

ÍNDICE ONOMÁSTICO*

Los números en *cursiva* remiten
a las páginas de ilustraciones

* Los nombres de los militares no especifican el grado, habida cuenta de que actualmente casi todos son coroneles o generales retirados, excepto el caso de los pertenecientes a la UMD, en el que se pone el grado que tenían en el momento de pertenecer a la misma, aunque también casi todos son coroneles retirados.